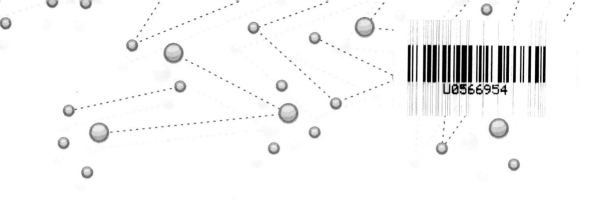

激活销售组织

战略到执行的破局之道

刘华　著

机械工业出版社
CHINA MACHINE PRESS

这是一本专注于解决企业"战略到执行"难题的实战指南。无论是高速成长的初创企业，还是稳步发展的成熟企业，都面临着一个共同挑战：如何确保企业的战略目标能够切实而迅速地转化为具体的行动和业绩成果。

销售组织执行力并非单纯的行动力，为解决企业战略无法落地的问题，作者提出了一套系统性框架，涵盖制定精准的营销策略、构建强大的组织保障以及建立高效的销售管理体系，以及过程管理与绩效提升的持续优化。

在系统性、一致性、协同性与差异性四大原则的指导下，企业从全局出发，系统规划销售组织执行力体系，确保战略精准传递至销售团队，并转化为实际业绩。本书将"战略"与"执行"深度融合，确保战略精准传递至销售团队，并通过高效执行转化为实际成果。无论你是企业高层、销售管理者，还是一线销售人员，本书都能提供多层面的价值。

图书在版编目（CIP）数据

激活销售组织：战略到执行的破局之道 / 刘华著.
北京：机械工业出版社，2025. 7. -- ISBN 978-7-111
-78734-1

Ⅰ. F274

中国国家版本馆CIP数据核字第2025WG0951号

机械工业出版社（北京市百万庄大街22号　邮政编码100037）
策划编辑：曹雅君　　　　　　责任编辑：曹雅君　陈　洁
责任校对：梁　园　王　延　　责任印制：单爱军
保定市中画美凯印刷有限公司印刷
2025年8月第1版第1次印刷
169mm×239mm·24.25印张·431千字
标准书号：ISBN 978-7-111-78734-1
定价：99.00元

电话服务　　　　　　　　　　网络服务
客服电话：010-88361066　　　机 工 官 网：www.cmpbook.com
　　　　　010-88379833　　　机 工 官 博：wcibo.com/cmp1952
　　　　　010-68326294　　　金 书 网：www.golden-book.com
封底无防伪标均为盗版　　机工教育服务网：www.cmpedu.com

本书赞誉

（按照姓氏拼音首字母排序）

在企业管理领域，战略与执行之间的距离一直是管理者面临的核心挑战。表面上，从战略到执行似乎只是一条从规划到落地的直线路径，然而在实践中，这段距离往往充满了复杂的系统障碍和难以预见的变数。作为一位长期从事战略实践的管理者，我常常陷入深思：究竟什么是好战略，什么是坏战略？如果战略未能有效执行，问题究竟出在战略本身，还是执行环节？战略与执行之间是否还存在着某些被忽视的关键要素？这些困扰我多年的问题，在刘华的新书《激活销售组织：战略到执行的破局之道》中得到了系统而深刻的解答。

刘华的这本书不仅深入剖析了战略与执行之间的鸿沟，还提供了切实可行的解决方案。他通过扎实的理论和丰富的案例，揭示了销售组织在执行战略过程中常见的瓶颈，并提出了如何通过优化组织结构、提升团队能力、强化流程管理等手段，将战略真正落地。书中特别强调了"执行力"的核心作用，指出执行力不仅仅是战术层面的问题，更是战略成功的关键驱动力。无论是企业管理者，还是销售团队的领导者，都能从书中获得宝贵的启示和实践指导。

《激活销售组织：战略到执行的破局之道》是一本兼具理论深度和实践价值的著作，它不仅回答了关于战略与执行的诸多疑问，更为企业管理者提供了一条从战略到执行的清晰路径。对于那些希望在复杂商业环境中实现突破的企业来说，这本书无疑是不可多得的指南。

京东科技集团前战略总监、中信百信银行首席战略官　陈龙强

在数字化浪潮席卷的当下，跨行业的知识碰撞与融合愈发关键。身为 IT 与半导体行业的从业者，当我翻开这本刘总撰写的关于销售组织执行力、探索战略到执行破局之道的书时，内心满是惊喜与震撼。

作者结合多年在企业运营与销售管理中积累的丰富经验，在书中对销售组织管理进行了深入地剖析，不局限在医疗健康领域，而是放之四海皆准。该书第一部分从精准识别问题、构建解决框架，再到驱动分析转化为实际行动，宛如一套严密的算法逻辑，精准定位组织痛点，层层拆解难题。第二部分制定精准营销策略，强调企业战略与营销的无缝对接，将目标细化为可执行步骤，这与 IT 项目从规划到落地的过程高度契合。我认为这不仅是一本工具书，更是一种理念，将"战略"与"执行"深度融合，确保战略精准传递至销售团队，并通过高效执行转化为实际效果。"他山之石，可以攻玉"，我相信无论读者身处什么行业，是企业高管、销售管理者，还是一线销售人员，都会开卷有益，从本书中受益。

在当今激烈的商战中，我们常面临技术迭代快、市场竞争激烈的挑战，执行力决定着企业的生死存亡。而这本书阐述的理念为我们提供了新的思考角度。无论是优化团队协作，还是提升决策效率，它都像一盏明灯，照亮战略通往执行的漫漫长路，值得每一位追求卓越的管理者或销售人员研读。

AMD 大中华区销售副总裁　晁亚新

《激活销售组织：战略到执行的破局之道》是刘华先生基于自身丰富且成功的管理和销售经验，同时密切联系理论所精心打磨的专著。本书以销售的组织和创新为主题，讨论了销售组织从规划到部署再到落地全链路管理的策略和方法，为我国企业的可持续发展和业务创新提供了解决方案。

作者将销售的业务逻辑和组织规划的管理逻辑加以统筹，解决了规划和落地两张皮等一系列疑难问题，并为读者提供了完整的方法论。本书作者在书中提出的系统性、一致性、协同性和差异性四大指导原则，更体现了立场明确和站位高远，为企业做好营销管理和提升执行力提供了方法论。

本书从实际出发，又高于实际。作者在行动和认知之间建立起有机连接，践行了管理者知信行合一和学思用贯通的理念。刘华先生的这本书值得阅读！

中国人民大学商学院教学杰出教授、《高效学习密码：知信行三维管理学习》作者　冯云霞

持续赢利是企业思考的核心命题，而依据战略实现持续赢利更是企业追求的终极目标。然而，从"战略"到"销售"的落地过程往往充满挑战。如何实现从"销售"到"营销"的升级？如何将战略目标转化为销售团队的执行力？这些问题不仅是企业管理者面临的难题，更是决定企业能否实现持续赢利的关键。

刘华博士的《激活销售组织：战略到执行的破局之道》正是为解决这些问题而写。作为一名深耕销售领域多年的专家，刘华博士不仅具备深厚的理论功底，更拥有丰富的实战经验。他在书中系统地剖析了从战略制定到销售执行的全流程，为企业提供了从顶层设计到一线落地的完整解决方案。

这本书的价值在于，它既是理论研究的成果，也是一本实战指南。刘华博士通过大量案例与方法，揭示了战略到执行的核心逻辑：如何通过战略解码将高层目标转化为销售团队的行动指南，如何通过组织协同与流程优化提升执行力，以及如何通过数字化工具实现动态监控与快速调整。无论是制定战略的企业家、指挥作战的营销管理者，还是拼搏在一线的销售人员，都能从书中找到适合自己的方法与启示。

华夏基石管理咨询集团副总裁　郭伟

《激活销售组织：战略到执行的破局之道》这本书如同一把商业利刃，直击销售领域的核心痛点。在当今竞争激烈的市场中，它为企业经营者提供了一套极具实战价值的销售战略体系。

作者刘华凭借多年在企业经营与营销管理一线的丰富实践经验，深入剖析了销售组织在战略落地过程中的关键问题，并构建了一套系统化的分析框架。这套框架将战略规划与执行能力深度融合，为企业经营提供了新的视角和方法论。

本书内容丰富、结构清晰，从识别问题、构建解决框架，到制定精准营销策略、优化组织保障体系，再到选择最佳销售管理方法，层层递进，为读者提供了一套系统有效的实操框架和方法工具。另外，本书更有大量鲜活的案例，让人读来如临其境，仿佛置身于真实的商业战场。这本书无论对于寻求破局的初创企业经营者，还是渴望持续提升销售效能的成熟企业经营者，都是不可多得的必备参考书。

清华大学经济管理学院市场营销系教授　胡左浩

在当下中国经济转型的关键时期，中国企业也面临从抓机会的粗放增长模式向基于更清晰战略、更强组织能力和更高效运营的发展方式转变的挑战，没有意识到这一点的企业，必将被时代和市场淘汰。销售组织的执行力是企业转型中至关重要的部分，刘华先生的《激活销售组织：战略到执行的破局之道》是一本应时之作。

作者基于自己多年企业运营的实战经验和长期的理论学习和积累，全面深入地剖析了销售与战略管理的核心要点。本书内容丰富，从战略规划的宏观视角，到营销策略的精准制定，再到组织保障体系的构建和销售管理体系的建设，每一部分都提供了极具落地性的方法和策略，为企业实际运营提供了清晰的指引。

本书的价值不仅在于理论的深度，更在于其实践性。对于销售管理者而言，它是提升团队执行力、优化销售流程的实用指南；对于企业核心管理层来说，它能在制定科学战略并落地过程中提供不错的助力。书中的大量案例和可操作方法，能够帮助读者更好地理解相关理论并将其应用于实际操作中。

强烈推荐这本书，相信它能助力中国企业在提升组织能力的道路上少走弯路，实现可持续发展，在更加不确定和激烈的市场竞争中脱颖而出。

李宁集团前副总裁　廖斌

如果你正为"战略高高挂起，业绩死活上不去"而头疼，这本书就是你的破局指南！没有空洞的理论，只有实打实的销售战斗经验——本书作者深耕销售管理20年，亲自带过团队，见过太多企业掉进"战略到执行"的断桥坑：明明产品好、市场大，偏偏团队使不上劲；销售牛人单打独斗，一离职就带走半壁江山；新官上任三把火，结果把团队业绩烧得更惨……这本书直击要害，给你三把钥匙：①把老板的战略翻译成销售听得懂的"作战地图"，从年度目标拆解到销售人员该拜访谁、怎么谈；②搭台子、建机制，用薪酬设计激活团队，用复盘模板让菜鸟也能复制销冠打法；③教管理者像教练一样带兵，把个人英雄变成铁血军团。书中还有众多实战案例拆解，教你怎样在红海市场靠组织协同杀出重围。

不论是带千人团队的高管，还是刚接手销售部门的新手，翻开本书就能找到效果立竿见影的工具，读完你会明白，真正的销售战斗力，不是靠喊口号，而是把战略拆成每个销售人员的具体工作。希望这本书能帮助你在销售战场上大获全胜！

易凯资本合伙人　李钢

在当今商业竞争激烈的浪潮中，理论与实践的结合是企业突破困境、实现可持续发展的关键。《激活销售组织：战略到执行的破局之道》正是这样一本兼具理论深度与实践价值的佳作。它与作者上一本书《卓越销售》一样，不仅是对理论的总结，更是他在一线摸爬滚打、历经实战磨砺后的智慧结晶。

刘华凭借多年深耕企业运营与销售管理的丰富经验，深知"战略到执行"的复杂性与重要性。《激活销售组织：战略到执行的破局之道》一书聚焦于企业面临的诸多痛点，如战略难以落地、增长瓶颈、销售业绩不佳等，直击问题的本质——战略与执行之间的脱节。作者通过系统性框架，全面剖析销售组织执行力的关键要素，涵盖精准营销策略、组织保障与高效销售管理体系的构建，为读者提供一套清晰、实用的解决方案。书中不仅有高屋建瓴的理论阐述，更有接地气的工具、模板与案例分析。这些内容是作者在不同企业、不同阶段的亲身实践与深刻体悟，具有极高的参考价值。无论是企业管理者，还是奋斗在一线的销售人员，都能从书中获得契合自身需求的启发与指导。它不仅是一本工具书，更是一盏明灯，照亮企业战略落地与执行突破的前行之路。

企业经营要成功，首先在战略选择，更要靠企业的组织能力。组织能力是企业的核心竞争力，在持续变革和提质增效的经营环境下，突出体现在对企业战略的精准执行，以及持续优化与提升组织效能。然而，在企业经营管理中，恰恰是战略到个体执行易出现偏差和衰减，尤其是直接承担价值创造和客户服务的销售群体，他们能否精准、高效地落实企业战略，成为决定企业成败的关键。

洪泰基金前合伙人、中国生命关怀协会副理事长　王小岩

如果你正为战略清晰却难以落地、销售团队使不上劲而头疼，本书正是你需要的实战指南！作者刘华凭借多年的企业经营管理经验，亲历了从创业期到成熟期企业面临的种种挑战，深知"战略到执行"这条路上的每一个坑。这本书没有空洞的理论，只有实实在在的作战方法。

书中提供了三大核心策略：首先，教你将高层的战略转化为销售团队能够理解和执行的具体行动计划；其次，通过设计合理的薪酬机制和构建积极的组织文化，激发团队战斗力；最后，帮你搭建一套高效的销售管理体系，确保每个环节都与战略目标保持高度一致，实现团队协同作战的最大化效能。

无论你是企业的高层管理者、销售部门的负责人，还是一线销售人员，都能在书中找到立竿见影的实操方法。细细研读后，你会发现真正的销售战斗力不是空喊口号，而是把战略进行解析、形成策略、变成每个销售脚下的路标。希望这本书能成为你在市场竞争中的得力助手，助你赢得胜利！

华胜天成集团董事长兼总裁　王维航

在瞬息万变的商业环境中，"战略到执行"的鸿沟始终是企业家的切肤之痛。作为深耕企业战略与组织管理多年的实践者，我欣喜地向广大企业家朋友力荐这本《激活销售组织：战略到执行的破局之道》。

本书以系统性思维破解了企业发展的核心密码——将战略转化为组织执行力。作者构建的"精准营销策略—组织保障体系—销售管理闭环"三维模型，与长江商学院"取势、明道、优术"的理念深度契合。书中既有对战略定位不清、人才断层等痛点的犀利剖析，又有以跨行业视角提炼出可复用的方法论，尤其对校友企业中普遍存在的"战略共识难落地""销售团队动能不足"等问题极具启发性。在 AI 重构商业逻辑的今天，本书提出的"组织韧性超越个人能力边界""数据驱动销售管理"等观点，恰为企业家应对不确定性提供了破局密钥。作者二十余年实战凝练的框架工具，更可帮助企业打通战略与执行的任督二脉，构建可持续增长的引擎。

期待这本兼具战略高度与战术颗粒度的力作，成为企业穿越周期、锻造组织竞争力的案头指南。愿我们共同以知行合一的力量，成就更多中国商业典范。

长江商学院北京校友会执行会长　武楗棠

在当今快速变化的商业环境中，企业的成功不仅依赖于清晰的战略，更取决于能否高效地执行战略。许多企业面临战略难以落地的困境，究其原因，往往在于缺乏一套系统化的执行力框架。本书正是为解决这一核心问题而写，刘华先生凭借多年企业运营与销售管理的实战经验，深入剖析了"战略到执行"的关键路径，为企业在不同发展阶段提供了切实可行的解决方案。

本书的核心价值在于其系统性和实用性。作者不仅从理论层面阐述了销售组织执行力的重要性，还通过三大核心框架——精准的营销策略、强大的组织保障、高效的销售管理体系——为企业搭建了从战略到执行的桥梁。无论是初创企业还是成熟企业，都能从中找到适合自身发展的执行方法论。书中提供的工具、模板和案例分析使理论能够快速落地，帮助企业解决实际问题。

此外，本书还提出了四大原则：系统性、一致性、协同性和差异性。这些原则不仅适用于销售组织，也能为企业整体运营提供借鉴。无论是企业高层管理者、销售团队负责人，还是一线销售人员，都能从书中获得启发，明确自身角色，提升团队的协作能力与执行力。

如果你正在为企业战略难以落地、销售团队执行力不足而困扰，该书将为你提供一套完整的理论框架和实用工具，帮助你的企业突破增长瓶颈，打造高效团队，实现可持续增长。无论你是企业管理者还是销售从业者，该书都值得一读，它将为你的职业发展和企业成功提供强有力的支持。自从和刘华先生结识以来，每次和他交流都令我对从战略到执行有了更深的理解，这本书更是刘华先生 20 多年销售经历的结晶，相信会对大家认知从战略到执行有非常大的启发作用！

方舟健客创始人、董事长兼首席执行官　谢方敏

《激活销售组织：战略到执行的破局之道》是提升销售效能、实现企业战略目标的必读之作。作者以深厚的实践经验和严谨的理论框架，系统阐述了销售组织执行力构建的关键要素。本书不仅深入剖析了销售组织常见执行力问题及其根源，还提供了从战略制定到执行落地的完整解决方案。尤为值得一提的是，书中探讨了AI技术在销售管理中的前沿应用，为企业在数字化时代下的转型升级提供了宝贵指导。通过丰富的案例和实用的工具，本书帮助企业将理论快速转化为实际行动，有效提升销售组织的执行力。无论你是企业高层还是销售管理者，本书都将为你提供极具价值的参考和启示，助力你打造高效销售组织，推动企业持续发展。

中关村科金总裁　喻友平

令人欣喜的是，刘华先生的《激活销售组织：战略到执行的破局之道》一书正式出版，帮助企业架起跨越"战略到执行"的桥梁。本书深度剖析为何清晰的战略难以落地、增长为何遭遇瓶颈等关键问题。凭借丰富的实践经验，作者精心构建系统性的框架，从制定精准营销策略到构建强大组织保障，再到建立高效销售管理体系，每一步都直击痛点。书中提出的四大原则——系统性、一致性、协同性、差异性为企业打造专属销售组织执行力体系提供了全局指引。

无论是企业高层谋划战略布局，还是销售管理者提升团队效能，抑或是一线销售人员明确目标高效执行，这本书都能提供多层面价值。它不仅有系统性框架，更有实用性方法，配以可操作工具、模板与案例分析，助力企业快速将理论应用于实践。强烈推荐这本能让企业"战略到执行"不再是难题，而是竞争优势的佳作！

用友网络科技股份有限公司副总裁、中国国际科技促进会企业人才工作委员会副主任、
《人力资源数字化升级：策略、路径与实践》作者　张月强

一直以来，如何高效执行发展战略是致力于打造基业长青组织的企业家最为关心的课题之一。本书致力于为管理者系统性地呈现如何将业务战略深度融合到销售执行动作中的思考与实践。作者结合自身在销售管理方面丰富的经验和阅历，并通过一系列实用工具和生动案例为读者深入浅出地阐明了解决此类问题的框架，即通过制定精准的营销策略、构建强大的组织保障和建立高效的销售管理体系三大基石，为组织"战略直达销售"奠定坚实基础。相信本书能够给各类型企业的管理者带来思考与帮助。

埃森哲大中华区战略与咨询业务部董事总经理、人才与组织绩效业务负责人　张逊

推荐序一

刘华先生的这本书，围绕企业管理中的核心挑战——如何将战略精准、高效地转化为销售执行力——展开了一场系统而深刻的探讨。这不仅是一本关于销售管理的实战指南，更是对现代企业管理本质的一次剖析和思考。

作为经济学教授，我曾在DBA项目为他授课，私下也与他有过不少交流。我深知他既是商业实战中的佼佼者，又是一个孜孜不倦的学习者。在企业的复杂实践中，他不断思考、总结，并最终提炼出这本书所呈现的系统性方法论。我并非销售管理领域的专家，阅读此书后，感到获益匪浅。正如孔子所言："三人行，必有我师焉。"我们互为老师，他从经济学中汲取思维方法，而我则从他的管理经验中获得新的洞见。

本书的核心命题直指现实：许多企业的战略规划看似周密，但为何难以落地？为何某些销售精英在被提拔为管理者后，反而导致团队业绩下滑？如何让组织摆脱对少数个体的依赖，构建可持续的销售执行体系？这些问题不仅关乎销售管理，更映射出企业组织能力的构建与优化。

刘华的回答是：企业必须建立一座"战略—执行"的桥梁，而这座桥的基石就是销售组织执行力。他提出了系统性的三大核心框架：

- 精准的营销策略：基于企业战略，明确市场定位，并将目标细化为可执行的行动计划。
- 强大的组织保障：通过合理的组织架构、激励机制和人才培养，确保销售团队能高效协作。

- 高效的销售管理体系：结合数字化工具与科学管理方法，优化绩效考核与执行过程。

本书的价值在于，它并非空泛的战略讨论，而是提供了具有实操性的工具、模板和案例分析，使企业能够真正将理论转化为实践。书中提出的四大原则——系统性、一致性、协同性、差异性——为不同规模、不同阶段的企业提供了针对性的销售管理方案。无论是初创公司，还是面临增长瓶颈的成熟企业，都可以从中找到适用的解决方案。

作为一名经济学者，我尤其欣赏本书对"组织能力"这一概念的强调。企业的竞争力，不仅仅在于个别销售精英的能力，更在于能否建立一个可持续的、高效运作的销售组织。本书为企业搭建了这样一个理论框架，并用丰富的实战经验加以验证，这是它重要的贡献之一。

对于企业高管，本书提供了一个清晰的销售组织管理框架，帮助他们更好地构建从战略到执行的闭环；对于销售管理者，它提供了管理团队、提升执行力的方法论；对于一线销售人员，它让他们能够理解自己在企业战略中的位置，并高效执行目标。因此，本书不仅是一本销售管理的指南，也是一部关于企业战略落地的实战手册。

在知识与实践的结合上，刘华先生的这本书无疑是一部优秀的作品。它既有理论高度，又有实践深度，对于任何希望提升销售组织执行力的企业而言，都是一本值得一读的书。

陈玉宇

北京大学博雅特聘教授、

北京大学经济政策研究所所长

推荐序二

在商业的大航海中，无数企业掌舵者手握着战略方向的罗盘，却常迷失于执行的迷雾而难以到达成功的彼岸。愿景的灯塔明明可见，为何航船仍搁浅于现实的浅滩？

作为从事财经报纸和营销广告杂志的媒体人，过去二十多年，我目睹过太多企业的兴衰。战略的蓝图若无法传递到组织的末梢，终将沦为纸面的乌托邦；而执行若脱离战略的坐标，则有舵而无向，在市场的惊涛中徒劳打转。

企业销售侧的战略是企业资源配置与市场竞争的长期规划，为销售组织提供目标导向与行动框架。而执行力则需要将战略转化为具体行动并实现预期成果的系统能力，包含组织流程、资源配置和团队协同等。在商业竞争日益激烈的今天，企业的销售组织要想在市场中脱颖而出，不仅需要明确的战略方向，更需要强大的执行力来确保战略的落地实施。

《激活销售组织：战略到执行的破局之道》值得企业销售组织深入阅读。它为销售团队在战略与执行之间架起了一座桥梁，帮助企业销售组织跨越战略与执行的鸿沟，实现可持续发展。

一、营销组织的迷失

回看过往很多企业的营销组织的发展，战略的丰碑与执行的废墟往往并存。书中列举的十大现象如同十面棱镜，折射出企业营销组织普遍的困境：从"战略共识难落地"到"市场与销售脱节"，从"销售团队新业务推进乏力"到"区域业绩黑盒之谜"……每一幕场景都在叩问一个本质问题：为何精心设计的战略，在营销组织的血肉中难以生根？

有的企业凭借技术优势迅速崛起，却在规模扩张期陷入"新人留不住，老人跟不上"的泥潭。其症结并非战略失误，而是组织未能将"技术驱动"的战略转化为营销团队的基因。而更有企业的创新业务因销售团队固守传统业务而错失先机——战略的望远镜与执行的显微镜一旦失焦，企业便如同蒙眼狂奔，每一步都可能踏入深渊。

这反映的是一个残酷的真相：战略的失效，本质却是组织生命力的衰竭！营销组织若不能成为企业战略的毛细血管，将高层的意志转化为末梢的行动，再宏大的构想终将飘散在风中。要明白，执行力不是个体的百米冲刺，而是组织的马拉松耐力跑。

二、营销组织需要进化

本书很智慧的地方在于跳出了"战略制定者"与"执行者"的二元对立，将营销组织视为战略落地的有机生命体。在书中，作者认为营销组织是需要进化的，也提出了进化的清晰步骤。

首先要战略锚定。优秀的营销战略绝非会议室里的空中楼阁，而是扎根于市场的鲜活生命体。书中强调，战略制定需经历"PEST 宏观扫描—客户需求深挖—竞争格局解构"的三重淬炼。唯有将战略目标分解为可量化的客户触点（如解决方案沟通率、大客户回访频次），企业才能避免策略沦为空洞的口号。

其次是组织的重生。传统营销组织常陷入"管控"与"赋能"的悖论：过度强调流程标准化，可能扼杀创新；而放任个体自由，又易导致各自为战，战略执行拉垮。书中以英国自行车队的"边际增益理论"为隐喻，提出"铁打的营盘，流水的兵"不应是僵化的制度，而是不断进化的生态。通过架构设计、人岗匹配、文化塑造等手段，营销组织方能从机械齿轮升级为自适应神经网络。

最后才是管理的升维。营销组织最容易以结果论英雄，要知道结果也可能只是当下正确的结果。因此"唯结果论"的绩效考核，如同仅凭体温判断病人的健康状况——表象之下可能暗藏病灶。本书提出"结果指标—活动指标—监控指标"的模型，将抽象的营收目标拆解为诸如"每周新客户开发量""每月解决方案提案数"等可追踪的行为指南。企业可借助 CRM 系统与 AI 工具，构建数据驱动的管理飞轮，形成"管过程，得结果"的营销管理模式。

三、数智化觉醒

在 AI 与大数据重构商业底层的今天，营销组织的进化已迈入"数智化"的新阶段。作者预言：未来的竞争力，不取决于拥有多少数据，而在于能否迅速将数据转化为决策的基座。

例如，某企业通过 AI 分析客户历史行为，自动生成千人千面的沟通策略，使销售转化率提升 40%。这是一个必然的趋势，战略到执行间的鸿沟，未来会被数字技术填平为实时反馈的高效闭环。

然而，技术只是工具。书中也警示，若用 AI 替代人，可能会陷入另一个巨大陷阱，那就是错误的战略执行起来会更加迅速，等发现错误再想纠正可能已经来不及了。未来就应该是人的智慧加上 AI 的智能，形成更加完美高效的智能体组织。人负责做战略制定和价值判断，AI 负责优化执行、提高效率和预警风险，销售团队则精准发现客户价值。

四、致时代同行者

本书的价值不仅在于提供方法论，更在于唤醒一种理念，营销组织本应是战略的化身。它能指引企业决策者保障目标有效落地，它是中层管理者实用的工具书，它能帮助一线销售人员明确自身的角色。

最后我想说的是，战略到执行的距离并非物理空间的远近，而是组织进化的时间跨度。当营销组织能够像生命体般学习、生长、进化，企业便不再受困于"知易行难"的魔咒，不再陷入战略到执行的困局，而是以知行合一的韧性，在不确定性的浪潮中锚定永恒。

愿每一位读者都能在此书中找到破局的密钥，让战略的星光真正照亮执行的征途！

郭宏超

《经济观察报》副总编辑、《现代广告》总编辑

推荐序三

　　企业如何在波诡云谲的国际环境以及激烈竞争的商业中保持快速、高效以及可持续发展？对于成熟型企业，如何建立自己的品牌优势与渠道优势以增强终端控制力？对于初创型和成长型企业，如何在商战中突围？这些问题无疑是创业团队、企业家以及企业核心高管最为关注的事情。

　　在我从事的医疗创投行业中，接触过上万家初创型、成长型医疗企业，其中绝大多数初创型企业面临过难以突围、胎死腹中的窘境，而成长型企业并未真正突破成长瓶颈，最终因成长缓慢、停滞不前走向衰退。尤其是医疗行业中的很多企业受政策以及竞争的影响，最终走向低利润甚至负利润的状况，进而消亡。

　　我们也经常反思，为什么大多数企业没有完成最终的蜕变？刘华先生的《激活销售组织：战略到执行的破局之道》一书对此给出了相应的答案。书中以运营实践为基石，直面"战略清晰却难落地""企业成长遇到瓶颈""优秀销售的个人能力无法转化为组织能力""核心人才流失便导致企业业绩滑坡"等共性难题，直指核心病灶——战略与执行之间缺失有效的桥梁，而这座桥梁，正是强大的营销组织执行力。

　　该书以建立高效执行力的营销组织为主要目标，从制定精准的营销策略、构建强大的营销组织以及建立高效的销售管理体系三方面为核心内容，全面系统地阐释、分析企业在不同的发展阶段如何制定战略、营销策略并建立高效强大的营销组织，以实现企业的价值。

　　精准的营销策略是战略落地的方向盘，在实际运营中，许多企业的营销策略往往陷入"宏大叙事"的陷阱，看似逻辑缜密，实则无法执行。该书强调战略的"可操作、可分解、可落地"，将战略目标转化为一个个具体的销售动作，让营销团队清楚"做什么""怎么做""做到什么程度"，从根源上避免战略与执行的脱节。

强大的营销组织是组织执行力的保障与支撑体系。围绕营销策略，如何设计科学的组织架构，制定激励人心的薪酬机制，同时优化人岗匹配，持续提升团队能力等，缺乏任何一个环节都无法实现战略的精准落地。

销售管理体系是战略落地的"推进器"，也是战略落地的"最后一公里"。该书强调其核心在于因地制宜、不断优化，需要根据企业的发展阶段、所处的环境不断调整，才有可能实现企业的可持续发展。

在战略易谈、执行难为的当下，可以说该书不仅具有理论高度，更难能可贵的是刘华先生结合自身的经验，提出不同发展阶段的企业所面临的不同问题并给出相应的解决之道，这无疑给创业团队以及企业高管提供了非常好的思路。在未来的商业征程中，唯有那些能够构建强大营销组织执行力，实现战略与执行深度融合的企业，才能真正穿越周期，成为时代的赢家。"兵无常势，水无常形"，希望每一位创业者通过阅读此书，并结合企业自身发展的特点找到出路，打造高效营销团队，奔赴可持续增长的远方。

宋高广

北极光创投合伙人

前　言　战略到执行，到底有多远

在当今竞争日益激烈、商业环境瞬息万变的背景下，企业的生存与发展已不仅仅依赖于涉足新兴行业、开创独特的商业模式，或是打造出卓越的产品与服务，更为关键的是能否将战略目标精准、高效地传递到组织末端，并转化为切实的执行力。作为企业连接市场与客户的关键纽带，销售组织是否能与客户建立专业联系与深度融合，并形成强大的战斗力和执行力，直接关系到企业的成败。

多年来，我在企业运营与销售管理的实践中积累了丰富的经验，并深刻认识到"战略到执行"的复杂性与重要性。无论是高速成长的初创企业，还是稳步发展的成熟企业，都面临着一个共同挑战：如何确保企业的战略目标能够切实而迅速地转化为具体的行动和业绩成果。在管理实践中，许多企业面临如下问题：

- 为什么战略清晰且各方就该战略达成了共识，但战略却难以有效落地？
- 为什么企业在创建初期高速发展，却在达到一定规模后遭遇了发展瓶颈？
- 为什么根据市场需求推出的新产品，其销售业绩并不尽如人意？
- 为什么优秀销售的能力难以转化为组织能力，以至于核心销售人才的流失直接导致企业销售业绩严重下滑？
- 为什么优秀的销售人员被提拔为管理者后，团队业绩反而下降？

这些问题并非孤例，而是许多企业面临的共同难题。其根本原因在于，企业在战略与执行之间缺乏有效的桥梁。而这座桥梁，正是强大的销售组织执行力。

多年的实践与探索让我逐渐意识到，企业能否在不同发展阶段（如创业期、成长期、成熟期与转型期）持续保持增长活力，取决于跨越生存期后，能否建立起一支具备卓越执行力的销售组织，而非仅依赖销售人员的个人能力。执行力不仅是短期业绩的保障，更是企业长期竞争力和可持续发展的基石。

销售组织执行力并非单纯的行动力，而是一套系统化的能力框架。它涵盖战略目标与市场策略的精准传递、组织保障与团队协作的高效落实，以及过程管理与绩效提升的持续优化。为解决企业战略无法落地的问题，我设计了一套系统性框架，包括以下三个核心方面。

一、制定精准的营销策略

基于业务战略，明确市场定位，结合客户和市场的特点，制定可操作的市场和营销策略。通过分解销售任务并细化行动计划，确保各环节都与企业战略高度一致，为销售部门提供明确的行动方向。

二、构建高效的组织保障体系

围绕营销策略，设计科学的组织架构，营造积极的组织文化与工作氛围，制定激励人心的薪酬机制。同时，通过优化人岗匹配、加强人才培养，持续提升团队能力，为高效执行营销策略提供必要的资源支持和保障。

三、建立高效的销售管理体系

结合企业业务特点，建立专属的销售战法，选择最佳的销售管理策略与方法。建立科学的绩效回顾机制，落实精细化的过程管理，推动团队协作，借助数字化管理工具构建高效的销售管理体系，确保团队执行的一致性。

在这一框架下，我提出了四大原则，帮助企业从全局出发，系统规划销售组织执行力体系：

系统性：从整体视角，统筹销售目标、资源与流程。

一致性：确保战略目标、营销策略与执行过程在各环节保持高度一致。

协同性：协调各部门资源，优化体系内要素的联动性，实现效能最大化。

差异性：根据企业规模、行业特点与市场阶段，制定灵活且有针对性的策略。

本书的目标是提供一套完整的理论框架与实用方法，帮助企业打造强大的销售组织执行力。解决长期困扰企业的"战略无法落地"问题，尤其是在销售组织这一直接影响收入与市场地位的关键领域。

这本书不仅介绍了建立高效销售管理体系的工具，更传达了一种理念：将"战略"与"执行"深度融合，确保战略精准传递至销售团队，并通过高效执行转化为实际成果。

无论你是企业高层、销售管理者，还是一线销售人员，本书都能提供多层面的价值。

对于高层管理者：帮助设计与企业战略高度一致的营销策略和组织体系，确保目标有效落地。

对于销售管理者：提供提升团队管理与执行力的系统方法和实用工具。

对于一线销售人员：帮助一线销售人员明确自身角色，按照公司战略方向高效完成业绩目标。

因此，本书不仅适用于成熟企业，也适用于处于成长阶段的初创公司。不同阶段的企业需要结合自身发展阶段和竞争态势，因地制宜地调整销售策略与管理方法。

本书的特色与亮点：

系统性框架：从战略到执行，全面解析销售组织执行力的关键要素，包括目标设定、资源分配、流程优化、绩效管理与团队文化建设等。

实用性方法：提供可操作的工具、模板与案例分析，帮助企业将理论快速应用于实践。

通过本书，我希望能为更多企业搭建起强大的销售组织执行力体系，让"战略到执行"不再只是口号，而是真正的竞争优势。助力企业突破发展瓶颈，打造高效销售团队，实现可持续增长！

感谢每一位同行者，正是你们在销售管理领域的努力与探索，为本书注入了宝贵的经验和灵感。让我们携手打造卓越的销售组织执行力，探索战略到执行的突破之道，推动企业持续发展，穿越周期，赢得市场，共创辉煌！

刘　华

2025 年 5 月

目　录

激活销售组织
战略到执行的破局之道

第 1 部分

识别问题和
构建解决框架

企业在制定高瞻远瞩的战略目标时，常常面临一个关键挑战：销售组织难以有效实现战略目标。这是战略目标本身不切实际，还是销售组织的执行力不足？对于企业 CEO 而言，这是一个需要深思的核心问题——是调整战略目标，还是提升销售组织的执行能力？

　　在第 1 部分中，我们将深入分析销售组织中常见的现象与问题，揭示执行力不足的根本原因。基于这些洞察，我们将构建一个系统化的解决框架。这一框架旨在帮助企业 CEO 和销售负责人清晰地识别问题根源，并为其提供可操作的思路与方法，从而打造高效能的销售组织，确保企业战略的有效执行。

———————————

·第1章·

识别问题

常见现象

对于采用 B2B 模式运营的企业而言，销售团队在整体运营中扮演着至关重要的角色。他们不仅是连接企业与客户的桥梁，更是推动业绩增长和实现战略目标的核心引擎。销售团队需要精准传递公司产品与服务的核心价值，通过为客户创造实际价值，驱动企业实现业务持续增长。因此，销售团队的执行力始终是企业高管关注的焦点问题。

在过去二十多年的企业管理实践中，我深入观察并总结了销售团队在实际运营中遇到的常见现象与挑战。这些问题并非孤立存在，而是系统性问题的外在表现。结合真实案例，我对这些现象进行了深入剖析。以下是几个典型问题的总结与分析：

现象 1：企业制定了新的战略，但销售落地困难，进展缓慢

某知名 IT 企业制定了向云计算服务转型的战略，将其作为未来发展的核心方向。为此，该企业通过收购与自主研发相结合的方式，构建了一套完善且具有前瞻性的云技术产品与服务体系。由于云计算服务的目标客户群与现有销售团队负责的客户群高度重合，该企业决定依托原有销售团队推广新业务，以期节省成本并提升效率。

然而，几年过去后，新业务的表现却远低于预期。销售团队仍将主要精力集中在原有产品和服务上，新业务的推广进展缓慢甚至停滞。按理说，利用相同的目标客户群和现有团队，本应是一种资源节约且高效的策略，但实际执行效果却令人失

望。究竟是什么原因导致了这一情况的出现？

现象 2：销售策略与战术缺失，销售人员各自为战

在许多企业，尤其是中小企业中，销售团队普遍缺乏统一的策略和系统化管理。企业在招聘销售人员后，通常仅提供基础的产品培训，随后便让他们独立寻找客户并完成签单。在这种模式下，能够留存下来的销售人员往往依赖个人运气或既有资源，而非系统的销售能力。

即便这些销售人员能够留下，他们的工作状态也往往是各自为战，缺乏团队协作和统一的行动方向。企业在销售管理上往往流于形式，过度关注最终的销售结果，忽视了对销售过程的指导和支持。销售人员在没有明确目标和方法的情况下，倾向于随机行动，"碰到什么单子就签什么单子"，难以在特定领域深耕。

这一现象在资源有限、管理体系尚不成熟的中小企业中尤为突出。缺乏系统的销售策略和战术，不仅导致销售效率低下，还使企业在市场竞争中难以形成持续的竞争优势。

现象 3：销售团队能力滞后，制约公司快速发展

某知名医疗企业的创始团队由原公司产品和研发部门的核心骨干组成。凭借深厚的技术背景和卓越的技术优势，该企业在创业初期迅速发展，营业额达到 2 亿元。然而，随后的发展却陷入停滞，收入难以持续增长。

问题的根源在于，该企业在初创阶段依靠技术优势实现了快速发展，但进入下一阶段后，仅靠技术已不足以推动持续发展。该企业需要"技术 + 营销"双轮驱动，才能突破瓶颈。然而，当前负责营销和销售的仍是创始团队成员，他们在营销领域的经验有限，难以构建完善的销售体系，很难支撑企业下一阶段的快速发展。

董事长曾尝试从外部引入优秀人才，多次聘请知名外企和国内顶尖企业的营销专家，但这些人才往往"水土不服"，无法长期留任。与此同时，原有团队的思想和能力又难以适应企业发展的需求，形成了"新人留不住，老人跟不上"的困局。这种两难局面让董事长深感焦虑，难以找到破局之道。

现象 4：区域发展不平衡——业绩与人员能力的"黑盒"问题

某大型集团企业在全国 20 多个城市设有分支机构。然而，各区域的发展极不平衡：业绩表现好的区域，管理层通常将其归因于当地总经理的能力出色；而业绩不佳的区域，管理层归咎于当地总经理能力不足，甚至在连续业绩下滑后直接更换当地的管理者。然而，单纯更换管理者并非解决问题的根本之道。一方面，优秀的人才稀缺，即使想更换管理者，也未必能够找到合适的候选人；另一方面，即便更换了管理者，业绩的改善效果也难以保证。这种管理方式将区域业绩的好坏简单归因于个人能力，忽视了更深层次的系统性问题和组织能力的缺失。

问题的核心在于，首先，该企业缺乏系统性分析，未能深入分析业绩优秀区域的成功因素和业绩不佳区域的根本问题，导致无法复制成功经验或针对性地解决问题；其次，过度依赖"明星"管理者，将业绩完全寄托于个别管理者的能力，忽视了体系化管理和组织能力的建设；最后，区域资源分配不均，一线区域可能享有更多资源和支持，而二、三线区域面临资源匮乏和市场环境复杂等客观限制，还有可能是集团对于这些区域的发展策略过于僵化，但这些因素未被充分考虑。

现象 5：销售总监离职带走了核心员工——组织缺乏弹性和韧性

某医疗行业企业的销售团队曾由销售总监 A 领导，该团队创造了亮眼的业绩并赢得了客户的高度认可。然而，竞争对手以更具吸引力的条件挖走了销售总监 A，并且他同时带走了多名核心骨干成员。这一变故直接导致该企业当年销售业绩大幅下滑，全年销售目标未能达成。

对于公司 CEO 而言，短期业绩损失固然令人焦虑，但更关键的是如何避免类似事件再次发生。销售组织的稳定性不应依赖于某些关键个体，而应建立在成熟的销售体系之上。正如"铁打的营盘，流水的兵"，真正成熟的销售组织应具备足够的弹性和韧性，即使关键员工离职，也能通过健全的体系维持业绩稳定。

这一事件暴露出该企业销售组织的结构性缺陷：体系化程度不足，弹性较差，自我造血能力欠缺。未来，该企业需要从"人治"转向"系统化管理"，完善销售组织建设，降低对个别关键人物的过度依赖。

现象 6：销售团队业务能力强，但新业务始终难以推进

某公司推出了新的产品和业务线，并将其视为未来的增长引擎，专门制定了新业务目标和激励政策。然而，一年过去了，尽管销售团队整体业绩表现良好，新业务却未能取得显著进展，远未达到预期目标。问题并非销售人员不努力。新业务虽然对客户有吸引力，却未成为销售的重点。核心原因可能在于以下几点：首先，销售人员更关注当期业绩和快速兑现的奖励，而新业务的推广通常需要较长的销售周期，与个人的短期利益关联度较低；其次，销售人员可能对新业务的特点不够熟悉，缺乏有效的推广方法，或者习惯于销售现有产品，从而对新业务缺乏信心和兴趣。这个现象表明，单纯依赖目标设定和奖励机制并不能有效推动新业务的推广。该公司需要从组织架构、销售流程和企业文化等多维度进行深度调整，优化资源配置，并提升新业务推广的能力。

现象 7：工作要求执行不到位——新销售能力不足，老销售重视不够

为提升老客户的续约率，A 公司要求在项目结束后的一个月内完成对老客户的 100% 回访。回访应由客户高层和公司专家共同参与，目的是复盘项目、挖掘需求并推动续签。然而，年底统计结果显示，回访率仅为 50%，远低于预期。经过反馈分析，问题主要集中在两类销售人员。一方面，新销售由于与客户关系不够紧密，难以约到客户高层，无法完成回访任务；另一方面，老销售由于日常任务繁重，将回访优先级调至最低，认为回访可有可无。深层原因分析显示，新销售缺乏与客户高层沟通的技巧和信心，而老销售则认为续约是最终目标，回访过程相对次要，未能充分认识到回访的重要性。

现象 8：优秀销售员晋升销售经理后表现不佳

某销售人员因个人销售业绩突出被提升为销售经理，负责管理 5 名销售人员。然而，该团队年底业绩表现不佳，未能达成目标，该名销售经理也陷入低迷状态，再无往日的意气风发。

这一现象揭示了从"优秀销售"到"优秀管理者"转变过程中存在的关键挑战。首先，从个人业绩导向转变为帮助团队成员成功，要求全新的思维方式和技能，这一转型并非自然而然发生的，而是需要系统性的培训和指导。其次，作为销售经理，除了具备个人销售经验，他还需要团队管理、目标拆解、资源分配等能力，而这些技能与个人销售经验并不完全相关，不能单纯依赖过去积累的经验和知识来应对。此外，新晋销售经理往往在个人销售任务与团队管理之间难以找到平衡点，导致工作效率下降。

这一现象说明拥有优秀的个人能力并不意味着此人能够胜任更高层的管理岗位。为了避免类似问题，企业应在晋升前提供系统性的管理培训与辅导，帮助销售经理从"个人英雄主义"转向"团队成功主义"，进而推动团队整体业绩的提升。

现象 9：销售团队内部竞争严重，缺乏协作

公司通过业绩排名制度激励销售团队，但未建立协作和资源共享机制，导致团队内部竞争过于激烈，削弱了整体执行力。在客户资源争抢中，时间和机会被浪费，客户体验也随之下降。核心问题在于：首先，组织未能将"团队目标"和"个人目标"有机结合，销售人员过于关注个人排名，忽视了团队整体效能；其次，单纯的排名制度虽然短期内提升了部分人的积极性，但未能为组织建立起可持续的激励和协作文化；最后，团队内部消耗资源，导致外部客户体验下降，执行效率也因

此受损。这一现象反映出组织在激励机制设计上忽略了团队协作的重要性，从而直接影响了团队的整体执行效率和效果。

现象 10：销售与市场脱节，新客户获取困难

市场与销售的目标、流程和资源未能有效整合，导致执行链条断裂，组织无法实现从"品牌推广"到"销售转化"的高效闭环。尽管市场活动投入巨大，但最终的销售结果与投入之间存在严重脱节。具体问题表现在：首先，市场部门侧重品牌推广，而销售部门则追求短期业绩，导致两者目标不一致，难以协同合作；其次，市场活动带来的潜在客户线索无法精准对接销售需求，线索质量低，销售筛选成本高；最后，市场与销售之间缺乏有效的沟通，问题未能得到及时改进，反复发生。这一现象揭示了组织在跨部门协同管理中的执行力不足，难以将市场活动的成果有效转化为销售业绩。

问题分析

企业的商业成功依赖于两大核心要素：清晰的战略目标与高效的执行能力。对于以 B2B 销售模式为主的企业而言，关键在于如何实现"战略到执行"的有效落地，而这个过程恰恰是检验销售组织执行力的核心。战略目标的实现，直接反映了组织的执行力水平。

然而，从战略到执行的落地看似简单，实则充满挑战与复杂性。任何一个环节的偏差，都可能导致销售行为偏离企业的战略目标，甚至使整体战略付诸东流。接下来，我们将深入探讨销售组织在执行力方面所面临的主要问题，并揭示其背后的根源。

1. 战略定位不清晰

销售组织执行力取决于战略目标与销售行为的一致性，而清晰的战略定位是这一切的前提和基石。如果战略定位不明确，销售行为难以契合战略目标，执行力自然无从谈起。然而，许多企业忽视了这一点。高层管理者（如董事长、总经理）往往将问题归因于销售团队能力不足或执行力差，而忽视了自身未能制定清晰战略的根本原因。战略定位不清晰主要体现在以下几个方面：

首先，过度聚焦短期业绩。许多企业在面临业绩压力时，过分注重短期增长，忽视了长期可持续发展。尤其在销售组织中，短期目标完成后，团队容易松懈，甚至采取损害组织健康的措施。例如，某销售团队为了完成当年业绩，承接了一个不符合公司优势的大型项目，最终不仅亏损，还未能实现预期的后续合作。这种做法虽然使销售团队在短期内达成了目标，却削弱了企业的长期竞争力。

其次，不懂取舍。很多企业在战略决策时，往往缺乏清晰的优势定位，试图追求"全面开花"，最终导致战略方向不明确。对于销售驱动型企业而言，战略选择通常集中在"造得更便宜"和"卖得更贵"之间。"造得更便宜"通过压缩成本、提升销量实现利润目标，而"卖得更贵"则通过提供高附加值的产品或服务提高单次交易利润。企业必须专注于核心优势，做出明确的战略取舍，否则资源分散将影响战略执行。

最后，盲目创新。企业在追求创新时，往往未能紧密围绕市场需求和战略目标。创新应当解决消费者的实际问题或提升体验，而非盲目追求技术创新。缺乏战略指导的创新不仅会浪费资源，还可能导致战略偏离。企业需要确保创新能够解决实际问题，并结合成熟的技术、适当的资源投入和市场竞争环境，避免资源浪费和战略失误。

2. 战略分解不到位

战略规划是实现战略目标的起点，关键在于将其转化为销售人员能够理解并切实执行的具体行动计划。只有这样，企业才能确保战略执行的有效性。战略分解的质量直接影响销售组织的执行力。战略分解不到位主要体现在以下几个方面：

首先，年度经营目标与长期战略目标缺乏一致性。理论上，年度经营目标应从企业的长期战略目标中分解而来，但在实践中，二者常常存在脱节。即使完成了年度经营目标，也未必意味着朝着战略目标迈进，这种不一致性削弱了战略执行的连贯性和方向性。

其次，年度经营目标与执行层级之间的分解不充分或缺乏一致性。从年度经营目标到营销策略、销售策略、销售计划、销售任务再到具体的销售行为，各层级的分解往往不到位或缺乏一致性。只有将目标转化为具体、清晰的销售计划和行动，才能让销售人员易于理解并有效执行。对于销售管理者而言，明确的销售行为便于管理，确保战略执行到位。如果经营目标未能转化为具体的销售行为，或者日常销售活动与年度目标脱节，措施与结果不匹配，那么年度目标的实现将无法保障，执行只能寄希望于运气，直到年底才会看到成效。

此外，销售计划、关键任务与人员能力及绩效考核的脱节也是战略分解不到位的表现。在制订销售计划、规划关键任务和明确销售行为时，未充分考虑人员能力与相应的绩效激励措施，这直接影响执行效果。战略目标需要被细化为具体的销售行为才能落实到位，销售管理者需通过管理行为确保这些销售行为保质保量地实施，从而完成战略目标并形成组织执行力的闭环。

要确保销售行为的有效实施，销售管理者必须充分考虑销售人员的能力，做到人岗匹配。同时，销售管理者还需要制定配套的绩效考核政策，从而激励销售人员采取公司期望的行为模式。绩效考核的本质是对目标行为的引导和激励，它是实现战略落地的重要工具。

3. 缺乏有效的执行系统

在战略定位明确、战略目标层层分解后，执行是实现战略目标的核心。只有将正确的战略规划与执行结合，才能最终实现战略目标。

《把信送给加西亚》是一本广为人知的书，讲述了 19 世纪美西战争中的传奇故事。美国军方需要将一封战略意义重大的信件送到古巴盟军将领加西亚手中。然而，加西亚的行踪成谜，一名年轻的中尉安德鲁·罗文接到命令后，没有推诿，也未提出任何条件，凭借忠诚、责任感和强烈的主动性，徒步三周穿越充满危机的区域，最终完成了这项几乎"不可能完成的任务"。

许多企业家让员工阅读这本书，期望团队能具备像罗文一样的执行力。然而，如果深入思考，罗文的故事也暴露了一个问题：领导者仅仅给出了"把信送给加西亚"的指令，却没有明确"加西亚是谁""他在哪里"以及"任务该如何完成"。这种依赖个体执行力的管理模式，强调无条件服从和自我解决问题的能力，但它并不适用于企业。企业的执行力不能仅仅依靠员工的个人能力。真正高效的组织执行力，需要领导者在明确目标的同时，清晰地指明执行路径，并提供配套的支持与资源。

要确保战略规划能够转化为实际经营成果，企业必须建立一套全面的执行系统。这个系统不仅依赖个别员工的主动性和能力，还通过组织化、体系化的力量来推动执行力落地。以下几个关键要素至关重要：

首先，科学合理的组织架构是执行的基础，它确保了责任分工明确、层级关系清晰，为执行提供了有力保障。其次，优化和标准化的业务运营流程能够提升协作效率，减少内耗，使各项工作能够顺畅进行。有关销售管理方面，从目标制定到过程管控，再到结果复盘，销售体系需要有完整的闭环管理，从而确保每个环节的高效执行。

此外，政策制度通过设立明确的规则，为执行提供保障，减少随意性，确保各项任务按照既定路径推进。人才培养也是不可忽视的环节，企业需持续培养员工的能力，提升团队整体执行力，以便应对日益复杂的业务需求。最后，跨部门协作与沟通氛围的营造尤为重要，打破部门壁垒，形成高效协同的执行文化，确保各部门能够共同推动企业战略的顺利落地。

"铁打的营盘，流水的兵。"真正体现销售组织执行力的，从来不是少数人的超凡能力，而是通过系统化的支持，使普通员工在各自岗位上创造非凡业绩。这才是企业执行力的本质，以体系为支撑，让战略规划转化为持续的经营成果。

·第2章·

搭建解决框架：从分析到行动

在前文中，我们探讨了销售组织中常见的执行力问题。需要明确的是，我们关注的核心是组织层面的执行力提升，而非仅仅聚焦于个体执行力的优化。

从组织管理的角度来看，过度依赖少数明星员工并不可取。关键在于建立一套高效的机制，使一群能力处于平均水平（如 70 分）的员工能够实现超出预期的绩效（如达到 80 分）。与其寄希望于极少数 90 分的明星员工，不如通过系统化的手段提升整体执行力，确保企业的可持续发展。

某位管理学者曾提出一个经典公式：才华或资源 × 有效性 = 成果与贡献。这一公式揭示了管理的核心逻辑：尽管才华和资源至关重要，但最终成果的决定性因素是有效性，而有效性可以通过管理和优化得以提升。对于销售组织而言，提升执行力的核心在于构建高效的销售管理体系。系统化的力量可以确保每个成员都能够充分发挥潜力，将有限的资源和能力转化为最大的成果。正如上述公式所示，系统化的有效性使普通人能够完成非凡的任务，从而推动组织实现卓越目标。这种"从平凡到非凡"的转化过程，正是组织执行力的最佳体现，也是销售体系建设的最终目标。

经过多年实践和探索，我总结了一个打造销售组织执行力的框架，如图 2-1 所示。

图 2-1 的左侧展示了"战略到执行"的理念，这是所有销售组织追求的核心目标，也是提升销售组织执行力的最终成果。为了实现这一目标，销售组织需要构建基于数据化的销售管理体系。体系化的管理可确保销售组织的执行力，从而实现组

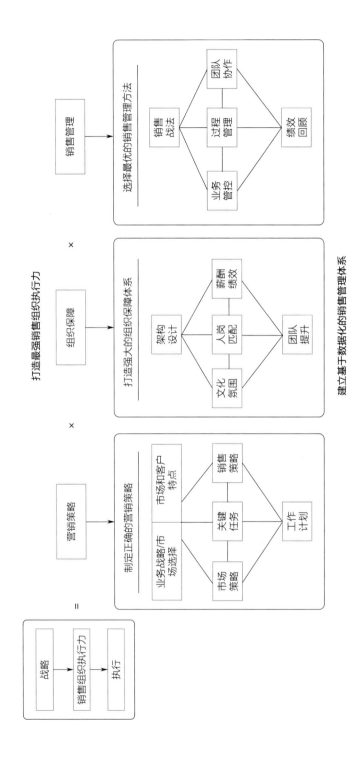

图 2-1 销售组织执行力的框架

织战略目标与销售行为的高度一致，将战略目标转化为实际的销售成果。这一框架的核心逻辑正是通过数据化和体系化管理，助力打造最具竞争力的销售组织力。

1. 建立基于数据化的销售管理体系

通过数据管理，企业可以利用数据分析精准识别业务关键点，为制定营销策略和确定管理节奏提供有力支持。在实际管理中，企业通常通过定量指标来评估工作的成效。在销售体系中，常见的核心指标包括签单额、收入额、利润、应收账款、市场份额、收入增长率、销售人员开发客户数量、销售人员拜访客户数量、潜在客户数量和解决方案的沟通率等。这些指标为销售活动的优化和决策提供了科学依据，确保了销售目标的实现和持续增长。

企业往往设计多达数十个指标，每个指标代表不同的业务意义。如何有效分析和运用这些指标，对于销售管理者制定科学决策至关重要。总体来看，数据指标主要分为以下三大类：

第一类：结果指标

结果指标主要体现为财务相关的关键指标，如营业收入、营业收入增长率、毛利润、客户满意度等。这类指标的表现不仅受销售团队的影响，还与财务部、生产部、市场部、竞争对手，以及整体市场环境密切相关。

结果指标是企业的顶层指标，用于评估企业整体的健康状况。这些指标帮助回答关键问题，如：公司当前处于快速发展期、成熟稳定期还是转型期？利润水平是否合理？相较于竞争对手，市场份额是否存在增长空间？客户满意度是否达到预期？通过这些指标，企业能够全面了解自身的运营状况，识别潜在的机会与挑战，进而为战略调整和决策提供依据。

对于企业高层管理者而言，结果指标往往是最为关注的重点。这类指标的优势在于能够直观反映企业整体的运营状况。然而，其局限性也十分明显，因为这些指标通常无法直接进行管理。例如，营业收入增长率是企业运营的结果，而不是一个可以直接通过管理手段达成的指标。

以减肥为例：假设目标是在一个月内将体重降至 80 公斤，然而最终的结果却是 85 公斤，未能实现目标。虽然这一结果令人失望，但它已经是无法改变的客观事实。真正能够被管理的，是每天的热量摄入、运动量等具体行为，而不是最终的体重。同理，在业务管理中，关注那些可以控制的具体行动，比纠结于无法直接控制的结果更为重要。

第二类：活动指标

如前所述，结果指标无法直接管理。然而，通过深入分析，我们可以发现有一类指标是可以被有效管理的，那就是销售人员的活动指标。顾名思义，销售活动指标反映了销售及销售管理过程中具体的活动情况，包括每名销售人员每周拜访客户的数量、每名销售人员每天开发客户的数量、每周的销售培训时间安排、每名销售人员负责的客户数量、每名销售经理管理的销售人员数量，以及每周销售计划的完成情况等。这些指标反映了销售团队每周的具体销售与管理活动情况，并且可以被管理者直接掌控和调整，从而确保销售目标的顺利达成。

第三类：监控指标

监控指标位于结果指标和活动指标之间。结果指标反映的是最终的财务表现，而销售活动指标则记录了销售团队每日的具体行为数据。通过监控指标，企业能够将这两者关联起来，确保销售活动的方向与业务结果的目标保持一致。

典型的销售监控指标包括新客户签约率、老客户续约率、区域市场覆盖率和渗透率，以及新销售的年均业绩等。与结果指标相比，监控指标更容易受到影响，但不像销售活动指标那样能够直接管理。销售活动，如打电话、拜访客户、完成销售计划等，能够被管理者直接干预；而监控指标则更多依赖于销售活动的质量和执行效果。

销售管理的逻辑可以归纳为：销售活动指标代表的是具体的销售行为和销售活动，可以被直接管理，管理者可以根据需要调整销售人员的具体行为。监控指标不可以被直接管理，但是管理人员可以通过管理销售行为和销售活动，即活动指标，来间接影响监控指标。结果指标无法直接管理，但其表现依赖于是否达成监控指标的目标。

通过这种层级关系，企业能够科学地管理销售过程，将每天的具体活动与最终的业务目标紧密结合，提升整体销售绩效。

接下来以某企业为例来解释这三类指标包含的具体内容，见表2-1。

表2-1　销售指标

指标类型	指标名称
结果指标	✓收入和回款 ✓签单额 ✓销售毛利

（续）

指标类型	指标名称
监控指标	✓ 老客户续约率 ✓ 新客户签单率 ✓ 大客户回访率
活动指标	✓ 每月新机会的开发数量 ✓ 每月新客户的拜访数量 ✓ 大客户回访数量 ✓ 个性化解决方案的沟通情况

收入是衡量当年核心业务成果的关键指标，其实现依赖于销售团队在年度内完成的签单数量，具体分为老客户续约和新客户签单。因此，老客户续约率与新客户签单率成为至关重要的销售监控指标。只要这两个指标达标，销售收入目标基本可以保障。

为了确保老客户续约率达标，企业需要聚焦两个关键的销售活动指标：首先是大客户回访，通过定期回访大客户，增强关系维护与客户黏性；其次是解决方案沟通，确保与客户充分沟通针对性的解决方案，确保需求与服务的持续匹配。只要这两个活动指标得到有效落实，老客户的续约率通常能够保持稳定。这些活动指标具有高度可操作性，能够直接成为销售团队的执行目标。

对于新客户签单的数量和金额，企业可以通过以下两项销售活动指标进行有效管理：新机会开发数量，如每周开发 5 个潜在新客户；新客户拜访数量，如每周拜访 5 名新客户，推动成交进度。这两个具体的活动指标为销售团队提供了明确的操作方向，只要严格执行，最终的新签单数量和金额就能得到保障。

对销售活动指标的管理可推动销售监控指标的实现，从而最终实现结果指标，这是一个从基础活动到最终目标的逻辑闭环。尽管上述案例较为简化，实际业务场景可能更加复杂，但其核心逻辑是一致的。

构建数字化指标体系模型是实现销售精细化管理的关键。通过打通业务数据（活动指标）与财务数据（结果指标）之间的通路，企业可以量化销售团队的努力成果，并为战略决策提供有力的数据支持。这种数字化管理模式不仅提升了管理的精确度，也确保了战略目标的有效执行和业务结果的持续优化。

2. 制定正确的营销策略

制定正确的营销策略是构建有效销售管理体系的关键步骤。这一策略必须基于深入的市场研究和客户洞察，确保与目标市场的需求和竞争环境精准匹配，为销售组织的执行力提供清晰且可行的行动方向。

战略是方向，营销策略是路径。如果路径正确，销售组织的执行效率会加速目标的实现；而如果路径错误，执行效率越高，偏离方向的后果就越严重。因此，制定正确的营销策略是确保销售组织高效运转并达成战略目标的前提条件。

3. 打造强大的组织保障体系

强大的组织保障体系是销售管理高效运作的基石。通过优化组织架构、实现人岗匹配、完善薪酬绩效体系、提升团队能力与个人执行力，以及构建积极的组织文化与工作氛围，这一体系能够为销售团队提供明确的方向和高效的执行力，从而推动业绩的提升。

首先，组织架构需要明确权责体系，确保每个岗位的职能和职责清晰划分，为高效协作奠定基础。其次，人岗匹配是确保任务精准执行的关键，将合适的人才放到合适的岗位上，提升专业性和执行力。团队能力与执行力的提升则依赖培训和激励机制，通过不断提高团队整体实力，激发个体的主动性与执行意愿。

在薪酬绩效方面，构建公平、激励导向的薪酬与考核体系是保障员工工作热情和动力的基础。此外，塑造以信任与合作为核心的积极组织文化，并营造一个支持执行的工作氛围，能够为销售团队提供一个良好的执行环境。

这些要素共同构成了一个高效运转的团队基础。缺少其中的任何一个环节，团队可能会变得松散，难以实现既定目标。只有通过系统化构建，才能赋予组织真正的凝聚力和战斗力。

4. 选择最优的销售管理方法

销售管理方法需根据企业的销售模式和组织文化进行定制。企业应根据自身实际情况选择最适合的管理方式。例如，在B2B销售模式中，企业应将重点放在客户开发、拜访管理和销售漏斗的优化上；而在B2C销售模式中，企业需更关注销售效率和规模化客户触达的管理。不同的销售模式对销售活动和行为的要求各不相同，因此需要匹配相应的管理方法。

总体而言，销售管理体系的设计必须因地制宜，充分考虑市场环境、产品定位和组织文化。这意味着企业在实施销售管理体系时，需要根据实际情况灵活调整并持续优化。此外，销售管理体系的建设离不开持续的监测与评估。通过对关键销售指标和绩效的追踪分析，企业可以实时调整策略与方法，从而不断提升销售管理的效果与效率。

如果将企业的当前状态比作起点，战略目标比作目的地，那么营销策略就决定了道路与交通工具的选择，回答了"如何最快到达目的地"的问题。组织保障体系则担任了领导旅程的角色，确保关键人员具备足够的能力与责任心，从而保障整个过程的顺利进行。而销售管理者则负责具体的操作安排，如"每天行进多少里程，何时加油、休息"，确保执行高效且按计划推进。这三者的紧密协作可确保企业能够有效实现战略目标，顺利到达目的地。

营销策略、组织保障和销售管理三者缺一不可，它们之间是相乘关系，而非简单相加。只有每个模块都精细化设计并不断优化，才能形成合力，确保顺利达成目标。

英国自行车队的转型之路可以很好地说明这种逻辑。2003 年之前，英国自行车队是历史上最失败的车队之一。在过去的 110 年里，英国自行车队没有在"环法"赛中获得一块奖牌。由于成绩差，制造商甚至不愿意为他们提供自行车，担心会影响品牌形象。然而，仅仅五年后的 2008 年北京奥运会，英国自行车队却赢得了自行车项目 60% 的金牌；2014 年伦敦奥运会，在自家门口打破了 9 个奥运会纪录和 7 个世界纪录。2013 年、2015 年、2016 年、2017 年和 2018 年的"环法"总冠军全被英国车手和天空车队摘得。

那么，英国自行车队到底经历了什么，使一支曾经的差队做到脱胎换骨？这一切都要归功于天空车队总经理戴夫·布雷斯福德（Dave Brailsford）。2003 年，戴夫跳槽到英国国家自行车队担任教练，并提出了著名的"边际增益理论"。他提出："我们遵循这样一条原则：把骑自行车相关的各个环节拆解开，每个部分都改进 1%，汇总起来，整体水平就会显著提高。"他们会用酒精擦拭轮胎以提升抓地力；为每个队员配备专门的枕头和床垫，让队员在出差的酒店里可以迅速入睡；将运输车辆的卡车内涂成白色，便于发现灰尘，因为灰尘会降低调试过的自行车性能。每一个 1% 的改进看似微不足道，但十年如一日的积累，量变引发了质变，最终成就了奇迹的发生。

打造销售组织执行力同样需要系统的思路和持续的努力。关键在于将上述解决框架中的各个环节进行深入拆解，将每个细分部分单独优化和持续改进。只要每个环节都实现有效提升，最终一定能够塑造出卓越的销售组织执行力。

这项工作看似简单，却充满挑战。简单在于原则明晰：将大目标分解为可执行的小任务，并逐步优化；困难在于实践过程中需要相关人员高度的专注、持续的投入以及对每个环节优化细节的把控。从明确改进目标到落地执行，再到效果评估和不断完善，每一步都要求团队具备严谨的态度和强大的执行力。

正如精工细作的工匠精神，打造最强的销售组织执行力，靠的不是一蹴而就的捷径，而是对每个细节的精益求精和对长期目标的坚定信念。做到这些，虽难，却是值得的。

5. 优先遵循的原则

打造销售组织执行力需要遵循以下关键原则，因为这些原则能够帮助战略精准落地并实现高效执行。

系统性：销售组织的体系设计和规划必须以系统性思维为指导，将战略与销售过程视为一个有机整体，而非孤立的模块。避免片面关注某一环节，确保全局视角贯穿始终。在制定销售战略时，企业需要全面覆盖从目标分解、资源配置到执行监控的完整链条，确保各个环节高效协作、无缝衔接，从而构建系统性优势。

一致性：从战略的制定到执行的各个环节必须保持高度一致性。战略需要与营销策略、组织保障和销售管理方法紧密配套。这种一致性不仅有助于提升跨部门的协调性，也确保每个环节的努力方向统一，提高有效性。

差异性：企业需充分考虑规模、市场区域及销售团队之间的差异性。不同规模的企业适用的战略可能有所不同，不同市场区域需要因地制宜，而销售团队则需根据其职责、人员构成和业务特点进行差异化管理，从而精准满足客户的需求。

协同性：战略到执行的实现离不开跨部门的协作与资源整合。销售部门需与市场营销、产品开发、客户服务等部门密切协同，以统一步调实现战略目标。同时，资源分配应合理高效，确保销售战略的执行得到充分支持。

通过综合运用这些原则，企业能够构建一个有机的战略到执行的框架，实现环环相扣、无缝衔接。这种方法不仅提高了战略执行的效率与效果，还能助力企业在复杂多变的市场环境中持续增长并保持竞争优势。通过遵循这些原则，企业内部的跨部门协作将得到加强，组织整体的执行力和适应性也将显著提升，企业可以更好地应对市场挑战并推动长期成功。

· 第 3 章 ·

锻造销售执行力：打造最强销售组织

前两章我们针对销售组织常见的现象和问题进行了分析，并提出了解决问题的框架，核心目的就是为了打造销售组织执行力。

什么是销售组织执行力

企业制定了清晰的战略，并通过有效的分解和传达，将战略目标层层落实。然而，要真正实现战略的落地并使其直达销售，关键在于打造最强的销售组织执行力。销售组织执行力不仅是战略落地的核心驱动力，更是将愿景转化为实际成果的桥梁。它需要贯穿从目标设定到行动实施的每个环节，确保团队协作高效、资源配置合理，以及销售行为与战略目标保持高度一致。只有如此，企业才能在市场中占据主动，实现持续增长。

销售组织执行力是企业在市场竞争中脱颖而出的核心驱动力，它不仅体现了销售团队完成业务目标的能力，更关乎战略规划能否高效落地。作为企业运营的重要组成部分，销售组织执行力的强弱直接影响客户体验、市场占有率和企业的盈利能力。本章将围绕销售组织执行力的定义、核心构成要素及其重要性展开，深入解析其内涵与外延。

销售组织执行力的定义

销售组织执行力是指企业销售团队将战略目标转化为实际成果的能力。它涵盖了从战略分解、目标设定、资源配置到具体执行的全过程，确保销售行为与企业战略高度一致，并且保证销售团队能够高效、精准地完成既定目标。

具体而言，销售组织执行力包括以下几个方面：

- 目标达成能力：考察销售团队能否按照既定计划完成业绩目标。
- 资源利用效率：考察销售团队能否合理配置和高效利用资源，包括人力、物力和时间。
- 团队协作水平：考察团队成员之间能否高效协作，形成合力。
- 战略一致性：考察销售行为是否与企业的整体战略方向保持一致。
- 适应性与灵活性：考察销售团队能否根据市场变化快速调整策略和执行方式。

简而言之，销售组织执行力是销售团队将战略转化为行动、将行动转化为成果的核心能力，是企业获得市场竞争力与持续发展的关键驱动力。销售组织执行力的核心在于有效性与高效性，即在有限的资源条件下实现目标的最大化。

销售组织执行力的核心构成要素

销售组织执行力的强弱由多个因素共同决定，其核心要素主要包括以下几个方面：

1. 清晰

高效的销售组织必须有明确的战略目标和方向，这是执行力的基础。战略方向为销售团队指明了努力的路径，使所有资源和行动都围绕核心目标展开。如果战略模糊，团队就容易陷入无序的执行状态，难以集中精力达成关键目标。

2. 科学的流程设计

规范且合理的销售流程直接影响执行效率。高效的销售组织需要建立从目标设定到结果评估的全流程闭环管理体系，确保每一个环节都能够顺畅衔接。流程的标准化和可复制性是提升执行效率的重要手段，同时也为团队成员提供了明确的操作指南。

3. 资源的有效配置

资源是销售组织执行力的支撑，包括人力、资金、工具、技术等多个维度。合理的资源配置可以提高团队在执行中的稳定性和灵活性，最大化现有条件的利用率，减少浪费，提高产出。

4. 团队协作与文化

销售组织执行力不是个体能力的简单叠加，而是团队整体协作能力的体现。开放沟通与信任合作是提升团队执行力的文化基石。团队成员的目标认同感和凝聚力直接影响执行效果。当每位成员都从组织目标中找到个人价值时，销售组织执行力便会显著提升。

5. 有效的激励机制

激励是驱动团队成员积极参与执行的关键。一个完善的激励机制需要考虑公平性、针对性和持续性，不仅能够激发个人潜力，还能在团队内部形成正向竞争。无论是物质激励还是精神激励，都应与团队目标相结合，确保执行效果最大化。

6. 实时的监督与反馈

高效的销售组织执行力离不开实时的监控和动态调整。通过数据化的监督体系，销售团队可以随时掌握执行进展，并根据市场环境或内部问题及时调整策略。反馈机制的建立有助于帮助销售团队持续优化执行过程，从而提升整体效率。

7. 灵活的市场应变能力

灵活的市场应变能力是销售组织执行力的关键要素，决定了企业能否在动态市场中保持竞争力。首先，快速响应能力至关重要，销售团队需敏锐地捕捉市场变化并迅速调整策略，如优化产品推广或调整定价以应对需求波动。其次，创新能力不可或缺，销售团队需不断探索新方法、工具和技术，如数字化销售工具或新型客户互动模式，从而提升效率和客户体验。这种能力使企业能够快速适应变化，开辟新增长点，并在竞争中占据主动，推动长期成功。

销售组织执行力的重要性

销售组织执行力是企业实现战略目标、提升市场竞争力的核心驱动力，其重要性体现在多个层面。无论是战略落地、市场竞争力提升，还是客户体验优化和资源利用效率的提高，销售组织执行力都发挥着不可替代的作用。下文从多个维度详细阐述其重要性。

1. 战略落地的关键保障

企业的战略规划决定了发展方向，但战略的最终实施依赖于强大的销售组织执行力。销售团队是将战略目标转化为实际成果的关键执行者。如果销售团队的执行力不足，那么再完美的战略也只能停留在纸面上。高效的销售组织执行力能够确保战略目标被层层分解，并落实到具体的销售行动中。例如，通过明确的目标设定、科学的资源配置和严格的绩效管理，销售团队能够将企业战略转化为可操作的销售计划，并高效执行，从而推动企业整体目标的实现。

2. 提高市场竞争力

在激烈的市场竞争中，执行力强的销售团队能够更快响应市场变化，抓住机遇并应对挑战。市场环境瞬息万变，客户需求、竞争格局和技术趋势都在不断演变。高效的销售组织执行力使企业能够迅速调整策略，优化产品推广方式，甚至重新定位目标市场。例如，当竞争对手推出新产品时，执行力强的销售团队能够快速调整销售策略，推出具有针对性的促销活动，抢占市场份额。这种快速响应能力是企业保持市场竞争力的关键。

3. 优化客户体验

销售组织执行力直接影响客户体验。高效的销售组织执行力能够确保客户需求得到快速响应，问题得到及时解决，从而提升客户满意度和忠诚度。通过标准化的销售流程和专业的服务，企业能够为客户提供一致且高质量的服务体验。例如，从客户线索的获取到售后服务的跟进，执行力强的销售团队能够确保每个环节都高效运作，为客户创造舒适的购买体验。这种优质的客户体验不仅能够增强客户黏性，还能通过口碑传播为企业带来更多的潜在客户。

4. 提高资源利用效率

强大的销售组织执行力意味着资源（人力、物力、财力）能够被合理配置并高效利用。在销售过程中，资源的浪费往往会导致成本上升和效率下降。通过科学的绩效管理和数据驱动的决策，企业可以最大化资源价值，降低运营成本，提升盈利能力。例如，通过数据分析，企业可以精准识别高潜力客户群体，将资源集中投入最有可能成交的客户身上，从而提高资源利用效率。

5. 增强团队凝聚力与士气

高效的销售组织执行力不仅能提升团队整体表现，还能增强成员之间的协作与信任，形成强大的团队凝聚力。清晰的战略目标、科学的绩效管理和有效的激励机制能够激发销售团队的积极性和创造力。例如，通过设定明确的 KPI 和提供有吸引力的奖励机制，团队成员能够清楚地知道自己的努力方向，并在达成目标后获得成就感。这种正向激励不仅能够提升团队士气，还能吸引和留住优秀人才。

6. 推动持续增长与创新

销售组织执行力不仅要关注短期目标的实现，还要注重长期能力的培养。通过持续的学习、改进和创新，企业能够不断优化销售模式，探索新的增长点。例如，执行力强的销售团队会定期复盘销售过程，总结经验教训，并尝试新的销售方法和工具。这种持续改进的文化使企业能够在变化的市场中保持竞争力，并实现持续增长。

7. 应对市场不确定性

在复杂多变的市场环境中，强大的销售执行力使企业能够快速调整策略，灵活应对不确定性。无论是经济波动、政策变化还是技术革新，执行力强的企业都能迅速适应并找到新的发展机会。例如，在新冠疫情期间，许多企业通过快速调整销售策略，将线下销售转为线上模式，成功应对了市场变化。这种灵活应变的能力是企业应对不确定性的关键。

8. 提升企业盈利能力

销售组织执行力直接影响企业的盈利能力。高效的销售组织执行力能够缩短销售周期，提高成交率，并降低销售成本。例如，通过优化销售流程和提升团队效率，企业可以在更短的时间内完成更多的交易，从而增加收入。同时，科学的资源分配和绩效管理能够降低不必要的开支，进一步提升利润空间。

9. 塑造企业品牌形象

销售团队是企业与客户接触的第一线，其执行力直接影响客户对企业的印象。高效的销售组织执行力能够为客户提供专业、可靠的服务，从而塑造良好的品牌形象。例如，通过快速响应客户需求和提供高质量的售后服务，企业能够使客户建立信任感和忠诚度，进而提升品牌价值。

销售组织执行力是企业实现战略目标、提升市场竞争力和推动持续增长的核心能力。它不仅决定了企业能否在短期内达成业绩目标，还影响着企业的长期生存与发展。通过打造高效的销售执行力，企业能够在激烈的市场竞争中脱颖而出，实现可持续发展。

制定正确的营销策略

制定正确的营销策略是企业实现长期成功的基础。在当今瞬息万变的市场环境中，缺乏科学合理的营销策略，企业很难在激烈的竞争中脱颖而出。要制定正确的营销策略，企业首先需要进行详尽的市场和客户分析。这一过程不仅是策略制定的起点，更是其成功与否的关键。

1. 市场分析：洞察行业趋势

市场分析是企业全面了解行业发展趋势的重要手段。市场趋势通常受到宏观经济、技术进步、政策变化等多种因素的影响。因此，企业需要定期进行市场环境分析，捕捉行业动向。例如，随着数字化转型的加速，越来越多的企业利用大数据、人工智能等技术提升运营效率，这一趋势可能影响企业的产品研发方向和营销手段。通过了解市场趋势，企业不仅能识别新的增长机会，还能预见潜在的市场风险，并采取相应的应对措施。

2. 竞争对手分析：寻找差异化机会

竞争对手分析是制定营销策略时不可忽视的环节。了解竞争对手的产品、定价、市场占有率和营销方式，能够帮助企业明确自身在市场中的位置，并发现差异化竞争的机会。例如，如果某类产品市场竞争激烈，价格战可能导致利润空间压缩，企业可以通过提升产品附加值、优化客户体验等方式脱颖而出。此外，分析竞争对手的短板，可以帮助企业在制定营销策略时规避类似问题，从而提高产品和服务的竞争力。

3. 客户需求分析：精准把握客户心理

客户需求分析是制定营销策略的核心。通过对目标客户群体的分析，企业能够明确客户的需求、行为习惯和购买动机，从而精准地把握客户心理。例如，随着消费者对个性化和定制化需求的增加，企业应根据客户需求调整产品和营销策略。此外，客户需求的变化要求企业具备灵活应变的能力，及时调整产品特性和营销策略，确保持续满足客户期望。

4. 产品竞争力评估：匹配市场需求

在完成市场、竞争对手和客户分析后，企业还需要评估自身产品的竞争力。这包括对产品功能、质量、价格等方面的评估，从而确保产品能够与市场需求和竞争环境相匹配。产品的竞争力不仅体现在基础功能上，还应通过品牌形象、客户体验和售后服务等层面实现差异化。通过不断提升产品竞争力，企业能够更好地满足市场需求，增加市场份额，进而提升整体盈利能力。

5. 确保策略的可执行性

制定营销策略时，除了注重分析和规划，企业还应确保策略具有可执行性。一个理想的营销策略不仅要有清晰的目标，还要具备可操作性和灵活性。企业在执行过程中需要定期评估策略的效果，及时调整方案，确保营销活动的高效实施。通过动态调整和持续优化，企业能够在竞争激烈的市场中占据优势，实现长期稳健的增长。

6. 确定关键销售任务与优先事项

在制定营销策略时，企业必须通过市场和客户分析明确关键的销售任务和优先事项。例如，针对高潜力客户群体制订专项推广计划，或者针对特定市场区域开展重点营销活动。通过明确优先级，企业能够集中资源，最大化营销效果。

制定正确的营销策略是企业实现长期成功的关键。通过深入的市场分析、竞争对手分析、客户需求分析和产品竞争力评估，企业能够制定出科学合理的营销策略。同时，确保策略的可执行性和灵活性，定期评估和优化执行效果，是企业在激烈竞争中脱颖而出的重要保障。

构建高效的组织保障体系

为了确保销售团队能够成功执行销售策略，构建高效的组织保障体系至关重要。组织保障不仅涉及明确的战略规划和目标设定，还需要通过合理的组织架构、流程优化、能力提升和激励机制等多方面的措施，精准地执行策略并达成目标。

1. 设计科学的组织架构

清晰的组织架构是构建组织保障体系的基础。它能够明确每个团队成员的角色和职责，避免职能重叠和责任不清。根据销售团队的规模和业务需求，组织结构应做到层级分明、职责划分清晰。例如，对于大规模的销售团队，企业可以采用分区域或分产品线的结构，使每个小团队能够专注于特定市场或客户群体，从而提高响应速度和执行力。同时，销售管理层与团队成员之间应保持沟通渠道畅通，确保信息流动高效，决策能够快速落实。

2. 优化工作流程

优化工作流程对提高团队执行力至关重要。销售工作涉及多个环节，从市场调研、潜在客户识别、销售洽谈到最终成交，每个环节都需要精准配合。通过精简和优化工作流程，减少不必要的环节和重复工作，团队能够更加高效地执行销售策略。例如，使用 CRM 系统等工具进行客户信息管理和销售进程跟踪，可以让销售人员随时了解客户需求，提升工作效率，避免遗漏重要商机。此外，工作流程优化还应包括团队内部的协作机制，确保销售团队能够获得市场、产品、客服等部门的全方位支持，形成协同效应。

3. 提供团队能力培训

销售团队的素质直接影响策略的执行效果，因此定期开展能力培训是确保销售策略成功执行的重要环节。培训内容应涵盖销售技能、产品知识、市场分析等多个方面，帮助团队成员不断提升专业能力，掌握最新的销售技巧，增强解决问题的能力。尤其是在面对复杂的客户需求和竞争压力时，销售人员需要具备较强的应变能力和沟通技巧，从而更好地推进销售进程。此外，培训还应注重团队协作能力的提升，增强成员之间的默契与配合。

4. 设计合理的绩效制度

科学、公正的绩效考核体系是激励销售团队成员的关键。它不仅能够帮助团队明确目标，还能激励每个成员为实现销售目标而努力。绩效考核应包括定量和定性两个方面的内容，如销售额、客户满意度、团队合作等多个维度，确保每个成员的工作表现都能得到全面评估。此外，绩效奖励制度应与团队成员的个人发展挂钩，如提供晋升机会、奖金激励或其他非物质激励（如荣誉表彰、培训机会等），从而增强团队的凝聚力和向心力。

5. 建立高效的沟通机制

高效的沟通机制是组织保障体系的重要组成部分。销售团队内部以及与其他部门之间的信息传递必须及时、准确，从而确保策略执行的一致性。例如，定期召开销售会议，分享市场动态、客户反馈和销售进展，帮助团队成员及时调整策略。同时，利用数字化工具（如协作平台）提升沟通效率，确保信息流动顺畅，避免因信息不对称导致执行偏差。

6. 强化资源支持

销售团队的执行力离不开资源的支持，包括人力、物力和财力资源。企业应根据销售任务的需求，合理配置资源，确保团队能够高效运作。例如，企业可为销售团队提供先进的工具和技术支持（如数据分析工具、客户管理软件等），帮助销售团队更好地完成工作。此外，企业还应建立灵活的资源调配机制，确保在关键时刻能够快速响应，为销售团队提供必要的支持。

7. 营造积极的组织文化

积极的组织文化能够激发销售团队成员的主动性和创造力，从而提升执行力。企业应倡导以结果为导向的文化，鼓励销售团队成员勇于承担责任、追求卓越。同时，企业还可通过团队建设活动、表彰优秀员工等方式，增强销售团队的凝聚力和归属感，营造积极向上的工作氛围。

构建高效的组织保障体系是确保销售团队高效执行策略的关键。通过设计科学的组织结构、优化工作流程、提供团队能力培训、设计合理的绩效制度、建立高效的沟通机制、强化资源支持和营造积极的组织文化，企业能够为销售团队提供全方位的支持，从而提高执行力和提升士气，最终实现销售目标。系统性的组织保障措施不仅能够帮助企业在短期内达成业绩目标，还能为长期发展奠定坚实基础。

选择最优的销售管理方法

选择最优的销售管理方法对于确保销售团队能够有效执行战略目标至关重要。销售管理不仅是对销售活动的监督，更是对销售流程、业务推进和团队绩效的系统性管理。通过科学合理的销售管理方法，企业可以确保销售任务按计划执行，提升销售团队的效率和业绩，最终实现企业的战略目标。

1. 制订具体的销售计划

销售计划是实现销售目标的蓝图，必须根据企业的战略方向、市场需求和客户特点进行精准制订。销售计划不仅包括总体目标，还应细化为季度、月度甚至周的具体目标，并结合市场趋势和业务需求进行动态调整。这种分阶段的计划设定有助于销售团队明确任务，合理分配资源，避免工作目标模糊和执行中的不确定性。此外，销售计划还应包括明确的销售活动安排，如销售人员的拜访计划、产品推广活动、客户沟通频次等，确保每个销售环节都能按时高效地推进。

2. 设定阶段性目标

将销售目标分解为具体且可执行的阶段性目标，可以帮助销售团队逐步达成长期目标，便于在执行过程中进行监控和调整。阶段性目标应具有可衡量性、可实现性，并考虑到市场的变化和团队的实际情况。例如，企业可以根据每个销售人员的业绩设定不同的目标，或者根据客户的不同层次和需求设定分阶段的销售任务。这不仅可以帮助销售团队聚焦于短期任务，还能有效激励团队成员不断向更高的目标迈进。

3. 优化客户关系管理

客户关系管理（CRM）是现代销售管理中不可或缺的组成部分。有效的 CRM 系统可帮助企业建立长期稳定的客户关系，提高客户满意度和忠诚度。通过 CRM 系统，销售团队可以全面了解客户的购买历史、偏好、反馈和潜在需求，从而制定更加精准的销售策略。CRM 系统还能够帮助销售人员更好地跟踪客户的购买进程、预测客户需求并及时调整销售策略，提升销售转化率。此外，CRM 系统的有效运用还能在销售团队之间实现信息共享，避免客户资源的重复开发和浪费，提高团队的整体效率。

4. 实施科学的绩效评估

绩效评估是销售管理中的关键环节，它直接影响团队的动力和目标的实现。合理的绩效评估体系能够帮助销售团队了解自己的表现，明确改进的方向，并通过激励机制激发团队成员的积极性。绩效评估不仅仅是对销售额的考核，还应包括客户满意度、销售过程的效率、团队协作等多维度的评价。通过定期的绩效评估，企业可以及时发现问题，调整策略，并为优秀成员提供奖励或晋升机会，进一步激励团队的士气。

5. 绩效回顾与持续改进

绩效回顾是提升销售团队执行力与业绩的关键。通过有效的绩效回顾机制，企业可以对销售行为和业绩结果进行定期评估和反馈，从而全面识别团队中的差异，提炼出成功的销售实践，发现潜在的问题，并推动持续的改进。这不仅有助于提高销售团队的整体表现，也能确保销售目标和任务按时完成。

选择最佳的销售管理方法需要综合考虑销售计划的制订、阶段性目标的设定、客户关系管理的优化和绩效评估的有效实施。通过科学的管理手段，企业不仅能确保销售任务按计划执行，还能提高销售团队的整体表现，最终实现持续发展和市场竞争力的提高。在实践中，灵活调整管理方法以适应不同的市场环境和业务需求，是销售管理成功的关键。销售管理不仅是确保销售团队执行战略目标的核心，更是推动企业长期成功的重要保障。

销售组织执行力评估

对于组织，尤其是以盈利为目的的商业组织而言，成功的实现通常依赖于以下两个核心因素，可通过以下公式清晰表达：商业成功＝战略规划 × 组织执行力。

这一公式揭示了商业成功的两大关键驱动因素：战略的正确性确保组织发展方向的准确性，而组织执行力决定战略能否落地并实现目标。两者缺一不可，并且相辅相成。在追求商业成功的过程中，关键在于打造组织执行力，而非单纯依赖个人执行力。

对于销售组织而言，组织执行力是指团队高效实现营销目标的综合能力。这种能力涵盖了以下几个方面：

- 制定科学、可行的营销策略。
- 构建完善的组织保障体系。
- 对销售过程进行有效管理与控制。
- 培育组织层面的执行力文化。

那么，销售组织如何提高执行力？首要任务是明确执行力各个维度的差距，深入分析这些差距的成因，进而找到系统改进的方法。基于过去二十多年的实践经验，我总结出一套针对销售组织执行力的评估体系，涵盖组织、团队和个人三个维度。接下来将逐一解析这三个维度的关键要点。

组织执行力评估

销售组织执行力评估主要从以下五个维度展开（见图 3-1），分别是：

1. 业绩目标的完成率

在评估销售组织执行力时，企业应首先关注其在实现业绩目标方面的表现。这包括销售组织是否能够按时、按量地达成销售目标，以及实际销售业绩与组织预期之间的差距。业绩目标的完成率不仅可以直观地反映销售组织的执行效果，还能评估其在市场竞争中的应变能力。例如，当月销售目标设定为 100 万元，而实际销售额仅为 80 万元，这一差距可能反映出销售策略不当、销售人员能力不足或市场需求变化等问题。通过深入分析造成差距的原因，企业可以制定针对性的改进措施，从而提升销售组织的执行能力。

销售组织执行力本质上是实现目标的能力，业绩目标作为核心指标，是评估执行力的首要维度。因此，业绩目标完成率是评价销售组织执行力的重要基石。

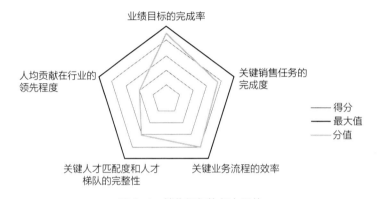

图 3-1　销售组织执行力评估

2. 关键销售任务的完成度

销售组织不仅需要实现业绩目标，还需沿着正确路径达成预期结果。这条路径与目标构成了关键销售任务，通常包括市场拓展、新产品推广、老客户回访等具体销售活动。通过评估关键销售任务的完成度，企业可全面了解销售组织在关键领域的执行能力及其对业务发展的实际贡献。

例如，某销售组织设定了推广新产品的任务，要求团队在一个季度内达到特定的销售额。评估发现，虽然团队整体业绩目标完成率达到 120%，但新产品销售额仅完成既定目标的一半。这表明销售团队在新产品推广上的执行力不足，需要采取措施提升成效，如增强团队意识、加强产品培训、优化销售支持材料或调整沟通策略。

关键销售任务完成度反映了销售组织在实现战略目标过程中的精确执行能力，是衡量团队业务发展贡献的重要维度。

3. 关键业务流程的效率

销售组织执行力不仅体现在关键任务的完成上，还在于完成任务的效率。效率的高低直接影响市场竞争力。例如，若竞争对手完成同一任务需一周，而我们仅需两天，则在时间和资源利用上具有显著优势。高效执行能增强组织竞争力。

关键业务流程包括新业务落地、销售签单流程、客户投诉处理等环节。通过评估这些流程的效率，企业可全面了解销售组织在日常运营中的执行力和流程管理水平。以销售签单流程为例，若评估发现团队完成签单需要 5 天，而竞争对手仅需 3 天，这表明销售人员在内部流程上花费过多时间，削弱了整体市场竞争力。为解决这一问题，企业可以从组织层面重新设计流程，提供针对性的培训和技术支持，优化签单环节，提高效率。

关键业务流程效率不仅是衡量销售组织执行力的重要指标，也是提升竞争优势的核心抓手。通过持续优化流程，销售组织能够更快速、高效地响应市场需求，从而在竞争中占据主动地位。

4. 关键人才匹配度和人才梯队的完整性

销售组织执行力不仅取决于流程和目标，还依赖于关键岗位人员的能力和素质。因此，在执行力评估中，关键人才的匹配度和人才梯队的完整性是重要维度。这包括评估销售团队中关键职位的人员素质、能力和经验是否与岗位要求相匹配，以及是否有完善的人才储备和晋升计划以支撑组织的长期发展。

人岗匹配是销售组织高效执行计划的基础。即使企业制定了正确的战略规划和营销目标，若没有合适的人来执行，这些规划和目标也只能停留在纸面上。同时，完整的人才梯队则为组织提供了持续的弹性和稳定性，避免因核心骨干离职而引发业绩波动。例如，中小企业因薪资待遇等原因吸引力有限，需要灵活采用"因人设岗"的策略，从而充分发挥现有人才的潜力。

企业可通过评估关键人才的匹配度和梯队完整性，深入了解销售组织在人才管理和发展方面的执行力。例如，若某岗位缺乏匹配的高素质人才，或者团队在核心岗位上没有明确的接班计划，企业将面临执行力的下降和业务风险。针对这些问题，企业需强化招聘、培训和内部晋升体系，确保有足够的人才储备来满足业务需求。

关键人才匹配度和人才梯队的完整性不仅影响销售任务的完成，还决定销售组织在市场中的抗风险能力和长期竞争力。

5. 人均贡献在行业的领先程度

销售组织执行力评估可通过分析销售人员的人均贡献与行业平均水平的差距来衡量。人均贡献指每位销售人员在特定时间内创造的销售价值，它既反映了个体销售能力，也体现了团队协作水平。通过评估人均贡献的行业领先程度，企业可直观了解销售团队的市场竞争力。

当销售组织的人均贡献高于行业平均水平时，这表明团队在个体能力和协作效率上优于竞争对手，同时销售人员的收入也因此占据优势。随着时间推移，这种优势将逐渐累积，拉大与竞争对手的差距。

企业通过整合多个维度（如人均贡献、市场占有率、客户满意度等）的评估，全面诊断销售组织的执行力，发现潜在的不足，并据此制订改进计划，从而推动业绩目标的实现。通常，这种评估建议以半年或年度周期进行。

在销售组织执行力评估过程中，两个主要参考维度非常关键。首先，企业必须明确经营目标，通过清晰的核心指标来衡量销售组织执行力，从而确保战略目标得以有效贯彻。其次，企业需要关注行业水平，避免陷入自我满足的状态，及时将销售组织的表现与行业平均水平进行对比。例如，如果销售组织的销售增长率为30%，而行业平均增长率为50%，这就表明销售组织在执行力上存在不足。反之，如果行业平均增长率仅为10%，则意味着销售组织的表现相对优异。通过这样的对比，企业能够更客观地评估销售组织的执行力水平。为更直观展示执行力评估结果，企业可结合图进行呈现。这种方式可以帮助管理层快速识别关键差距，明确改进方向，优化年度和半年度工作计划，最终提升销售组织竞争力和业绩表现。

团队执行力评估

销售组织由多个销售团队组成，每个团队由一名销售经理负责。在完成整体销售组织执行力评估后，企业需要进一步评估各团队的执行力。作为团队执行力的首要责任人，销售经理的表现直接决定团队的执行水平。因此，团队执行力评估本质上也是对销售经理的评估。评估结果可以通过图 3-2 直观呈现。

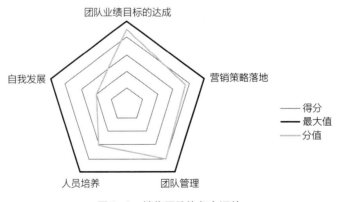

图 3-2　销售团队执行力评估

团队执行力评估的五个维度源自销售组织执行力整体框架，更贴合团队实际，具备更强的可操作性。这五个维度分别是：

1. 团队业绩目标的达成

团队业绩目标达成是团队执行力评估的核心指标，要求团队按时、按量完成既定目标。这些目标通常包括销售额、市场份额和收入增长等关键绩效指标。目标的实现依赖于团队成员间的高效协作、良好的沟通和一致的行动方向。例如，某销售团队设定季度销售额增长 30% 的目标，但实际完成增长率仅为 20%。这一差距可能源于市场竞争加剧、客户需求变化或团队内部销售过程中的问题。通过深入分析原因，企业可以发现薄弱环节并采取针对性措施，如提升销售支持、加强市场情报收集或调整销售策略。这种改进措施不仅有助于弥补短板，还能增强团队的整体执行力和目标达成能力。

2. 营销策略落地

营销策略落地评估侧重于团队执行年度营销策略的能力，这与销售组织执行力评估中的"关键销售任务的完成度"指标高度一致。然而，由于营销策略每年都会根据市场环境和业务需求变化，因此具体评估指标也会有所差异。

例如，某销售团队制定新的客户开发策略，计划通过展会、论坛和外部市场活动接触更多客户，挖掘销售线索。然而，企业在销售团队执行力评估中发现，该团队实际参与的展会、论坛和市场活动数量有限，销售漏斗中的相关线索也非常稀少。这表明策略在执行过程中存在问题，可能是销售团队对策略的重要性认识不足，或者不清楚具体的实施方式。

营销策略落地评估的核心目标是检验销售团队是否按照正确的路径推进工作。如果销售团队沿着既定策略和路径执行任务，销售业绩的达成将成为高确定性结果；否则，仅凭运气无法保障目标的实现。因此，评估能够帮助销售团队及时发现并消除执行中的障碍，确保营销策略高效落地，推动业绩稳步提升。

3. 团队管理

团队管理评估主要关注销售团队在日常销售活动中的营销策略执行情况，如客户开发、拜访、跟进等具体的销售与管理动作。这些销售活动是营销策略分解的具体行动项，直接反映团队管理的效率与效果。俗话说："管过程，得结果。"销售团队管理的核心就是销售活动本身。通过对销售活动的精细化管理，销售团队可确保每个环节执行到位，从而有效推动营销策略的落地。营销策略的成功执行，最终体现在业绩目标的达成上。

团队管理评估不仅可检验销售活动的完成情况，更可确保销售团队在正确的轨道上高效运转。唯有管理好销售活动，才能建立清晰的因果链条：活动达成 → 策略落地 → 业绩实现。这种管理方式不仅提高了销售团队的执行力，也为实现销售目标奠定了扎实的基础。

4. 人员培养

人员培养维度主要评估团队在人才培养上的能力，包括对新成员的培训与引导，以及现有成员的持续发展与提升。销售团队需提供充足的培训资源和发展机会，帮助成员提升销售技能与专业知识，从而增强整体执行力。

经评估发现，当前销售团队在人员培养方面存在不足，如新员工入职培训计划不完善、缺乏定期的销售技能培训等。为此，销售团队可通过优化人员培养计划予以改善，包括建立系统化的新员工培训方案、定期开展销售技能培训，并为成员提供明确的发展路径与成长机会。这将显著提升团队成员的专业能力，增强整体执行力和业绩表现。

5. 自我发展

自我发展维度旨在评估团队管理者在个人成长方面的能力和意愿，着重关注其领导力的持续提升。团队执行力的高低，很大程度上取决于管理者和领导者自身的领导能力，这是一项决定性因素。优秀的团队领导者需具备自我反思和持续学习的能力，主动寻求个人成长机会，并将学习成果转化为实际工作成效。管理者的自我发展能力不仅影响其个人领导力，也直接决定团队执行力的强弱。

通过深入理解和实践团队执行力的五个核心维度，销售经理能够系统性地优化团队管理，提升整体执行力，从而取得更出色的业绩和实现长远发展。

个人执行力评估

组织是由个人组成的，而在销售组织中，销售人员是人数最多的。因此，对销售人员个人执行力的评估至关重要。这一评估主要围绕以下五个维度展开，从多个层面全面衡量个人的执行表现，如图 3-3 所示。

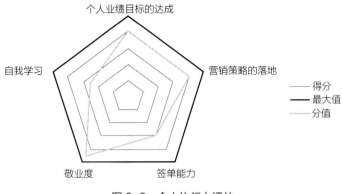

图 3-3　个人执行力评估

1. 个人业绩目标的达成

这一维度是典型的结果指标，反映个人在按时、按质完成销售任务过程中的表现。执行力的核心在于实现目标，因此结果指标是不可或缺的。与组织执行力和团队执行力的评估逻辑一致，个人业绩目标的达成也从三个层次进行评估：组织层面评估组织目标达成，团队层面评估团队目标达成，个人层面评估个人目标达成。

2. 营销策略的落地

这一维度的评估与团队执行力指标中的"营销策略落地"保持一致。企业制定的营销策略，只有通过销售团队的有效执行才能实现落地。最终，这些策略需要细化并落实到每位销售人员日常的销售行为中。评估的核心在于衡量个人对营销策略的执行情况，即策略是否从理论转化为实际行动，并在日常工作中得以贯彻。这一过程不仅是企业战略与基层行动的连接点，也是个人执行力的重要体现。

3. 签单能力

评估个人执行力的核心在于能力和意愿两个维度，其中"签单能力"侧重于能力维度，即销售人员是否具备完成核心职责的能力。对于销售人员而言，签单是其工作的最终体现，因此签单能力成为评估个人执行力的重要指标。签单能力是一个综合概念，涵盖了销售过程中所需的多项关键技能。例如，开发客户的能力、预约拜访的能力、撰写销售方案的能力等，每一项技能对签单的成功都至关重要。这些具体能力构成了评估签单能力的子维度。尽管这些能力在不同的业务模式和行业中同样重要，但其优先级和相对重要性可能因行业特点而异。

例如，在客户资源丰富的行业，开发客户的能力可能不那么关键；而在某些行业中，只要成功预约客户并进行拜访，签单的概率就很高，因此预约拜访的能力显得尤为重要。这种差异性要求销售组织的负责人根据企业的业务模式和行业特点，设计适配的评估子指标，从而确保评估的精准性和针对性。

4. 敬业度

刚才我们谈到的是能力，而敬业度关注的是意愿。一个人只有在具备能力的同时愿意投入工作，才能真正发挥出自身的潜力。我们之所以将这个维度称为"敬业度"，而非单纯的"意愿"或"成就动机"，是因为其中还涉及一个关键因素——匹配度。举个例子，一个人或许有强烈的成就渴望，希望在销售领域取得长足发展，但如果他在日常工作中表现得不够积极、执行力较弱，很可能是因为他认为当前的销售组织无法帮助他实现目标。因此，他难以全身心投入。在评估销售人员的敬业度时，企业要重点考量其与组织的匹配程度。意愿可以被激发，但难以培养，这正是意愿与能力的本质区别所在。

5. 自我学习

这个维度与团队执行力评估中销售管理者的"自我发展"类似，但影响范围有所不同。"自我发展"侧重于销售管理者能否持续提升自己的领导力。管理者的领导力提升不仅能够带动团队成员共同实现目标，还能整体增强团队的执行力。而"自我学习"则着眼于销售人员是否具备持续学习和成长的能力，更多体现的是个体的潜力。一个能够不断学习和进步的销售人员，其未来的发展前景不可限量。

在本节中，我们从组织、团队和个人三个层面探讨了执行力评估。每个层面从五个维度进行深入分析，而每个维度又可以细分出多个子维度。通过这样的评估，我们能够全面了解销售组织的执行力水平，识别影响执行力的核心原因，从而制定切实可行的提升策略。

第 2 部分

制定精准的
营销策略

销售组织执行力的基础在于根据企业战略来制定正确的营销策略。企业战略为企业指明了方向，而营销策略则是实现这一战略目标的具体路径。只有明确了清晰的路径，销售任务和销售行为才能有的放矢，发挥实际作用。因此，制定切实可行的营销策略至关重要，它能够确保企业沿着正确轨迹前进，从而实现战略目标。

然而，制定合理的营销策略只是第一步，确保每一位销售人员都能准确理解并全面执行这些策略同样关键。营销策略需要清晰明确，并层层分解，使其与销售人员的日常工作紧密结合。只有将战略目标转化为具体的销售任务，并通过日常行为落实到每位销售人员身上，才能确保销售团队朝着共同目标努力。

为了实现这一目标，企业可以将年度销售目标分解为季度目标、月度目标甚至是周目标，并根据市场趋势和客户需求动态调整执行计划。同时，企业应定期开展培训和沟通，确保销售人员充分理解营销策略的核心意图，并将其转化为具体的销售行动。

这种从战略到执行的系统性衔接，不仅提升了销售团队的执行效率，还能增强企业在市场中的竞争力。通过明确的路径规划和有效的执行，企业能够在复杂多变的市场环境中稳步前行，持续实现成功。

_____

·第4章·

制定清晰的企业战略

制定正确的营销策略的核心是对标企业战略，企业战略不清晰、确定的目标方向错误，营销策略也就无所谓正确与否。

每个企业都需要制定适合自身情况的战略，这一过程必须充分考虑企业所在行业、市场阶段、规模、行业发展趋势、竞争状况，以及内部团队的能力、资源（如资金和技术能力）等关键因素。战略目标的制定不仅是高层决策的结果，更需要将战略解码为各部门的具体目标，特别是营销部门的收入目标、增长率、细分市场的占有率、销售毛利率和收入结构等。

此外，战略制定还应明确新产品的收入目标，这些新产品通常代表着企业未来的发展方向。为了确保战略的有效执行，企业还必须充分评估可能遇到的挑战，并提前制订应对方案。在战略执行过程中，企业需结合自身规模充分考虑沟通的时间成本，确保有足够的提前量来进行有效的部署和调整。

定期的战略评估同样至关重要。企业需要根据执行进展及时分析并调整战略，确保其与实际情况相符。通过数据监控，企业可以识别潜在问题并进行必要的修正，最终形成闭环的战略管理体系，确保战略目标的达成和持续优化。

战略是一种具体的行动方案，涉及选择、资源分配、目标设定和执行。它旨在实现组织的长期愿景和目标。尽管目标、愿景、宗旨、使命和价值观等元素是战略的组成部分，但它们并不等同于战略。成功的战略需要统筹这些元素，并通过详细规划和执行来确保目标达成。

什么不是战略

在当今复杂多变的商业环境中，"战略"这一概念常常成为人们广泛讨论的焦点，然而，不同的人和组织对战略的理解各不相同，造成了许多误解和混淆。许多人将战略与各种其他管理概念混为一谈，认为它只是一个抽象的、宏大的目标，或者仅仅是应对外部变化的灵活措施。事实上，战略不仅仅是目标的设定或应对变化的能力，它还涉及深思熟虑的规划、决策和行动。因此，澄清"什么不是战略"是理解战略真正内涵的第一步。

1. 战略不是"大而远"的目标

有些人将战略简单等同于"大而远"的目标，认为它就是长期目标的代名词。他们倾向于将战略视为有关未来发展的宏伟蓝图，与组织的长期规划密切相关。这种理解忽略了战略的动态性和操作性。战略不仅是远期目标的设定，还包括实现这些目标的具体路径和短期内可操作的方案。换言之，战略不仅需要描述未来想要达到的状态，还需要详细地规划如何一步步实现这些目标。战略的核心在于规划一个清晰的路径，并在不同的时间节点进行有效的调整和优化。

例如，企业的目标可能是成为行业的领导者，但这只是一个宏大的愿景。如果没有详细的战略规划和实施路径，企业很难朝着这个目标前进。战略要求企业不仅要知道未来想去哪里，还要有明确的步骤和资源配置来确保达成这个目标。因此，战略绝不仅仅是描绘远景，它是一个动态的过程，包含了清晰的目标、路径设计和具体的执行计划。

2. 战略不是应对市场变化的灵活反应

有些人将战略理解为组织应对市场和竞争变化的灵活性举措，认为战略就是对外部环境变化的快速响应。这种看法往往忽视了战略的前瞻性和系统性。尽管在快速变化的市场环境中，适应能力和灵活决策至关重要，但战略的核心在于前瞻性目标的设定、系统性规划和关键选择，而不仅仅是对市场变化的被动反应。

战略不仅仅是对环境变化的即时反应，而是要有明确的目标导向和系统的思考框架。有效的战略是在外部环境发生变化时，能够快速调整并做出响应，但这种响应不是随意的，而是基于明确的目标和长期规划。为了应对变化，战略应建立在对市场趋势、竞争态势和资源条件的深刻理解之上，通过持续优化来增强组织的适应能力。这意味着战略不仅是对外部变化的反应，更是基于对未来的预见和组织优势的整合。

3. 战略不是单纯的核心能力建设

有些人将战略理解为组织核心能力和关键活动的构建，认为战略就是围绕竞争优势展开的一系列战术和行动。这种理解忽略了战略的多维性和综合性。核心能力确实是战略的基础，但它只是战略的一部分，战略的内涵远远超出了核心能力的建设。

战略不仅仅关乎核心能力的建设，它还涉及市场分析、竞争定位、资源配置等多个层面。战略要求组织能够从全局出发，综合考虑外部市场机会和内部资源状况，制定出能够持续推动竞争力和长期发展的综合性规划。这包括如何在复杂的市场环境中识别机会、如何有效配置资源、如何通过产品创新和服务优化来抢占市场份额等。因此，战略不是单纯的核心能力建设，它是一个涵盖多维要素的系统工程，目标是提高组织的长期竞争力和推动可持续发展。

4. 宗旨和使命不是战略

宗旨和使命表明了组织存在的核心价值和长期不变的目标，但它们并不是战略。宗旨和使命定义了组织发展的基本方向和价值观，通常会长期保持稳定。战略则是在特定的时间和环境条件下，为实现这些宗旨和使命所采取的具体行动和策略。组织需要在不断变化的市场环境中，综合考虑竞争形势、资源条件等多种因素，制定出最有效的实施方案。

例如，一家企业的使命可能是"改善全球健康"，而宗旨可能是"提供创新的健康解决方案"。这些使命和宗旨为战略的制定提供了方向和核心价值，但具体的战略则是组织在这些基础上，结合市场需求、技术进步、竞争态势等外部因素，制定具体的产品创新、市场拓展和资源配置等策略。

5. 价值观不是战略

价值观是组织核心信仰和道德准则的体现，它指导行为和决策。尽管价值观对战略制定具有重要影响，但它本身并不是战略。价值观反映了组织的文化和基本信条，它影响着战略决策过程中的行为方式和决策逻辑，但战略的核心仍然是如何在市场上获得竞争优势。战略是通过具体的行动计划、资源配置和目标实现来推动组织的发展。

战略是一种具体的行动方案，涉及选择、资源分配、目标设定和执行，旨在实现组织的长期愿景和目标。虽然目标、愿景、宗旨、使命和价值观等元素在战略中占有重要地位，但它们并不是战略本身。战略是一个综合性、系统性的规划，它不仅仅关乎设定目标和愿景，也包括如何通过一系列详细的措施和资源配置来实现这些目标。在制定和执行战略的过程中，组织需要在分析外部环境和内部资源的基础上，做出一系列关键决策，从而确保战略目标的实现。

战略制定过程中的常见误区

在战略制定过程中，企业常因内外部多种因素陷入困境或误区。这些误区不仅影响战略的制定，还可能严重削弱战略的执行效果。要确保战略的有效性，企业需要识别并避免这些常见问题。以下是企业在战略制定过程中经常遇到的主要问题与误区：

1. 缺乏明确方向

企业战略的成功离不开清晰的方向。如果缺乏明确的愿景和使命，战略目标往往会失去方向感。战略是组织实现长期目标的路线图，但如果没有明确的目标和清晰的方向，战略将无法提供有效的指导。例如，很多企业在创业初期缺乏足够的战略规划，往往将焦点集中在眼前的短期利益上，忽略了长远的发展规划。这种短视行为可能导致企业迷失方向，错失市场机会。此外，企业可能会高估自身的能力和资源，设定过于理想化的目标而无法在实际操作中落实。这种"空想型"的战略目标可能导致资源的浪费和执行力的缺失，最终未能达成预期的效果。

2. 对市场与竞争对手研究不足

战略的有效性依赖于对市场环境的充分了解。如果企业未能深入了解市场需求、外部环境的变化和竞争对手的动态，那么它制定的战略就容易失去现实依据，无法应对市场的变化和需求。很多企业在制定战略时忽视了市场调研的重要性，尤其是对竞争对手的分析。没有对竞争格局和行业趋势的清晰了解，企业往往只能在盲目跟风中形成战略，缺乏针对性的创新和差异化。此外，客户需求的变化和技术发展趋势的跟进也是战略成功的关键因素。如果忽视这些动态因素，企业的战略容易落后于市场，这将导致企业无法应对新的挑战，最终使市场份额下降。

3. 短视化或保守思维

很多企业在战略规划中过于关注短期收益，忽视了长期布局，导致战略的短视。例如，为了追求眼前的利润，一些企业可能采取低价策略或过度依赖单一的产品线，虽然能够快速获得一定的市场份额，但却没有长期发展的潜力。这种短期行为往往限制了企业的成长空间，因为它忽视了企业未来需要的战略转型和创新投入。

此外，一些企业则可能采取过于保守的战略，过于规避风险，不敢创新或进行大胆的市场拓展。虽然这种策略可以避免短期的失败，但长期来看，企业可能会错失许多潜在的机会，导致增长的停滞。过于保守的战略限制了企业的进步和扩展，使其在市场竞争中处于劣势。因此，企业在进行战略规划时，应该兼顾短期和长期的目标，平衡当前收益与未来潜力。

4. 资源与团队能力不足

战略目标若脱离企业现有资源和能力，不仅难以实现，还可能导致企业资源的浪费。很多企业在制定宏大战略时过于理想化，忽略了自身的资源情况和团队能力。如果企业的战略目标过于远大，而现有资源和能力又无法支撑，这将导致执行中的困难和不稳定。在这种情况下，企业可能会面临资金短缺、人员不足或技术支持不足等问题，从而无法顺利推进战略实施。

此外，企业往往忽视了团队能力提升和员工培训的投入，导致执行力不足。如果战略目标不能得到团队的全面理解与支持，执行将面临巨大的挑战。因此，企业在制定战略时，不仅要考虑资源的配置，还需要注重团队能力的提升，确保战略的可操作性和执行力。

5. 组织文化与执行不匹配

战略的有效执行离不开企业文化的支持。企业文化是组织成员共同的价值观、信仰和行为规范，它对战略执行起着至关重要的作用。如果企业文化缺乏变革意识或创新动力，员工对战略实施的认同度会较低，甚至可能产生抵触情绪。例如，如果企业在转型或调整战略时让员工感到不安或对新战略缺乏信心，那么战略将难以落实。相反，具有高度创新精神和执行力的企业文化能够支持战略的顺利实施，使员工积极参与到战略目标的实现过程中。

因此，在战略制定过程中，企业应当确保组织文化与战略目标相契合，促进企业文化与战略的相互支持。通过加强员工的参与感和归属感，提升其对战略实施的认同和执行意愿，企业就能有效提高战略的执行力。

6. 监测与调整机制缺失

战略的制定是一个动态过程，企业必须定期监测战略执行的成效，并根据外部环境和内部情况的变化进行调整。如果企业缺乏有效的监测指标和反馈机制，就无法及时了解战略实施的进展情况，也无法对出现的问题做出快速反应。缺乏持续监测和调整机制的企业往往会在战略执行过程中停滞不前，错过市场变化的最佳时机。因此，企业需要建立完善的绩效监测体系，并根据监测结果适时调整战略，从而确保战略始终与市场环境和企业实际需求相匹配。

7. 管理协作不力

战略的制定和执行需要整个管理团队的协调和合作，然而，管理层内部的不协调和冲突常常妨碍战略的制定和实施。如果管理层成员之间缺乏沟通和协作，或者存在利益冲突，那么战略目标的执行将受到严重阻碍。不同部门之间的利益冲突也可能导致战略实施的低效，甚至使各部门的行动方向相互矛盾。为了避免这种情况，企业应当确保管理层在战略制定和执行过程中达成共识，明确各部门的职责和目标，建立起跨部门协作机制。加强沟通和团队合作可确保企业各方共同推动战略的实施。

战略的制定是一个复杂且动态的过程，企业在战略规划时需要避免以上常见的误区，确保战略的科学性和可执行性。成功的战略不仅需要明确的目标和方向，还应具备灵活性和适应性，从而应对不断变化的市场环境和内部条件。企业需要不断监测和调整战略执行的进展，通过评估战略的效果，及时调整和优化战略实施方案。通过有效避开战略制定过程中的误区，企业能够提高战略成功的机会，确保在复杂竞争的市场中长期保持竞争优势。

战略的定义、规划和执行

那么，什么是战略？如何制定合理的战略？如何保证战略的有效执行？

"战略"一词最早来自军事，是指将领指挥军队的作战谋略，尤其指对全局的筹划与谋略。应用到商业环境中，战略是指决策者对企业未来发展的全局性谋划和系统性思考。

　　既然"战略"是对企业未来发展的全局性谋划和系统性思考，那么，它都需要谋划哪些内容呢？换句话说，一个完整的企业战略应当包括哪些内容？

　　我们认为，战略包括企业宗旨、战略规划和战略执行三个层面，具体模型如图 4-1 所示。

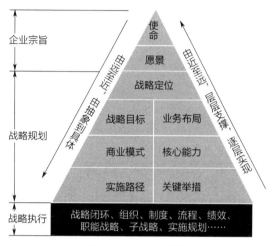

图 4-1　战略的结构

企业宗旨

　　企业宗旨是指企业的核心思想和根本意图，是全局性筹划与系统性思考的起点，也是战略制定的基础。著名管理学家德鲁克提出，每家企业都有其独特的事业理论，可以概括为三个核心问题："我们的事业是什么？""我们的事业将是什么？""我们的事业应该是什么？"这三个问题被通俗地解读为：企业现在靠什么盈利？未来 10 年靠什么赚钱？未来 30 年靠什么持续生存？它们被认为是企业最底层的战略思考，也是企业宗旨的核心体现。

　　企业宗旨通常可以细分为使命和愿景两个关键要素。使命定义了企业的核心价值，即企业因何而存在。价值并不取决于企业自身，而是取决于他人（如客户、社会）对企业的依赖关系。一家企业要想实现长期发展，关键在于能否为客户持续创造价值。使命的表述越长远、越贴近人类的真实需求，企业的价值就越大。例如，阿里巴巴的使命是"让天下没有难做的生意"，迪士尼的使命是"为人类制造快乐"，这些使命都清晰地表达了企业的存在意义和对社会的价值承诺。

愿景则是企业对自身成功的定义，即"企业成功时的样子"。如果说使命是从外部视角定义企业的长期价值，那么愿景就是从内部视角描绘企业希望实现的目标。愿景既要有高度，又要具备可实现性。常见的愿景表达包括"全球化""国际化""行业领先""受人尊敬"等。例如，一家科技公司的愿景可能是"成为全球领先的智能科技解决方案提供商"，而一家教育机构的愿景可能是"打造世界一流的教育平台，赋能未来人才"。愿景不仅为企业指明了方向，也为团队提供了共同的奋斗目标。

战略规划

战略规划是企业为实现长期经营和持续发展而进行的系统性思考和整体谋划。它是狭义上的战略，也是企业在日常讨论中常提及的核心内容。战略规划为企业提供了明确的方向和行动框架，确保企业在复杂多变的市场环境中能够稳步前行。一般来说，战略规划可以细分为以下七个关键要素，也被称为"战略七要素"。这些要素相互关联、相辅相成，共同构成了企业战略的完整框架。

1. 战略定位

战略定位是对企业的定义，即"我们是一家什么样的企业"。企业的共性特征是通过满足客户需求来获得合理回报。因此，企业的定位通常从"客户""产品"和"场景"三个方面进行定义，标准句式是"×× 公司是一家以 ×× 产品通过 ×× 的方式（场景）服务 ×× 客户的企业"。例如，某公司被定位为"一家全球领先的合成生物制造企业，致力于为客户提供创新的生物基产品，推动社会发展向生物经济转型。"这一表述明确了其客户（全人类）、产品（生物基合成产品）和场景（生物产品替代化工产品），为企业的发展方向提供了清晰指引。战略定位不仅是企业对外传递的核心信息，也是内部决策的重要依据。一个清晰的战略定位能够帮助企业聚焦资源，避免在多元化发展中迷失方向。

2. 战略目标

战略目标是企业中长期发展的具体方向，通常以定量化的形式呈现，如营业收入、利润、客户数、市场占有率等指标。战略目标可以被视为特定时期内企业愿景的具体化。虽然许多人将战略目标等同于战略本身，但这并不全面。战略目标只是战略的一部分，它为战略提供了方向，但战略还包括具体的策略和实施方案。明确的战略目标能够帮助企业集中资源，确保战略的可执行性。例如，一家科技公司可能设定"在未来五年内实现年营业收入增长 20%"的战略目标，这一战略目标不仅为企业提供了努力的方向，也为团队提供了明确的绩效标准。

3. 业务布局

业务布局是指企业在哪些业务领域实现战略目标，即"要做什么"和"不做什么"。许多企业在制定战略目标时思路清晰，但在业务布局上却容易偏离初衷，仅从"是否能赚钱"的角度选择业务，导致"什么都能干"的投机主义行为。真正的业务布局应以使命、愿景、定位和目标为基础，确保业务选择与战略方向一致，从而避免资源分散和目标模糊。例如，一家以环保为核心使命的企业，可能会选择专注于可再生能源领域，而不是进入高污染的化工行业。业务布局的合理性直接决定了企业资源的利用效率和战略目标的实现可能性。

4. 商业模式

商业模式是企业对每项业务如何赚钱的系统性思考，涵盖了客户、产品/服务、客户需求、营销、渠道、资源/能力、获取方式、业务模式和成本结构九个方面。一个清晰的商业模式能够帮助企业快速识别盈利点并优化资源配置。正如冯仑所说："如果不能在 10 秒内用一句话说清楚商业模式，一定不值得投资。"因此，商业模式的简洁性和可执行性至关重要。例如，互联网公司的商业模式通常以"流量变现"为核心，通过免费服务吸引用户，再通过广告或增值服务实现盈利；而制造企业的商业模式则可能以"规模化生产降低成本"为核心，通过提高效率和扩大市场份额来实现盈利。

5. 核心能力

核心能力是企业取得成功所需的最关键能力。普拉哈拉德和哈默尔在《企业核心能力》一文中提出，核心能力具有五个特征：伴随以往核心产品的成功而形成、为未来产品与业务延伸提供潜能、对客户重视的价值有关键作用、对构建竞争优势（低成本或差异化）至关重要、竞争对手难以模仿和复制。核心能力既是战略目标制定的前置要素，也是企业通过业务布局和商业模式持续积累的后端成功要素。例如，苹果公司的核心能力在于其卓越的产品设计和生态系统整合能力，这使其能够在竞争激烈的科技市场中保持领先。

6. 实施路径

实施路径是企业实现战略目标的具体步骤和阶段目标。无论战略目标多么宏大，都需要分解为可执行的路径和阶段性任务。只有将战略目标转化为具体的实施路径，企业才能确保战略的落地和执行。例如，科技型企业可能需要分阶段完成技术研发、产品测试和市场推广，而零售企业则可能需要逐步扩展门店网络和优化供应链。实施路径的清晰性直接决定了战略的可操作性和成功率。企业需要在每个阶段设定明确的里程碑，并通过定期评估和调整确保战略的顺利推进。

7. 关键举措

关键举措是企业成功所需完成的最重要的任务。每个阶段都有其核心任务，完成这些任务往往决定了战略的成败。例如，科技型企业若想在产品上领先，关键在于吸引本领域最杰出的科学家；连锁餐饮企业若想迅速开拓市场，关键在于打造特色产品并整合供应链。根据阶段目标提炼关键举措并高效执行，是企业实现战略目标的核心保障。关键举措的制定需要结合企业的资源和市场环境，确保其既具有挑战性又具备可行性。

战略规划的七个要素——战略定位、战略目标、业务布局、商业模式、核心能力、实施路径和关键举措——共同构成了企业战略的完整框架。通过系统性地思考和规划这些要素，企业能够明确发展方向、优化资源配置，并在竞争激烈的市场中实现长期成功。战略规划不仅是企业行动的指南，更是其持续发展的基石。一个清晰、可执行的战略规划能够帮助企业应对不确定性，抓住市场机遇，最终实现其使命和愿景。

战略执行

战略执行是指将战略从规划转化为实际行动并实现目标的全过程。尽管战略规划至关重要，但据统计，全球只有约 10% 的企业能够成功实现战略落地。调查显示，战略执行失败的主要原因包括以下四个方面：一是缺乏共识，仅有 5% 的员工真正理解企业战略；二是缺乏激励，只有 25% 的员工激励与战略目标挂钩；三是缺乏管理，85% 的管理团队每月讨论战略的时间不足 1 小时；四是缺乏资源，60% 的组织预算与战略不匹配。要解决这些问题，企业需要从战略共识、组织匹配和管理流程三个方面入手，消除战略到执行的鸿沟。

1. 取得战略共识

"上下同欲，其利断金。"员工对战略的共识是战略执行成功的关键。然而，许多企业对战略共识的理解存在误区，例如，企业要求员工背诵战略目标，却未能将其与员工的实际工作联系起来。这种形式化的做法往往导致员工对战略的冷漠甚至抵触。真正的战略共识包括两个层面：一是战略从规划到落地能够清晰地转化为每个员工工作内容的改变；二是高层在战略规划上达成一致，中层在路径方法上形成共识，基层对自身工作内容的调整完全认同。简单来说，战略共识的核心在于将战略目标分解到每个人的具体工作中，并确保全体员工对战略的理解和认同。

例如，一家企业若制定了"未来五年内成为行业领导者"的战略目标，就需要将这一目标分解为每个部门的年度任务，并进一步细化到每个员工的日常工作中，确保每个人都清楚自己的贡献如何推动企业战略的实现。具体来说，销售团队可能需要将目标分解为每个季度的销售额增长，研发团队则需要明确新产品的开发周期和技术突破点。通过这种方式，战略不再是高高在上的口号，而是与每个员工息息相关的工作指南。

此外，战略共识的达成还需要通过有效的沟通和培训来实现。企业可以通过定期的战略宣讲会、内部培训课程和跨部门协作项目，帮助员工深入理解战略的内涵和意义。同时，高层管理者应以身作则，通过实际行动展示对战略的重视，从而激发员工的参与感和责任感。

2. 构建与战略匹配的组织

"战略决定组织"，但如何构建与战略匹配的组织？现代企业建立在专业化分工的基础上，组织的"建制逻辑"决定了其运行效率和战略执行能力。常见的组织建制逻辑包括专业（如研发、生产、销售）、地域（如大区、城市公司）、产品/业务（如产品事业部）和客户（如行业/客户事业部）等。战略决定组织的过程，就是根据战略需求调整组织建制逻辑的过程。

以华为为例，2021 年之前，华为的组织建制逻辑主要是专业化的矩阵型组织，强调研发、生产和销售等职能模块的协同。然而，为了迅速推行行业整体解决方案，华为在 2021 年将煤炭、海关、银行等客户维度的专业化力量从原有矩阵中抽调出来，组建了以客户为中心的"军团"。这种组织调整虽然可能在短期内牺牲了部分资源利用效率，但能够更好地满足客户需求，实现战略突破。

构建与战略匹配的组织还需要关注组织文化的适配性。例如，一家以创新为核心战略的企业，需要营造开放、包容的文化氛围，鼓励员工提出新想法并承担风险；而一家以成本领先为战略的企业，则需要强调效率和执行力，确保每个环节都能以最低成本运行。组织文化的塑造不仅需要高层的倡导，还需要通过制度设计和激励机制来固化。

3. 建立全生命周期的管理流程

战略执行的成功离不开系统的管理流程。纳入管理的范围越广，成功的保障就越高；而体系化的管理则能进一步提升战略执行的效果。针对战略执行的管理体系，通常被称为战略执行系统。华为将其命名为 DSTE（Develop Strategy To Execution）体系，这一名称因其高效性和可操作性已被广泛认可。

DSTE 体系涉及战略、计划、预算、绩效和激励五个模块，将这些模块的时间节点、方法工具等统一起来。在横向上，DSTE 体系实现了从战略意图到经营计划、资源配置、绩效管理和激励兑现的全流程管理；在纵向上，DSTE 体系通过层层分解的战略解码体系，将集团战略目标落实到各级组织单元甚至个人的绩效目标中，确保"上下贯通"和"左右互锁"。

例如，华为通过 DSTE 体系，将集团战略目标分解为各事业部的年度计划，再进一步细化到每个团队的季度任务和个人的月度目标，确保所有员工的工作都与集团战略紧密相连。具体来说，如果集团的战略目标是"在未来三年内实现全球市场份额增长 10%"，那么各事业部需要根据自身业务特点制订具体的市场拓展计划，销售团队则需要明确每个季度的客户开发目标，研发团队则需要加快新产品的推出速度。通过这种方式，战略目标被逐级分解，最终落实到每个员工的具体行动中。

此外，DSTE 体系还强调动态调整和持续优化。在战略执行过程中，企业需要定期评估目标的完成情况，并根据市场变化和内部资源状况进行必要的调整。例如，如果某个事业部的市场拓展计划未能达到预期目标，企业可以通过资源重新分配或调整策略来弥补差距。这种动态调整机制能够确保战略执行过程中的灵活性和适应性。

战略执行是战略落地的关键环节，其成功与否直接决定了企业战略的最终效果。通过取得战略共识、构建与战略匹配的组织以及建立全生命周期的管理流程，企业能够有效消除战略到执行的鸿沟，确保战略目标的实现。战略共识确保全体员工对战略的理解和认同，组织匹配为战略执行提供结构支持，而 DSTE 体系等管理流程则为战略执行提供了系统化的保障。只有将这三者有机结合，企业才能在复杂多变的市场环境中实现战略目标，赢得长期竞争优势。

在实际操作中，企业还需要注意以下几点：首先，战略执行需要高层的坚定支持和持续推动；其次，战略执行过程中应注重数据的收集和分析，以便及时发现问题并采取纠正措施；最后，战略执行的成功离不开员工的积极参与和创造力的发挥。通过不断优化战略执行体系，企业能够将战略从纸面规划转化为实实在在的成果，最终实现可持续发展。

·第5章·

从战略到营销，无缝衔接的关键

商业战略是企业为了在市场中获得竞争优势而做出的决策，影响市场定位、行动路径和长期竞争力。战略选择分为明确选择和隐含选择。明确选择包括市场定位、产品组合、定价策略等方面，这些决策经过企业的深思熟虑并被纳入战略计划，成为企业的长期目标。隐含选择则是未必明确列出，但对企业竞争力和发展同样重要的决策，如销售渠道、客户服务和员工培训等。这些隐含决策在日常运营中发挥着重要作用，尤其在提升客户体验和运营效率方面。

在有限资源下，企业需权衡哪些领域需要投入更多的资源，哪些领域可以减少资源投入。这些决策有助于确保企业的战略方向一致，避免过度依赖短期问题。战略的核心目标是为客户创造独特价值，并超越竞争对手。因此，战略必须回答"我们打算在哪些领域获胜"和"我们要如何获胜"等关键问题。如果缺乏清晰的战略方向，企业可能陷入"平庸"，难以脱颖而出。

为了实现战略目标，企业必须建立强大的销售团队，通过合理的招聘、培训和激励机制确保销售团队的高效运营。同时，销售管理方法的选择也至关重要，需根据市场需求和团队特点设计合适的销售模式，从而确保战略的顺利执行。

战略决策是一个动态的过程，企业必须根据市场变化和竞争态势进行调整。通过数据反馈和市场分析，企业可以不断优化战略执行，保持持续的竞争优势。最终，战略与营销的无缝衔接能推动企业稳步前行，保持长期的市场领导地位。

营销策略分析

业务战略到底是什么？组织的执行力最终落脚点是战略目标的实现，若无法实现战略目标，再多的努力也是徒劳无功。要实现战略目标，关键在于制定正确的营销策略，而营销策略则是指选择最有效的路径，从而推动战略目标的实现。

那么，如何制定正确的营销策略呢？这是本章的核心内容。在制定营销策略时，企业需要进行深入的营销研究和分析，主要从以下五个方面着手：

宏观环境分析

宏观环境分析的目的是识别外部环境中的新机会或帮助企业规避潜在风险。通过对经济、技术、人口、社会文化、政治法律和自然等多个方面的调研与分析，企业能够全面了解外部环境的变化。这种分析通常采用 PEST 模型，分别从政治（Political）、经济（Economic）、社会文化（Social）、技术（Technological）四个维度进行深入探讨。如图 5-1 所示，PEST 模型帮助企业把握宏观环境的脉动。

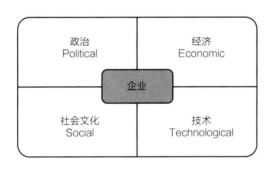

图 5-1　PEST 模型

宏观环境分析不仅仅是对经济、技术、社会文化等因素的泛泛描述，这种表面的分析对企业并无太大意义。真正的关键在于识别这些环境因素是否发生了新的变化，以及这些变化是否会对企业的营销策略产生影响。销售组织的负责人需要关注宏观环境的动态变化，并根据这些变化制定或调整营销策略，确保企业始终沿着正确的路径前行，从而使营销策略的执行具备实际意义。

接下来，我们以大健康行业为例，分析宏观环境对行业的影响。

1. 政治因素

政治因素对健康管理行业具有深远影响。政府的政策和法规变化可能会直接影响行业的运作。例如，健康保险制度、医疗补贴政策、医疗数据隐私保护法规等都是重要的政治因素。这些政策和法规不仅影响健康管理服务提供商的运营模式，也会影响医疗机构的合规要求和发展方向。

自 2016 年以来，国家逐步出台了多项政策，推进健康中国建设。政府对大健康行业的重视和政策支持为行业创造了有利的政策环境。对相关企业而言，这意味着新机会的不断涌现，企业可以在政策利好的引导下开辟新市场、拓展服务领域，并获得政策扶持和资源支持。

2. 经济因素

经济因素对健康管理行业同样具有重要影响。经济状况、就业率、收入水平和消费能力直接影响人们对健康管理服务的需求和支付能力。例如，在经济衰退期间，人们可能会减少健康管理方面的支出，而在经济繁荣时期，才更倾向于投资健康管理服务。此外，医疗保险制度的完善程度、医疗费用的上涨和医疗保健支出的分配也是影响健康管理行业的重要经济因素。

截至 2024 年，中国人均 GDP 已达到 9.57 万元，北京市人均 GDP 更是达到了22.82 万元（见图 5-2）。人均 GDP 的稳步增长既提升了消费者购买力，也激发了消费者对医疗健康的需求。据估计，未来 20 年，随着全球健康状况的改善，将多存活 2.3 亿人，中年健康年限将延长 10 年，全球健康的社会总收益有望达到 100万亿美元。健康投资的产出效益显著，每投入 1 美元用于改善健康，经济回报预计可达到 2~4 美元。因此，要实现这一巨大的经济回报，人们必须将健康支出的重点从治疗转向预防。

2015至2024年中国人均GDP持续增长，从5.09万元增至9.57万元，年均增速约7.5%。

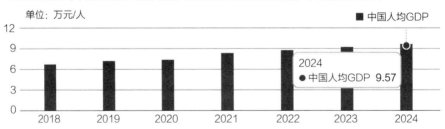

北京人均GDP从2007年的6.36万元/人持续增长至2024年的22.82万元/人，年均增速显著。

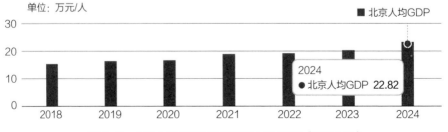

图 5-2　中国人均 GDP 和北京市人均 GDP（2024 年）

3. 社会文化因素

社会文化因素在健康管理行业中同样发挥着重要作用。人口结构、生活方式、健康意识和文化价值观的变化，都会直接影响市场需求和消费行为。随着人口老龄化的加剧，健康管理服务的需求也呈现出增长趋势。此外，人们对个人健康的关注度持续提升，对健康生活方式的意识增强，对健康管理的需求也不断增加。同时，社会对医疗技术的接受程度和态度，也将对行业发展产生深远影响。

了解目标客户的年龄结构、健康观念和生活方式，有助于企业精准定位市场，制定细分化的营销策略并开展有针对性的宣传活动。

4. 技术因素

技术创新对健康管理行业产生了深远影响。不仅限于健康管理行业，几乎所有行业都在经历着技术变革。例如，电子健康记录系统、远程医疗技术、人工智能和大数据分析等技术的发展，为健康管理提供了更多的工具和解决方案，极大地提升了医疗服务的效率和质量。技术的影响主要体现在以下三个方面：

1）云技术的应用。云技术的引入极大地提高了数据存储和共享的效率，使医疗机构能够便捷地管理和访问患者的电子健康记录。此外，云技术还为远程医疗、移动医疗和在线诊疗提供了强大支持，使医疗服务不再受地域限制，并且更加便捷。

2）人工智能的突破。人工智能技术通过学习和模拟人类智能，在医疗数据分析、诊断和决策支持方面取得了显著进展。特别是在医学影像诊断领域，人工智能利用深度学习算法自动分析和识别医学影像，帮助医生提高诊断准确性和效率。同时，人工智能还在医疗数据分析中发挥重要作用，通过挖掘大规模医疗数据，识别潜在的疾病风险和治疗模式，为个性化医疗和精准医学提供有力支持。此外，人工智能还可用于智能健康监测设备和健康管理应用，实时监测和分析个人健康数据，提供个性化健康建议和预防措施。

3）癌症早筛技术的创新。癌症早筛技术通过筛查和检测方法，能够尽早发现和诊断癌症。随着医学技术的进步，癌症早筛技术不断创新，极大地提高了针对癌症的早期诊断能力，进而提升了治疗成功率和生存率。结合云技术和人工智能，癌症早筛技术能够更高效地分析和解读大规模医疗数据，提供个性化的癌症风险评估和筛查建议。这些技术的应用将显著提高癌症早筛的准确性和效率，帮助降低癌症的发病率和死亡率，改善人们的健康管理体验。技术创新不仅给健康管理行业带来巨大的机遇，也伴随挑战。在任何行业，技术的变革都会改变行业格局，推动企业重新审视其战略方向和业务模式。

通过 PEST 分析，企业可以从宏观层面深入了解外部环境的变化，识别潜在的市场机会与威胁。这一分析帮助企业在制定营销策略时更加精准地应对外部因素，确保策略与市场环境高度契合。通过灵活调整产品和服务，企业能够适应市场需求的变化，有效应对外部压力，从而在竞争中占据有利位置。

微观环境分析

1. 市场成熟度分析

市场成熟度与企业的营销策略密切相关。市场成熟度指的是市场竞争、客户需求的稳定性以及行业发展的成熟程度。不同的市场成熟度阶段对企业营销策略的制定具有不同的影响和要求。

1）市场成熟度较低：开拓与教育阶段。在市场成熟度较低的阶段，市场竞争较少，客户需求可能不稳定，行业发展处于初期阶段。此时，企业的营销策略应侧重于市场开拓和消费者教育。企业可通过广告宣传、产品推广等手段提升市场认知度和品牌知名度，吸引潜在客户并逐步培养市场需求。企业需要通过消费者教育，让他们了解产品的价值和应用，形成初步的市场需求。

2）市场成熟度中等：细分与差异化竞争阶段。随着市场成熟度的提高，竞争加剧，客户需求趋于稳定，行业逐渐进入成熟阶段。此时，企业的营销策略应着重于市场细分和差异化竞争。企业需要深入分析目标客户的需求、偏好和购买行为，进行精准的市场定位和产品定位，提供符合客户期望的产品和服务，同时与竞争对手进行差异化竞争以争夺市场份额。

3）市场成熟度较高：维护与客户关系管理阶段。当市场进入高度成熟甚至饱和阶段，竞争达到高峰，客户需求趋于稳定，行业发展进入饱和状态。此时，企业的营销策略需转向市场维护和客户关系管理。企业可以通过提升产品质量、改进服务、加强品牌建设和提升客户忠诚度来巩固市场份额。企业应关注现有客户的长期需求和满意度，通过持续的价值创造保持客户的忠诚，减少客户流失。

4）市场成熟度变化与动态调整。随着科技进步和市场环境的变化，市场成熟度可能发生波动。企业在制定营销策略时，必须关注市场动态，及时调整策略以适应不同市场阶段的竞争环境和客户需求。企业应根据市场成熟度的变化，灵活调整营销手段和资源分配，从而获得持续的市场竞争力。

2. 企业业务线与市场成熟度的匹配

企业通常存在多条业务线，而每条业务线可能面临不同的市场成熟度，因此需要根据不同的市场成熟度和业务需求制定差异化的营销策略。常见的业务类型包括核心业务、成长型业务和种子业务，每类业务在市场中的地位和发展潜力有所不同。

1）核心业务：巩固与扩展阶段。核心业务是企业最为重要和基础的业务，通常是收入来源的主力。其产品或服务已经成熟，并在市场中建立了稳固的竞争优势。对于核心业务，企业的主要策略是延伸现有产品线，捍卫市场份额，并通过提升生产力和利润贡献来保持领导地位。

2）成长型业务：扩张与市场占领阶段。成长型业务是企业为扩大市场规模和收入而发展的新业务领域。这些业务通常已经证明了其市场潜力，处于快速增长阶段。企业应加大资源投入，快速扩大市场份额，并通过规模化提升商业模式的效益。成长型业务的战略重点在于扩大市场份额，捕捉更多的市场机会，并利用已有的竞争优势推动市场发展。

3）种子业务：创新与验证阶段。种子业务是企业探索新兴领域或在创新阶段开发的业务，通常涉及新的技术、新的市场或新的商业模式。由于其高风险和不确定性，企业对此类业务的投入较少，主要侧重于验证商业模式的可行性。种子业务的营销策略重点是探索市场潜力、验证创新模式的可行性，并为未来的成长奠定基础。

在管理学中，查尔斯·汉迪的"第二曲线"理论为企业发展提供了重要的战略思维。汉迪提出："当你知道该走向何处时，你往往已经没有机会走了。"他通过这一理论提醒企业，第一曲线——核心业务的持续优化和创新，往往会带来短期增长。然而，企业在过度依赖现在业务模式时，可能会忽视新的机会，从而错失新的增长点。

企业应在现在业务（"第一曲线"）稳定增长的同时，及时启动"第二曲线"的业务布局，探索新的市场和技术，防止在市场饱和后陷入停滞。第二曲线不仅指成长型业务，还包括尚未验证的种子业务。企业应根据市场的不同成熟度灵活调整策略，以便在各个曲线的交替中实现可持续增长。

3. 客户群体及需求分析

在对市场情况和市场成熟度进行初步判断后，下一步便是对客户群体进行深入分析，重点关注客户群体的特点、需求，以及企业能够提供的解决方案。以下从三个关键方面展开客户分析：

1）市场规模与细分市场占有率。首先，企业需要评估整体市场规模的大小、行业增长趋势、平均增长率和企业在细分市场的占有率。通过研究这些关键指标，企业能够更合理地设定销售组织的营销目标。市场占有率不仅反映了企业与竞争对手之间的竞争格局，还影响企业采取的营销策略。不同的竞争格局要求企业采取不同的应对措施，从而在市场中占据有利位置。

2）客户采购流程与特点。理解客户的采购流程和特点对于优化销售和营销活动至关重要。客户的采购流程通常涉及审批程序、决策者和影响者、采购预算、采购周期、采购偏好等因素。通过与客户密切合作、与采购人员的互动和市场调研，企业可以获得有关客户采购流程、决策因素和偏好的信息。这些信息将有助于制定匹配客户采购行为的营销策略，并提供个性化的解决方案与支持。在 B2B 顾问式销售中，我们常说"客户怎么买，我就怎么卖"，即通过分析不同客户群体的采购流程和特点，进行精准的市场分类和个性化对待。

3）客户的重要需求分析。客户的重要需求是指某类客户认为至关重要的需求。例如，国有企业客户通常将合规性视为重中之重，因此其对采购流程合规性的要求较高。在进行需求分析时，企业应从客户群体的业务需求出发，关注与客户业务高度相关的需求，特别是与客户战略目标紧密相连的需求。

在 B2B 销售模式中，根据客户采购的不同类型，需求可大致分为三类：

- 生产资料采购：这类采购对客户而言至关重要，因为其直接影响客户的业务运营。供应商必须帮助客户提升业务成功机会，这样才能建立长期稳固的合作关系。
- 软件与咨询服务：此类采购旨在提高客户管理效率，重要性仅次于生产资料。供应商需聚焦于帮助客户提升绩效与价值。
- 员工福利和日常办公用品：这类采购的重要性相对较低，客户更换供应商的代价较小，容易陷入价格竞争。因此，销售人员需深入挖掘除产品外的附加价值，从而赢得客户的青睐。

因此，销售组织首先需要明确自身产品和服务所属的采购类别。如果属于第三类（员工福利和日常办公用品类），销售组织可以通过提升自身组织能力，帮助客户在业务上获得更大价值，从而提高产品的匹配度和客户的满意度。

通过对客户群体及其重要需求的分析，企业需要回答表 5-1 中的问题。

客户需求分析的核心目的是制定精准的营销策略，正如古语所言"知己知彼，百战不殆"。除了深入分析客户群体，竞争对手的动态分析同样至关重要。

表 5-1　企业需要回答的问题

客户选择	哪些是企业选择的客户
价值主张	企业独特的价值主张是什么 企业的竞争优势是什么
价值获得	企业如何赚钱
活动范围	企业能参与哪些活动 企业不参与哪些活动
持续的价值增值	企业如何创造持续的客户价值 企业如何实现可持续的利润增长

竞争对手和合作伙伴分析

竞争对手分析不仅依靠 SWOT 框架列出的机会和威胁分析，还依靠深入调研和细致分析，特别是针对主要竞争对手的具体情况。通过全面了解竞争对手的各个维度，企业能够更好地识别市场中的威胁与机会，从而制定更加精准和有力的市场竞争策略。同时，合作伙伴分析也是不可忽视的部分，它能帮助企业发现可能的合作机会。企业可借助合作伙伴的资源和能力，强化自身的竞争力。以下是竞争对手和合作伙伴分析的关键维度：

1. 公司规模

了解竞争对手的公司规模、员工数量、分支机构及其市场覆盖区域等关键信息，有助于企业评估竞争对手的资源实力和市场影响力。通过分析这些信息，企业可以更好地理解竞争对手在行业中的定位和竞争能力。具体可以考察的指标包括：过去三年的销售收入、年均增长率、利润状况和资产规模等。这些数据不仅帮助企业判断竞争对手的财务稳健性，还能揭示竞争对手在市场上的拓展速度和持续增长的潜力。通过对竞争对手的深入分析，企业能够明确自己在市场中的竞争位置，并根据竞争对手的实力调整自己的战略布局。

2. 经营模式

研究竞争对手的经营模式、市场定位和产品组合是了解其核心竞争力的关键。

通过分析竞争对手在市场中的定位，企业能够明确其目标客户群体和市场切入点，从而识别其战略焦点。进一步评估竞争对手产品组合的多样性与深度，有助于揭示其如何通过差异化策略与市场中的其他企业区分开来。竞争对手的差异化策略通常包括独特的产品特性、定制化服务、创新技术或品牌定位等。通过这些分析，企业可以识别竞争对手的优势和弱点，为制定更有针对性的竞争策略提供重要参考。

3. 发展战略

分析竞争对手的长期发展战略、业务扩展计划和市场进入策略，有助于企业预测其未来走势和潜在威胁。通过了解竞争对手的战略方向，企业能够识别竞争对手优先发展的领域、扩展的新市场或新产品线。特别是竞争对手的市场进入策略，能够揭示其如何突破现有市场的局限，进入新的区域或细分市场。这些信息不仅帮助企业预测竞争对手的下一步行动，还能够揭示可能带来的市场挑战和威胁，为企业制定相应的应对策略提供依据。

4. 产品特点

企业应系统性地对比分析竞争对手的产品矩阵，重点关注其核心产品的功能特性、性能参数、技术架构和定价策略，特别是要深入考察其技术创新路径与研发能力建设。具体而言，企业应从竞争对手的产品迭代周期、专利布局、技术储备、研发投入强度等维度进行评估，同时结合市场需求变化趋势，分析其技术转化效率和产品商业化能力。这种深度对比不仅能揭示竞争对手当前的差异化优势，还能预判其未来技术发展方向和市场定位策略，为本企业制定产品创新路线和竞争策略提供关键决策依据。此外，企业还应建立动态监测机制，持续跟踪竞争对手的技术突破和产品升级，确保竞争情报的时效性和前瞻性。

5. 服务水平

企业应系统评估竞争对手的客户服务体系，全面考察其售前咨询、售中支持和售后服务的全流程表现，重点关注服务响应速度、问题解决效率、客户满意度等关键指标。企业还应深入分析竞争对手的客户关系管理（CRM）系统的建设水平，包括客户数据采集与分析能力、个性化服务提供程度、客户生命周期管理策略等。同时，企业要研究竞争对手的客户忠诚度计划的设计与实施效果，评估其会员体系、积分奖励、增值服务等客户维系策略的有效性。客户反馈渠道、社交媒体评价、第三方评测等多维度数据，构建了竞争对手客户服务能力的完整画像。此外，企业还需关注竞争对手的服务创新举措，如智能化客服应用、预测性维护服务、沉浸式体验设计等，预判其未来服务升级方向。这种深度评估不仅能揭示竞争对手在客户关系管理方面的优势，还能为企业优化自身服务体系提供有价值的参考。

6. 市场份额与渗透率

企业需开展深入的竞争对手市场占有率研究，系统收集并分析其在各细分市场的销售数据、客户覆盖率和品牌影响力等关键指标。企业通过定量分析竞争对手的市场份额变化趋势，结合行业渗透率数据，评估其市场扩张速度和战略执行效果。重点关注竞争对手在核心细分市场的竞争优势，包括产品接受度、渠道覆盖率、定价策略有效性等要素。同时，企业应考察竞争对手市场地位的形成机制，分析品牌认知度、客户忠诚度、渠道控制力等软性指标。建议采用多维数据分析方法，整合行业报告、市场调研、销售数据等多源信息，构建竞争对手的市场竞争力评估模型。此外，企业还应关注竞争对手的新兴市场开拓策略和增长潜力，预测未来市场格局变化趋势，为企业制定市场战略提供决策依据。

7. 品牌与声誉

企业应建立全面的品牌竞争力评估体系，深入分析竞争对手的品牌认知度、品牌形象和市场口碑。企业可通过定量调查测量品牌知名度、品牌联想度和品牌忠诚度等关键指标，结合社交媒体声量分析、在线评价情感分析和消费者深度访谈，全面把握竞争对手的品牌市场定位。企业应重点关注品牌差异化优势的形成机制，包括品牌核心价值传递、品牌故事塑造、品牌体验设计等要素。同时，企业要追踪分析品牌舆情动态，评估竞争对手的危机应对能力和品牌修复效果。建议采用品牌资产评估模型，从品牌知名度、感知质量、品牌联想、品牌忠诚度等维度进行系统评估，并结合市场份额和溢价能力等商业指标，全面衡量竞争对手的品牌竞争力。此外，企业还应关注竞争对手的品牌年轻化、数字化转型等创新举措，预判其品牌发展趋势，为企业品牌战略制定提供参考。

8. 定价策略

企业可对比竞争对手的定价策略和价格水平，分析其市场定价能力和价格竞争策略，尤其是在不同市场和细分领域的定价差异，这能为企业制定价格策略提供重要依据。通过深入分析竞争对手的定价模型，企业可以了解其如何在不同市场环境下进行价格调整，采用高端定价、渗透定价或市场导向定价等策略。此外，企业可评估竞争对手在各个细分市场中的价格策略，这可以帮助企业识别竞争对手在特定领域的竞争优势或价格敏感度，进而调整自身的定价策略以优化市场份额和利润。定价策略的差异化不仅能够影响产品的市场定位，还能对品牌形象、市场占有率和客户忠诚度产生深远影响。

9. 市场推广策略

研究竞争对手的市场推广活动、广告渠道和品牌传播策略，对于企业了解其市场渗透力和品牌推广效果至关重要。通过分析竞争对手的市场推广活动，企业可以识别其在目标市场中采用的具体营销手段和策略，了解其是依赖于传统的广告渠道（如电视、广播、报纸等），还是更注重数字营销（如社交媒体广告、搜索引擎营销等）。进一步评估其广告渠道的多样性和投放频率，有助于企业判断竞争对手在不同平台和受众群体中的影响力。

品牌传播策略则揭示了竞争对手如何通过公共关系、品牌故事、口碑管理等手段建立和维护品牌形象，提高品牌认知度。在这一过程中，企业可以对比竞争对手在品牌传播上的创新方式与效果，如是否通过联合营销、跨界合作或创意广告提升了品牌的市场影响力。特别是在品牌推广效果方面，通过消费者反馈、市场反应和品牌的口碑评价，企业可以全面评估竞争对手的市场渗透能力和品牌忠诚度。

综合这些分析，企业能够发现竞争对手在品牌传播中的优势和短板，并基于此制定更加精准的品牌推广策略，这不仅能够增强市场渗透力，还能在消费者心中塑造更强的品牌认同感和忠诚度。

10. 销售模式

评估竞争对手的销售渠道、分销网络和合作伙伴结构，有助于企业了解竞争对手在市场中的覆盖能力和渗透策略。通过分析竞争对手的销售模式，企业可以深入研究其是否采用 B2B 直销、B2C 电商平台、经销商合作等不同的销售方式。对于 B2B 直销模式，企业可以了解竞争对手如何通过直接与企业客户建立联系来实现销售，以及其是否采用定制化的解决方案；而对于渠道合作模式，分析其选择的分销商和零售伙伴可以帮助企业了解竞争对手在市场中的分布广度和渗透深度。

此外，竞争对手的合作伙伴结构同样至关重要。通过了解其与供应商、渠道商、分销商或战略合作伙伴的关系，企业能够评估其在供应链上的优势和潜力。一个强大的合作伙伴网络通常能够为企业提供更好的市场准入、降低成本、提高效率，并在拓展新市场时获得更多支持。

深入研究这些销售渠道和分销网络的维度，企业可以全面把握竞争对手的市场渗透能力，明确其在各个市场区域和细分市场中的市场份额。同时，了解竞争对手在销售模式上的创新和优势，能够帮助企业发现自己的不足，进而制定更加精准和灵活的市场竞争策略。通过优化自身的销售渠道、加强合作伙伴关系，企业不仅能够扩大市场覆盖范围，还能在竞争中占据有利位置，提高自身的竞争力和市场份额。

11. 合作伙伴分析

除了竞争对手分析，销售组织同样需要对合作伙伴进行详细分析。尽管合作伙伴分析的维度与竞争对手分析相似，但其出发点和目标有所不同。竞争对手分析的重点在于制定应对市场竞争的策略，而合作伙伴分析则着重于发现互利共赢的合作模式，利用合作伙伴的资源和优势来强化自身的业务战略和营销策略。

通过深入了解合作伙伴的资源、能力和市场定位，企业可以有效识别潜在的合作机会。这样，企业不仅能够优化合作关系，还能通过最大化双方的协同效应，共同推动业务增长和市场拓展。合作伙伴分析帮助企业从战略高度评估合作的可行性和长期价值，从而确保双方合作能够为实现共同的业务目标和市场成功提供坚实的基础。

自身分析——SWOT 分析

在制定营销策略时，企业需要从多个角度进行深入分析，涵盖宏观环境、竞争对手、客户需求等方面。然而，最为关键的步骤是结合企业自身的实际情况，开展 SWOT 分析。通过 SWOT 分析，企业能够明确自身的优势、劣势、机会和威胁，帮助管理层识别市场中的潜在机会与挑战，并据此制定出更具针对性和可操作性的营销策略。在一个良好的宏观环境下，许多企业能够获得成功，这反映了一种普遍现象。然而，在市场环境不利的情况下，仍有一些企业能够逆势突围并实现业绩提升。这类企业之所以能够脱颖而出，关键在于它们能够深度挖掘和发挥自身独特的资源与能力，通过形成鲜明的竞争优势，建立起难以被复制的"护城河"。因此，企业能够依赖的核心竞争力，不仅仅是外部环境的有利因素，更是其自身积累的优势和独特资源，这些要素决定了企业在复杂市场中长期发展的可持续性。以下是进行 SWOT 分析的详细步骤和指导：

1. 收集内外部信息

收集内外部信息是制定有效营销策略的基础。企业首先需要关注内部信息的收集。这些数据包括企业组织结构、员工能力、产品线、销售业绩和财务状况等，能够反映企业当前的运营状况和资源配置。企业内部文件、财务报告、部门总结、会议记录等渠道是获取相关信息的途径，同时，与员工和管理层的定期讨论和反馈也是重要的途径。这些信息分析帮助企业深入了解自身的资源优势与潜在的改进空间，评估现有的运营模式与销售策略，识别出提升竞争力的关键因素。通常，获取这些信息的难度较低，并且这些信息具有较高的时效性和准确性。

其次，外部信息的收集同样不可忽视，外部环境的变化直接影响企业的市场表现。外部信息主要包括市场趋势、行业动态、目标客户群体的需求变化、消费者行为的转变和技术创新的影响等因素。企业可以通过市场调研、行业报告、竞争对手分析和社交媒体监测等手段获取这些信息。市场调研涉及问卷调查、焦点小组访谈等方式，可帮助企业了解消费者的需求与偏好；行业报告和竞争对手分析帮助企业评估行业的整体发展趋势和竞争格局；社交媒体监测则能够帮助企业洞察客户的即时反馈与情感变化，为营销决策提供实时参考。通过这些多维度的分析，企业能够及时掌握外部环境的变化，更好地调整战略以应对动态市场的挑战。

2. 进行 SWOT 分析

接下来，企业可根据收集的内外部信息进行 SWOT 分析（见图 5-3）。

图 5-3　SWOT 分析

1）内部优势（Strengths）分析。首先，企业需要评估自身在各个关键领域的竞争优势。产品质量、技术能力和创新能力是衡量企业是否具备市场竞争力的核心要素。如果企业的产品在质量上具有优势，能够满足客户需求并提供高附加值，那么其市场定位将更加稳固。同时，技术创新能力是推动企业持续发展的动力，企业若能够快速响应市场需求，持续推出创新产品，将形成长期的竞争壁垒。品牌声誉和客户忠诚度也是企业优势的重要组成部分，一个强大的品牌和忠实的客户群体不仅能增强市场份额，还能提升企业的溢价能力。

此外，分析企业在供应链管理、生产效率、成本控制和人力资源等方面的优势至关重要。有效的供应链管理和高效的生产流程能够提升企业的运营效率，降低成本，提高盈利能力。良好的人力资源管理体系则能保证企业吸引、培养和留住顶尖人才，为企业的可持续发展提供支持。

最重要的是，企业需明确自身的核心竞争力和独特卖点，突出差异化优势。这些独特的优势将帮助企业在激烈的市场竞争中脱颖而出，增强市场竞争力并巩固其市场领导地位。

2）内部劣势（Weaknesses）分析。在进行内部劣势分析时，企业要先识别自身在产品质量、技术能力、创新能力、品牌声誉和客户忠诚度等方面的劣势。若企业的产品质量不稳定，或者技术能力和创新能力相对滞后，将直接影响产品的市场竞争力。此外，品牌声誉的不足和客户忠诚度的低下会使企业在消费者心中的认可度下降，从而影响市场份额的扩大。

其次，企业要分析自身在供应链管理、生产效率、成本控制和人力资源等方面的短板。供应链管理不够优化，可能导致成本上升和交货延迟；生产效率低下和成本控制不到位，会影响企业的盈利能力和市场反应速度。而在人员管理方面，缺乏有效的激励机制和培训体系，也可能导致人力资源的流失和工作效率的降低。

识别出这些短板后，企业需要明确其改进空间，并制订具体的解决方案。这可能包括优化供应链流程、提高生产自动化水平、加强员工培训和提升团队凝聚力等措施。通过这些改进，企业能够增强其整体竞争力，提升在市场中的竞争地位。

3）外部机会（Opportunities）分析。在进行外部机会分析时，企业要先研究市场趋势、消费者需求变化和技术创新所带来的新机会。随着市场需求和消费习惯的不断变化，企业需要及时识别并适应这些趋势。例如，数字化转型和绿色环保理念的兴起为企业提供了新的商业模式和创新产品的机会。此外，技术创新，特别是在人工智能、大数据和物联网等领域的应用，也为企业开辟了新的发展方向，推动了业务流程的优化和产品功能的升级。

其次，评估竞争对手的弱点和市场空缺是识别新机会的重要途径。通过分析竞争对手的不足之处，如产品定位偏差、服务质量问题或市场覆盖率低等，企业可以发现自己在这些领域的潜在机会。这不仅能够帮助企业找出市场中的空白地带，还能使企业通过差异化策略迅速占领这些新兴市场，甚至推出符合客户需求的新产品，形成竞争优势。

最后，分析法规政策和经济环境的变化及其对企业业务的影响也至关重要。政府政策的调整、税收优惠、新法规的出台，尤其是针对特定行业或市场的激励措施，都可能为企业带来新的发展机遇。同时，宏观经济的变化，如经济复苏、消费升级或区域市场的增长，也为企业提供了扩展业务的良好机会。通过把握这些外部机遇，企业能够进一步提升市场竞争力并在变化的市场中获得先机。

4）外部威胁（Threats）分析。在进行外部威胁分析时，企业要先评估市场竞争对手的优势、市场份额和品牌影响力。竞争对手的强大可能对本企业构成直接威胁。如果竞争对手在市场上占据较大份额，并拥有较强的品牌影响力，那么它们可能会通过更高效的运营、更强的市场渗透力和更具吸引力的产品来侵蚀本企业的市场份额。此外，竞争对手的技术创新和营销策略也可能导致本企业原有优势的丧失，因此，及时识别这些竞争威胁并制定应对措施至关重要。

其次，企业需要分析市场趋势、技术变革和供应链风险等潜在威胁因素。市场趋势的变化可能导致需求下降，尤其是在不稳定的经济环境中，消费者的消费偏好可能发生剧烈波动，影响产品销售。同时，技术变革的快速发展可能使现有技术或产品迅速过时，迫使企业投入巨额资源进行转型升级。此外，供应链中的风险，如原材料价格上涨、供应商不稳定或全球物流中断等，也可能对企业造成不可预测的威胁，影响生产计划和产品交付。

最后，法规政策和经济环境的变化可能给企业业务带来负面影响。政策、税收或行业监管的加强可能导致企业面临更大的合规压力，使运营成本增加。经济环境的变化，如经济衰退、消费者信心下降或通货膨胀等，也可能导致需求萎缩，进而影响企业的盈利能力。在制定战略时，企业应充分考虑这些潜在的外部威胁，并采取灵活应变的策略，从而降低其负面影响。

总体而言，在进行 SWOT 分析时，企业要先汇总并分析主要发现，提炼出关键的优势、劣势、机会与威胁。通过对内部优势、内部劣势和外部机会、外部威胁的综合评估，企业能够全面了解自己在市场中的定位和潜在发展空间。企业的优势可能包括强大的品牌影响力、先进的技术能力、扎实的客户基础等，而劣势则可能涉及管理体系的不足、成本控制不力或创新能力的缺乏。外部机会包括市场的增长潜力、技术创新带来的新商机等，而外部威胁则可能来源于竞争对手的压力、法规政策的变化或经济环境的变化。

接下来，企业应识别内部优势与外部机会的交集，进而制定核心竞争策略。例如，若企业在技术创新上具备优势，而市场对新技术的需求持续增长，那么可以通过加大研发投入，推出创新产品以占领市场。通过这种方式，企业能够充分利用自身的优势，抓住外部机会，形成竞争壁垒。

最后，针对内部劣势与外部威胁，企业需要提出具体的应对措施与改善策略。例如，若企业在生产效率方面存在短板且面临强劲的市场竞争，可以通过优化生产流程、提升自动化水平来降低成本、提高效率，减少外部威胁的影响。此外，加强市场监控、进行竞争对手分析和灵活调整策略，也是应对外部威胁的重要手段。通过针对性的改善措施，企业能够在变化的市场环境中保持竞争力。

制定营销策略

1. 市场定位和确定目标市场

市场定位和目标市场的确定是任何企业成功的基础，直接影响其长期发展战略和市场表现。首先，通过 SWOT 分析，企业可以全面了解自身的优势、劣势、机会和威胁。这一过程帮助企业识别出自身在市场中的独特资源和竞争优势，如技术创新、品牌知名度或客户关系等，同时也能揭示出企业面临的市场威胁和内部短板，如产品同质化、成本控制问题等。通过对这些因素的深入分析，企业能够明确自身的市场定位，并为制定差异化的竞争策略奠定坚实的基础。

在明确了市场定位后，接下来的关键步骤是精准的市场细分。市场细分的目的是识别出潜在的目标客户群体，并针对这些群体的需求特征、消费习惯和购买决策制定个性化的营销策略。通过细分市场，企业不仅能够提高营销的效率，还能够最大化资源的利用率，避免在广泛市场中的资源分散。精准的市场细分不仅有助于企业更好地理解客户的真实需求，还能确保营销活动能够与消费者产生共鸣，提高品牌的吸引力。

在实际操作中，企业应结合市场数据、消费者行为分析和行业趋势，确定目标市场的优先级，并通过定制化的产品、服务或推广方式来吸引核心客户群体。通过这一系列精准的市场定位和细分策略，企业能够在激烈的市场竞争中脱颖而出，构建起强大的市场壁垒，为持续增长打下坚实的基础。

2. 产品和定价策略

在制定产品和定价策略时，企业要先运用 SWOT 分析法，明确自己在市场中的优势和面临的机会。通过识别内部资源和外部机会，企业可以有针对性地开发新产品或改进现有产品，以便更好地满足市场需求并提升市场竞争力。产品创新不仅要关注技术和功能的提升，还需考虑用户体验、品牌形象等软实力的打造，进而推动产品的差异化竞争。例如，企业结合客户反馈和市场趋势，及时调整产品的设计和功能，提升产品附加值，增强产品在消费者心中的吸引力。

同时，合理的定价策略是确保产品成功的关键之一。在定价过程中，企业需要综合考虑多重因素，包括产品的内在价值、生产成本、竞争对手的定价和目标市场的价格敏感度。定价不仅要与产品的质量和品牌定位相匹配，还要能够体现产品的市场价值与消费者的购买预期。例如，针对高端市场，企业可以采取溢价策略，突出产品的独特性和高质量；而针对价格敏感的市场，企业则可考虑采取渗透定价策略，通过较低价格迅速吸引顾客，从而扩大市场份额。

总之，成功的产品和定价策略需要企业根据市场环境和自身定位，灵活调整产品的特性与价格结构，从而增强自己的市场竞争力并实现持续发展。

3. 市场推广和分销策略

制订综合的市场推广计划是提升品牌知名度和吸引目标客户的关键。广告是最直接的推广手段，企业需要根据目标客户的特征和习惯选择合适的媒介渠道。通过精准的广告投放，企业能够有效提高品牌曝光率，吸引潜在客户的关注。与此同时，促销活动应当与广告策略相辅相成，利用折扣、赠品、限时优惠等方式激发客户的购买欲望，增加销量。促销活动不仅要注重短期的销售提升，还需与品牌价值传递紧密结合，确保客户在享受优惠的同时，对品牌产生正面认知和忠诚度。此外，在品牌传播方面，企业应当注重塑造品牌的独特形象，通过故事化、情感化的内容营销，增强品牌与消费者的情感连接，从而提升品牌的长期价值。

在确定有效的销售渠道和分销策略时，企业需根据产品特点和目标市场的需求，选择最合适的渠道组合。线上渠道和线下渠道的整合是当前市场环境中的重要趋势，通过电商平台、社交媒体等数字化手段，企业可以精确触及广泛的消费者群体，同时借助传统零售商、经销商和分销网络，确保产品能够迅速进入市场并满足消费者的需求。此外，渠道管理需要灵活，确保分销网络的高效运作和产品的及时供给，从而提升市场覆盖率和品牌竞争力。

制订一个全面的市场推广计划并选择合适的销售渠道和分销策略，能够确保品牌在激烈的市场竞争中脱颖而出，成功吸引并留住目标客户群体。

4. 监测和评估

确定关键绩效指标（KPIs）和目标是营销策略成功实施的基础。首先，企业需要根据总体战略目标设定具体的、可衡量的指标，如品牌知名度、市场份额、客户获取成本、转化率等，这些 KPIs 可以帮助衡量营销活动的实际效果，并确保营销工作与企业的长期目标保持一致。同时，针对不同营销渠道和活动，企业应当设置细化的指标，便于精准监测各个环节的执行效果，从而为策略调整提供依据。

实时监测营销策略的执行效果是确保营销活动取得预期成果的重要步骤。通过运用先进的分析工具和数据平台，企业可以实时跟踪各类数据，包括广告曝光量、点击率、客户参与度等，帮助营销团队及时了解营销活动的效果。通过数据的即时反馈，营销团队可以发现潜在问题，避免出现偏离目标的情况，从而保证策略的顺利推进。

定期进行效果评估同样不可忽视。通过对营销活动的阶段性总结，结合市场反馈和数据分析，企业可以深入分析哪些策略有效，哪些策略需要优化。市场环境的不断变化要求企业具备高度的灵活性，因此，及时调整和优化策略尤为重要。定期评估不仅帮助企业确保策略的适时性和适应性，还能提升整体营销效果，使企业能够在竞争激烈的市场中不断调整方向，始终保持领先优势。

通过明确 KPIs，实时监控效果，以及定期评估和优化策略，企业能够确保营销策略持续适应市场变化，提升营销活动的整体效果和企业的竞争力。

5. 动态调整

SWOT 分析和营销策略的制定是一个持续、动态的过程，要求企业始终保持灵活性与前瞻性。定期进行 SWOT 分析对于确保企业能够实时识别和应对内外部环境的变化至关重要。在此过程中，企业需要与各个部门和团队保持密切的沟通与协作，确保营销策略与整体战略的一致性。只有通过跨部门的协调合作，才能确保营销策略不仅符合企业当前的业务目标，还能适应市场和竞争环境的快速变化。此外，营销团队还应关注数据的实时反馈，通过数据驱动的方式迅速调整策略，从而保证在不断变化的市场中占据竞争优势。

营销策略与组织的适配性分析

在制定营销策略时，销售组织必须通过深入的宏观环境分析、微观环境分析和自身 SWOT 分析，全面识别企业的优势、劣势、机会与威胁。这些分析帮助企业把握市场动向，并理解自身的核心竞争力与短板。然而，仅仅识别这些外部和内部因素并不足以确保营销策略的成功，更关键的是如何确保营销策略与管理团队的特点、企业所处的生命周期阶段和企业规模高度匹配。

首先，管理团队的领导风格、决策机制和成员间的协作方式直接影响营销策略的执行效果。其次，企业所处的不同发展阶段要求营销策略的重点不同，如企业在初创阶段更注重灵活性和创新，而在成熟期则可能更注重稳固市场份额和品牌建设。此外，企业规模的不同也会对资源的投入和战略部署产生影响，小型企业需更加精简高效，而大规模企业则具备更多的资源进行市场扩张。

特别是在同一集团内，不同区域的市场差异使营销策略需要因地制宜、因人而异，确保能够适应各区域市场的独特需求和管理团队的特性，从而实现整体战略的有效执行。

管理团队的特点

管理团队的特点是制定和执行营销策略的重要影响因素。团队在经验、技能、风格等方面的差异，直接决定了策略制定的可行性与执行的高效性。因此，企业需要确保营销策略与团队的实际特点相匹配，从而实现战略一致性与团队执行力的提升。以下从多个关键维度进行分析：

1. 经验与专业知识

管理团队的经验和专业知识是营销策略制定的基础。对管理团队现状的评估尤为重要，企业需分析其在市场营销和 B2B 销售方面的知识水平与实践能力。如果管理团队在相关领域经验不足，可能导致营销策略脱节或执行困难。在这种情况下，企业可以通过培训或引入外部资源弥补短板。例如，一家技术驱动的 B2B 企业，其管理团队以技术专家为主，但对市场需求缺乏敏感性。企业可以组织市场营销培训课程，帮助管理团队了解客户痛点、行业动态和竞争格局，从而提升团队的市场开拓能力。

2. 沟通与协作能力

高效的内部沟通和协作能力是营销策略成功执行的保障。若团队成员之间沟通不畅，可能导致信息断层或行动不一致，进而削弱执行效果。企业可以通过建立清晰的沟通机制（如定期例会）和共享平台（如 CRM 工具或协作软件）来解决这一问题。例如，某 B2B 企业通过定期跨部门会议，让销售团队和研发团队共同讨论客户反馈和市场需求，从而确保产品设计与营销活动更加贴近客户需求，提升营销策略的整体效果。

3. 创新意识与风险承受能力

创新意识是管理团队应对市场变化、推动营销创新的重要特质。一个富有创新精神的管理团队能够快速调整营销策略，把握市场机会；相反，过于保守的管理团队可能因缺乏行动力而错失良机。为激发创新思维，企业可以鼓励管理团队参与市场研究、跨行业合作和开展内部创新项目。例如，一家 B2B 企业通过设立内部创新激励计划，推动管理层尝试 AI 驱动的精准营销和社交媒体策略，显著提高了潜在客户转化率。

4. 学习能力

在快速变化的市场环境中，管理团队的学习能力尤为重要。学习能力强的管理团队能够迅速吸收新知识，调整策略以应对外部变化。例如，通过参加行业峰会、在线课程和高管研讨会，管理团队可以保持对行业趋势的敏感性，从而持续优化营销策略。企业应为管理团队提供定期学习的机会，建立内部知识分享机制，确保管理团队始终具备适应变化的能力。

5. 团队多样性与个人风格

团队成员的多样性对营销策略的制定与执行至关重要。多样化的背景和技能组合能够带来更广泛的视角与思路。例如，一个由年轻市场经理和资深销售总监组成的管理团队，可以将创新思维与执行力结合，为营销策略的落地提供强有力的支持。此外，团队成员的个人风格（如决策偏好、领导方式）也会影响协作效率。企业在组建管理团队时应关注成员之间的互补性，从而提升整体执行效果。

6. 个人追求与目标一致性

团队成员的个人追求若与企业战略目标存在偏差，可能导致行动不一致。例如，如果团队成员更关注短期业绩，而企业希望专注于长期市场拓展，则需要通过绩效考核和激励机制调节个人与组织的目标差异，确保全员步调一致。这种一致性不仅有助于营销策略的执行，还能提升团队凝聚力。

7. 与 CEO 的匹配性

CEO 与销售管理团队的匹配对营销策略的成败有着重要影响。例如，如果CEO 强调高增长，而销售管理团队倾向于采取保守策略，则需要通过明确的沟通与协作机制实现统一。CEO 应通过定期与管理团队交流，明确战略的优先级，同时听取管理团队的反馈，从而在宏观方向与微观执行间建立平衡。

案例分享

技术专家型管理团队的策略调整

某 B2B 企业的管理团队主要由技术专家组成，他们在产品研发方面表现出色，但在市场敏感度和营销能力上存在短板。为了提升整体营销策略的有效性，企业采取了一系列针对性措施。

首先，企业为管理团队提供了系统化的市场营销培训，帮助他们深入理解客户需求、竞争态势和市场动态，从而提高市场洞察力。其次，通过建立跨部门定期沟通机制，技术团队与销售、市场团队能够共享客户反馈，确保产品开发与市场需求保持一致，避免脱节。此外，企业还引入了具有丰富市场经验的高管，弥补了管理团队在营销策略制定方面的不足。同时，企业创新激励机制鼓励技术团队尝试新的营销方法，如结合 AI 技术优化营销活动以提升营销效率和客户体验。通过这些举措，企业成功实现了管理团队与营销团队的高效协作，确保市场需求能够准确反映在产品开发和营销活动中，显著提升了市场竞争力。

企业所处阶段

企业所处的发展阶段对 B2B 营销策略的制定具有至关重要的影响。处于不同阶段的企业在资源分配、市场需求和目标设定方面存在显著差异，因此，营销策略需要根据企业所处的发展阶段灵活调整，从而实现企业的可持续发展。

1. 初创阶段：聚焦与快速试错

在初创阶段，企业的主要任务是建立品牌认知度、吸引潜在客户并迅速扩大市场份额。由于资源有限，营销策略需要高度聚焦，注重成本效益。企业需要进行市场调研，深入了解目标市场的需求、竞争环境和客户痛点，为产品定位和策略制定奠定基础。与此同时，企业可通过目标客户细分，根据客户的特征与需求，优先开发潜力最大的细分市场。初创企业还需提供定制化产品或服务，通过差异化的解决方案迅速赢得市场认可，建立良好的口碑。

例如，一家初创的 SaaS 公司通过参加行业展会与潜在客户面对面交流，建立了信任和关系。同时，该公司提供免费试用服务，吸引客户体验产品，利用客户反馈不断优化功能，最终逐步提升品牌声誉。初创阶段的关键在于快速适应市场需求，灵活调整策略，以最低成本获得最大的市场渗透率和客户认知度。

2. 成长阶段：加速扩展与深耕客户

在成长阶段，企业已具备一定的市场地位，逐步从初创期的"存活"转向"发展"。此阶段的核心任务是通过集中资源，进一步加速市场渗透、拓展产品线并提升客户忠诚度，实现企业的规模化发展和竞争优势的强化。通过持续创新和深度客户互动，企业能够扩大市场份额，同时稳固已有的客户群体，形成良性的发展循环。

1）市场扩张：扩大覆盖面与影响力。市场扩张是企业在成长阶段的核心任务，旨在通过扩大业务覆盖面和提升市场影响力实现持续发展。企业通常从区域拓展、行业渗透和渠道优化三个方面着手。首先，区域拓展是市场扩张的重要策略之一，企业通过向新的市场进军，建立本地化的销售网络。例如，企业从国内市场拓展至国际市场，或者从一线城市延伸至二、三线城市，从而覆盖更广泛的客户群体。其次，行业渗透是提高市场占有率的关键。企业不仅需要在已有行业中巩固地位，还应积极探索与核心业务相关的关联行业机会。例如，企业从传统制造业延伸至工业自动化领域，实现行业间的协同增长。最后，渠道优化是扩大市场触达范围的有效手段，通过线上与线下渠道的结合，企业能够最大化市场影响力。线上渠道（如数字化营销和电商平台）有助于吸引更广泛的潜在客户，而线下渠道（如行业展会和战略合作）则能够深化客户关系，增强品牌信任度。通过区域拓展、行业渗透和渠道优化的有机结合，企业能够实现市场扩张的目标，为长期发展奠定坚实基础。

2）产品创新：持续满足多样化需求。产品创新是企业在成长阶段保持市场竞争力的核心驱动力。通过持续优化现有产品、满足客户多样化需求和开发新产品，企业能够不断拓展业务边界，增强市场适应能力。首先，功能迭代是产品创新的基础，企业根据客户反馈不断改进产品功能以提升用户体验。例如，企业通过增强软件的智能化功能，帮助客户优化工作流程，从而提高产品的实用性和客户的满意度。其次，定制化服务是满足客户个性化需求的关键策略，企业为不同类型的客户量身打造专属解决方案。例如，大型企业为客户提供定制化服务包以满足其复杂的业务需求，进一步增强客户黏性。最后，多元化产品线是扩大市场覆盖范围的重要手段，企业通过引入新产品或服务模块，吸引更多的目标客户并满足更广泛的市场需求。例如，企业增加与主产品相关的增值服务模块，构建更加全面的业务体系，从而提升整体竞争力。通过功能迭代、定制化服务和多元化产品线的有机结合，企业能够在激烈的市场竞争中保持创新活力，实现可持续发展。

3）客户维系计划：增强忠诚度与互动性。客户维系是企业在成长阶段实现长期发展的核心策略。通过客户教育、关系维护和忠诚度激励，企业能够有效提高客户黏性和终身价值，为可持续发展奠定坚实基础。首先，客户教育是增强客户对产品认知的重要手段。企业通过定期举办产品培训、网络研讨会等活动，帮助客户更好地理解和使用产品，从而充分发挥产品的最大价值。其次，客户关系维护是建立长期合作的关键。企业通过定期沟通、满意度调查和提供个性化服务，主动识别客户需求并及时提供解决方案，从而深化客户信任，与其建立更紧密的合作关系。最后，忠诚度激励是提高客户留存率的有效方式。企业通过设计会员计划、折扣优惠或奖励机制，增加客户与企业的互动频率，从而提高客户的续约率和长期合作意愿。通过客户教育、关系维护和忠诚度激励的有机结合，企业能够在竞争激烈的市场中建立稳固的客户基础，实现持续增长。

案例分享

B2B 软件公司的成长策略

一家在市场上已具备一定品牌知名度的 B2B 软件公司，通过一系列创新策略实现了稳健发展。首先，公司通过开发新功能模块不断优化产品。例如，公司引入 AI 分析功能，帮助客户实现数据的智能化管理和决策，从而满足客户更多的复杂需求，提升产品的市场竞争力。其次，公司注重提供定制化解决方案，针对大客户设计专属服务，从而满足其独特的业务需求，提升客户的体验感和满意度，进一步巩固客户关系。此外，公司还加强了与客户的沟通，定期举办用户社区活动，并通过与客户的直接交流和高管拜访，深入了解客户需求，及时解决问题，从而增强客户的信任感和归属感。通过开发新功能模块、提供定制化解决方案和加强客户沟通，该公司不仅提升了客户满意度和忠诚度，还实现了业务的持续增长，为长期发展奠定了坚实基础。

在成长阶段，企业需要在"横向扩展"和"纵向深耕"之间保持平衡。横向扩展通过进入新市场、吸引新客户实现业务规模扩大；纵向深耕则通过提升现有客户的价值和忠诚度巩固业务根基。只有将扩展和深耕结合起来，企业才能确保稳健发展并拥有长期的市场竞争力。

3. 成熟阶段：巩固地位与提升价值

在成熟阶段，企业已占据较高的市场份额，基本实现了从"增长"到"稳定"的过渡。然而，激烈的竞争和市场饱和可能导致份额流失，因此企业的重点需要转向巩固市场地位、实现品牌差异化和提升附加值，从而维持竞争优势并确保业务的持续增长。

1）品牌差异化：强化竞争壁垒。在成熟市场中，品牌差异化是企业保持领先并巩固竞争壁垒的核心策略。首先，企业需要聚焦核心优势，突出其在技术、服务或客户关系方面的独特价值。例如，企业通过技术创新提升产品性能，或者通过高质量服务赢得客户忠诚度，从而在激烈的市场竞争中脱颖而出。其次，强化品牌定位是品牌差异化的重要环节。企业通过精准的品牌宣传和一致的视觉形象设计，能够深化客户对品牌的认知，使其在市场中更加鲜明和突出。此外，行业权威背书也是提升品牌影响力的有效手段，企业通过发布行业研究报告、白皮书或参与行业峰会，塑造行业领导者形象。例如，一家 B2B 企业通过定期发布市场趋势分析，强化了其在行业中的专业地位，增强了客户信任和市场竞争力。通过聚焦核心优势、强化品牌定位和行业权威背书，企业不仅能够在成熟的市场中建立坚实的竞争壁垒，还能持续巩固其领先地位，为长期发展奠定坚实基础。

2）市场细分：精准服务特定客户群。市场细分是处于成熟阶段的企业采取的重要策略，它能够帮助企业发现新的增长点并提高现有客户的价值。通过深入行业垂直领域，企业可以专注于特定行业或客户群，提供具有针对性的解决方案。例如，一家企业为泛制造业客户深耕汽车制造领域，提供更符合行业需求的工具和服务。同时，优化客户分层管理，根据客户的价值、规模或需求进行分类，提供差异化服务，能够实现资源的高效分配。例如，高价值客户享受专属支持服务，中小客户获得标准化服务。此外，挖掘潜在细分市场，分析现有市场中的未被满足需求，寻找新的客户群体或应用场景，能够为产品和服务开拓新的增长点。

3）增值服务：提高客户黏性与满意度。增值服务在成熟阶段尤为关键，它不仅能够增加收入来源，还能提高客户黏性。企业可以通过扩大服务范围，开发与核心业务相关的增值服务，如咨询、培训或支持服务，帮助客户更好地使用产品。同时，引入新技术（如 AI、自动化工具）提升客户的运营效率，能够增加合作价值。此外，企业可与客户建立长期战略合作伙伴关系，提供高附加值的定制化服务或联合开发项目，如为大客户量身打造解决方案，这样能够进一步巩固客户关系。

以一家成熟的 B2B 咨询公司为例，其通过深耕金融和医疗领域，提供定制化解决方案，并整合数据分析工具帮助客户提高运营决策效率，成功巩固了市场地位。这些策略不仅强化了其行业权威形象，还确保了长期合作的价值。

总而言之，在成熟阶段，企业需要通过品牌差异化、市场细分和增值服务来强化竞争壁垒。品牌差异化让企业在竞争中独树一帜，市场细分策略确保资源高效利用，增值服务则进一步提升客户黏性与满意度。这些策略不仅能稳固市场地位，还能为企业实现业务的持续优化和长久发展提供动力。在这一阶段，始终以客户需求为导向，聚焦服务质量与品牌吸引力，是企业保持领先并实现长期成功的关键。

企业规模：影响营销策略的关键因素

企业规模对 B2B 营销策略的制定起着至关重要的作用。规模的大小不仅决定了企业的资源配置能力，还直接影响目标设定和市场策略的选择。中小型企业和大型企业由于在资金、人员和品牌影响力等方面存在差异，需要采用不同的营销方式，从而实现资源利用的最大化和市场竞争力的提升。

1. 中小型企业：灵活与高效并重

中小型企业通常资源有限，因此需要制定灵活且高效的营销策略，从而最大化投入产出比。首先，社交媒体营销是一种低成本且高效的推广方式，企业可以通过抖音、快手、小红书或微信等平台发布行业相关内容，吸引目标客户关注并提升产品认知度，同时与潜在客户建立互动。其次，口碑营销是中小型企业提升品牌信任度的关键策略。满意的客户往往是最有效的推广者，企业可以通过客户推荐、成功案例和正面评价来扩大市场影响力，鼓励客户分享使用体验。此外，区域性广告能够帮助企业集中资源在核心市场进行精准投放，提升品牌在特定区域的知名度和客户获取效率，避免资源分散导致的效率损失。

案例分享

　　某小型 B2B 服务提供商通过保持活跃的社交媒体互动，与现有客户保持紧密联系，同时利用当地商业展会获取潜在客户。这种策略不仅帮助企业提升市场可见度，还能以较低成本扩大客户基础。

2. 大型企业：整合资源与全球化布局

　　大型企业凭借充足的资源和成熟的运营体系，能够实施多层次、全方位的营销策略，进一步巩固市场地位并扩大市场份额。首先，全球广告推广是大型企业提升品牌国际认知度的重要手段。其次，品牌赞助也是大型企业强化行业领导者形象的有效方式。通过参与或赞助行业峰会、展会或研讨会，企业能够增强品牌权威性和市场影响力。此外，客户关系管理（CRM）系统的部署是优化客户体验的关键，通过自动化客户跟踪、定制化服务建议和数据驱动的客户分析，企业能够显著提高客户满意度和忠诚度。

案例分享

　　某全球 B2B 制造商通过全球广告宣传提高品牌覆盖率，同时赞助行业领袖峰会，进一步强化其品牌权威性。此外，该企业部署了统一的全球 CRM 系统，优化客户关系管理流程，从而提高了客户忠诚度并巩固长期合作关系。

　　企业在制定 B2B 营销策略时，必须根据自身规模调整方案。中小型企业应专注于精准投放和高效获客，通过灵活的策略快速提高市场占有率；而大型企业则可借助资源整合优势，拓展全球化战略并实施深层次的客户管理。通过规模与策略的精准匹配，企业能够实现资源的最优配置，进一步提升市场竞争力和营销效果。

·第6章·

制定正确的营销策略

企业进行宏观环境、微观环境、竞争对手、合作伙伴、自身等战略要素的分析的目的是制定适合企业的营销策略。营销策略的核心内容通常围绕经典的营销4P理论（产品、价格、渠道、推广）或其客户导向的扩展版本——营销4C理论（消费者、成本、便利、沟通）展开。4P理论从企业视角出发，关注如何通过产品设计、定价策略、渠道布局和推广活动来实现市场目标；而4C理论则从客户视角出发，强调满足消费者需求、降低客户总成本、提供购买便利性和建立双向沟通。无论是4P理论还是4C理论，其核心都在于这四个要素之间的动态组合与协调，以便实现营销目标的最大化。

在B2B销售组织中，渠道策略与营销策略密切相关，企业需要通过直销、分销或合作伙伴网络等渠道高效触达目标客户，确保产品或服务能够快速进入市场。而推广策略则与市场策略紧密相连，侧重于品牌建设、客户教育、需求创造和客户关系的长期维护。本章将重点探讨B2B销售组织中渠道策略与推广策略的制定与实施，分析如何通过优化销售渠道和推广手段，提高市场覆盖率和客户满意度，从而为企业创造可持续的竞争优势。

市场策略：理论与实操

在B2B业务模式中，市场策略的核心任务是为销售活动提供强有力的支撑，如精准的客户定位、品牌信任的构建、市场推广活动的组织和销售支持体系的完善等。与B2C市场策略不同，B2B市场策略更注重精准性与长期性，需要围绕企业客户的需求特点、决策链条和购买行为展开，构建"以客户为中心"的营销体系。这种策略不仅关注短期的客户获取，还强调通过持续的价值传递和关系维护，建立长期的客户信任与合作关系。以下将从目标客户定位、品牌建设、市场推广活动、市场洞察、内容营销与销售支持等关键环节入手，深入解析 B2B 市场策略的核心要素。

目标客户定位：精准细分与需求洞察

在 B2B 市场中，明确目标客户是市场策略的首要任务，也是实现业务增长的基础。与 B2C 业务以个体消费者为核心不同，B2B 业务的客户通常是组织或企业，其需求、决策流程和购买行为更加复杂且多样化。企业客户的决策往往涉及多个部门、多个层级，并且决策周期较长，因此精准的客户定位能够帮助企业优化资源配置，加强市场推广的针对性和提高销售团队的执行效率。

1. 市场细分与客户画像构建

目标客户定位的核心在于对市场进行精准细分，并构建清晰的客户画像。市场细分可以基于行业、企业规模、地理位置、技术需求、预算水平等多个维度展开。例如，一家提供云计算服务的企业可以将市场细分为金融、医疗、制造等行业，并根据企业规模（如中小型企业与大型企业）进一步划分目标客户群体。通过市场调研、客户访谈和数据分析，企业能够深入了解目标客户的需求、行业特性与痛点，从而制定更具针对性的营销策略。

以某 CRM 软件公司为例，该公司通过行业调研发现，教育行业客户对信息化管理需求较高，但由于预算有限，传统的高价 CRM 系统难以满足其需求。基于这一洞察，该公司将目标客户定位为中小型教育培训机构，并通过调整产品功能（如简化操作流程、增加教育行业专属模块）和定价策略（如推出订阅制付费模式），快速打开了市场并获得了较高的客户满意度。

2. 显性需求与潜在需求的挖掘

目标客户定位不仅需要关注客户的显性需求（如产品功能、价格敏感度），还需深入挖掘其潜在需求（如长期合作意愿、技术升级需求、行业趋势适配性）。潜在需求的挖掘能够帮助企业提前布局市场，为客户提供更具前瞻性的解决方案，从而建立长期的合作关系。

例如，某工业设备制造商通过客户调研发现，虽然客户当前主要关注设备的价格和交付周期，但其潜在需求是希望通过设备升级实现生产自动化和智能化。基于这一洞察，该制造商推出了"智能工厂解决方案"，不仅满足了客户的显性需求，还通过提供增值服务（如数据分析、远程运维）赢得了客户的信任。

3. 工具与方法的应用

在目标客户定位过程中，企业可以借助多种工具和方法进行深度分析。

- SWOT 分析：评估目标客户群体的优势、劣势、机会与威胁，帮助企业制定差异化的市场策略。
- 波士顿矩阵：通过市场增长率和市场份额两个维度，识别高潜力客户群体。
- 客户调研问卷：通过定量与定性结合的方式，收集客户需求、痛点和偏好信息。
- 数据分析工具：利用 CRM 系统、市场分析平台等工具，对客户行为数据进行深度挖掘，发现潜在需求与市场趋势。

4. 目标客户定位的价值

精准的目标客户定位不仅能够帮助企业提高市场推广的精准度，还能为销售团队提供清晰的客户画像和需求洞察，从而提高销售转化率。此外，通过持续的市场细分与需求洞察，企业能够快速响应市场变化，优化产品与服务，在竞争激烈的 B2B 市场中占据优势地位。

目标客户定位是 B2B 市场策略的基石。企业需要通过科学的市场细分、深入的客户需求洞察和有效的工具应用，构建清晰的客户画像，为后续的品牌建设、市场推广和销售支持奠定坚实基础。

品牌建设：客户信任与竞争壁垒的双重打造

品牌是企业在市场中形象与声誉的集中体现，尤其在 B2B 领域，强大的品牌形象不仅是吸引客户的关键，更是构建竞争壁垒的核心要素。与 B2C 市场不同，B2B 市场中客户的决策往往基于理性分析和长期信任，因此品牌建设在 B2B 市场中更具战略意义。企业需要通过一致的品牌传播、专业的形象展示和有价值的内容创作，逐步提升品牌的知名度与美誉度，从而赢得客户的信任与市场的认可。

1. 品牌在 B2B 市场中的重要性

尽管在 B2B 销售模式中，许多人认为项目成功主要依赖于销售人员的个人能力与客户关系，但品牌的作用同样不可忽视。一个真实案例可以说明这一点：某销售人员向一家央企推荐 IT 信息化咨询服务，竞争对手是全球知名的埃森哲。尽管该销售人员与客户的关系良好，并且其所在企业的报价远低于埃森哲，但最终客户却选择了报价高出五倍的埃森哲。客户负责人解释道："这个项目金额庞大且意义重大，只能成功不能失败。如果与埃森哲合作，即便项目失败，责任也不会归咎于我们，因为全球顶尖的咨询公司都未能成功，我们可以充分解释。但如果与贵公司合作出现问题，责任就得由我们承担，这个风险我们无法承受。"这一案例揭示了品牌在 B2B 市场中的核心价值：品牌不仅是企业专业能力的象征，更是客户规避风险的重要保障。强大的品牌能够为客户提供安全感，降低决策风险，从而在竞争中占据优势。

2. B2B 市场中品牌建设的核心策略

在 B2B 市场中，品牌形象的提升是一个渐进的过程，客户的认可与信任需要时间积累。以下是一些行之有效的品牌建设策略：

1）行业典型客户的认可与积累。在 B2B 市场中，行业典型客户的认可是品牌建设的重要基石。例如，某民营体检机构在 2012 年之前主要服务民营企业和外资企业，但由于央企和部委客户更倾向于选择三甲医院体检，该机构一度难以突破这一市场。为了打开局面，该机构花了 2~3 年时间，通过优质服务赢得了一个部委和数个央企客户的信任。凭借这些典型客户的背书，该机构迅速拓展了央企和部委市场，最终实现了 50% 以上的市场覆盖率和业务占比。这一案例表明，行业典型客户的认可不仅能够增强潜在客户的信任，还能通过客户之间的交流与转介绍，快速扩大市场份额。企业应注重积累行业标杆客户，并通过客户案例、证明文件等方式展示其成功经验，从而提升品牌的可信度与影响力。

2）行业权威专家与关键意见领袖的推荐。行业权威专家与关键意见领袖（KOL）的推荐是提升品牌影响力的有效途径。例如，某补充医疗保险公司希望进入武汉半导体行业的员工福利市场，于是该公司找到了一位在当地半导体行业具有较大影响力的专家。通过与这位专家合作策划市场活动，该公司成功借助专家的声誉和影响力，迅速打开了市场。这种策略尤其适用于行业需求相似、竞争较为集中的市场。通过与行业专家建立合作关系，企业不仅能够获得专业背书，还能借助专家的影响力快速提升品牌知名度。

3）积极参与行业论坛与会议。在B2B市场中，积极参与行业内的论坛、会议、研讨会等活动，是提升品牌曝光率与专业形象的重要方式。通过在这些场合发表演讲、展示解决方案或分享行业洞察，企业能够树立权威形象，并与潜在客户建立直接联系。例如，某智能制造企业通过定期参与行业峰会并发表技术白皮书，成功塑造了"行业技术领导者"的品牌形象，吸引了大量高价值客户。此外，企业还可以通过主办或赞助行业活动，进一步强化品牌的专业性与行业影响力。

3. 品牌建设的长期价值

B2B品牌建设不仅能够帮助企业赢得客户的信任，还能在激烈的市场竞争中构建坚实的竞争壁垒。通过持续的品牌传播与价值传递，企业能够在客户心中建立"首选品牌"的地位，从而降低客户决策成本，提高客户忠诚度。例如，华为通过技术创新以及在产品质量和客户服务方面的卓越表现，成功占据了全球通信行业的领先地位。该品牌不仅成为客户信任的象征，更成为市场竞争中的核心优势。

在B2B市场中，品牌建设是客户信任与竞争壁垒的双重打造过程。企业需要通过行业典型客户的积累、行业专家的推荐和行业活动的参与，逐步提升品牌的专业形象与市场影响力。同时，品牌建设需要长期投入与持续优化，只有通过不断传递价值与建立信任，企业才能在B2B市场中立于不败之地。

市场推广活动：销售线索的转化引擎

B2B销售组织常常举办市场推广活动，针对特定的目标客户群体策划和开展各种营销活动，从而帮助销售团队挖掘和转化销售线索。这类市场活动可以有效提升品牌认知、推动销售机会的转化，并为销售团队提供有价值的客户资源。以下是B2B销售组织中常见的几种市场推广活动类型：

1. 自行举办市场推广活动

自行举办市场推广活动的最大优势在于其针对性与灵活性高，企业可以根据不同客户群体和销售目标，定制化设计活动内容，进而最大化活动效果。具体而言，企业通过活动的策划与开展，能够精准地触及目标客户群，提高客户黏性和转化率。

以老客户为例，企业可定期举办客户答谢活动，通过展示自己的最新动态、产品和服务来表达对客户支持的感谢。这类活动不仅有助于提高客户的满意度，还能增强客户的忠诚度，从而提高续约率。例如，在答谢活动中加入交叉销售环节，可以让老客户更好地了解企业新推出的产品或服务，进而推动其尝试或购买，从而挖掘客户更多的潜在价值。

对于新客户来说，市场活动的核心目标是将潜在销售线索转化为实际销售机会。在体检行业，销售人员若能邀请潜在客户参观体检中心，最终成交的概率可在 60% 以上。因此，企业可将市场活动的场地安排在体检中心，并在活动中融入参观体验环节，增强客户的参与感与互动感，从而大幅提高成交机会和转化率。

在设计市场活动时，企业还需综合考虑多个因素，如活动所处的阶段（例如，线索阶段、机会阶段等）、客户类型（新客户或老客户）以及客户所在企业的性质（如民企、外企、国企）。这些因素的差异决定了活动形式、内容和时间安排的精准匹配，从而确保活动能够最大化满足客户需求并实现最佳效果。

为了创新活动形式，企业可以策划脱口秀节目、电影沙龙或亲子户外活动等，这不仅能展示企业的品牌形象，还能在轻松愉快的氛围中加深与客户的情感连接。这类创新活动能够打破传统市场推广的单一模式，提高客户的参与度与忠诚度，进一步促进客户与企业的长期合作。

2. 参加外部市场活动

除了自行举办市场推广活动，B2B 销售组织还应当积极参与外部市场推广活动，尤其是行业展会或针对目标客户群体的展会。展会不仅是行业内客户交流与展示的关键平台，也是获取潜在销售线索的重要渠道。无论是针对整个行业的展会，还是针对特定客户群体的专业展会，销售组织都应当充分利用这一市场推广形式来扩大品牌影响力、提高知名度，并进一步挖掘潜在商机。

展会的最大优势在于其能够迅速汇聚大量潜在客户，提供一个有效的面对面交流平台。在这种环境中，销售组织不仅能展示自己的产品和服务，还能与客户进行深度互动，获取客户的实时反馈和需求信息。相比于其他推广形式，展会的互动性和即时性尤为突出，它能够有效地拉近企业与客户的距离，使销售转化的机会增加。

然而，仅仅依赖传统的产品展示可能会导致客户审美疲劳，从而影响客户的参与度。因此，企业在参展时，必须注重创新和差异化，设计具有吸引力和互动性的展台和展示内容。例如，企业可以通过引入最新的技术展示、虚拟现实（VR）体验或实时产品演示等方式，增强展会的趣味性和互动性。这些创新形式不仅能吸引客户的目光，还能够让客户更加直观地了解产品的价值，从而提高客户的参与度和加强对品牌的印象。

此外，展会期间，企业还可以通过多种方式加强客户的参与感，如组织小型座谈会、举办产品讲解或技术研讨会等。这些活动不仅能帮助客户更深入地了解企业的产品和服务，还能提升企业在行业中的专业形象与影响力。

参与外部市场推广活动，尤其是展会的成功与否，不仅依赖于展示的内容，还与前期的充分准备、展会期间的互动方式和展后跟进的及时性息息相关。因此，销售组织应当制订详细的参展计划，确保每一个环节都能为客户提供价值，最终实现品牌曝光、潜在客户转化和长期合作关系的建立。

3. 根据客户群体的特点定制市场活动

销售组织在策划市场活动时，必须深入了解目标客户群体的特点，从而确保活动能够真正触及客户的需求和兴趣点。了解客户的职位需求、个人生活兴趣和背景，不仅有助于设计出客户感兴趣的活动，还能通过精准的定位加强客户的参与感和忠诚度。客户的需求不仅体现在业务要求上，也往往与他们的个人生活息息相关，销售组织应当充分挖掘这一层面的潜力，定制化活动内容。

以体检行业为例，体检服务的客户方的负责人通常是企业的人力资源经理（HRM）或人力资源总监（HRD），年龄大多集中在 30~50 岁，以女性居多。这类客户通常非常关注自身和家庭的健康，并且很多人有孩子，对子女的教育和成长问题的关注较高。因此，销售组织可以根据这些特点设计更具吸引力的市场活动。结合客户的兴趣和需求组织活动，使企业与客户更能产生共鸣，提高客户的参与度和满意度。

例如，我们曾经举办过一场以"孩子小升初"为主题的市场活动，邀请了北京市知名学校的老师为客户进行讲座，并针对家长们在教育问题上的困惑进行详细解答。这场活动不仅帮助客户解决了实际问题，还成功地与客户建立了情感联系。活动结束后，我们通过客户满意度调查了解到，客户对活动的内容和形式给予了高度评价，许多客户表示活动内容贴心，超出了他们的预期，进一步强化了他们对企业的好感与信任。

市场活动在 B2B 销售组织中的重要性不言而喻，但要做到成功并非易事。成功的市场活动不仅需要精准的目标定位，还需要富有创意的活动设计和充分的客户洞察。通过深入了解目标客户的背景、需求和兴趣，销售组织可以在活动策划中做出更具针对性和吸引力的调整。通过这种方式，销售组织不仅能够提升品牌形象，还能有效推动销售机会的转化。

最终，市场活动不仅是销售线索的孵化器，更是企业与客户建立深层次联系的纽带。在营销活动中，销售组织通过细致入微的定制和精心设计，不仅促进了销售转化，还在客户心中建立了企业的专业形象和信任感，为双方的长期合作奠定了坚实的基础。

市场洞察：行业与竞争对手调研的深度应用

行业调研的核心目的是深入了解所在行业的发展现状、趋势、规模、结构，以及潜在的机会与挑战。通过全面的行业分析，企业能够制定更加精准的市场战略，掌握市场动态，并在激烈的竞争环境中占据有利位置，从而取得长期的竞争优势。

首先，行业调研应从宏观环境入手，分析影响行业发展的外部因素。这些外部因素包括政策环境、经济状况、社会文化背景和技术进步等关键要素。政策环境与经济状况对行业的生存空间和发展方向具有决定性影响。例如，新能源汽车行业的蓬勃发展离不开政府补贴政策的支持、环保法规的推动以及消费者对环保和节能产品的关注。同时，技术进步，尤其是电池技术的持续革新，也对该行业的演进产生了深远影响。随着这些宏观因素的相互作用，行业的未来发展路径将不断被重新定义，企业必须对这些变化保持高度敏感，以便及时调整战略，抓住机遇。

其次，行业内部结构分析同样不可忽视。这一分析不仅有助于企业了解行业的竞争格局，还能识别市场份额、企业竞争策略、产品线、供应链管理、成本结构等细节。通过对行业集中度、进入壁垒和替代品威胁等关键问题的深刻理解，企业能够更好地定位自己，并有效规避潜在风险。例如，在智能手机行业，苹果、三星和华为等品牌通过不同的竞争策略、技术创新和市场营销手段，主导着市场的发展方向。这些企业的成功经验对其他市场参与者的战略设计具有重要的借鉴意义，了解这些竞争者的市场定位和优势，有助于新兴企业找到突破点。

行业趋势分析是预测未来行业发展至关重要的工具。通过研究消费者需求的变化、技术创新的方向、行业整合的可能性等因素，企业能够准确把握行业的走向，提前做出战略调整。例如，随着 5G 技术的普及，物联网、智能家居等相关行业迎来了前所未有的机会。企业若能够紧跟这一趋势，不仅可以在市场中抢占先机，还能通过技术创新提升竞争力，从而在行业中获得优势地位。

除了分析现有的行业现状与趋势，行业调研还必须关注潜在的机会与挑战。通过对新兴市场、消费者行为和行业风险的评估，企业能够发掘潜在的增长点，同时避免可能带来的风险。例如，随着全球人口老龄化问题的加剧，健康医疗行业迎来了巨大的市场需求，尤其是在老龄化社会，人们对健康产品和服务的需求上升。然而，这一行业也面临着技术更新速度快、法规变化频繁等挑战，企业需要保持灵活性，在抓住机遇的同时规避潜在的行业风险。

此外，竞争对手调研在行业调研中至关重要，涉及对主要竞争对手的市场定位、产品特点、营销策略和企业实力的全面分析。通过深入了解竞争对手，企业能够更精准地制定竞争策略，提升市场竞争力。首先，市场定位分析是调研的起点。企业需要研究竞争对手的目标市场、客户群体及细分策略。例如，苹果在智能手机市场定位高端，通过产品设计、品牌形象和定价策略吸引了大量忠实消费者。其次，产品特点分析是核心。企业需评估竞争对手的产品线，以及产品的功能、质量和价格，了解其如何满足消费者的需求。例如，特斯拉凭借创新的电动汽车技术、环保理念和高性能，迅速成为行业领先品牌。此外，营销策略分析也至关重要，企业需研究竞争对手的广告投放、促销活动、销售渠道和品牌建设策略。最后，企业应评估竞争对手的研发能力、生产规模、财务状况和管理团队等核心竞争力，明确其优势与不足。通过这些分析，企业能够更好地应对市场竞争，制定有效的战略。

行业调研和竞争对手调研是 B2B 销售组织制定市场战略、识别机会和应对挑战的基础。通过对宏观环境、行业结构、行业发展趋势和竞争对手的全方位分析，企业不仅能在瞬息万变的市场中保持敏锐的洞察力，还能够根据市场动态迅速调整战略，提升自身的竞争优势，实现可持续发展。

内容营销

内容营销是通过创作并分享有价值的内容，吸引、教育和转化潜在客户的有效手段。企业通过发布白皮书、案例研究、公众号文章、视频等形式，展示其专业性和解决方案，不仅能吸引潜在客户的关注，还能树立权威形象，提升品牌认知度和销售转化率。内容营销的核心在于提供高质量、相关性强且具有教育意义的内容，通过满足客户需求，增强品牌影响力，建立长期客户关系并提高品牌忠诚度。随着自媒体平台的快速发展，企业必须重视通过这些平台进行内容营销，以便在竞争中保持优势。

1. 市场研究与目标受众分析

内容营销的成功离不开深入的市场研究和目标受众分析。企业需要清晰了解潜在客户的需求、兴趣点和消费行为，从而制定符合受众期待的内容营销策略。例如，一家健康食品公司可以通过发布关于健康饮食和营养均衡的白皮书，吸引关注健康生活的消费者，有效提升目标受众的参与度和品牌信任感。

2. 内容形式与主题多样化

内容营销需要根据受众偏好，采用多样化的形式和主题。例如，公众号文章适合传递行业动态和健康小贴士等快速阅读信息，而视频则能通过产品使用教程、客户见证等直观形式提升受众参与感和品牌忠诚度。

3. 价值传递与教育意义

高质量的内容不仅要吸引眼球，更要传递价值并帮助客户解决实际问题。通过内容的教育意义，企业能够增强品牌信任度和权威性。例如，HubSpot 通过发布免费的营销资源（如电子书、在线课程、行业报告等），为客户提供有价值的知识，同时树立了其在营销领域的权威地位。这种价值传递能够长期积累品牌影响力，成为客户选择的关键因素。

4. 内容分发与推广

内容营销的成功不仅依赖内容创作，还需要有效的分发和推广策略。通过 SEO 优化、社交媒体推广和电子邮件营销等手段，企业能够确保内容广泛传播并与潜在客户互动。分发渠道应根据目标受众的特征和使用习惯选择，以便最大化触及目标客户群体。此外，内容的互动和讨论也能进一步提升品牌参与度和客户忠诚度。

5. 长期性与持续性

内容营销是一个长期且持续的过程，企业需要不断创作和发布有价值的内容，持续吸引并引导潜在客户，从而建立和维护品牌形象。通过持续优化和创新内容策略，企业能够在竞争激烈的市场中脱颖而出，实现业务的可持续增长。内容营销不仅是提升品牌认知度的手段，更是促进销售线索转化的桥梁。

销售支持

在 B2B 销售中，市场营销与销售团队的紧密协作对业务的成功至关重要。市场营销部门的主要职责之一就是为销售团队提供全方位的支持，确保销售流程的顺畅执行，并最大化提高成交率。通过提供定制化的工具和资源，市场营销部门能够帮助销售团队更高效地与潜在客户沟通，推动销售目标的实现。

具体来说，市场营销部门可以为销售团队提供一系列实用的支持工具，如销售话术模板、宣传资料、产品手册和案例研究。这些工具不仅帮助销售人员快速掌握关键信息，还能增强他们在与客户沟通时的信心。例如，销售话术模板可以帮助团队成员更精准地应对客户提出的常见问题，而产品手册则通过清晰直观的内容展示产品优势，促进客户对企业解决方案的认可。

此外，市场营销部门还可以通过设计客户专属的个性化资料，如定制化的解决方案提案或行业报告，进一步增强客户的信任感。这些资料在传递企业价值、展示行业专业性和回应客户特定需求方面具有重要作用。

更进一步，市场营销部门还应定期与销售团队进行沟通，了解一线反馈并优化支持工具。例如，某企业的市场团队通过收集销售团队对产品手册内容的意见，不断调整资料结构和深度，使其更贴合客户关注点，最终显著提升了客户成交率。

总之，销售支持的关键在于协作与持续优化。通过为销售团队提供切实有效的资源和工具，市场营销部门不仅能提高销售效率，还能为企业业务的长期增长奠定坚实基础。

市场与销售的协同效应

市场营销在 B2B 销售组织中的核心作用是促进销售线索的转化，从而推动业务增长。尽管营销策略是实现业务战略和业绩目标的关键路径，但明确的市场策略同样不可或缺，它可以确保整体战略顺利实施。

市场营销在 B2B 销售组织中的最大作用就是促进销售线索的转化。上一节我们讨论了如何进行业务战略分析，并根据企业的实际情况制定营销策略，而营销策略是实现业务战略和业绩目标的路径。然而，除了营销策略，销售组织还需要制定明确的市场策略，从而确保整体战略顺利实施。

很多人常常困惑，市场和销售到底有什么区别？科特勒曾说："营销的目的是让销售变得多余。"这无疑是一个美好的愿景，甚至可以作为市场人员努力的目标，但对于 B2B 销售组织来说，尤其是在大客户销售中，这永远不可能完全实现。对于 B2B 业务，尤其是提供大宗订单的客户，销售依然是驱动业务的主力军，销售部门的地位通常要高于市场营销部门，甚至在一些公司，市场营销部门的工作更多是支持销售，充当"后勤保障"。

这背后的根本原因在于，市场营销和销售的职能和侧重点不同。销售人员负责的是一个项目的操作，更多是与客户直接接触，进行"拼刺刀"的地面作战；而市场营销部门则更像是"空中支援"部队，通过数据收集、竞争分析、品牌塑造等手段，帮助销售团队获取更多的潜在客户，提供战略性支持。

为了更好地制定市场策略并明确市场工作的重点，企业要先对 B2B 销售流程有清晰的了解。基于销售流程，我们可以更加精准地设计市场营销活动，确保两者的协同配合。

B2B 销售的流程大致可以分为四个阶段：

- 第一阶段：从客户清单到销售线索。
- 第二阶段：从销售线索转化为销售机会。
- 第三阶段：销售机会的运作，直至签单。
- 第四阶段：客户服务和老客户续约。

接下来，我们将分析每个阶段的市场营销活动的重点部分，以及如何与销售团队进行配合。

第一阶段：从客户清单到销售线索

在这一阶段，市场营销的任务是帮助销售团队获取更多的销售线索。市场营销部可以通过参加行业协会、展会、网络营销等活动，为销售人员提供大量的潜在客户的信息。这一阶段适合企业在早期阶段使用，通过这些活动能够迅速接触到目标客户群体。但随着企业逐步发展，市场竞争加剧，销售线索的获取效率会逐渐降低。在这一阶段，销售人员仍然需要依赖自身的资源，如老客户转介绍和行业影响力来获取高质量的销售线索。

第二阶段：从销售线索转化为销售机会

这一阶段是销售漏斗的关键转折点，销售人员通过对线索的评估和筛选，将有潜力的销售线索转化为真正的销售机会。然而，真正的销售机会不仅仅取决于客户的需求，还依赖于客户对销售人员和企业本身的认可。市场营销活动在这一阶段能发挥巨大作用。一系列有针对性的市场推广活动能够加速销售线索的转化。

例如，在体检行业，销售人员往往面临客户初次拜访后对方案表示"再考虑"的情况，这使销售人员苦于无法激发客户的购买兴趣。此时，市场营销部门可以通过组织客户参观体检中心，配合销售人员进行现场解说和专业讲解，提高客户的兴趣与信任。在实际操作中，我们发现，邀请客户方的负责人参观体检门店后，成交的概率至少能提高到60%。因此，通过市场活动有效促进销售线索的转化，对于提高销售效率至关重要。

在此阶段，市场营销部不仅要策划和组织活动，还要确保这些活动能够吸引并教育目标客户，帮助销售人员在潜在客户中创造出良好的购买氛围。

第三阶段：销售机会的运作，直至签单

在这一阶段，销售团队进入了"拼刺刀"的决胜时刻，销售机会需要依靠销售人员的努力来获得，市场营销的作用较为有限。尽管如此，市场营销部门可以通过提供销售支持材料（如产品手册、行业报告等）、案例分析和市场数据等，帮助销售人员解答客户的疑问，优化销售过程中的客户体验。

第四阶段：客户服务和老客户续约

这一阶段的工作主要由销售人员和客户服务团队主导，目标是维护现有客户关系，并争取客户续约或增加销售。市场营销的作用相对较小，但依然可以通过品牌建设、客户满意度调查、定期的市场沟通等方式，支持销售团队维系老客户，并为后续的销售活动创造良好的品牌氛围。

从上述分析可以看出，市场营销和销售的最佳结合点是在第二阶段——销售线索的转化。这个过程不仅仅是对客户的教育，更是为销售团队提供了一个优质的销售环境和氛围。市场营销的目标是"好卖"，而销售的目标是"卖好"。两者协同配合，能够最大化地提高销售效率和成功率。

B2B市场策略是一项系统性工程，从客户定位到品牌建设，从市场推广到销售支持，每个环节环环相扣。企业需在精准分析客户需求的基础上，通过持续优化市场活动与协同销售推进，提升整体的营销效率。只有在复杂的B2B生态中构建清晰而有效的市场策略，企业才能获得长期竞争优势并实现业务增长目标。

销售目标、路径与核心方法详解

销售目标的制定

对于销售组织，尤其是B2B销售模式的企业来说，最关键的是找到达成目标的有效路径，而这一路径便是销售策略的核心。在谈及销售策略时，首先需要明确的是销售目标。制定和实施销售策略的根本目的是为了实现销售目标，因此，合理设定销售目标至关重要。一个清晰且可衡量的目标能够帮助销售团队明确方向，并激励其高效行动。

为了更好地制定销售目标和策略，企业可以借助 OGSMT 工具，这一框架有助于系统化地规划销售路径。OGSMT 工具的具体含义如下：

- 目的（Objective）：企业需要实现的核心目标是什么？换句话说，那便是企业的整体工作方向是什么。这个层面的目标通常是战略层面的，是推动企业长期发展的关键。明确企业要实现的最终目标，有助于为所有策略的制定提供清晰的指导思想。

- 目标（Goal）：如何衡量目标的达成程度？具体要实现哪些量化的目标？目标是具体的、可量化的，并且通常有明确的时间限制。它能够帮助团队聚焦在具体的绩效指标上，确保每个人都朝着相同的方向努力。例如，目标可能是增加销售额、提升客户满意度或扩大市场份额。

- 策略（Strategy）：如何实现这些目标？即具体采取哪些策略？策略是执行目标的详细方案，它涉及如何通过资源分配、市场定位、产品开发等手段来实现销售目标。成功的策略应当能够清晰地回答"如何做"的问题，并且根据不同的市场环境和竞争态势进行调整。

- 衡量标准（Measurement）：如何衡量各项策略的成效？换句话说，企业通过哪些可量化的标准（如预算、资源分配等）来评估策略的执行效果？衡量标准帮助企业及时掌握策略的执行进展和效果，从而能够迅速做出调整，确保目标的实现。

- 时限（Time-based）：明确具体的活动或项目，并设定完成时间，以便在规定时限内实现竞争优势。为每项任务设定时间表，不仅能够帮助团队保持紧迫感，还能确保销售策略按计划推进，避免因拖延而失去市场机会。

通过 OGSMT 框架，企业能够将战略目标与具体的执行步骤紧密结合，并以数据驱动的方式持续优化销售策略，从而更高效地实现销售目标。在复杂的 B2B 销售环境中，这种系统化的思维方式对于提升销售业绩、增强市场竞争力至关重要。

销售策略的制定

企业的愿景是其长期发展目标，通常由企业战略决定，代表着未来 3~5 年的发展蓝图。与之对应，当年的销售目标则属于短期目标，必须与战略目标保持一致。销售策略的制定是为了实现这些短期目标，即当年的销售目标。我们在前面的章节中已经讨论了如何制定年度销售目标，而本节将重点探讨企业销售策略的制定。

销售策略是实现销售目标的具体路径和方法，必须根据企业的实际情况灵活调整。在制定销售策略时，企业通常可以从以下五个维度进行全面分析：市场成熟度、客户群体特点、企业发展阶段、企业规模和管理团队特质。每个维度的分析方法已经在前面的章节中有过详细讨论。

其中，管理团队的特质尤为关键，特别对于中小型民营企业而言。由于资源有限，中小企业往往面临招聘顶尖人才的困难。因此，"因人设岗"的策略显得尤为重要，即根据团队成员的特长和优势合理分配职责，从而最大化提高团队的整体效能。

销售策略可以大致分为两种类型：通用型策略和盘点型策略。

1. 通用型销售策略

销售额 = 潜在客户数量 × 触达率 × 转化率 × 客单价

这个公式包含销售策略的四个关键维度。在制定销售策略时，若能在潜在客户数量、触达率、转化率和客单价四个方面不断优化和提升，必能有效地推动销售额增长。理想的情况是这四个维度都得到大幅提高，但实际操作中，企业需要根据具体情况和市场环境，适当聚焦某些维度，从而更有针对性地提升销售业绩。

1）潜在客户数量。潜在客户数量是销售策略中至关重要的因素，它直接影响销售机会的大小和市场扩展潜力的高低，是制订销售计划的基础。在 B2C 模式下，潜在客户数量通常与流量和需求密切相关。例如，购物中心餐饮店的潜在客户数量取决于当天的客流量，销售目标是通过吸引更多的人并提升消费意愿来实现销售额的增长。而在 B2B（企业对企业）模式下，潜在客户数量相对固定，主要由产品、服务模式和目标行业决定。例如，原材料供应商（如汽车零配件供应商）的客户群体集中且受行业需求影响；提升企业管理效率的服务商的客户群体虽广，但仍然受到行业限制；办公用品和员工福利供应商的潜在客户则较为广泛，但需要在众多客户中筛选出最具发展潜力的市场。因此，B2B 销售模式更强调精准定位和行业细分，以便最大化潜在客户的价值。

明确潜在客户数量有助于销售组织制订更精准的市场开发计划。首先，通过市场调研、客户需求分析等手段，销售团队可以准确评估潜在客户的数量，确保数据的可靠性。其次，销售团队可以结合行业数据，分析目标客户群体的分布和增长趋势，进一步支持销售决策。此外，销售团队还需要评估现有产品或服务是否满足客户的核心需求，从而判断客户的实际规模。最后，提高潜在客户的触达率是确保市场拓展成功的核心环节。销售团队可通过多种营销手段增强触达效果。通过这些手段的结合，销售团队能够有效确定潜在客户的数量，并为后续的销售活动奠定坚实的基础，从而获得更多的业务机会。

2）触达率。触达率指的是销售团队在特定时间内成功地与潜在客户建立联系或传递信息的百分比。提高触达率意味着使更多的潜在客户接收到关于产品或服务的信息，从而增加销售机会。

在 B2B 销售模式中，销售人员的触达过程本质上是寻找销售线索的过程。如果能够更加精准和高效地传递信息给潜在客户，将大大提升销售效果。因此，提高触达率是每个销售团队必须考虑的核心问题。值得特别强调的是，这不仅仅是销售团队的职责，更需要市场部门的积极配合和支持。通过市场部门和销售部门的紧密协同，利用市场部门的力量，销售团队能够发现更多潜在的销售线索。

在确定潜在客户群体后，接下来的关键是如何有效开发这些市场并提高触达率。为此，销售团队可以采取几种策略：首先，精准的市场定位至关重要，通过深入分析客户的需求和客户的特点，选择最合适的市场推广渠道，确保信息能够准确传递给目标群体；其次，多渠道营销是一种有效的方式，通过结合线上与线下的多种营销手段，扩大潜在客户的曝光度，从而提高触达率；最后，利用数据分析和客户细分开展个性化营销，为不同客户群体定制营销内容，进一步提升触达的精准性和有效性。将这些策略有机结合，不仅能提高触达率，还能促进潜在客户的转化，推动销售业绩增长。

3）转化率。转化率是指在销售过程中，将潜在客户转化为实际购买者或完成交易的百分比。与触达率主要衡量销售线索的寻找效率和质量不同，转化率关注的是从销售线索到销售机会，再到最终签约的整个转化过程。转化率的计算通常依赖于销售数据，如成交记录、销售漏斗分析和客户转化跟踪等。

在 B2B 销售模式中，转化率反映了销售团队对销售机会的有效管理。销售管理者需要通过精准的客户筛选和制定有针对性的赢单策略，逐步推进订单进程，直至最终签单。与触达率阶段更依赖市场驱动不同，转化率阶段是销售团队全力推动订单进程的核心环节，销售人员需要密切跟踪每一个潜在机会，采取行动确保成交。

在 B2C 销售模式中，转化率体现了每个环节在潜在客户运营中的效果，尤其在线上销售中尤为重要。提升转化率需要优化每个细节，尤其是用户体验、简洁的购买流程和个性化推荐。确保网站界面清晰、加载迅速且操作简便，有助于减少客户流失；简化结账流程能够有效降低购物车放弃率。数据分析可以提供个性化推荐，使销售团队更精准地满足客户的需求，从而提高转化率。

4）客单价。客单价是指每位客户在购买产品或服务时的平均金额，提升客单价能够直接推动销售收入和利润率的增长。在 B2B 销售模式中，客单价通常由产品、服务模式和目标客户的选择决定。以福利保险行业为例，一家专注于为企业客户提供补充医疗保险的保险经纪公司，其目标客户为中小型企业（员工人数在 500 人以内）。假设这些企业的员工福利保险预算为 800 元 / 人，那么每个项目的签约金额通常在 20 万~30 万元，最高可达 40 万元。

要提升每单金额，企业可以通过以下两种方式进行：首先，选择更大规模的企业客户。例如，针对员工人数超过 1000 人的企业，预计每单金额可达到 80 万元以上。然而，这类大企业往往倾向于直接与保险公司合作，而不是通过保险经纪公司。为了吸引这些大客户，保险经纪公司需要提供更具竞争力的产品和服务，并重构组织能力以满足大客户的需求，这不仅仅依赖销售人员与客户建立关系。其次，可以挖掘现有客户的潜力。在现有客户的基础上，通过销售更多的产品和服务来提高每个客户的年度贡献值。例如，除了补充医疗保险，企业还可以销售雇主责任险或为员工提供保险产品（B2B2C 模式）。为了实现这一目标，企业需要深入了解客户的需求，强化客户关系管理，提升交叉销售和增值服务的能力。通过这些策略，企业能够有效提升客单价，进而推动业务增长。

对于企业而言，潜在客户数量、触达率、转化率和客单价是影响销售业绩的四个关键因素。通过在这四个方面持续改进，即使每个指标只提高 10%，也能带来 46% 的整体增长。然而，这种理想情况的前提是，销售策略必须根据实际业务情况量身定制。

2. 盘点型销售策略

销售策略的设计不仅需要企业关注开拓新客户和扩大市场份额，还需要企业充分挖掘现有资源的潜力。盘点型销售策略正是为这种需求而生。通过对现有客户和潜在机会的系统性盘点，该策略能够帮助销售团队制订更具针对性和个性化的销售方案，从而在存量市场中寻求新的增长空间。

1）盘点型销售策略的定义与适用场景。盘点型销售策略是一种以现有客户群体为核心的销售管理方法，通过全面梳理客户资源、销售机会和未开发市场，深入挖掘潜在价值，帮助企业在存量市场中寻找新的增长空间。该策略的核心在于优化资源配置，通过精细化分析提升客户贡献值和市场渗透率。

盘点型销售策略特别适用于以下情境：首先，当客户群体相对稳定，市场拓展空间有限，尤其在目标市场趋于饱和或接近饱和时，新客户开发变得困难，而这种策略可以帮助企业挖掘现有客户的潜在需求。其次，当客户价值尚未得到充分开发，并且有较大的挖潜空间时，企业通过系统盘点，能够发现增值服务或深度合作的机会。最后，在目标客户有限的行业中，强大的客户关系管理能力至关重要，它能直接影响销售业绩，并通过提升客户黏性实现长期收益。通过这些方式，盘点型销售策略有助于提升客户价值，使企业在有限的市场空间中获得新的增长动力。

这种策略的有效性来源于其聚焦性和针对性，主要体现在几个关键方面：首先是资源聚焦，企业将有限的销售资源集中于最具潜力的客户和机会上，避免资源分散和效率低下。其次是精细化管理，通过深入分析客户数据，企业可以明确客户需求特征和市场分布情况，进而制定精准的决策，提高销售机会的转化率。最后是策略个性化，企业根据客户的具体需求和发展阶段，为其量身定制销售方案，最大化转化效率，提升客户满意度，增强长期合作的可能性。

通过这些特征，盘点型销售策略能够实现高效的资源配置和客户关系管理，从而促进销售业绩的提升。其关键在于深度理解客户、科学分析资源和精准匹配需求，强化客户关系管理和深挖现有市场潜力，帮助企业在存量市场竞争中取得显著优势，为未来的市场拓展打下坚实基础。

案例分享

IT 企业的客户盘点策略

某 IT 企业专注于为银行提供 ITO 和 BPO 服务。经过十余年的发展，该企业基本覆盖了区域内的主要银行客户，并与之建立了长期稳定的合作关系。客户合同主要以年度签约形式续约，服务延续性较强。然而，随着市场逐渐饱和，新客户开发难度加大，企业的业绩增长开始放缓。由于单笔交易金额受客户规模和需求的限制，该企业难以通过提升客单价实现显著增长。

面对市场挑战，该企业意识到通用型销售策略中以"扩大潜在客户数量"为核心的维度已不再适用，于是选择转向盘点型销售策略，通过系统性梳理现有客户和潜在机会，挖掘新的业务增长点。

2）盘点型销售策略的核心内容。盘点型销售策略的核心在于对客户和销售机会的全面梳理与分析。通过系统化盘点，企业能够明确资源投放的重点区域，挖掘潜在的增长机会，并制定具有针对性的销售策略。具体来说，盘点型销售策略包括以下四个方面：

首先是行业潜在客户盘点，其主要目标是了解行业内尚未开发的潜在客户数量及其需求特点，为市场拓展提供明确的方向。通过市场调研、行业报告和客户画像分析，企业可以识别潜在客户的采购预算、决策链条和合作意向。例如，细分目标客户的业务规模和采购偏好，有助于企业优先识别潜力客户。通过全面盘点，企业能够精准评估市场渗透率，为市场开拓策略的制定提供数据支持，确保资源高效配置和战略精准实施。

其次是已成交客户分析，目标是深入了解现有客户的合作深度及未开发的需求，挖掘增量业务机会。通过分析客户的当前业务范围，企业重点识别扩展需求或新项目机会，如结合历史订单数据和客户反馈，发现客户对新增服务的潜在兴趣，并制订相应的解决方案。此分析有助于企业提升客户单次贡献值，增强客户黏性，为长期合作创造更多可能性，促进深度合作与业务增长。

接下来是跟进中的客户与机会，该环节的目标是梳理正在推进的销售机会，明确每个机会的进展状态与关键节点。销售团队需定期更新机会状态，包括客户沟通、合同谈判和关键决策人的反馈。这有助于企业及时调整销售策略，确保资源高效配置，最大化机会的转化概率，提升成交效率，进而提高整体的销售业绩。

最后是待开发客户分析，目标是识别尚未接触的潜在客户，并制定精准的进入策略，扩大市场覆盖范围。通过结合行业数据和内部信息，企业能够分析目标客户的业务特征、明确关键联系人并制订接触计划。这有助于企业通过合作伙伴引荐或参与行业活动与待开发客户建立初步联系，为未来合作奠定基础，拓展销售漏斗的上游，进一步促进业绩增长。

通过对行业潜在客户、已成交客户、跟进机会和待开发客户的系统盘点，企业可以全面掌握客户群体的合作现状与分布特点。企业可以计算行业客户的合作率、市场渗透率和业务覆盖率，从而发现未被覆盖的市场空间和业务增长点。这些数据不仅为销售策略的设计提供依据，也为企业提供了清晰的增长路径指引。通过深入洞察客户与市场，盘点型销售策略帮助企业优化资源配置，并在存量竞争中占据主动地位。

3）实施盘点型销售策略的具体步骤。盘点型销售策略的成功实施依赖于细致的计划与高效的执行，具体步骤包括个人盘点与任务分解、团队盘点与策略协作以及管理层的支持与引导。

首先是个人盘点与任务分解。销售人员需要对自己的客户与机会进行详细盘点，并制订具体的跟进计划。例如，对于即将成交的机会，假设某销售人员的年度目标为 1000 万元，其中 5 个机会已接近成交，总价值 500 万元，仅需按流程推进。对于有效机会，假设有 10 个机会，总价值 1000 万元，根据历史转化率（30%），预计可带来 300 万元的收入。剩余 200 万元则需要通过潜在客户开发或挖掘现有客户的增量需求来完成。

接下来是团队盘点与策略协作。团队层面的盘点应涵盖所有客户和机会，从而确保资源分配的科学性和协同性。首先，团队应聚焦高价值客户，识别最具潜力的客户，并集中资源进行支持，从而最大化投资回报。此外，盘点过程还应整合内部资源，协调市场、销售和运营团队的力量，共同推进客户开发计划。跨部门协作可以确保各项资源得到最佳配置，提高整体团队的执行力和效率。

最后，管理层的支持与引导在策略实施中至关重要。管理层根据团队盘点结果，制定清晰的策略和执行计划，明确优先级排序和资源配置方案，从而确保工作的聚焦与高效推进。同时，管理层应为销售团队提供持续的辅导，定期沟通，确保策略的有效执行。在这一过程中，管理层应为团队提供必要的工具、方法和数据支持，帮助销售团队克服实施中的困难，确保策略落地并取得预期效果。

案例分享

IT 企业的策略实践

通过盘点，该 IT 企业发现了以下机会：

首先，潜在客户方面，区域内尚有 3 家未开发银行客户，每家银行的潜在业务价值约为 100 万元。其次，已成交客户中有 5 家存在服务扩展潜力，预计每家可新增 30 万 ~50 万元的业务额。最后，跟进项目方面，正在推进的 8 个项目预计可在未来半年内签约，总价值 600 万元。

基于以上数据，企业应采取以下行动：

首先，在潜在客户开发方面，管理层应直接参与沟通，从而提高开发成功率。管理层的参与不仅能够增强客户的信任，还能提高谈判决策的效率，从而加快潜在客户的转化进程。

其次，针对现有客户，企业应制订增值解决方案，深入挖掘客户需求，提升合作深度。通过与客户持续互动，企业可以了解其未被满足的需求，并提供量身定制的增值服务，进一步巩固与客户的关系，推动长期合作。

最后，在项目签约推进方面，企业需要严格按时间节点推进签约进程，确保合同按期落实。通过高效的时间管理和细致的项目跟踪，企业能够避免延误，确保业务的顺利落地和快速实施。

4）销售团队的管理与执行。盘点型销售策略的核心在于将数据转化为具体行动。销售团队需要对每个客户和销售机会的跟进计划进行详细规划，明确责任人，并确保每项任务按时推进。通过这种精细化的责任分配，销售团队可以更高效地执行销售计划。此外，定期反馈机制在这一过程中至关重要。通过定期检查每个销售机会的进展情况，管理者可以及时发现问题并做出调整，确保任务的持续推进和执行的精准性。这种系统化的管理不仅能够提高销售团队的执行力，还能加快销售周期，从而提升整体的销售业绩。

与此同时，管理层的职责尤为重要。管理者不仅要为销售团队提供明确的销售目标，还应为销售团队指明清晰的策略实施路径，确保销售人员理解实施的方向和具体步骤。管理者需要避免仅仅向销售团队布置任务，而是通过策略指导，帮助团队成员更好地理解如何利用现有资源和信息来推动销售进程。管理者还应定期跟进任务的进展情况，确保各项工作能够按计划完成。通过持续的支持和督导，管理层能够确保销售团队在执行过程中保持高效协作，并帮助解决实际操作中的困难。只有全员协作，销售策略才能真正落地并取得显著成果，从而确保企业的持续发展。

5）盘点型销售策略的价值与意义。盘点型销售策略通过全面梳理客户资源与机会分布，帮助企业发现存量市场中的增量机会。这一策略尤其适用于客户群体稳定、行业竞争激烈的情境。它不仅能够推动业绩增长，还能提升企业的客户管理能力与资源利用效率。通过实施盘点型销售策略，企业可以实现资源配置的最优化，同时为未来的战略调整奠定坚实基础。

无论是通用型销售策略，还是盘点型销售策略，核心都在于对客户和销售机会的深入分析。通过这两种策略的结合，销售团队能够更精准地把握市场动向，识别潜在机会，并采取更为精细化的措施，从而提升销售效率并最大化销售收入。通用型销售策略侧重于覆盖广泛的市场需求，依靠标准化流程提高执行效率；盘点型销售策略侧重于从现有客户中挖掘潜力，针对性地优化资源配置，实现更高效的客户转化。在实施过程中，销售管理者的战略指导和方法论传递至关重要。管理者需要为销售团队明确清晰的战略方向，并提供具体的执行框架和支持。有效的战略指导帮助销售团队聚焦最具潜力的客户，而方法论的传递帮助销售人员提升效率，达到预定目标。最关键的是确保全员参与，销售团队的每一位成员都应积极配合，确保策略能够真正落地并取得预期效果。

产品和价格策略：低成本与高附加值的抉择

在 B2B 销售模式中，产品和价格策略的选择往往决定了企业的市场定位和竞争路径。企业通常面临两种截然不同的策略选择：一是提供标准化产品，通过降低成本、压低价格实现极致性价比，从而快速扩大市场份额；二是专注于定制化解决方案和个性化服务，以更高的定价为客户创造独特价值，满足深层次需求。这两种策略各有优劣，并无绝对的对错。关键在于企业能否根据自身的资源优势、市场定位和目标客户的需求做出明确选择，并在执行过程中保持聚焦。

1. 策略聚焦的重要性

在产品和价格策略的制定中，企业的首要任务是确保策略选择的清晰性和聚焦性。试图同时兼顾低成本与高附加值的策略，往往导致资源分散、执行混乱，企业可能陷入"四不像"的困境：既无法在价格战中形成足够的规模优势，又难以在高端市场中建立品牌溢价和客户忠诚。结果是丧失竞争优势，错失市场机会。

聚焦带来的优势体现在多个方面。首先，资源优化是其中的关键因素。通过明确的战略方向，企业能够将有限的资源集中在核心领域，从而提升运营效率和执行能力。其次，市场定位清晰能够帮助企业精准锁定目标客户群体，在激烈的竞争中脱颖而出，确保市场份额的扩大。最后，执行一致性也尤为重要。战略聚焦能够确保企业各部门在目标和行动上保持一致，从而实现协同效应，提升整体执行力。

因此，在选择产品和价格策略时，企业必须对自身的资源优势、市场环境和客户需求进行深入分析，明确策略优先级，并确保策略不仅具备可执行性，还能够保持长期的一致性。这种聚焦策略的做法能够为企业提供明确的竞争优势，并支持其可持续发展。

2. 标准化产品策略：低成本，极致性价比

标准化产品策略以规模化生产和低成本运营为核心，通过提供高性价比的产品来满足广泛的市场需求。这种策略通常适用于价格敏感型市场，目标是通过压低价

格迅速扩大市场份额。通过这种策略，企业能够在竞争激烈的市场中迅速建立起强大的市场影响力。

标准化产品策略的成功依赖于几个关键要素。首先，规模经济是至关重要的。企业通过大规模生产分摊固定成本，降低单位产品的生产成本，从而提高整体利润率。其次，严格的成本控制同样不可忽视。企业需要优化供应链、生产流程和分销网络，从而最大限度地减少不必要的支出。最后，产品的功能核心化也是关键，企业应聚焦于满足客户的基本需求，避免复杂设计和不必要的附加功能，这样既能降低生产成本，也能提升产品的市场竞争力。

以 A 公司为例，它是一家专注于中小企业办公家具的 B2B 供应商，目标客户群为预算有限且对价格敏感的企业。为了满足这一市场需求，A 公司采取了一系列低成本、高效率的策略。首先，产品标准化是其关键策略之一。公司设计了一系列简洁实用的办公家具，通过模块化设计降低生产复杂性，从而使制造成本下降。其次，供应链优化也为公司带来了优势。通过与原材料供应商建立长期合作关系，A 公司能够批量采购原材料以获得更低价格，并优化库存管理以减少积压损失。生产自动化的引入则进一步提高了生产效率，减少了人工成本，同时保证了产品质量的一致性。最后，通过自建在线销售平台这种直销模式，中间环节和分销费用减少了，同时客户的购买体验提升了。

A 公司的低成本策略使其迅速成为中小企业办公家具领域的领跑者。凭借低价格和高质量，A 公司吸引了大量客户，快速占领市场份额，构建了坚实的竞争壁垒。尽管低成本策略带来了显著的市场扩张效应，但其成功实施也有一定的前提条件。首先，企业必须具备强大的成本控制能力，包括成熟的供应链管理、较高的生产效率和良好的规模化能力。其次，该策略适合价格敏感的目标市场（即对价格高度敏感的客户群体），而不适用于高端客户。最后，竞争激烈是低成本策略的一个重要特征，它适用于需要通过价格战来建立初始市场份额的行业。

3. 定制化解决方案策略：高附加值，高价格

定制化解决方案策略专注于满足客户的个性化需求，力求通过提供高附加值服务与客户建立深度合作关系。与低成本策略不同，这一策略更注重服务质量、客户体验和技术创新，通常适用于高价值客户和复杂项目。其成功的关键在于以下几个要素：首先，深入的客户洞察至关重要。只有充分了解客户的具体需求、业务痛点和战略目标，才能设计出具有实际价值的定制化方案。其次，灵活的服务能力是核心。企业需能够根据客户的个性化需求，从方案设计到实施的全过程提供定制化

服务。最后，专业的技术支持也是不可或缺的因素。拥有深厚的行业知识和技术能力，能够有效解决客户在实施过程中遇到的复杂问题，确保项目的顺利推进。

以 B 公司为例，这是一家专注于大型企业数字化转型的 IT 咨询公司，目标客户群为那些需要复杂 IT 解决方案的企业。B 公司凭借以下策略成功构建了一个高价值的服务体系：

首先是深入行业研究。B 公司组建了行业专家团队，持续分析客户所在行业的趋势和痛点，为其量身定制个性化解决方案。其次是定制化解决方案的提供。B 公司为客户提供了从硬件选择、软件开发到数据分析和流程优化的端到端服务，确保每一个环节都能完美契合客户需求。再次，持续支持与优化也是 B 公司的关键策略之一。B 公司为每个客户指定专属服务团队，保证项目从启动到后期维护全程陪伴，并通过持续改进确保客户长期受益。最后是注重建立长期合作关系。B 公司通过高质量的服务取得了客户的信任，进而形成了稳定的长期合作伙伴关系。

通过这些策略，B 公司成功为客户解决了数字化转型中的核心问题，客户不仅愿意为其高价值服务支付溢价，还与 B 公司建立了长期合作关系。

4. 产品同质化与策略选择

在当今的市场环境中，产品同质化问题日益严峻。即便某家公司在产品创新上领先于竞争对手，通常也只能维持半年的优势，竞争者能迅速迎头赶上。产品同质化是指市场上不同企业提供的产品在功能、性能、外观等方面趋于相似，导致消费者难以做出明确的选择。然而，产品同质化本身并非问题的根源。真正需要企业和销售团队关注的，是同质化对客户采购行为的深远影响。只有深入理解客户行为的变化，企业才能制定有效的差异化策略，从而保持竞争优势。

首先，品牌影响力的提升尤为重要。当产品特性趋同，品牌会逐渐成为客户做出购买决策的关键依据。强大的品牌不仅能够提供质量保证，还能在客户心中建立信任感和认同感，成为客户选择的首要因素。品牌通过长期的市场宣传和客户口碑，能够强化客户对产品质量的信心，同时建立深层次的情感联系。因此，企业需要投入更多资源进行品牌建设，包括明确品牌定位、持续提升品牌知名度，并塑造正面的品牌形象。通过精准的市场营销策略，企业可以增强品牌的影响力，在同质化竞争中占据有利位置。

其次，价格敏感度的增加是不可忽视的现象。随着产品差异化的减弱，价格逐渐成为客户购买决策中的核心考量因素。面对功能和质量相似的产品，客户通常会选择价格更低的一方。然而，这种现象可能引发恶性价格竞争，从而压缩企业的利润空间。为应对这一挑战，企业需要优化成本结构以提升效率，同时通过价值创新增加产品的附加价值。例如，捆绑销售或增值服务可以为客户提供更大的综合价值，从而减弱其对单一价格的敏感性。

在同质化市场中，服务和售后支持也成为差异化的关键。当产品功能难以区分时，客户往往会更注重企业提供的服务和售后支持质量。优质的客户服务能够显著提升客户的满意度和忠诚度。消费者更倾向于选择那些提供卓越服务、快速响应需求和拥有完善售后保障的企业。因此，企业需要在服务质量上持续创新，如提供更快速的客户响应机制、延长售后服务保障期，或者通过主动的客户关怀来提升体验。差异化的服务体验可以成为企业脱颖而出的重要竞争优势。

此外，个性化与定制化需求的提升也是一种重要趋势。在同质化的市场环境中，越来越多的客户开始寻求能够满足其特殊需求的个性化产品或服务。定制化不仅能够增强客户的体验感，还能有效提升客户对企业的依赖度。客户希望企业能够根据其具体需求提供个性化的解决方案，而不是单一的标准化产品。为满足这种需求，企业可以通过研发模块化产品、提供可选的个性化配置和设计灵活的服务方案来满足客户的定制化需求。这种策略有助于企业获得更强的客户黏性，并在同质化竞争中找到突破口。

最后，产品同质化对客户忠诚度构成挑战。由于客户对产品特性的感知差异减少，他们更容易被价格、促销或其他稍有不同的价值主张所吸引，从而转向竞争对手。这使企业面临更高的客户流失风险，因为在同质化竞争中，客户的转移成本较低。为了应对这一挑战，企业可以通过持续的产品创新、打造卓越的服务体验和建立深厚的客户关系来提升客户的忠诚度。例如，企业可以制订会员计划或开展数据驱动的个性化营销，为客户提供无法轻易复制的附加价值，从而增强客户黏性。

综上所述，面对日益严重的产品同质化问题，企业需要在品牌建设、价格策略、服务创新、个性化定制和客户忠诚度管理等方面采取有效应对措施。通过这些策略，企业可以在竞争激烈的市场中脱颖而出，持续保持竞争优势。

5. 技术革新与行业颠覆

新技术的快速发展正在深刻影响各行各业，甚至可能颠覆行业格局。例如，苹果推出智能手机，不仅重塑了消费者需求，还让诺基亚等迅速失去市场。技术变革是不可逆的趋势，企业若无法及时适应，便可能被淘汰。因此，谁能顺应潮流并迅速调整，谁就能在竞争中脱颖而出。

对于企业而言，紧跟行业内新技术的发展尤为重要。企业需不断迭代产品和服务以应对技术进步的挑战。例如，癌症早筛技术的快速发展对体检行业产生了深远影响。如果相关销售组织未能及时引入这类技术并更新产品，便可能失去市场竞争力，无法满足客户需求。因此，技术适应性和灵活性成为企业保持竞争力的关键。

2022 年，OpenAI 公司发布了大语言模型 ChatGPT，并在短短两个月内获得活跃用户数突破亿级规模的成绩。截至 2024 年 4 月，全球各大互联网企业纷纷推出自家的大模型，AI 创业公司也如雨后春笋般涌现。

AI 技术的快速发展正深刻改变各行各业，尤其是医疗行业。通过处理医学影像和非结构化数据（如血液检查结果等），AI 提高了诊断的准确性，帮助医生做出更精准的判断。同时，AI 能够基于患者历史病历提供个性化治疗方案，并助力发现新药或现有药物的新用途。此外，AI 通过自动化处理重复任务（如资格核查和索赔处理），大幅提高了医疗服务效率，优化了患者就诊流程，改善了患者体验。它还在患者流量管理、ICU 需求预测和临床工作流程优化方面发挥了重要作用，确保医疗响应及时。AI 辅助的手术机器人则通过提高手术精度减少人为误差，进一步提升治疗效果。在数据管理方面，AI 能够分析海量医疗数据，为临床治疗和早期诊断提供支持，帮助预测疾病并降低死亡率。AI 还在智能健康管理中发挥作用，提供个性化健康建议，帮助患者实时监控和管理健康。总体而言，AI 技术正在不断提升医疗服务质量，并改善患者健康管理体验。

随着技术的不断演进，AI 将更加深刻地改变医疗行业的运作模式，提高医疗效率和患者体验。对于医疗行业的销售组织而言，掌握并应用 AI 技术将是保持竞争力的关键，未能及时引入这些技术的企业最终可能被市场淘汰。

医疗行业的变革只是一个缩影。所有行业都面临类似的技术变革挑战，无论是零售业、教育行业，还是制造业，企业都必须关注并投入新技术的研发，这样才能保持竞争优势。

2025 年，DeepSeek 公司发布了新一代大模型 DeepSeek-V5，在性能、效率和安全性上实现了全面突破。该模型采用创新的稀疏化计算架构，推理速度较上一代提升 300%，同时能耗降低 60%。在自然语言理解、多模态融合和复杂决策等核心能力上，DeepSeek-V5 在多个国际基准测试中刷新纪录，展现出接近人类水平的认知能力。

这一技术突破加速了 AI 在各行业的深度应用：在医疗领域，DeepSeek-V5 支持的诊断系统准确率达到 98%，协助医生完成个性化治疗方案的制订；在金融行业，其构建的智能投顾系统管理资产规模突破万亿；在教育领域，基于该模型的个性化学习平台已覆盖全国 2000 万名学生，显著提升学习效率。

DeepSeek 公司同时发布了配套的 AI 伦理框架和安全防护系统，确保技术应用的可靠性和可控性。据统计，DeepSeek-V5 已赋能超过 50 个行业，带动相关产业规模突破 10 万亿元，这标志着 AI 技术进入规模化应用的新阶段。DeepSeek 公司的 CEO 表示，DeepSeek 将持续投入研发，推动 AI 向更安全、更普惠的方向发展。

因此，企业不仅需要关注自身产品的创新，还要主动迎接技术发展带来的机遇与挑战，这样才能在激烈的市场竞争中脱颖而出。只有顺应技术变革，持续创新，企业才能在未来的竞争中立于不败之地。

6. 产品和解决方案如何与时俱进，持续为客户创造价值

在面对产品同质化和行业技术创新的双重挑战时，企业的核心任务是不断为客户创造价值。如何创新产品和解决方案，并将这些创新有效地转化为客户可感知的价值，是销售组织能够在竞争中脱颖而出的关键。

企业应该从以下几个方面着手，从而确保持续为客户创造价值：

1）深入了解客户的需求。销售组织需要建立专人负责收集和整理客户的需求。这一职责可以被放在市场部。销售人员作为一线接触客户的核心力量，最能敏锐地感知客户需求的变化，但很多销售人员并不擅长将需求总结和分析成数据或方案。这时，市场部可以配合销售团队，及时收集客户反馈，帮助相关部门进行优化。

任正非曾说过"让听得见炮火的人指挥打仗"，这意味着最前线的销售团队能更好地洞察客户需求，决策应建立在这些第一手信息基础上。了解客户需求中的共性问题并提供标准化的解决方案，能够解决大多数客户的基本需求，而个性化需求则可通过定制化服务来满足。

2）强化产品特性与创新。随着客户需求的不断变化，企业不仅要了解客户的现有需求，还应关注客户未来的需求趋势。为了不被市场淘汰，产品和解决方案必须不断优化和创新。例如，行业领导者 Salesforce 通过持续迭代和功能增强保持市场竞争力。它推出的 AI 平台"Einstein"集成在 CRM 系统中，能够分析销售数据并预测市场趋势，大大提升了销售效率和决策质量。

持续创新不仅仅是技术层面的更新，更是对市场变化的快速响应。销售组织要主动推动产品创新，并与研发部门紧密协作，确保产品能够在激烈的竞争中脱颖而出。

3）优化客户体验。客户体验的提升不仅仅依赖于产品本身，交付过程和使用体验同样至关重要。以 Slack 为例，它通过简洁直观的用户界面、强大的集成功能和良好的团队协作体验，赢得了广泛好评。Slack 的成功表明，在竞争激烈的市场中，对用户友好的设计和高效的工具能极大地提升客户的满意度。

对于企业来说，交付方案的过程、客户的使用体验和后期的服务质量，都直接影响客户的忠诚度和满意度。销售团队要在这些方面主动提供增值服务，确保客户能够获得顺畅的体验。

4）创建持续改进和创新的企业文化。创新不仅仅是一个项目或阶段性的活动，而应融入企业的文化中。谷歌的"20% 时间"政策鼓励员工将 20% 的时间用于追求个人创新项目，这不仅催生了 Gmail 和 Google News 等创新产品，也强化了公司的创新能力。这样的企业文化有助于激发员工的创造力，为客户提供更多新颖、优质的产品和服务。

销售组织应在内部培养创新文化，激励员工在各个层面不断寻求创新，这不仅限于产品和服务的改进，还包括销售方式、客户沟通等环节。

5）产品与解决方案的全方位创新。客户创造价值不仅依赖于单一的产品或服务，还涉及全方位的创新和资源整合。餐饮行业的案例可以说明这一点：餐厅不仅通过创新菜品和服务提高客户满意度，还通过改善餐厅环境、优化停车位、提升服务质量等方式提供全方位的客户体验。

对于 B2B 企业也是一样。除了产品本身的迭代，企业应从整体上整合资源，提供全方位的增值服务。这样，客户不仅感知到产品价值，还能感受到超出预期的附加价值，从而提升忠诚度。换句话说，企业不仅要"卖产品"，还要"卖体验"，创造一个围绕产品和服务的综合价值体系。

通过这些措施，企业不仅能够在产品同质化的市场中找到独特的竞争优势，还能在技术革新的潮流中走在前列，持续为客户创造可感知的价值。这种持续的价值创造能力，将是企业在未来市场中成功的关键。

第 7 章

梳理关键任务：从目标到执行

　　营销策略是企业发展的路径和方向。然而，策略本身只是宏观的指导思想，若无法转化为具体的、可执行的销售行为，便难以实现预期效果。本章旨在探讨如何将营销策略转化为实际操作的步骤，并确保策略能够有效落地，取得成效。首先，企业需要将宏观的营销策略分解成具体的销售任务。这些任务需要具备明确的目标、时间表、责任人和衡量标准，从而确保每个环节的工作都与整体战略目标保持一致。

　　接着，这些销售任务将被进一步拆解为具体的销售活动。销售活动是团队成员日常工作中的实际操作，涵盖客户拜访、产品推介、市场调研等多个方面。通过这种逐步分解的方式，销售团队能够清晰地了解自己每天、每周甚至每月需要完成的具体任务，进而提高执行的精确性与效率。这种清晰的任务分解不仅有助于团队成员明确自己的责任与目标，也有助于企业高效监控和评估销售工作的进展，从而提升整体执行力，确保营销策略的顺利实施和最终成功。

从营销策略到销售任务

　　对于 B2B 企业而言，制定完整的营销策略，包括销售策略、市场策略、产品策略和定价策略后，接下来的关键步骤是将这些策略转化为具体的销售任务。

　　销售任务，顾名思义，是指销售人员需要完成的具体工作，它不仅指表明销售业绩的数字，更涵盖了实现业绩的具体行动。在 B2B 企业中，销售任务主要可以分为三大类，分别是：

客户开发：客户开发的目的是找到足够多的销售线索

在 B2B 销售领域，客户开发作为销售流程的起点，贯穿了从潜在客户识别、需求分析、建立联系到最终转化为销售机会的全过程。高质量的销售线索不仅是销售成功的基石，更是企业实现销售目标的关键保障，几乎可以视为确定性事件。因此，客户开发和线索挖掘成为绝大多数销售组织的核心任务。为实现这一目标，企业需要采取系统化的策略，确保资源的高效配置和销售效率的最大化。

首先，明确目标客户的行业和区域定位是客户开发的基础步骤。企业通常根据业务需求选择按行业、区域或两者结合的方式进行精准聚焦。例如，针对特定垂直行业的企业客户，可以深入分析其行业痛点和需求，制定更具针对性的销售策略；而对于区域市场，则需结合当地的经济环境、政策支持和竞争格局，制定差异化的开发计划。这一步骤的核心在于精准定位，避免资源浪费。

其次，建立高效的客户接触路径是客户开发的关键环节。尽管这一环节对销售人员而言充满挑战，常常面临拒绝，但从组织层面必须提供支持，帮助销售人员减少阻力，提升效率。常见的接触方式包括陌生电话、老客户转介绍、市场活动以及数字化营销工具（如社交媒体、邮件营销等）。企业还可以通过数据分析和技术手段，优化客户触达方式，例如利用 CRM 系统跟踪客户互动历史，制定个性化的沟通策略。

最后，评估销售线索的状态并制定针对性策略是客户开发的闭环环节。在初步接触后，销售人员需根据线索的潜力进行分级，明确重点跟进对象和优先级。例如，对于高潜力客户，销售人员可以投入更多的资源进行深度沟通和需求挖掘；而对于低潜力客户，销售人员可以采取低成本维护策略，保持长期联系。每个客户的跟进计划和转化策略应根据其具体情况定制，确保资源的高效利用。

这三个核心步骤构成了客户开发的完整闭环，企业需确保其与整体营销和销售策略高度协同。同时，客户开发并非一成不变的过程，企业需要根据市场变化和客户反馈，不断优化策略，提升销售团队的能力和效率。通过系统化的客户开发流程，企业不仅能够提高销售转化率，还能建立长期的客户关系，为业务增长奠定坚实的基础。

制定具体的赢单策略

在 B2B 销售模式中，制定每个项目的赢单策略是企业的核心任务之一。由于 B2B 销售的最终成果体现在具体的订单上，业务管理通常围绕销售机会展开。销售人员需要高效处理销售机会，并为每个机会制定针对性的跟进策略，这一过程构成了日常管理的核心内容。制定赢单策略的关键在于通过深入的客户分析，结合客户的具体需求，设计出能够显著提升成交概率的策略和方法。一个成功的赢单策略不仅需要全面分析客户的痛点、预算和决策流程，还需在此基础上提出切实可行的行动计划。以下是制定赢单策略的具体步骤和示例：

1. 客户痛点分析

深入了解客户的业务挑战和需求，识别其最迫切需要解决的问题。例如，一家提供 ERP 系统的公司在与制造企业沟通时，发现客户在库存管理和生产调度方面存在严重低效问题。销售团队以此为切入点，提供了针对性的解决方案，成功吸引了客户的关注。通过精准的痛点分析，企业能够快速建立与客户的信任关系，并为后续的销售推进奠定基础。

2. 竞争对手分析

研究竞争对手的优势与劣势，找出差异化的卖点。例如，一家 CRM 系统提供商发现竞争对手的产品在用户界面和定制化服务上存在明显短板，因此他们重点强调自家产品在这两个方面的优势，成功打动了客户。通过竞争对手分析，企业可以明确自身的独特价值主张，并在客户沟通中突出这些优势，从而在竞争中脱颖而出。

3. 预算评估

了解客户的预算范围，并根据其预算提供合理的解决方案。例如，一家 IT 外包服务公司在了解到某初创企业预算有限后，推出了一款低成本的入门级服务套餐，既满足了客户的基本需求，又避免了因价格过高而失去机会。预算评估不仅有助于企业制定合理的报价策略，还能帮助客户感受到企业的灵活性和合作诚意。

4. 决策流程分析

分析客户的决策流程和关键决策者，制定具有针对性的沟通策略。例如，一家企业培训服务公司发现大客户的决策流程涉及多个部门，因此他们为客户定制了一个多部门协调的沟通方案，确保所有关键决策者都能参与并支持项目。通过决策流程分析，企业可以避免因忽视关键决策者而导致的项目停滞，从而提高销售效率。

5. 定制化解决方案

根据客户的具体需求提供定制化的解决方案。例如，一家定制软件开发公司为某零售企业开发了专门针对其业务流程的管理系统，这一方案不仅解决了客户的痛点，还帮助其在竞争中脱颖而出。定制化解决方案能够显著提升客户的满意度和忠诚度，同时也为企业创造了更高的附加值。

6. 风险管理

识别并评估项目实施过程中可能遇到的风险，并采取相应的应对措施。例如，一家物流服务公司了解到客户对运输过程中的安全性有较高要求后，提供了详尽的风险管理方案，包括货物保险和实时运输监控，从而增强了客户的信任。通过风险管理，企业可以提前规避潜在问题，确保项目的顺利实施，同时提升客户对企业的信赖。

7. 客户关系维护

在赢单策略中，客户关系维护同样至关重要。企业需要通过定期沟通、提供增值服务和快速响应客户需求等方式，持续巩固与客户的关系。例如，一家软件服务公司在项目交付后，定期为客户提供免费的系统升级和技术支持服务，确保客户能够长期受益。这种持续的服务不仅能够提升客户满意度，还能为企业带来更多的交叉销售和追加销售的机会。

8. 数据驱动的策略优化

在制定和执行赢单策略的过程中，企业应充分利用数据分析工具，对销售过程中的关键指标进行跟踪和评估。例如，通过 CRM 系统分析客户的行为数据，企业可以发现潜在的需求变化和销售机会，从而及时调整策略。数据驱动的策略优化能够帮助企业更精准地把握市场动态，提升销售效率。

9. 团队协作与资源整合

赢单策略的成功实施离不开团队的协作和资源的整合。企业需要确保销售团队、技术支持团队和客户服务团队之间的高效协作，形成合力。例如，在某个大型项目中，销售团队负责客户沟通，技术支持团队提供技术方案，客户服务团队负责后续跟进，这种分工协作能够显著提高项目的成功率。

10. 持续学习与改进

B2B 销售环境复杂多变，需要不断学习和改进赢单策略。通过定期复盘项目经验、分享成功案例和失败教训，企业可以不断优化自身的销售流程和策略。例如，某企业在一次项目失败后，组织团队进行深入分析，发现是决策流程分析不够全面，导致关键决策者未被充分说服。通过总结经验，企业在后续项目中避免了类似问题，显著提高了成交率。

通过以上步骤，企业可以全面分析客户需求、竞争态势、预算范围和决策流程，从而制定高效的赢单策略，显著提高项目的成交概率。为了确保策略的持续优化，企业需要定期组织客户分析会议（俗称"过客户"），这是提升业绩、提高成交率的关键环节。通过系统化的赢单策略制定与执行，企业不仅能够在竞争中占据优势，还能与客户建立长期稳定的合作关系，为业务增长奠定坚实基础。此外，企业还应注重培养销售团队的专业能力，提供持续的培训和支持，确保团队能够灵活应对复杂的销售环境。最终，通过不断优化赢单策略和提升团队能力，企业将能够在 B2B 市场中实现可持续发展和成功。

通过销售拜访，落实项目的赢单策略

销售团队的第三个重要任务是销售拜访，它将赢单策略具体落实到行动中。在 B2B 销售模式中，电话、微信等沟通方式难以单独完成成交，线下实地拜访客户仍然是关键环节。制定销售行动策略并通过拜访客户来执行这些策略，成为销售人员日常工作中最常见且最重要的任务。

可以说，制定销售行动策略和拜访客户是销售人员的核心任务，应占据销售人员日常工作的大部分时间。从时间与重要性角度来看，客户拜访应占销售工作的一半以上，因此有句话说："销售人员不是在见客户，就是在去见客户的路上。"

反过来说，如果销售人员未能将大部分时间和精力集中在制定销售行动策略和拜访客户上，通常是因为缺乏动力或能力，或者行政工作过多导致精力分散。

通过客户开发活动寻找销售线索，通过"过客户"方法制定赢单策略，再通过客户拜访落实策略，构成了企业的三个最重要的任务。将营销策略分解为具体的销售任务，再通过管理相关销售行为来实现组织的营销目标，从而完成业绩。销售任务在这个拆解链条中起着承上启下的作用，至关重要。

从销售任务到销售活动

销售任务明确之后，接下来需要将这些任务细化为具体的销售活动，因为销售管理的核心在于具体的销售活动和销售行为的执行。例如，要求销售人员每周拜访5 个客户，这样的目标是可以量化和直接管理的。

在第 2 章中，我们提到过企业中的三类指标：结果指标、监控指标、活动指标。

- 结果指标：这类指标是指体现企业业绩的数字，揭示了企业的整体健康状况。例如：是否实现了预期收入？收入是否持续增长？应收账款的管理是否合理？由于这些指标是企业运营之后的结果，管理者无法直接控制它们。
- 监控指标：这类指标体现了销售策略，描述了企业如何通过具体的路径和策略达成业绩目标，也就是结果指标的实现路径。为了确保走在正确的轨道上，企业需要设置监控指标，它们是阶段性的目标，类似于从起点到终点之间的里程碑。监控指标是可以被影响的，但无法被直接管理。
- 活动指标：这类指标是针对销售人员具体行为的要求，是管理者可以直接控制和监督的内容。例如，每天要开发 2 个新客户、每周要拜访 5 个新客户、每天需要写工作总结和次日计划等。销售活动指标直接对应销售人员的日常工作，管理者能够通过这些指标来监督和指导销售人员的具体行动。

销售活动指标体现的是销售人员的具体行为，它直接影响销售结果。例如，管理者要求销售人员每天打 30 个开发新客户的电话，销售人员最终打了 40 个或者50 个电话，这表明销售人员执行活动指标的情况，尽管结果没有完全达到预期，但这种销售行为本身是可以被直接管理的。

销售目标分解并不是简单地将业绩数字进行分解，而是将企业的长期战略目标

（通常是 3~5 年的中期目标）分解为短期目标（一般为 1 年）。然后根据这些短期目标制定企业的营销策略、关键任务，并最终将其拆解为具体的销售计划和销售行为。通过管理具体的销售行为，反向推动关键任务和营销策略的执行，从而实现长期战略目标的达成，如图 7-1 所示。

这一过程确保了销售任务不仅停留在宏观目标的层面，还具体到日常行为和活动的执行上，从而形成一个可持续的、执行力强的销售管理体系。

图 7-1　目标分解和管理层级流程图

在这一过程中，最核心的因素是保持一致性，即活动指标（销售行为）、监控指标（营销策略）和结果指标（近期目标）之间必须具有一致性和统一性。只有当这三者协同作用时，销售人员的日常行为才能代表企业的战略方向，最终实现符合组织执行力要求的结果。

组织执行力指的是所有员工的行为都符合企业战略目标，是组织所期望的行为。这是与"执行力"概念的区别所在，很多时候我们将执行力简单地理解为员工是否服从指令，但这并不等同于真正的组织执行力。组织执行力的关键在于每位员工的行为都在推动企业的长期战略目标的实现，而不仅仅是应付日常任务。

在这一过程中，企业还需要总结并提炼最佳实践，形成标准化的工作手册（SOP）。这其中非常重要的一部分是销售战法的总结。通过总结和固化企业的销售战术，销售团队可以遵循统一的行动指南，从而提升整体的执行力和工作效率，确保销售活动的质量和结果一致。

销售人员每天都会进行各种销售活动，而这些活动的效果有好有坏。从组织角度出发，为了提升执行力，关键是要不断总结和提炼企业的最佳实践，形成独特的销售方法论，这通常被称为"销售战法"。

对于 B2B 企业而言，拥有自己专属的销售战法至关重要。基于这一销售战法的管理效率直接反映了销售组织的执行力水平。企业可以通过以下几个步骤来制定并完善自己的销售战法：

第一，选择通用的 B2B 销售方法论作为原型

对于企业来说，最重要的是找到适合自己的销售方法论，以此提高组织绩效。因此，不必从零开始去创造一套全新的销售方法论，因为这既耗时耗力，效果也未必理想。更有效的做法是从现有的成功方法论中选择一个作为基础，然后进行调整和优化。值得注意的是，选取的销售战法必须建立在以客户为中心的基础上。

例如，十多年前我在公司内部构建销售战法时，就参考了付遥老师的《输赢》一书，这本书我读了很多遍，并深入研究了其中的"摧龙八式"。然后，我将"摧龙八式"作为原型，设计了适用于体检行业的销售方法论。通过这种方式，我们避免了从头开始的复杂工作，并且能借鉴已有的成功经验。

第二，提炼并优化销售战法中的关键销售行为

每个企业都有其独特的销售流程和经验，提炼出其中的关键行为并加以优化，是形成专属销售战法的关键。将企业内的最佳实践融入销售方法论，可以实现战法的专属化。

那么，什么是关键销售行为呢？尽管销售过程复杂，但对某些企业而言，可能只有 1~2 个关键行为是决定成交与否的关键。通过识别并优化这些关键行为，企业能够大大提高成交概率。

例如，在体检行业，我发现只要能将客户邀请到门店参观，成交的概率就会提高到 60% 以上。因此，我们在销售战法中加入了"邀参观"这一环节，设计了详细的操作流程，从如何邀请客户到店参观，到如何在参观过程中进行专业的演示，形成了一整套标准操作流程（SOP）。系统的培训和训练可确保所有销售人员都能对该环节有所了解，从而显著提高销售效率。

不同的行业和企业有不同的关键行为。比如，有些企业只要联系到客户的负责人，销售成功的可能性就超过 60%；而有些企业的客户数量有限，关键在于如何从这些有限的客户中挖掘销售线索和机会，并不断扩大组织在客户预算中的份额。

第三，细化、标准化、流程化

找到了关键销售行为之后，接下来需要做的就是细化、标准化、流程化。这一步非常重要，因为只有将这些关键销售行为转化为标准化流程，才能确保销售人员能够在实际工作中高效地执行。这一步骤可能需要大量的工作和资源投入，但这是建立高效销售战法的核心所在。

　　总结企业最佳实践并形成销售战法是一个持续的过程，而完成这一总结仅仅是开始。接下来的关键是通过流程化管理、制度建设并结合培训和训练，将销售战法落实到销售人员的日常行为中。只有这样，销售组织的执行力才能得以提高，最终推动业绩目标的实现。

　　通过这一系统化的销售战法建设，企业可以确保在日常活动中始终朝着正确的方向前进，形成强大的执行力，显著提升整体业绩。

第 3 部分

构建高效的
组织保障体系

在第 2 部分，我们深入探讨了企业如何制定正确的营销策略，并将这些策略逐级分解为具体的销售活动。这一分解过程确保了战略目标能够在实际操作中得到有效执行。然而，仅有清晰的策略和具体的行动还不足以确保企业成功。要真正实现战略目标，企业还必须构建一个高效且强大的组织保障体系，确保能够快速响应市场和客户需求，从而全面提升销售组织的执行力。这个组织保障体系涵盖以下五个关键方面：

第一，组织架构设计是基础。科学的组织架构应职责清晰、权责分明，从而提高资源调配效率和市场响应速度。第二，人岗匹配是关键。将合适的人放在合适的岗位上，并定期评估和调整，从而应对市场变化和组织需求。第三，团队提升是保持竞争力的核心。技能培训、团队建设和跨部门合作，可增强团队凝聚力和应对复杂环境的能力。第四，绩效政策是激励手段。合理的考核和奖励机制应结合战略目标，激发员工动力，同时确保公平透明，减少人才流失。第五，文化氛围对执行力有深远影响。积极开放的文化能提升士气和员工的工作效率，领导者需通过言行传递核心价值观，并通过文化建设活动和反馈机制巩固文化。

组织架构设计、人岗匹配、团队提升、绩效政策和文化氛围这五个核心要素，共同构成了这一保障体系的支柱。通过持续优化和强化这些要素，企业能够在激烈的市场竞争中保持灵活性和竞争优势，从而确保战略目标得以高效实现。

————————————————

·第8章·

优化销售组织架构：原则和灵活性的平衡

在明确营销策略、销售任务和具体行动后，设计合理的组织架构成为企业发展的关键一步。然而，许多企业在实际操作中往往忽视这一环节的重要性，或者在设计时未能充分结合企业现状，尤其是现有团队的能力与文化特质。

对于成长中的企业而言，组织架构的设计尤为关键。它需要在尊重历史积淀的基础上，平衡现有团队的结构与成员特点，同时为未来拓展预留空间，适时引入新的人才以推动企业持续前进。

新旧团队的融合与平衡，常常是企业面临的核心挑战。为应对这一挑战，企业应在架构设计中兼顾既有团队的经验与文化传承，同时灵活吸纳创新力量，确保新老团队高效协作，共同助力企业实现长远发展目标。

企业销售组织架构设计的常见误区

在创业初期，经过激烈的市场竞争，企业逐步确立了一定的市场地位，成功跨越了生存阶段。此时，企业可能从区域市场迈向全国市场，如何构建一个覆盖全国的组织架构成为关键问题。在这一阶段，各区域市场的规模与竞争环境存在显著差异。例如，北京、上海、广州、深圳等一线城市的市场竞争强度各不相同，企业在这些市场中的定位也需因地制宜。更为复杂的是，企业可能在这些成熟市场中同时运营多条产品线。

一个高效的组织架构不仅要满足市场扩展的需求，还需为未来发展预留足够的灵活性。销售组织架构的设计与调整需要持续优化，从而应对市场变化和企业规模的扩大。然而，在这一过程中，企业往往会陷入一些常见的误区，具体表现如下：

1. 组织架构与企业规模不匹配

随着企业规模扩大，尤其是在多产品线和跨地域运营的情况下，组织架构与企业规模不匹配的问题逐渐显现。许多企业在扩张过程中，未能及时优化组织架构以适应新的市场需求和管理上的复杂状况，导致效率下降、信息传递滞后等问题频发。

在多产品线运营的场景下，企业需要应对不同客户群体和销售渠道的多样化需求。若组织架构设计不合理，销售人员可能面临多头管理、指令冲突和资源分配不均等问题，从而削弱整体销售效能。

跨地域运营的挑战更为突出。各区域市场的规模、竞争环境和客户需求差异显著，单一的管理模式难以满足多样化的市场要求。如果组织架构未能得到因地制宜的调整，企业将难以快速响应不同市场的动态变化，进而影响决策效率和市场竞争力。

2. 组织架构和销售策略不匹配

销售策略的制定应以企业发展战略和业务目标为核心，并随着市场环境的变化定期调整，通常每1~3年更新一次。尽管许多企业能够根据市场动态及时调整销售策略，却往往忽视了与之配套的组织架构优化。销售策略与架构的不匹配会显著削弱执行效果，进而阻碍战略目标的实现。

例如，许多中小企业在市场压力之下，将销售策略转向重点开发大客户。然而，如果企业原有的销售策略覆盖大、中、小客户，而组织架构中缺乏专门负责大客户的部门或团队，仅靠强调大客户开发的重要性是远远不够的。原有团队的负责人可能缺乏实施新策略所需的资源、技能或明确指导，导致销售策略难以有效落地。

在这种情况下，企业必须确保组织架构与新的销售策略相匹配。企业应及时调整架构，设立专门的大客户团队，并为其配备充足的资源和提供坚定的支持。这不仅能够提升大客户开发的效率，还能确保新策略得到有效执行，从而帮助企业在市场变化中保持竞争优势，实现可持续发展。

3. 组织架构和团队能力不匹配

在制定大客户策略时，企业不仅需要设计与销售策略相匹配的组织架构，还必须充分考虑团队的实际能力。组织架构的层级设计和管理幅度应与团队的能力相契合，否则即便架构设计合理，执行效果也可能大打折扣。

以大客户策略为例，这一策略通常要求组织架构更加扁平化，并配备精英销售团队。扁平化的组织架构能够缩短决策链条，提升响应速度，从而更好地满足大客户业务的高复杂性和高要求。然而，如果销售团队和管理者的能力无法达到销售策略执行的标准，即使架构设计得再完善，也难以在实际操作中取得预期成效。

因此，企业在调整组织架构时，必须审慎评估团队的现有能力水平。如果团队尚未具备执行新策略所需的技能和经验，组织架构的调整应保留一定的弹性空间。例如，企业可以通过逐步优化架构、加强培训和提升团队能力等方式，确保在过渡期内实现新策略需求与团队执行能力的平衡。这种渐进式的调整方式，既能推动新策略的有效落地，又能避免因架构与能力不匹配而导致的执行力不足的问题。

4. 组织架构过于僵化，缺乏灵活性

在快速变化的市场环境中，企业必须具备高度的灵活性和适应性。然而，许多销售组织的架构过于僵化，缺乏必要的弹性，导致企业难以及时应对市场变化和竞争压力。

僵化的组织架构通常表现为层级过多、决策链条冗长、信息传递效率低下。这些问题最终会导致市场响应迟缓、资源分配不合理，从而削弱企业的竞争力。为了避免这种情况，企业应采用更加灵活的组织架构设计。例如，企业可以引入矩阵式管理或区域中心制等模式，从而缩短决策链条、提升信息流通效率，并增强跨部门协作能力。

矩阵式管理能够打破传统的垂直层级，通过横向协作提升资源利用效率；而区域中心制则赋予地方团队更多的自主权，使其能够根据区域市场的特点快速决策和行动。这些灵活的架构设计不仅能够提高组织的响应速度和协同效率，还能帮助企业更好地适应动态变化的市场环境，从而在竞争中占据主动地位。

5. 组织架构设计忽视了跨部门协作

销售组织架构的设计不仅要考虑销售团队本身，还需要考虑与其他部门的协作。许多企业在设计销售组织架构时，往往过于关注销售团队的内部结构而忽视了与其他部门的协同合作。

例如，销售部门与市场、产品、客户服务部门之间的紧密合作，对提高销售效率和客户满意度至关重要。如果销售组织架构未能有效促进跨部门协作，销售团队

可能会面临资源不足、信息不对称等问题，最终对企业的整体业绩产生不利影响。企业在设计销售组织架构时，必须充分考虑跨部门协作的需求，确保销售团队能够与其他部门紧密合作，共同实现业务目标。

6. 组织架构设计忽视了销售支持体系的建立

当销售团队规模小的时候，企业一般不设立销售支持体系，随着销售团队规模持续扩大，尤其人数超过100人时，依靠销售人员单打独斗的模式已经难以应对日益复杂的市场需求。这时候，建立完善的销售支持体系显得尤为重要，许多企业在设计组织架构时，往往忽略了这一关键环节，仍然将主要精力放在销售团队本身，仅将销售人员视为主要业绩贡献者。这种思维模式导致销售支持部门得不到足够的重视，甚至即便设立了相关部门，由于缺乏专业人才的配备，这些部门也形同虚设，无法发挥应有的作用。

随着销售团队的壮大，不是所有的销售人员都能够完全胜任其工作岗位。一些管理人员可能在业绩创造方面表现出色，但在团队培训、辅导和数据化管理上有所欠缺。因此，企业在扩展过程中，需要通过建立销售支持体系，为销售团队提供全面的支持和赋能，确保销售工作的专业化和高效运作。

例如，销售管理部可以统筹整个销售流程，优化资源配置，确保销售活动的高效进行；项目管理部负责协调大项目的进度和资源调配，确保项目按计划执行，降低风险；营销培训部通过持续提供培训和发展计划，提升销售团队的专业技能，帮助团队成员适应不断变化的市场需求；招标中心专注于投标事务的处理，提高项目成功率和效益；售前支持团队则为销售人员提供技术支持和解决方案，帮助他们更好地服务客户，提高成交率。

这些职能部门的存在，不仅分担了销售团队的非核心工作，使销售人员能够更加专注于客户开发和关系维护，还通过专业化的支持体系，提升了整体销售组织的作战能力和执行力。企业通过优化和强化这些支持体系，能够在市场竞争中获得更大的优势，从而确保长期的业务成功。

忽视销售支持体系的建设将导致企业在复杂市场中缺乏有效的内部协作和资源整合，最终影响销售团队的执行效率和市场表现。

7. 组织架构调整不及时，缺乏前瞻性

许多企业在组织架构调整上缺乏前瞻性，往往等到问题已经显现才开始调整组织架构，导致市场机会的错失和竞争力的下降。

　　企业在发展过程中，应密切关注市场变化和内部需求的变化，提前预判潜在挑战，并及时进行组织架构调整。例如，企业在计划进入新市场或推出新产品时，应提前考虑销售组织架构的调整，从而确保销售组织在新业务开展时能够高效运作并取得成功。

销售组织架构设计的原则

　　业务战略与营销策略是销售组织在未来 1~3 年内的核心发展蓝图。销售组织能否有效执行业务战略与营销策略，直接体现了其执行力水平。根据绩效改善理论，影响业务战略和营销策略实施的关键因素可归纳为三个层面：组织架构、流程优化和岗位职责，如图 8-1 所示。

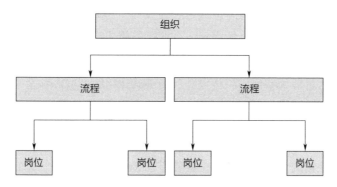

图 8-1　影响业务战略和营销策略的三个层面

　　如果将销售组织比作一个人，那么组织层可以被视为骨架，而组织架构则具体体现为企业的人员配置和职责分配方式。这进一步凸显了组织架构设计在销售组织中的核心作用。销售组织的架构设计并不仅仅是简单的人员层级划分，如销售 VP、销售总监、销售经理、销售代表等，这些只是组织架构中的一部分。

　　一个有效的组织架构应当与业务需求高度匹配，并具备支持业务发展的完整体系和相关子体系。评判组织架构有效性的标准在于其适应市场需求的能力、支持业务发展的程度，以及最终在业务结果上的体现。销售组织的架构设计是一个系统工程，需要从多维度综合考量，确保架构既高效又具有灵活性。以下是设计销售组织架构时应遵循的核心原则：

目标导向原则

目标导向原则是销售组织架构设计的核心指导思想，该原则确保组织架构的各环节以销售目标为核心，推动销售活动有效支持业务发展与战略目标的达成。无论企业处于哪个发展阶段，明确的销售目标和与企业战略的一致性都是组织架构设计的基础。

1. 明确销售目标

在设计销售组织架构时，首要任务是明确企业的销售目标。销售目标是资源配置的核心指引，也是架构设计的起点。企业在不同发展阶段会设定不同的销售目标，如扩大市场份额、提高销售收入、优化客户结构或提升客户满意度等。

以扩大市场份额为例，企业需要重点加强市场拓展团队的建设，增配具备市场开拓能力的销售精英，并设立专门的市场开发部门，负责新市场的调研、开拓和战略规划。同时，为快速响应市场需求，企业还需简化决策流程，赋予区域团队更多的自主权，从而加速市场扩展。

这种以销售目标为导向的架构设计，能够确保组织的资源和精力集中在最能推动目标实现的领域，从而最大化地发挥销售组织的效能。

2. 与企业战略保持一致

销售组织架构的设计不仅要围绕销售目标展开，还必须与企业的整体战略保持一致。企业的战略目标通常涵盖了更广泛的业务层面，如市场定位、产品创新、客户关系管理等。因此，销售组织架构设计必须考虑企业在不同阶段的发展需求，确保架构能够支持企业战略的有效落地。

例如，在企业决定开拓新市场时，销售组织架构设计应考虑设立专门的区域销售团队。这些团队的职责不仅仅是销售产品，还包括了解当地市场需求、建立客户关系、拓展销售渠道等。这种区域化的销售组织架构能够更好地支持企业的市场拓展战略，确保销售团队能够迅速适应新市场的变化和挑战。

此外，在一些特定战略目标的驱动下，销售组织架构可能需要进行更深层次的调整。例如，当企业将重心从产品销售转向客户解决方案提供时，销售团队的职能可能需要从单纯的销售转向更多的客户服务和技术支持。因此，企业可能需要在销售组织架构中增加更多的技术支持团队和客户服务人员，从而确保能够为客户提供全面的支持。

3. 动态调整架构以适应目标变化

随着企业的发展和市场环境的变化，销售目标和战略也会不断调整。因此，销售组织架构设计需要具备一定的动态调整能力以适应目标的变化。

例如，企业在进入成熟期后，可能会将重点从市场扩展转向客户维护和利润提升。这时，销售组织可能需要减少市场开发人员的数量，转而增加客户服务和管理团队的规模。此外，企业还可能需要调整绩效考核体系，重点考核销售人员的客户关系管理能力和客户满意度，而非单纯的销售业绩。

这种动态调整的架构设计能够确保企业在不同发展阶段都能够保持销售组织的高效运作，从而支持企业战略目标的持续实现。

分工协作原则

分工协作原则是销售组织架构设计的基础，它确保了销售组织内部各个岗位和职能的合理划分，以及不同部门之间的高效协作。明确职责并完善协作机制，可优化资源配置，提升工作效率和团队执行力。

1. 合理分工

合理分工是分工协作原则的核心要素。根据销售流程和业务特点，将销售工作划分为不同的职能和岗位，能够使每个岗位的职责和权限得到明确，从而避免职责不清、权责混乱的情况。

在实际操作中，合理分工需要考虑销售流程的各个环节。例如，在销售流程的初期阶段，客户开发是关键任务，此时需要专门的销售代表或客户经理来负责客户的识别、联系和初步沟通。这些销售代表需具备良好的沟通和洞察能力，可以迅速捕捉市场机会并建立客户关系。

在销售流程的中期阶段，销售管理变得尤为重要。这时，销售经理的角色开始凸显，他们需要对销售代表的工作进行指导和监督，确保销售进度符合企业的预期目标。销售经理还需协调资源，解决销售过程中遇到的各种问题，并为团队提供必要的支持。

此外，市场推广是支持销售工作的重要环节。市场专员通过调研、宣传和促销活动提升品牌知名度，并吸引潜在客户进入销售漏斗。他们与销售团队密切合作，为销售人员提供必要的市场信息和推广资源。

通过合理的分工，每个岗位都能专注于自身的职能，发挥最大的专业优势，从而提高整体的销售效率。

2. 高效协作

在合理分工的基础上，高效协作是确保销售组织顺利运作的关键。分工虽然明确了各个岗位的职责，但在实际工作中，各岗位之间的协作同样不可或缺。在缺乏有效的协作机制的情况下，即使分工合理，销售组织也难以高效运作。

为了促进高效协作，销售组织需要建立一套完善的协作机制。这包括定期的销售会议、团队建设活动和跨部门沟通机制等。

高效协作还体现在信息的共享和流通上。CRM系统、内部通信工具和数据分析平台可帮助团队实时获取市场信息与客户动态。这不仅有助于提高决策的准确性，还能增强团队成员之间的协作效率。

3. 角色互补与协同效应

在应用分工协作原则的过程中，企业还应注重不同角色之间的互补性。例如，销售代表专注于客户开发，而销售经理则侧重于团队管理和策略执行。这种角色互补的协作模式能够产生更大的协同效应，提高整体的销售效果。

此外，销售团队内部的专业化分工也应与跨部门的协作结合。例如，市场部门的推广活动应与销售团队的客户开发工作相互支持，产品部门的技术支持应与销售团队的客户解决方案相辅相成。多层次协作不仅能提高销售团队的工作效率，也能为客户提供更优质的服务体验。

层级简洁原则

在企业快速发展的过程中，销售团队往往会迅速扩张，随之而来的层级增加可能导致组织结构臃肿、信息传递不畅、决策效率降低。销售团队扩大规模后，企业可能增加中间管理层以便管理，但如果这些管理层的能力不足，可能会削弱销售组织的执行力和运营效率。简洁的层级设计有助于加快决策速度，提升团队的反应能力，加速战略落地。这不仅提高了销售团队应对市场变化的能力，还能够增强团队的协作效率，减少内部摩擦和沟通障碍。

简化层级结构还可以有效激发销售团队的积极性和创造力。在层级较少的组织结构中，销售人员往往能够更加直接地接触到企业的战略决策和市场信息，增强了他们对企业目标的认同感和参与感。同时，简化层级也减少执行阻力，提升销售人员自主性和决策能力，并激发其创新思维与行动力。实施扁平化管理模式，为基层销售人员赋权，是提升组织执行力的有效途径。在传统的层级管理模式下，销售人员往往只能按照上级的指示行事，缺乏自主决策的空间，这不仅限制了他们的创造力，还容易导致执行上的僵化。

扁平化管理通过减少层级结构，将更多的决策权下放给一线销售人员，使他们能够根据市场的实际情况快速做出调整和决策。这种灵活性不仅能够提高销售团队的响应速度，还能够增强员工的责任感和主动性，从而提升整体的执行效率。

同时，扁平化管理还能够促进团队的协作与创新，打破传统层级之间的沟通障碍，增强组织的适应性和灵活性。

客户导向原则

销售组织架构的设计应充分考虑客户的需求和体验，建立以客户为中心的营销和服务体系。例如，企业可以设立专门的客户服务部门，处理客户投诉和建议，从而提高客户的满意度。为了更贴近客户，企业应根据客户的分布、规模和行业属性，合理设置销售区域和渠道，成立行业销售部、战略客户部、大客户部等专门部门，精准开发和服务客户，使销售人员能够更深入地了解客户需求，并提供个性化的解决方案。

对于提供解决方案的企业，企业在设计销售组织架构时还需考虑设立售前支持和交付中心。这些部门将负责提供专业的技术支持和项目实施，确保解决方案的顺利交付与客户的成功。通过这种客户导向的架构设计，企业可以更好地满足客户需求，提高客户满意度和忠诚度，确保自己在市场竞争中的领先地位。

灵活性原则

在瞬息万变的市场环境中，销售组织架构的灵活性至关重要。为了在竞争激烈的市场中保持竞争力，企业必须设计出能够快速适应市场变化的组织架构。这种灵活性要求销售组织能够在市场需求发生变化时，迅速调整销售策略和团队配置，确保企业在变化的市场条件下依然能够高效运营。例如，当市场需求出现波动时，企业应及时优化销售团队的结构，可能需要重新划分销售区域、调整重点客户群体，甚至改变销售模式，以便适应新的市场趋势。

此外，灵活性原则还体现在对创新的鼓励上。企业要鼓励销售团队在组织架构允许的范围内进行创新和尝试，不断探索新的销售模式和方法。这可能包括尝试新的客户开发策略、引入数字化销售工具、测试新的市场进入模式等。通过这种鼓励创新的方式，企业不仅能够不断提升销售业绩，还能在市场中保持前瞻性，迅速捕捉新的市场机会。

灵活性原则不仅要求企业具备快速调整的能力，还要求销售团队具备高效执行这些调整的能力。因此，企业需要不断优化内部流程，提升团队的适应能力，使销售组织能够在面对不确定性时依然从容应对，从而确保企业在动态市场中的稳健发展。

匹配适用原则

在设计销售组织架构时，企业必须确保销售组织架构与业务战略和营销策略匹配。销售组织架构不仅要反映企业的业务方向、市场定位和增长目标，还需要在每一个环节上支持战略的有效实施。从销售目标的设定到资源的合理分配，再到绩效的评估，所有的决策都应与企业的整体战略保持一致。

例如，一家科技公司如果定位为行业内的创新领导者，专注于研发新技术和产品，那么其销售组织架构必须支持这一战略目标。这可能意味着企业需要设置专门的团队来推广新技术，并建立一个市场调研和客户反馈部门，以便快速捕捉市场变化并及时调整销售策略。此外，为了增强行业影响力，企业还可以设立战略联盟部门，专门负责与其他创新公司建立合作，推动市场共同发展。

销售组织架构的设计还需充分考虑目标客户群体的特性和需求。不同的客户群体通常需要不同的销售方式和服务模式。针对企业客户的销售团队可能需要更强的技术背景和咨询能力，面对消费者的销售团队则应更加侧重于品牌推广和高效交易。企业应根据目标客户群体的需求，设计相应的销售组织架构，确保销售团队能够以最有效的方式满足客户的期望。

一个典型的案例是 IBM 的全球服务部门。该部门根据客户的规模和行业特性定制了专门的销售架构，这使销售团队能够深入了解不同类型客户的具体需求，并且提供定制化的 IT 解决方案。这种架构设计确保了销售团队的高效性和客户满意度。

此外，销售团队的特点、风格和能力也是设计组织架构时必须考虑的重要因素。团队成员的个性、技能和经验直接决定销售团队的运作方式和效率。一个高效的销售团队需要有明确的角色分工、强大的协作精神和持续学习的文化氛围。因此，在设计组织架构时，企业应确保销售团队内部的角色分工合理，并提供必要的支持和资源，帮助团队不断提升专业能力。

匹配适用原则要求销售组织架构必须全面适应企业的业务战略、目标客户需求和团队实际情况，从而确保销售组织能够高效运作，并最终推动企业战略目标的实现。

销售组织架构设计的方法和常见的销售组织架构

销售组织架构设计的方法是指企业在构建和优化其销售组织结构时采用的一系列原则和工具。这些方法旨在通过合理分配资源、优化管理流程、提高销售效率来实现企业的战略目标。下面详细介绍几种常见的销售组织架构：

功能型销售组织架构

功能型销售组织架构是根据销售职能来划分团队。在这种模式下，各个销售团队按照不同的职能进行分工，如客户开发、客户维护、市场推广等。功能型销售组织架构的优势在于，能够集中资源培养特定领域的专业人才，提高销售流程的效率和专业性，特别适合市场较为稳定且销售流程清晰的企业。然而，这种架构在面对快速变化的市场需求时，可能会显得不够灵活，导致响应速度较慢。

案例分享

华为的全球销售团队

华为作为全球领先的 ICT 解决方案供应商，其销售团队采用了功能型销售组织架构。在华为的全球销售体系中，销售团队分为不同的职能部门，包括客户开发、客户维护、技术支持等。这种架构使华为能够在全球范围内为客户提供专业的服务，确保销售流程的高效运作。尽管市场环境复杂多变，华为通过功能型销售组织架构，将资源集中在各职能领域，确保了对不同市场需求的专业化响应。

优势：华为能够充分利用其资源，在全球范围内提供高效的销售服务。通过职能划分，每个团队成员都能够专注于自己的专业领域，确保销售过程中的每一步都得以优化。

挑战：在面对快速变化的市场时，职能部门之间的协同效率可能会成为挑战，尤其是在跨国业务中，如何保持信息流通和决策的一致性是一个难题。

区域型销售组织架构

区域型销售组织架构是按照地理区域构建销售团队的一种方式。企业将全国划分为若干个区域，如北京、上海、广州、深圳等，每个区域设立独立的销售团队负责该区域内的业务。区域型销售组织架构的优势在于，销售人员能够更深入地了解当地市场和客户需求，提供更具针对性的服务。此外，区域经理可以直接管理和监督本区域的销售进展，迅速解决问题。然而，区域型销售组织架构也存在资源重复建设和区域间沟通协调困难的风险，尤其是在企业规模扩大、区域间业务协同需求增加时。

案例分享

宝洁（P&G）公司在中国市场的区域销售团队

宝洁公司作为全球知名的消费品公司，在中国市场采用了区域型销售组织架构。为了更好地适应中国各地的市场需求，宝洁公司将中国市场划分为多个销售区域，每个区域设有独立的销售团队，负责区域内的销售和市场推广。这种架构帮助宝洁公司深入了解各地市场，快速响应当地消费者的需求，提高了市场占有率。

优势：区域销售团队能够更好地适应当地市场环境，及时调整销售策略，提高了宝洁公司在中国市场的反应速度和客户满意度。

挑战：区域之间可能存在资源重复和沟通协调的难题。不同区域的团队可能在推广和运营上存在差异，导致整体执行不一致。

产品型销售组织架构

当企业的产品线多元化且相对独立时，产品型销售组织架构是一个理想的选择。企业根据产品线划分销售团队，每个团队专注于特定产品的销售工作。这种架构的优势在于，通过深入了解自己负责的产品，销售人员能提供专业建议，进而提升产品的市场占有率。同时，企业可以根据不同产品线的表现，独立评估和管理各产品团队。然而，产品型销售组织架构的挑战在于，销售人员可能过于关注单一产品，忽视了客户的整体需求，并且不同产品团队之间的合作与协调可能存在障碍。

案例分享

西门子的产品线销售团队

西门子是一家多元化的工业巨头，拥有众多独立的产品线。为了更好地销售这些产品，西门子采用了产品型销售组织架构。每个产品线都有专门的销售团队，负责其在全球市场的推广和销售。通过这种方式，西门子确保了每个产品线的销售团队都能深入了解产品特点，提供专业化的销售服务。

优势：销售团队能够专注于某一产品线，提升产品在市场中的竞争力。对于客户来说，这种架构也提供了更专业的产品咨询和服务。

挑战：产品型销售组织架构可能导致不同产品线之间的团队合作不足，特别是在面对需要跨产品线的综合解决方案时，这种架构可能会限制销售的协同效果。

客户型销售组织架构

对于那些目标客户明确且聚焦特定行业的企业，客户型销售组织架构是一个有效的选择。这种架构按照客户类型或行业划分销售团队，如大客户部、战略客户部、行业客户部等。其优势在于销售人员能够深入理解特定客户群体的需求，提供个性化的解决方案。同时，这种架构有助于建立长期稳定的客户关系，提高客户满意度和忠诚度。然而，客户型销售组织架构要求企业对客户进行精准分类，否则可能造成资源分配不合理和效率低下。此外，客户团队之间的协调和信息共享亟须加强，否则容易导致重复工作和资源浪费。

案例分享

IBM 的全球服务部

IBM 的全球服务部针对不同规模和需求的企业客户，提供定制化的 IT 解决方案。IBM 的销售组织架构按照客户类型和行业划分，分别设立了大客户部、战略客户部，以及针对不同行业的销售团队。这种客户型销售组织架构可帮助 IBM 深耕行业客户，提供个性化的 IT 服务，与客户建立长期关系。

优势：IBM 能够深入了解客户的需求，提供高度定制化的解决方案，极大地提升了客户满意度和忠诚度。

挑战：客户型销售组织架构要求企业对客户进行精准分类，分类不当可能导致资源浪费。此外，不同客户团队之间的协调和信息共享也可能面临挑战。

混合型销售组织架构

混合型销售组织架构整合以上几种架构的优势，以便企业应对复杂多变的市场环境。企业可以根据需要，灵活地将区域型、产品型和客户型架构组合使用，充分发挥不同架构的优势。混合型销售组织架构的灵活性使其能够适应企业在不同发展阶段和市场环境下的需求。然而，这种架构的复杂性也带来了管理难度，企业必须建立有效的协调机制和沟通渠道，避免内耗并提升运营效率。

案例分享

通用电气的混合型销售组织架构

通用电气（GE）作为一家全球多元化的企业，采用了混合型销售组织架构。为了应对全球市场的复杂性，GE结合了区域型、产品型和客户型销售组织架构。例如，GE在北美市场按区域划分销售团队，同时在医疗设备和能源设备等不同产品线中设立了独立的销售团队。此外，GE还在战略客户管理上专门设立了大客户部，负责与全球战略客户的合作。

优势：混合型销售组织架构使GE能够在应对全球市场变化的同时，保持对产品线和战略客户的关注。通过灵活的架构调整，GE能够适应市场变化，提高整体销售效率。

挑战：混合型销售组织架构管理的复杂程度较高，如何确保不同团队之间的协作顺畅，是GE在全球市场运营中的一个重要课题。

不同的销售组织架构各有优缺点，企业应根据自身的规模、行业特点、市场需求和发展战略等因素，选择最适合自己的架构模式。无论选择哪种架构，关键在于能够最大限度地发挥销售团队的潜力，优化资源配置，提升市场响应速度，从而为企业的销售业务提供有力支持，实现可持续发展。在架构选择过程中，企业还需保持灵活性，随着市场变化和业务扩展，及时调整组织结构，确保销售团队始终保持高效运作。

同时，企业还应定期评估其销售组织架构的有效性，并根据市场变化和业务需求进行相应的调整和优化，确保其始终处于最佳状态。

·第 9 章·

实现人岗匹配：人才驱动业务

人岗匹配是提升销售组织执行力的核心要素。本章将围绕这一主题展开深入探讨，旨在通过科学的人才管理驱动业务增长。首先，评估销售团队的经验与能力是实现人岗匹配的基础。通过全面分析团队成员的专业背景、实践能力和潜在优势，科学安排岗位，确保每个人在适合的位置上充分发挥价值。同时，明确岗位需求和职责，梳理核心能力要求，有助于实现高效协作与资源的合理配置，从而为团队目标的达成提供坚实的支持。

其次，企业需定期对销售团队进行盘点，结合市场变化制定适当的销售策略，并优化组织架构。重点关注销售人员的能力是否与岗位需求匹配，对无法胜任的销售人员甚至销售管理人员进行必要的调整和优化，确保团队始终保持活力与竞争力。这一过程不仅能够提升销售团队的整体效能，还能为企业的战略目标提供有力支撑。

最后，随着科技的快速发展，传统岗位需求正经历着深刻变革，新的营销模式和技术不断涌现。这一方面要求现有员工持续学习新技能以适应市场变化，另一方面也需要企业根据发展需求精准招聘优秀人才，从而落实新的营销策略。不断优化人岗匹配机制可确保销售团队始终保持战斗力，从而驱动企业的业务持续增长，使企业在快速变化的商业环境中保持竞争优势。

人岗匹配的误区

在销售领域，人岗匹配至关重要，但实际操作中常常存在一些误区，阻碍着企业销售团队的高效发展。

误区一：岗位职责与销售组织架构设计脱节

在设计销售组织架构时，最常见的误区之一就是岗位职责与组织架构不匹配。销售组织架构的设计应当紧密结合企业的销售策略，确保每个岗位的职责和能力能够有效支持战略目标的实现。许多企业在设计组织架构时往往只关注架构本身，忽视了对各岗位的职责定义和能力要求，从而使岗位职责与组织目标偏离，影响整体执行效率。

例如，企业未来三年的销售策略如果是实施大客户策略，组织架构必须围绕这一策略进行调整。假设企业已经根据这一目标成立了大客户部、行业销售部等关键部门，这仅仅是第一步，更为重要的是明确这些部门中各岗位的具体职责和人才要求。

以大客户部为例，企业需要先明确大客户部总监的岗位职责。大客户部总监不仅要具备对企业战略的全面理解，还应具备制定和执行大客户销售策略的能力，负责大客户的开拓与维护，制定团队的绩效目标，并协调跨部门资源支持大客户的需求。岗位职责中还应涵盖对行业趋势的洞察、与客户高层建立长期合作关系的能力，以及应对复杂项目的统筹管理技能。

同样，针对大客户销售人员，其职责与能力要求也需要与大客户策略保持一致。大客户销售人员不仅需要具备优秀的销售技巧，还需要具备深厚的行业知识和客户需求洞察能力。他们不仅是单纯的"卖方"，还需要扮演客户顾问的角色，帮助客户解决实际问题并提供有价值的解决方案。因此，大客户销售人员的职责不仅限于达成销售目标，还包括客户关系的长期维护、复杂项目的协调以及为客户提供定制化的方案。

如果关键岗位职责定义和匹配不清，即使组织架构符合销售策略，执行效果仍可能大打折扣。因为岗位职责模糊不清，员工可能不知道自己具体应该做什么，或者难以判断自己的工作是否达到了组织的预期。此外，岗位职责不匹配还可能导致资源的错配，造成执行效率低下。

误区二：员工能力与岗位职责不匹配

在销售组织中，如果企业已经明确了岗位职责，那么下一步就是确保员工的能力与这些职责相匹配。如果岗位职责清晰，但员工能力无法匹配，将显著削弱销售组织执行力，甚至拉低团队的整体绩效。特别是在大客户销售策略或企业转型期，员工能力与岗位职责的契合度显得尤为重要。

一个典型的例子是大客户销售总监的选拔。我们在前文中已经明确，大客户销售总监需要具备行业洞察力、客户关系管理经验、统筹大项目的能力等。然而，企业在内部筛选或外部招聘时，往往仅停留在经验和职位匹配的表面，忽视了对候选人核心能力的深入评估，无法确保其能胜任复杂的市场环境。

假设企业的战略目标是向大客户销售转型，这时如果没有具备大客户管理经验的销售总监，转型的成功率将大幅度降低。企业应通过内部培训提升现有人才的能力，或者通过外部招聘引入具备相关经验的专业人才。如果企业现有的销售管理人员缺乏领导大客户销售人员的能力，不仅无法实现既定的销售目标，还可能因为错误的决策而使企业丧失战略机会。

大客户销售岗位也是如此。大客户销售人员需要具备深厚的行业知识、客户需求洞察力和长期客户关系管理的能力。如果企业简单地依赖原有的小客户销售团队来执行大客户销售策略，而不提供额外的培训或引入合适的人才，那么这些销售人员在新的岗位上很容易感到力不从心，业绩无法提升。这不仅影响业绩，还可能导致关键客户流失，削弱企业竞争力。

现实管理场景中，我们经常遇到这样的问题：为何部分员工能够胜任岗位，而另一些员工却力不从心？这背后隐藏着岗位职责与员工能力契合度的问题。当员工的能力无法匹配岗位职责时，他们不仅无法发挥出自身的潜力，还会逐渐感到挫败和无力。这种情绪如果得不到及时调整，员工可能会因为工作压力、成就感缺失等原因选择离职。

员工的离职对企业来说不仅仅是人员流失，更是一种资源浪费。每一次离职都意味着项目进展的延迟、团队的重新调整，以及额外的招聘和培训成本。更重要的是，频繁的人员变动会削弱整个销售团队的凝聚力和稳定性，进一步降低团队的执行力和市场竞争力。

因此，在招聘或内部选拔时，企业必须确保员工的能力与岗位职责高度匹配。这不仅包括员工的技能和经验，还涉及他们的潜力、学习能力和适应能力。通过精准的人才选拔和岗位匹配，企业可以最大限度地激发员工的潜力，确保销售团队能够在不断变化的市场中灵活应对，并实现战略目标。

误区三：忽视员工的个人发展需求

在推进人岗匹配的过程中，许多企业只关注员工的当前业绩表现和职位需求，却忽视了员工的职业发展目标与长期成长需求。这种做法不仅抑制员工的潜能发挥，还可能削弱团队士气与降低绩效。举个常见的例子：某销售人员业绩表现出色，同时展现了一定的管理潜质。当公司成立大客户部时，公司可能会顺理成章地将其调入新部门，让其承担新的销售任务。然而，这名销售人员的内心可能希望未来能够走上管理岗位，提升自己的领导能力。如果这种愿望被忽视，而他被安排到大客户部继续从事销售工作，那么这种安排可能导致其工作动力下降。

反之亦然。如果一个销售人员表现出色，但他更愿意专注于销售技巧的提升，成为更具专业性的销售专家，而公司却因为其业绩突出安排他去做管理工作，这同样可能导致挫败感和职业倦怠感的产生。长此以往，不仅个人的职业成长受限，企业也会失去一位高效能的销售人才。

这种不考虑员工个人意愿的做法，虽然看似短期内实现了岗位的合理配置，实则从长远来看会给个人和团队带来不小的损害。员工感到自己被忽视或被安排到并非自己擅长或感兴趣的岗位，可能会导致他们的工作动力下降。久而久之，这会削弱团队士气与凝聚力。

在管理实践中，我们经常看到一种现象：企业过于关注业绩和成果，忽略了那些真正推动这些成果获得的人——员工的个人发展需求。员工的需求不仅是物质回报，更包括职业成长和自我实现的诉求。每位员工都是企业的宝贵资产，他们不仅是企业业绩的贡献者，更是推动企业前进的核心力量。当员工的个人发展需求得不到重视时，其后果往往是致命的。

员工的职业发展需求不仅是指获取更高的职位或薪酬，更多时候，它涉及专业能力的提升、职业认同感的增强和个人成就感的获得。当企业忽视这些深层次需求时，员工很可能会因为感到发展受限而选择离职，导致企业出现人才流失。此外，忽视个人发展需求还可能削弱员工的创造力和工作积极性，使他们无法在岗位上发挥出最佳水平。

因此，企业在进行岗位安排和人岗匹配时，必须充分考虑员工的个人职业意愿。通过定期的职业发展沟通和反馈机制，企业可了解员工对未来职业发展的期望，并根据他们的需求，制定科学的职业发展规划。只有当员工的个人发展与企业的整体战略一致时，员工的潜力才能得以最大限度地发挥，从而推动企业的可持续发展。

人岗匹配的原则

在销售组织架构设计和调整的过程中，实现人岗匹配是构建强大的销售团队的关键。一方面，企业需要认真考虑销售人员与岗位的匹配；另一方面，企业还需要考虑销售管理岗位的人岗匹配。以下是人岗匹配的重要原则：

明确岗位职责与要求

在销售领域，明确岗位职责与要求是实现人岗匹配的关键前提。这一原则对于构建高效的销售团队、提升销售业绩至关重要。要根据销售组织架构的特点和销售目标，深入细致地明确不同销售组织岗位的具体要求。不同的销售岗位对职责与能力的要求差异显著。例如，当设立战略客户部时，该部门的销售人员所承担的开发战略客户的任务与普通销售岗位有着明显不同。

战略客户部的销售人员需要具备更高的综合素质和专业能力。他们不仅要拥有卓越的销售技巧，能够与高端客户进行有效的沟通和谈判，还需具备深厚的行业知识和敏锐的市场洞察力。这些销售人员要能够准确把握战略客户的需求，为其提供个性化的解决方案，从而满足客户的特殊要求。他们需要有强大的关系建立和维护能力，能够与战略客户建立长期稳定的合作关系，成为客户信赖的合作伙伴。

相比之下，普通销售岗位的要求可能更侧重于日常客户的开发和维护，注重销售技巧的熟练运用和客户服务的质量。普通销售人员需要具备良好的沟通能力、积极的工作态度和较强的执行力，以便完成日常的销售任务。

明确岗位职责与要求，有助于企业在招聘、培训和绩效管理等方面更加有针对性地进行决策。在招聘过程中，企业可以根据不同岗位的要求，筛选出最符合岗位需求的人才。在培训方面，企业可以针对不同岗位的特点，制订具有针对性的培训计划，提升销售人员的专业水平。在绩效管理方面，清晰的职责与要求为绩效考核提供了明确的依据，激励销售人员更好地履行职责，实现销售目标。

能力适配原则

在销售领域，能力适配原则是实现人岗匹配的核心。销售人员的能力必须与岗位要求高度契合，才能更好地发挥潜力。

这一原则涵盖了多个层面的能力要求，其中专业能力尤为重要。销售人员必须对产品知识有深入的了解，包括产品的特点、优势、用途以及与竞争对手的产品的差异。销售人员只有具备了扎实的产品知识，才能有效传递产品价值并解决客户疑问。此外，娴熟的销售技巧也是专业能力的重要组成部分。销售人员不仅要掌握有效的沟通和谈判技巧，还要懂得如何管理客户关系，能够与不同类型的客户进行互动，了解他们的需求，提供个性化的解决方案，从而顺利促成交易。

根据销售岗位的不同职能，能力适配要求有所不同。企业可以将销售岗位划分为前台、中台和后台，每一类岗位对能力的要求都不尽相同。

1）**前台销售**：前台销售主要负责客户开发、跟进和最终签约。前台销售人员需要具备积极主动的性格、出色的沟通能力和敏锐的市场洞察力。他们需要敢于开拓新客户资源，灵活运用各种渠道寻找潜在客户，建立初步联系。在与客户的持续互动中，前台销售必须善于倾听客户需求，提供有针对性的建议和方案，确保客户获得满意的服务。在谈判和签约阶段，他们还需要具备出色的谈判技巧，推动交易顺利达成。

2）**中台销售**：中台销售的职责是确保产品或服务的成功交付。中台销售人员需要具备强大的组织协调能力和项目管理能力。他们必须与公司内部的各部门紧密合作，确保产品或服务按时、按质交付给客户。在交付过程中，客户服务意识尤为重要，销售人员需要及时回应客户在产品使用中遇到的问题，并迅速采取行动解决问题，保证客户持续满意。

3）**后台销售**：后台销售负责支持前台和中台销售的日常运营工作。他们的职责包括处理内部流程，如订单管理、合同跟进和数据分析。这个岗位要求销售人员具备严谨的工作态度和较强的数据分析能力，他们需要确保所有流程无缝对接，并为销售决策提供有力的支持。通过数据分析，后台销售能够为销售策略优化提供有力支持，提升整体运营效率。

总的来说，不同的销售岗位对能力的要求存在显著区别。企业在进行人岗匹配时，必须根据岗位的特点和需求，仔细挑选具备相应能力的人员，从而确保销售团队高效运作。企业通过遵循能力适配原则，不仅能提高团队的整体绩效，还能为企业的长期发展奠定坚实基础。

性格契合原则

性格契合原则是人岗匹配中的重要考量因素。不同的销售岗位要求不同的性格特质。合适的性格匹配不仅能够提升销售人员的工作效率，还能让他们在工作中感到舒适与自信，充分发挥潜能。例如，开拓新市场的岗位通常要求销售人员具备冒险精神和积极主动的工作态度。这类岗位涉及大量的未知领域，销售人员需要具备应对不确定性的能力，敢于接受挑战，勇于在陌生市场中寻找商机。这样的销售人员往往是自信的、进取型的，他们乐于创新和探索，通过打破局限来开辟市场空间。对于这类岗位，外向型、敢于冒险和具备强大的自我驱动力的人通常会表现得更为出色。

相反，客户维护岗位则更适合性格稳重、耐心细致的销售人员。维护现有客户关系往往需要长时间的跟进与服务，销售人员必须有良好的沟通能力和耐心，能够理解客户的需求，倾听他们的意见，并为客户提供个性化、细致周到的服务。这类岗位的销售人员往往是倾听者，擅长建立深厚的客户关系，从而确保客户的长期忠诚。

性格契合原则的应用，不仅能让销售人员在适合自己的岗位上更加得心应手，还能有效提升工作效率和团队整体表现。一个适合岗位性格要求的员工，更容易与岗位需求相适应，减少职业压力，提升工作满意度，从而更好地推动企业目标的实现。

兴趣导向原则

兴趣导向原则是人岗匹配中不可忽视的一个重要维度。对于销售人员来说，真正对自己的工作、产品或服务感兴趣，不仅能够提升他们的工作动力，还能激发他们的创造力和主动性。当一个人对销售的产品或服务充满热情时，他们往往会主动学习产品知识，了解市场动态，并不断提升自己的专业水平。兴趣驱动使他们更游刃有余地与客户交流，也更具说服力。

例如，热爱科技产品的销售人员，在销售高科技电子设备或软件时，会因为对产品的热情而表现出更强的专业能力，能够更好地解释产品的技术细节和优势。这种兴趣驱动的销售方式，往往能使销售人员与客户建立更深的信任关系并产生共鸣，从而提升客户对产品的认同感。

此外，兴趣还能激发销售人员的创造力。对工作感兴趣的销售人员不会满足于完成日常的销售任务，他们还会积极寻求创新的销售方法和策略。他们可能会根据市场的变化，设计出更加灵活的销售方案，或是通过社交媒体等新兴渠道进行推广。这种主动创新的精神，不仅能够帮助企业开拓更多的销售机会，还能带来意想不到的业绩增长。

在进行人岗匹配时，考虑销售人员的兴趣与岗位的契合度尤为重要。将具有浓厚兴趣的员工安排到合适的岗位上，不仅能增强员工的工作积极性，还能提高他们的工作投入度和成就感，从而为企业带来更高的销售业绩和更强的市场竞争力。

发展潜力原则

在销售组织的人岗匹配中，除了当前的能力和表现，发展潜力原则也至关重要。企业在选拔销售人员时，不能仅仅依赖现有的技能和经验，更需要着眼于员工的未来发展能力。具有高潜力的销售人员往往具备快速适应变化的能力，他们能够在面对市场动态、客户需求变化或企业内部调整时，迅速做出反应，并采取有效的应对措施。这种灵活性和适应能力，使他们能够在复杂的销售环境中始终保持竞争力。

企业可以通过以下几个关键维度来评估销售人员的发展潜力：首先是学习能力。具有高潜力的销售人员往往对新知识和新技能充满渴望，他们愿意不断学习并提升自己。无论是对产品知识的更新，还是对销售技巧的精进，这些销售人员总是主动去寻找学习机会，保持自己的专业性和市场竞争力。

其次是适应能力，即销售人员能否迅速适应不同的工作环境和任务变化。在快速变化的市场中，销售人员需要灵活应对不同的客户需求和销售模式。具有高适应能力的销售人员通常表现出较强的抗压能力和问题解决能力，能够有效化解销售中的各种挑战。

最后，上进心和自我驱动力也是评估潜力的重要因素。那些具有强烈上进心的销售人员不会满足于现有的成绩，他们总是渴望挑战更高的目标。这样的销售人员不仅能够持续进步，还能够带动整个团队的积极性和士气。

企业应为高潜力销售人员提供挑战和机会，通过给他们安排复杂任务或赋予更多的责任，帮助其不断成长。这种支持与培养，不仅能促进员工自身的发展，也能为企业培养未来的销售领袖，创造长期的价值。

团队协作原则

销售工作往往不是独立作战的，而是依赖于团队成员的紧密协作。无论是在大客户销售、解决方案销售，还是日常客户维护中，销售人员都需要与相关团队成员保持密切的合作。在评估销售人员与岗位的匹配度时，除了关注其个人能力和专业技能，企业还必须关注其与团队成员的协作能力。

首先，团队协作在客户开发与维护的过程中显得尤为关键。一个优秀的销售人员不仅需要具备较强的独立工作能力，还应能与团队中的其他职能角色，如售前支持、市场推广、技术人员和项目管理人员等协同作战。在复杂的 B2B 销售中，定制化的解决方案的提供往往需要多方配合。售前人员可能需要为销售提供技术支持，项目管理人员负责协调资源，而市场团队则帮助提供客户洞察。在这样的环境中，销售人员的协作能力决定了团队的整体执行力和项目的成功率。

其次，有效的沟通能力是团队协作的核心要素。一个善于合作的销售人员必须具备良好的沟通技巧，能够清晰地表达自己的想法，准确地传达客户需求，并积极主动地与团队成员沟通解决方案。通过沟通，销售人员可以确保团队中的每个人都能了解客户的具体需求，明白自己的角色和职责，从而提高整个团队的工作协调性。

团队协作还要求销售人员具备互助和知识分享的意识。在高效的销售团队中，成员之间不仅仅要分工明确，更要相互支持、共同进步。当某一成员遇到困难时，其他成员应能提供帮助和建议，确保整个团队朝着共同的目标前进。这种协作氛围有助于销售人员的个人成长和团队整体绩效的提升。例如，一个有经验的销售人员可以通过指导新员工或分享销售经验，帮助团队快速积累知识和经验，增强团队的整体作战能力。

此外，团队氛围和文化契合也是团队协作不可忽视的因素。在人岗匹配中，企业不仅要考量销售人员的个人能力，还要考虑其个性特点是否与团队文化相适应。比如，一个追求快速决策、注重结果导向的销售人员，可能在一个注重细节和负责长期客户关系管理的团队中感到不适应。相反，一个性格沉稳、细致入微的销售人员可能更适合长期维护战略客户。因此，团队氛围和文化的契合对于确保团队和谐、稳定和高效运行至关重要。

为了促进团队协作，企业还需要通过合理的激励机制来鼓励协作行为。传统的绩效考核机制往往过于侧重个人业绩，忽视了团队协作的重要性。设计团队奖金、项目评估等激励机制，可以有效提升团队成员的协作意愿，从而增强团队的凝聚力和协同能力。

遵循这些人岗匹配原则，能够确保销售人员的能力、性格、兴趣与岗位需求高度契合，充分发挥其个人优势。这不仅能提高个体的工作效率和满意度，还能帮助企业构建一个高效的销售团队，最大化实现战略目标，为企业的持续发展和市场竞争力的提高注入强大的动力，确保企业在激烈的市场环境中保持领先地位。

销售人员盘点

在销售组织的运行过程中，定期对销售团队进行人员盘点是确保销售策略顺利落地和达成阶段性销售目标的关键举措。市场环境、客户需求和竞争态势不断变化，企业的销售策略也必须随之调整。因此，销售团队的人员结构、能力水平和工作状态需要与最新的销售策略保持高度匹配。通过定期盘点，企业可以系统性地评估每位销售人员的绩效、潜力和适应性，发现团队中的短板和不足，从而为优化人员配置提供科学依据。

定期盘点与人员匹配优化不仅有助于识别团队中的高潜力人才和待提升人员，还能为培训、晋升和岗位调整提供清晰的方向。例如，对于表现优异的销售人员，企业可以为其提供更具挑战性的任务或晋升机会；对于能力不足的销售人员，企业可以通过针对性培训或岗位调整帮助其提升。

通过这一机制，企业能够确保销售团队始终保持高效运作，及时应对市场变化，最大限度地提升销售业绩。同时，定期盘点还能增强团队的动态适应性，为企业的长期发展奠定坚实的人才基础。

人员盘点的节奏和目的

人员盘点的节奏应根据企业的管理需求和业务发展节奏来设定。不同的时间周期适用于不同的企业类型和团队管理需求，因此制定适合企业的盘点节奏非常关键。

首先，许多企业选择按季度进行人员盘点。季度盘点能让企业在相对较短的时间内对销售团队的工作情况进行快速评估，及时发现问题并做出调整。通过每个季度的定期反馈，企业能够迅速评估销售人员的表现和策略执行效果，从而灵活调整团队配置和工作重点。同时，季度盘点还能确保销售策略与市场变化保持一致，提高企业的市场应变能力。

其次，半年度的盘点能够提供更长时间段内的表现分析。这种较长周期的盘点适用于需要综合评估销售策略的中期效果的企业。在半年时间内，销售团队通常能够完成多个销售周期，这样的盘点能够更加深入地分析策略的实施结果，并为未来的调整提供数据支持。特别是在销售策略发生重大调整的情况下，半年度盘点可以帮助企业更好地理解新的策略对团队的影响。

此外，对于一些业务相对稳定、市场环境变化较小的企业，年度盘点是合适的选择。年度盘点提供了更为全面的视角，能够评估团队的整体成长和长期目标的实现情况。对于管理较为成熟的销售组织来说，年度盘点既可以减轻管理负担，又能够确保企业的销售策略与人员能力持续匹配。

对于刚加入团队的新销售人员，采用月度盘点尤为必要。新员工通常处于适应期，工作表现和成长速度可能存在较大波动。通过月度盘点，企业可以及时跟踪新员工的表现、了解他们的适应情况，并在早期阶段提供必要的支持和培训，确保他们尽快融入团队，提升销售能力。

人员盘点节奏的确定还应考虑不同管理层级的特点。对于高职级管理者，因其工作涉及战略规划和长远目标，较长的盘点周期通常更为适宜；一线销售人员则需要更频繁的盘点和反馈，以便于他们迅速适应市场需求和策略变化。

总的来说，定期进行人员盘点的核心目的是为销售组织提供持续的绩效反馈和优化方向。通过不同时间节奏的人员盘点，企业可以更准确地把握团队成员的能力和潜力，优化人员配置，推动销售目标的达成，并激励团队中的优秀人才，帮助他们不断提升和成长。

人员盘点的方法和步骤

人员盘点是对销售团队进行综合评估与优化的关键环节，旨在确保销售组织中的人才配置与业务需求高度契合。以下是人员盘点的详细方法和步骤：

1. 确定盘点目标

在进行人员盘点前，企业要先明确盘点的核心目的。是为了了解团队的整体实力、识别高潜力人才，还是为了评估当前人员与岗位的匹配度？盘点目标决定了评估的重点和深度。常见的盘点目标包括提升销售业绩、优化团队结构、支持业务扩展或调整人才战略等。

2. 收集数据

收集数据是盘点的基础，需从多个角度获取销售人员的全面表现。关键数据包括：

- 绩效数据：企业可通过销售管理系统或定期报表，获取每位销售人员的销售业绩、团队贡献度和目标完成情况。绩效数据是评估销售人员贡献情况的直接依据。

- 能力数据：对销售人员的专业技能进行评估，包括对产品知识、销售技巧、沟通能力和谈判能力的掌握。企业可通过培训记录、客户反馈、销售考核等途径综合评估。

- 态度数据：工作态度和敬业精神对销售人员的表现具有显著影响。企业可通过上级的评价、同事的互评、自我评估等途径，分析员工在团队合作、工作主动性等方面的表现。

- 发展潜力数据：了解销售人员的学习能力、适应变化的能力和创新能力，从而判断其未来的成长空间。企业可通过观察销售人员参与项目的表现、日常工作情况和职业规划面谈收集相关信息。

3. 分析数据

收集数据后，企业需要从多个维度进行深度分析：

- 对个人的分析：企业应逐一分析每位销售人员的数据，评估其当前的优势、不足和未来的潜力，明确他们在团队中的角色和贡献。

- 对团队的分析：企业通过整合所有销售人员的数据，评估整个销售团队的能力构成和表现情况，识别出团队中的短板以及潜在的强项，为调整团队结构和制订改进方案提供依据。

- 对比分析：企业将团队的整体表现与行业标准或其他内部团队进行对比，发现团队的差距和需要改进的地方，为优化团队策略提供依据。

4. 绘制人才地图

根据分析结果，企业可按绩效和潜力的高低将销售人员分为"高绩效高潜力""高绩效低潜力""低绩效高潜力""低绩效低潜力"四类。绘制人才地图有助于企业清晰地识别哪些销售人员适合晋升、培养或调整岗位，从而制订精准的人才发展计划。

如果团队规模较大，企业还可以利用九宫格模型对团队进行更加细致的分类，并根据分类结果进行调整和优化。九宫格模型是一种广泛应用于人才管理的工具，通过综合评估销售人员的潜力和绩效，帮助企业识别核心人才、发现发展空间，并制订具有针对性的培养计划。该模型以绩效为横轴、潜力为纵轴，将销售人员分为九类，如图9-1所示。

通过九宫格模型，企业能够更科学地评估销售人员的潜力和绩效，有效识别和培养核心人才，推动团队整体绩效的提升。同时，合理的人员调整与发展计划也能为销售团队带来更高的工作效率和更好的业绩表现。

潜力	绩效		
	高绩效	中绩效	低绩效
高潜力	A类人才（核心发展者）表现卓越，具备更高的成长潜力，企业应重点培养，提拔至更高职位	B类人才（潜力开发者）业绩良好，未来具备较大的成长空间，需加强培训与支持，使其得到进一步提升	C类人才（潜力待挖掘者）虽然业绩不突出，但展现出一定的潜力，适合进一步激励和辅导
中潜力	D类人才（稳定核心）业绩较好，但潜力一般，适合在当前岗位继续保持优秀表现	E类人才（绩效稳定者）业绩和潜力都属于中等水平，可考虑适当调整岗位，保持稳定性	F类人才（挑战者）中等潜力，绩效表现低，提供培训和辅导，帮助其提升绩效
低潜力	G类人才（短期优秀者）业绩高，但长期发展潜力有限，适合在现有岗位短期内发挥作用	H类人才（绩效平庸者）业绩一般，潜力也有限，需评估是否继续留下或进行岗位调整	I类人才（待淘汰者）绩效和潜力均低，需考虑进行岗位调整或辞退处理

图9-1 九宫格模型

5. 沟通与反馈

沟通是人员盘点过程中的重要环节，旨在确保销售人员了解自身在团队中的表现，并对未来进行清晰的规划。企业相关人员应与每位销售人员进行一对一面谈，详细反馈盘点结果，肯定其优势并指出需要改进的地方，同时讨论未来的个人发展方向。这种面对面的交流不仅能够帮助销售人员更直观地认识到自己的长处和不足，还能增强他们的归属感和责任感。在反馈过程中，倾听销售人员对自身发展的想法，了解其职业期望和个人需求，能够为后续制订更具针对性的发展计划提供重要依据。

例如，对于希望向管理方向发展的销售人员，企业可以为其提供领导力培训或参与项目管理的机会；而对于专注于技术提升的销售人员，企业可以安排专业技能的进阶学习。通过这种个性化的沟通与规划，企业不仅能够帮助销售人员实现个人成长，还能确保其发展与团队目标保持一致，从而提升整体绩效。此外，有效的沟通还能增强销售人员的信任感和参与感，减少因信息不对称带来的误解或抵触情绪。

6.制订行动计划

基于盘点结果，制订具体的后续行动计划是确保销售团队持续优化和提升的关键步骤。

首先，企业应针对不同类型的销售人员制定差异化的发展策略。对于高绩效人员，企业可以提供晋升机会或赋予更具挑战性的职责，以便充分发挥其潜力；对于高潜力但绩效较低的员工，企业可以通过针对性的培训和辅导帮助其提升表现；对于绩效持续较差的员工，企业需评估是否采取调岗或淘汰措施，从而确保销售团队的整体效能。

其次，为确保行动计划的落地执行，企业必须明确责任人和时间节点，指定具体负责人并设定清晰的目标和时间表，同时通过定期跟踪和动态调整，确保计划在预定时间内高效完成。这种系统化的行动方案不仅能够帮助销售人员实现个人成长，还能推动销售团队整体绩效的提升，为企业的长期发展奠定坚实的基础。

7.持续跟踪与评估

人员盘点并非一次性工作，持续跟踪与评估至关重要。企业应定期评估行动计划的进展情况，根据实际执行效果调整策略。同时，企业应持续关注销售人员的成长与发展动态，为下一轮盘点的精准实施做好准备。

通过以上步骤，销售组织能够有效识别团队成员的强项和不足，对岗位和人员匹配进行优化，从而提升整体销售业绩和团队效率。

调整与优化

在人员盘点后，企业可以根据结果从多个方面进行调整和优化，从而确保销售团队能够最大限度地发挥其潜力并支持企业业务目标的实现。

1.人员调整

在销售团队的管理中，岗位调整、晋升与降职以及人员淘汰是优化团队结构、提升整体效能的重要手段。

首先，对于能力与现有岗位不匹配但在其他方面具有优势的销售人员，企业可以考虑进行岗位调整。例如，擅长客户关系维护但销售业绩一般的销售人员可以被调到客户服务岗位，而拥有较强市场分析能力的销售人员则可以被调到市场调研或销售策略制定的岗位上。企业在进行岗位调整时，需充分考虑销售人员的兴趣和职业发展规划，从而确保调整后的岗位能够激发其工作积极性并提升满意度，这不仅有助于销售人员的职业发展，还能提高销售团队的整体协作效率。

其次，对于高绩效且具有高潜力的销售人员，企业应提供晋升机会，让他们承担更多责任并接受更大的挑战，从而激发其工作热情。晋升不仅限于职位提升，还可以体现在给予更多资源和权限上，以便支持他们获得更大的成果。而对于绩效持续不佳且经过培训和辅导仍无改善的销售人员，企业可以考虑将其降职或调整到更适合的岗位。降职应慎重处理，以避免对销售人员心理造成过大影响，进而影响销售团队的士气和稳定性。

最后，对于严重违反企业规定、绩效长期处于低水平、态度消极且没有改进迹象的销售人员，企业应果断采取淘汰措施。人员淘汰不仅能清理团队中不具备继续合作潜力的成员，还能为团队注入新的活力，传递出以绩效为导向的明确信号，激励团队成员保持高水平的表现。通过科学合理的岗位调整、晋升与降职以及人员淘汰机制，企业能够持续优化团队结构，提升整体的战斗力。

2. 培训与发展

基于人员盘点结果，企业应为每位销售人员制订个性化的培训计划，从而针对性地弥补其能力上的不足。例如，对于产品知识不足的员工，企业可以安排参加产品培训；对于销售技巧欠缺的人员，企业应提供相关的提升课程；对于沟通能力有待提高的人员，企业应需安排他们参加专门的沟通技巧培训。培训方式可以多样化，包括内部培训、外部培训、在线学习和导师辅导等，从而满足不同员工的学习需求。

同时，企业应与销售人员共同制定清晰的职业发展规划，明确其职业目标和发展路径。企业需根据员工的兴趣、能力和潜力，提供晋升、转岗或跨部门项目等发展机会，帮助他们在职业上获得成长。此外，定期与员工回顾职业发展规划的执行情况，确保规划目标与实际情况相符，并根据需要进行动态调整，从而为员工的持续发展和企业的长期成功提供有力支持。

3. 激励机制优化

在优化销售团队激励机制时，企业可以从绩效奖励调整和非物质激励两个方面入手，从而全面提升员工的工作积极性和归属感。

首先，企业需根据人员盘点结果，调整绩效奖励制度。对于表现突出的销售人员，企业应加大奖励力度，如提高提成比例、发放额外奖金或授予荣誉称号等；对于绩效较为一般的员工，企业需调整奖励标准，激励他们努力提升业绩。同时，企业应确保奖励制度的公平性和透明度，明确并传达奖励标准和计算方法，让销售人员清晰了解努力的方向和回报，从而激发其工作热情。

其次，除了物质奖励，企业还应重视非物质激励手段，如表扬和认可、晋升机会、培训机会和弹性工作时间等。这类激励方式能够满足员工的心理需求，增强他们的归属感和忠诚度。此外，通过组织团队活动和加强企业文化建设，企业可以进一步增强员工的凝聚力和向心力，营造积极向上的工作氛围。通过物质与非物质激励相结合的方式，企业可以很好地提升销售团队的战斗力。

4. 销售流程优化

销售流程优化是提升销售团队效率和业绩的重要手段，主要包括销售流程梳理和销售工具与技术的应用两个方面。

首先，企业结合人员盘点中发现的问题，对销售流程进行全面梳理，识别其中的瓶颈和低效环节，分析问题根源并提出具有针对性的改进方案。优化后的销售流程通常能够显著提高效率，减少不必要的步骤和资源浪费，同时提升客户满意度和团队整体表现。

其次，企业可以引入先进的销售工具和技术，如客户关系管理（CRM）系统、销售数据分析软件和自动化营销工具等。这些工具能够帮助销售人员更高效地管理客户关系、分析市场数据并优化销售策略。同时，企业需对销售人员进行相关工具的培训，确保他们能够熟练掌握并充分利用这些技术，从而提升工作效率和业绩水平。通过流程优化与技术应用的结合，企业能够为销售团队提供更强大的支持，推动整体绩效的持续提升。

5. 持续监控与评估

为确保销售团队优化措施的有效实施和持续改进，企业需要建立科学的监控机制和评估体系。

首先，企业应制定一套全面的监控指标，用于跟踪调整和优化措施的执行效果。这些指标可以包括销售业绩、客户满意度、员工流失率、培训效果等关键数据。通过定期收集和分析监控数据，企业能够及时发现并解决问题，确保优化措施按计划推进并取得预期效果。

其次，企业需对所有调整和优化措施进行持续评估，及时总结经验教训，并不断完善人员管理策略。通过数据分析和员工反馈，企业可评估改进的实际效果，并根据市场变化和团队需求对优化措施进行动态调整。这种持续的监控与改进机制不仅能够确保优化措施的有效性，还能为企业的长期发展提供数据支持和策略指导，从而推动销售团队在高效运作中实现业绩的持续增长。

企业应保持开放的心态，借鉴其他企业的成功经验，不断探索和优化适合本企业的人员管理模式和方法。这一系统化的人员盘点与优化过程能够确保销售组织不断适应市场需求和内部发展目标，推动团队高效协作。

精准招聘

如何梳理招聘的需求

在对销售团队进行人员盘点后，企业常常会发现团队的能力和规模无法完全适应新的销售策略和市场需求。在这种情况下，除了通过内部培训和提升现有销售人员的能力，精准的外部招聘成为企业补充团队力量、推动业务发展的关键举措。以下是梳理招聘需求的步骤和方法：

1. 评估现有团队的能力

在进行销售团队的人员盘点后，企业应对现有团队的能力进行全面评估，从而确保团队能够适应市场变化并支持业务目标的实现。首先，企业应评估员工的绩效表现，包括销售业绩、客户关系维护能力和业务拓展能力等，从而识别需要改善的薄弱环节。其次，企业应明确团队在技能方面的不足，如技术销售能力、谈判技巧或大客户开发经验等，为后续培训和发展提供方向。此外，随着市场环境的变化和销售策略的调整，企业还需评估现有团队是否能够满足新的业务需求，如是否需要引进数字化销售能力。通过这一阶段的评估，企业能够清晰识别当前团队的优势和不足，明确亟须补充的岗位、技能和能力。

2. 定义关键岗位需求

根据盘点结果，企业需要明确在当前业务战略中哪些岗位最为关键，并有针对性地进行人才配置。首先，如果企业决定在未来三年聚焦于大客户开发，那么大客户开发岗位将成为重中之重。此时，招聘具备与大客户进行沟通、谈判的能力，以及为大客户提供个性化解决方案的能力的销售精英是当务之急，以便确保企业能够有效满足大客户的复杂需求并与其建立长期合作关系。其次，如果销售的产品或服务对技术要求较高，那么加强售前技术支持团队也至关重要。这类岗位需要具备深厚的技术背景和客户服务能力的专业人员，以便帮助销售团队更好地展示产品价值并解决客户的技术问题。最后，如果管理层面存在薄弱点或市场扩展需要更强的领导力，企业则需要引入具备丰富管理经验的销售经理或总监，从而提升团队的整体执行力和市场开拓能力。通过精准识别关键岗位并配置合适人才，企业能够确保销售团队与业务战略高度匹配，从而推动业绩持续增长。

3. 细化岗位职责和能力要求

在明确了关键岗位后，企业应进一步细化每个岗位的职责和能力要求，以便制定清晰的招聘标准并确保人岗匹配。首先，明确岗位职责是基础。例如，大客户销售人员的职责可能包括客户关系的建立与维护、客户需求分析、个性化解决方案的定制与实施等；而销售总监的职责可能涵盖销售团队的领导与管理、销售策略的制定与执行、跨部门协调与资源整合等。

其次，明确每个岗位所需的核心能力至关重要。例如，大客户销售人员需要具备较强的谈判能力、市场洞察力和客户关系维护能力，从而应对复杂的大客户需求；而销售经理则需要具备卓越的团队领导力、沟通协调能力和绩效管理能力，从而确保团队高效运作并实现目标。通过清晰定义岗位职责和能力要求，企业不仅能够精准地筛选和吸引合适的人才，还能为后续的培训和发展提供明确的方向，从而为销售团队的高效运作和业绩提升奠定坚实的基础。

4. 结合业务发展阶段进行招聘规划

企业在不同的发展阶段，对销售团队的需求会呈现显著差异，因此需要根据发展目标灵活调整招聘策略。

在初创阶段，企业更需要具备强大的市场开拓能力的销售人才，以便快速抢占市场份额并获取客户资源。此时，招聘目标应聚焦于那些敢于冒险、善于建立客户关系并能够迅速打开市场的销售人员。

进入成长阶段后，随着企业规模的扩大和市场竞争的加剧，业务的复杂程度显著提升，招聘重点应转向有经验的管理型人才，尤其是具备强人的大客户开发和管理能力的销售领导者，从而确保销售团队高效执行企业策略并实现业绩增长。

而在成熟阶段，企业则需要招聘能够优化销售流程、提升运营效率的高级管理人才。这些高层次的管理者不仅需要具备战略思维，还要能够整合资源、应对市场变化，并推动企业在稳步发展中寻求新的增长点。通过根据不同发展阶段的需求调整招聘策略，企业能够确保销售团队始终与业务目标保持一致。

5. 制订招聘计划

在明确招聘需求之后，企业应制订一份详细的招聘计划，确保选拔到合适的人才。首先，企业可以通过多种渠道寻找候选人，包括内部推荐、专业招聘网站和猎头公司等，从而提高招聘的覆盖面和精准度。其次，招聘时间表应根据各岗位的紧迫性进行合理安排，确保在业务发展的关键节点之前完成招聘，以免影响企业的正常运作。最后，制定标准化的招聘评估流程至关重要，这包括简历筛选、面试和能力测试等环节，确保招聘流程的严谨性和有效性，从而选拔出最符合岗位要求的候选人。

6. 考虑现有团队的培养与内部晋升

虽然外部招聘是补充团队能力的必要手段，但内部培养和晋升同样重要。企业应优先给内部员工提供职业发展机会，尤其是那些已经在企业表现出色且具备潜力的员工。培训、辅导和赋予更多责任可以激发他们的潜能，使他们适应新的岗位要求。

7. 定期复盘与调整

在招聘过程中，企业需要定期复盘招聘需求和计划的执行情况，根据市场环境、业务发展变化及时调整招聘策略和需求。比如，某岗位的招聘可能面临市场上人才稀缺的情况，企业需根据实际情况调整岗位要求，或者引入其他资源来弥补不足。

通过销售团队的定期盘点，企业能够明确团队在人力资源方面的短板与需求，从而梳理出精准的招聘需求。无论是业绩突出的销售精英、具备管理能力的销售经理，还是能为企业未来发展奠定基础的高级销售管理者，精准招聘可以帮助企业更好地推动业务的可持续增长与发展。

高效精准招聘的方法

明确了招聘需求后，如何实现高效精准的招聘成为企业面临的关键挑战。这不仅决定了企业能否迅速吸纳新的人才力量，还直接影响未来的销售业绩和长期发展。为了确保招聘过程科学高效，企业需要结合线上线下渠道、精细化的招聘流程以及多角度的评估方法，找到最合适的人才。

1. 拓展招聘渠道，吸引优质候选人

以招聘大客户销售人员为例，这一岗位对企业的销售业务增长起着至关重要的作用。招聘渠道的选择和拓展直接决定了候选人的质量。首先，企业可以充分利用线上招聘平台（如各大专业招聘网站），发布精心撰写的招聘信息。招聘信息不仅要清晰描述岗位职责，还应突出大客户销售岗位的优势，如高额提成、广阔的职业发展空间以及与顶尖客户合作的机会。这有助于吸引经验丰富的销售人才主动投递简历。

除了线上平台，线下渠道也不能忽视。参加行业展会、研讨会和商务活动，是企业直接接触潜在候选人的重要途径。在这些场合，企业通过与行业内的专业人士交流，拓展人脉，挖掘适合大客户销售岗位的人才。利用社交媒体也是一个有效的渠道。通过发布招聘信息、鼓励员工转发，企业可以迅速扩大信息传播，吸引更多潜在候选人。

2. 科学合理的招聘流程

招聘流程的科学性和高效性是筛选合适人才的关键所在。一个结构化的招聘流程不仅能够确保选拔出符合岗位要求的候选人，还能显著提高招聘效率。

首先，在筛选简历过程中，企业应重点关注候选人的工作经历，特别是在大客户销售方面的业绩、客户类型和销售金额等信息，这些数据有助于评估候选人是否具备所需的能力和经验。

接下来，企业可对符合基本要求的候选人进行电话面试，进一步了解其沟通能力、对大客户销售的理解和职业规划。在这一阶段，企业能够评估候选人的表达能力、逻辑思维和对销售工作的热情。

对于表现出色的候选人，安排进入现场面试环节，面试由销售部门、人力资源部门以及相关业务部门的代表共同参与，从多个角度全面评估候选人的专业能力和个人素质。在现场面试过程中，企业相关人员可通过实际案例分析考察候选人分析问题和解决问题的能力，以及其应对复杂销售场景的表现。

除此之外，企业相关人员可通过行为面试法深入了解候选人如何处理大客户开发、客户关系维护等问题，询问他们如何应对客户异议、建立长期客户关系等，从

实际经验中评估其销售能力。

最后，为确保候选人与岗位需求的契合度，企业还可以设置性格和技能测试，进一步了解候选人的性格特点、抗压能力和专业技能水平。

3. 评估与选拔销售管理人员

在招聘销售管理人员时，除了对能力的要求，企业还需特别关注候选人的成长性、匹配性和工作意愿。内部选拔与外部招聘的结合，不仅能够激励现有员工，也能引入外部的新思维，促进团队的多样性与创新。

首先，成长性是评估销售管理人员的重要指标。企业应关注候选人是否具备持续学习和自我提升的动力，是否能够适应快速变化的市场环境和销售模式。通过询问候选人对行业趋势的看法、培训经历和职业规划，企业可以判断其成长潜力。

其次，匹配性不仅体现在候选人的专业能力上，还涉及候选人与企业文化、销售战略和团队风格高度契合。企业可以让候选人与现有团队成员进行交流，观察其领导风格是否与团队氛围和目标相符。同时，企业可参考候选人的过往管理经验，评估其能否有效推动团队实现既定销售目标。

最后，工作意愿是一个不可忽视的因素。通过了解候选人对企业前景、企业文化的认知，以及他们加入企业的动机，企业可以评估其对岗位的兴趣和投入度，从而确保其长期的工作积极性与发展动力。

4. 应用先进的面试评估工具

在招聘过程中，利用先进的面试评估工具，如 AI 面试工具，能够大大提高评估的效率和精准度。例如，在面试大客户销售人员时，企业可以提供具体的客户开发案例，要求面试者撰写详细的客户开发方案。这种场景模拟能够全面考察候选人的思维逻辑、市场洞察力和解决实际问题的能力。

对于招聘销售管理者，企业可以设计一些当前团队面临的具体问题，如团队士气低落、销售业绩不佳等，要求候选人提出详细的解决方案。AI 面试工具能够全程记录面试者表现，分析其反应速度、语言表达能力和问题处理思路，甚至识别潜在的非语言信号，如语调变化、情绪表达等。此外，AI 工具还能整合面试中的所有资料，包括候选人的背景调查结果、面试过程中的答案等，形成一份综合报告，供企业进行客观评估和选择。

这种 AI 辅助的面试评估不仅提升了招聘公正性，还减少了人为误差，使企业能够更全面地了解候选人的实际能力，为招聘决策提供强有力的数据支持。

5. 持续培养与招聘的结合

高效精准的招聘不只依赖外部人才的引入，还应与内部员工培养结合。现有团队对企业文化和业务流程的熟悉使他们在培训后能够迅速适应新的岗位。通过针对性的培训和晋升，企业不仅可以激发现有员工的积极性，还能减少外部招聘的成本。

通过明确招聘需求并制定科学的招聘流程，企业能够在市场竞争中保持人才优势。精准招聘不仅帮助企业引进合适的销售人才，还确保管理人员能够带领团队创新和成长。一个高效且具活力的销售团队能够为企业带来持续的市场竞争优势。高效精准的招聘不仅仅是找到合适的候选人，更是通过科学的流程、综合评估以及内部培养与外部招聘的结合，确保企业持续获得符合战略需求的人才。企业在明确招聘需求后，应注重多样化的招聘渠道、流程的合理性，综合评估候选人的成长性、匹配性和工作意愿，最终实现团队的稳定和企业的长远发展。

·第10章·

激励机制：薪酬与激励体系设计

销售薪酬和激励是销售管理中的核心议题之一，直接影响销售人员的积极性和工作表现。因此，设计一个既合理又能激励销售人员的薪酬体系是企业制定销售管理策略时必须深入思考的问题。不同行业的薪酬模型差异巨大，需根据业务需求和市场环境进行定制。

首先，商业模式对薪酬体系设计至关重要。产品销售、服务型销售和渠道销售等不同模式决定了销售人员的工作重点和目标，薪酬结构也需相应调整，确保与业务目标一致。其次，行业特点和发展阶段会影响薪酬体系设计。初创企业可能采用灵活的薪酬体系吸引人才，而成熟企业则需设计稳健且可持续的薪酬体系。此外，产品周期和毛利率也会影响薪酬体系设计。高毛利率产品可提供更高提成，而长周期产品则需分阶段激励以保持销售人员的积极性。

为帮助企业设计与战略目标一致的薪酬体系，本章提供了一个系统化流程。通过深入分析和评估薪酬结构，确保激励措施能推动销售人员朝着正确方向努力。成功的薪酬体系不仅应鼓励短期目标达成，还应推动长期战略目标的实现。为此，企业需结合定期评估、动态调整和个性化激励等手段设计薪酬体系，确保激励与个人表现和贡献挂钩，最大化销售人员的潜力和工作效率。

薪酬与绩效的误区

在建立销售薪酬和绩效制度时，企业常常会面临一些误区。

误区一：薪酬计划必须简单

许多人认为薪酬计划越简单越好，复杂的薪酬计划可能会分散销售人员的精力，使他们过度关注收益的计算而忽视了建立和维护长期客户关系的重要性。按照这种传统观念，理想的薪酬计划应该简单明了，甚至简化为一页纸，便于销售人员快速理解。然而，这种观点忽略了销售环境的多变性和复杂性。

销售工作不仅仅是单一的交易，而是一系列复杂的活动。这些活动包括团队合作销售、产品与服务的捆绑报价，以及解决方案销售中可能涉及的多种业务模型。随着多渠道销售模式的兴起，销售过程中的复杂性也在不断增加。尽管一些管理者试图忽视这些复杂因素，但它们的存在确实影响着销售工作的实际操作。过于简化薪酬计划可能会忽略这些多变的市场环境和复杂的销售模式。

认为销售人员无法理解超过一页纸的薪酬计划，这种观点显然低估了他们的能力与专业性。实际上，简化的薪酬计划往往与另一种担忧相悖：一些人担心复杂的薪酬计划可能被销售人员找到漏洞，通过最小的努力获得最大的收益。然而，无论薪酬计划如何简单，销售人员总能找到可以钻的空子。因此，关键不在于追求过度简化，而是设计一个能够激励销售人员并推动企业发展的双赢薪酬计划。

具有战略性的薪酬体系不仅要确保销售人员能够实现个人收入，也要为企业创造实际价值。设计得当的激励机制应当让销售人员在赚取奖金的同时，推动企业销售业绩和客户满意度的提升。通过明确的目标和绩效考核，销售人员的个人目标与企业目标能够高度一致，进而达到共赢的局面。

成功的薪酬计划不在于其是否简单，而在于能否有效激励销售团队与企业目标保持一致，推动团队和企业共同进步。一个优秀的薪酬计划需要具备明确的绩效指标和评估标准，并具有一定的灵活性，以便适应市场变化和不同销售场景的需求。同时，定期的反馈与调整至关重要，这能确保激励措施始终与企业战略相匹配，从而推动销售团队的持续成长，助力企业实现长期发展。

误区二：薪酬激励只关注结果，而非过程

许多企业的销售管理普遍存在一种误解：薪酬激励只应关注最终结果，不必考虑销售过程。许多管理者认为，前线销售代表比总部人员更了解市场，因此可以仅根据销售结果发放奖金，而不必过多关注获得这些结果的过程。然而，要有效推动期望的销售行为，结果和过程同等重要，二者应当兼顾。

首先，薪酬制度应当反映企业的战略选择和管理规范，无论是明确的政策还是潜在的文化。例如，许多企业在奖励销售人员时，通常基于销售结果来发放奖金。然而，奖金的发放程序往往与企业对销售人员的正式绩效考核标准不一致。换句话说，销售人员获得奖金的依据（如个人订单数量）可能与管理层的战略期望（如促进团队合作、推动客户互荐）存在矛盾。这种不一致不仅无法有效激励销售人员，还可能导致他们朝着错误的方向努力，从而影响整体业绩。

其次，销售人员与其他岗位的员工一样，渴望获得更多的奖金，并希望了解自己是否成功及其原因。他们希望通过这些反馈来提升自己在未来销售中的表现，以便在下一个周期中获得更多收入。因此，讨论销售过程中遇到的问题和挑战至关重要。无论是基于客观数据的分析，还是从主观感受中汲取经验，这些讨论都能够影响销售人员未来的行为和决策，并帮助他们不断优化销售策略和方法。

进一步而言，建立一个关注过程的薪酬体系，可以促使销售人员在日常工作中更加注重团队合作、客户关系和市场洞察。这种体系不仅强调最终的销售结果，还要求销售人员在达成目标的过程中采取适当的行为和策略。通过这种方式，销售团队在追求短期业绩的同时，也能够培养长期的客户关系和市场信誉，推动企业可持续发展。

因此，薪酬制度的设计者应认识到，仅仅奖励销售结果并不能有效激励销售人员，相反，应该制定一个综合考虑结果与过程的激励机制，确保销售人员的行为与企业的战略目标保持一致。这样的制度不仅能提升销售业绩，还能增强团队凝聚力和工作满意度。

成功的销售激励体系应兼顾过程与结果，关注如何实现销售目标，而不仅仅是目标本身。通过对销售过程的重视和引导，企业可以更好地激励销售人员，使他们在追求个人利益的同时，也为企业的长期发展贡献力量。

误区三：薪酬是唯一驱动力，过度依赖奖金激励

许多人认为金钱是激励销售的最有效手段，的确，追求高额收入是许多销售人员选择这一职业的一个重要原因。在初创阶段，企业通过设定高额奖金和提成能够迅速实现业绩增长。然而，尽管金钱激励的重要性不容忽视，但它并非唯一驱动力。研究表明，金钱的诱惑能短期内促进销售行为，但要激发持久的动力，企业需要采取更全面的激励措施。

在许多企业中，公开销售人员的业绩是一种常见做法，比如在办公室张贴业绩榜单或定期发送电子报表。人是社会性动物，会关注自己在团队中的表现，并希望超越他人。通过提供相对绩效的反馈，可以显著提升销售人员的积极性，这也解释

了为什么常有人说："我们为钱而工作，但为获得认可而努力。"

精神激励、荣誉感和认可对销售人员的积极性同样具有重要影响。例如，在保险行业，各类荣誉称号和年度评比等非物质激励，能显著提高销售人员的工作热情，满足他们的自尊心和成就感。过度依赖金钱激励可能导致不可持续的问题。当市场竞争加剧，毛利下降，企业不得不削减销售成本时，金钱激励会逐渐失去效果，甚至引发销售人员的不满。因此，设计合理的薪酬方案必须综合考虑金钱激励与精神激励之间的平衡，从而实现可持续的激励效果。

销售绩效不仅依赖金钱激励，非金钱激励也是提升销售人员动力的重要因素。除了薪酬，认可、晋升机会、培训和职业发展等非货币激励措施，能够有效激发销售人员的热情和忠诚度。若忽视这些激励手段，销售人员可能会失去长远发展的动力和归属感。

尤其是在企业面临困难或市场环境不佳时，单靠金钱激励难以维持员工的持续投入。通过表彰优秀员工、提供职业发展路径和培训机会等方式，企业能够增强团队的信任感和信心，从而激励员工与企业共渡难关。非金钱激励不仅能够提升销售人员的自我价值感，还能增强团队的凝聚力，促进长期绩效的提升和组织的稳定。

误区四：忽视企业发展阶段的差异

企业在不同的发展阶段面临的市场环境、竞争格局和业务模式会发生显著变化，这些变化直接影响薪酬和激励制度的设计。在初创阶段，许多企业通过高额薪酬和激励措施迅速吸引和激发了销售团队的积极性，从而实现了短期业绩增长。然而，随着企业规模扩大、市场竞争加剧以及产品毛利的下降，单纯依赖高薪激励的方式将变得不可持续。

进入成熟阶段后，企业需要根据新的市场形势和业务目标调整薪酬与激励制度。这可能包括降低高额提成、优化基本薪资结构，甚至引入长期激励措施，如股权激励或递延绩效奖金。同时，企业也应关注员工的个人发展，提供职业晋升机会、培训和荣誉激励，逐步转向以非金钱激励为主的综合激励体系。

忽视企业所处发展阶段的差异可能导致激励政策与实际需求脱节，无法有效支持销售团队的持续成长和业务的长期发展。只有准确把握企业的阶段性需求，及时调整激励方案，才能确保激励机制的有效性和持续性，为企业在不同阶段赢得市场竞争力。

误区五：忽视不同产品销售和不同类型销售的差异

企业在设计销售薪酬时，常常忽视了不同产品和销售类型的差异，导致薪酬方案不能有效激励各类销售人员的工作积极性。事实上，不同产品的销售所需的技能和工作量差异较大，因此相应的薪酬结构也应有所不同。例如，同一行业的两家企业可能销售不同档次的产品。对于高端产品，销售人员不仅需要具备更深厚的专业知识，还需具备出色的沟通技巧和客户关系管理能力，因此企业应设定更高的薪资和激励措施以吸引合适的人才。如果产品销售周期较长（如大客户销售），销售人员在开发、谈判和维护客户关系上花费的时间和精力就会更多，因此底薪较高是必要的，以便保障他们在长周期销售中仍有稳定的收入。

不同销售部门的岗位角色也应有针对性的薪酬设计。例如，大客户销售代表负责与关键客户的接触和谈判，其高额底薪和业绩提成能够激励他们实现大单成交。而销售支持人员或客户服务人员主要提供后台支持，他们的工作虽然重要，但直接带来的销售收入相对较少，因此适合设置较低的基本薪酬，但可以通过绩效考核进行适当奖励。

薪酬设计应根据不同销售岗位的重要性和贡献度进行灵活调整，确保每个岗位的薪酬体系都能够反映出其在销售流程中的价值，进而激发销售团队的整体效能。忽视产品和销售类型的差异，不仅会导致薪酬结构不合理，还可能影响销售人员的积极性与团队的稳定性，进而对企业的销售业绩产生不利影响。

误区六：忽视销售薪酬和激励制度的延续性

在企业管理实践中，一些管理者由于缺乏足够的销售管理经验，对薪酬和激励制度的设计与调整缺乏清晰的思路，导致频繁或随意地更改薪酬激励方案。这种做法可能对销售团队的士气和信任度产生严重的负面影响。

销售人员通常非常重视薪酬和激励制度的透明度与稳定性。他们希望能够依据一套明确且持续有效的机制来规划自己的工作节奏和收入预期。如果薪酬和激励制度频繁变动，并且调整缺乏充分沟通或清晰解释，销售人员可能会感到困惑、不安，甚至丧失对企业的信任。他们可能认为企业的决策缺乏稳定性，进而产生安全感缺失、工作动力下降等问题。

这种情况不仅会导致销售目标难以实现，还可能加剧员工流失，进而影响团队的稳定性和执行力。为了避免这一误区，企业应确保薪酬和激励制度具有延续性，即使在面临市场变化或企业内部调整时，也应确保调整过程的透明与公平，并提前与销售团队充分沟通，阐明调整的原因和预期效果。这样可以增强销售人员的信心和归属感，使他们在稳定的激励环境下专注于提升业绩。

销售薪酬与激励制度的设计原则

1. 目标导向原则

薪酬与激励制度的设计应与企业的整体战略和销售目标紧密结合，确保销售团队的努力方向与企业的发展目标一致。在设计薪酬与激励制度时，企业必须明确希望通过激励机制实现的具体目标，这些目标应包括提升市场占有率、增加大客户占比、提高利润率、增强客户满意度等，并结合行业特性和市场趋势制定可量化的指标。

明确的目标为销售人员提供清晰的工作导向，使他们专注于关键任务。例如，如果目标是扩大市场占有率，薪酬与激励制度可以与市场增长挂钩，激励销售人员开拓新客户，参与市场推广，或者在特定区域进行突破。通过设定具体的业绩指标（如新增客户数、销售增长率），销售人员的行为将与企业目标高度契合。

如果目标是提高客户满意度，企业可以根据客户反馈和满意度调查设计薪酬：激励制度。这能激励销售人员持续提升服务质量，并增强与客户的关系，从而提高客户忠诚度和复购率。激励措施可能包括定期评估客户满意度，并根据评估结果给予相关销售人员奖励。

随着市场环境和企业战略的变化，定期评估和调整激励机制至关重要。这有助于识别目标达成中的难点，并及时调整策略应对新挑战。例如，市场竞争加剧时，企业需要重新审视激励措施，确保它们仍能激发销售人员的积极性和创造力。

为实现目标导向原则，企业应建立全面的反馈机制，定期与销售团队沟通，收集意见和建议。双向沟通不仅增强团队凝聚力，还让销售人员感受到自己在企业发展中的重要性，从而更努力地工作。

2. 差异原则

在设计销售薪酬与激励制度时，企业必须充分考虑行业特点与产品、服务的差异。每个行业都有独特的市场环境和竞争态势，这些因素直接影响了销售策略的制定。因此，薪酬与激励机制应该根据这些特点量身定制，从而确保其有效性和适应性。

首先，不同行业的产品和服务复杂程度差异显著。在高科技行业，销售的产品往往技术含量高、决策周期长，这使销售人员在达成交易前需要投入大量时间和精力进行客户开发和关系维护。因此，这类行业的薪酬体系通常需要提供更高的底薪保障，从而吸引并留住具备专业技能的销售人才。此外，为激励销售人员在长周期内持续投入，企业还可以设计长期激励措施，如项目奖金或股权激励。这种方式不仅能增强销售人员对企业的归属感，还能促使他们关注客户关系的长期维护与发展。

相比之下，快速消费品行业的市场特点截然不同。由于产品销售频繁、交易周期短，销售人员的业绩往往依赖于快速成交和大批量交易。因此，薪酬与激励制度的设计通常更侧重于业绩提成和短期奖金，以便激励销售人员在短时间内提升销量。例如，企业可以设置高比例的提成以奖励销售人员的即时业绩，这种激励机制有效地促进了销售达成。此外，为了确保团队的活力，定期的销售竞赛和短期激励措施（如月度奖金、季度最佳销售奖）也能进一步调动销售人员的积极性。

除了行业和产品的差异，客户规模的大小也对销售薪酬与激励制度的设计有着重要影响。在大客户销售中，由于单个客户的交易额较大，销售周期相对较长，销售人员需要与客户建立深入的关系。因此，底薪通常应设定得较高，同时结合项目完成后的提成，从而反映客户开发的复杂性和风险。在这样的情况下，薪酬与激励机制不仅要奖励短期业绩，还需关注销售人员在客户关系管理和售后服务上的努力。

总之，差异原则强调在薪酬与激励制度设计中考虑行业、产品、服务和客户的多维度因素。通过有针对性地制订激励方案，企业能够更有效地激励销售团队，实现销售目标，同时提升团队的稳定性和积极性。通过这样的差异化激励策略，企业不仅能够吸引和留住优秀的人才，还能在激烈的市场竞争中占据优势，推动业务持续增长。

3. 匹配原则

在设计销售薪酬与激励制度时，企业必须充分考虑其所处的发展阶段和相应的需求。不同阶段的企业面临的市场挑战各不相同，因此激励制度的设计应随之变化，以确保薪酬体系能够有效支持企业战略目标的实现。此外，企业内部不同销售角色的定位、职责和贡献也各有差异，薪酬与激励制度必须做到岗位匹配，精准激励。

在初创阶段，企业的首要目标是快速扩展市场份额并获取新客户。在这一阶段，销售薪酬制度的设计通常以高提成和短期激励为主，目的是激励销售人员迅速行动，抢占市场份额。例如，销售人员通过开发新客户获得较高提成，从而推动企业扩大市场份额。高提成比例有助于吸引具备高潜力的销售人才，并确保他们在市场拓展的关键时期保持超强动力。

进入成长阶段后，企业除了继续拓展市场，还要逐步重视客户关系的稳定和长期维护。因此，薪酬激励制度应同时兼顾短期销售业绩和长期客户维护。在这一阶段，除了传统的提成制度，企业应引入长期激励机制，如股权激励或年终奖金。这些激励措施有助于企业留住关键销售人才，确保销售人员不仅关注当前的销售业绩，还愿意将精力投入到客户关系管理和后续的业务拓展中，推动企业持续增长。

当企业进入成熟阶段，市场份额和客户基础较为稳固，薪酬和激励制度应注重稳健增长、成本控制和团队协作。此时，设计的重点应转向提升销售团队的整体效率和客户复购率。销售人员的底薪比例可能会提高，而提成则更多依赖于长期客户关系的维护和复购业务，这既能保持销售人员的积极性，又能确保企业的利润稳定。

针对不同销售角色的薪酬与激励制度的设计，企业应根据各自的工作性质进行精准匹配。例如，大客户销售人员通常面临高金额、长周期的交易，因此需要较高的底薪保障，并结合长期激励机制，如项目奖金或利润分享等，从而确保大客户销售人员专注于建立和维护长期稳定的客户关系。对于销售周期较短、成交较快的产品或服务，普通销售人员的薪酬应更多依赖于提成机制，通过较高比例的提成激励促使他们快速达成销售目标，提高成交量，增加收入。而销售支持和售后服务人员的薪酬应以固定工资为主，辅以团队绩效奖金，以便确保他们专注于提供技术支持和服务保障，提升客户满意度，从而增强销售团队的整体表现。

通过根据企业所处不同的发展阶段和不同销售角色的需求设计薪酬与激励制度，企业能够确保销售团队的激励机制与战略目标相匹配，推动业务的健康发展。

4. 透明和灵活原则

薪酬与激励制度的透明度对销售团队的稳定性和信任感至关重要。所有销售人员都应明确知道，他们的薪酬是如何计算的，哪些行为或业绩会带来奖励，以及如何通过工作获得相应的回报。清晰透明的薪酬制度，不仅能提升员工对企业的信任感，还能有效减少因信息不对称或误解带来的内部矛盾。此外，透明的薪酬制度也有助于降低员工的流动率，因为当员工感到他们的努力得到了公正的回报时，离职的可能性也会降低。

虽然薪酬制度需要持续性和稳定性，但企业也应保持一定的灵活性，从而应对市场变化和企业战略的调整。避免频繁或随意更改薪酬结构是至关重要的，因为这种做法容易削弱销售团队的信任感，甚至引发员工的不满。然而，企业的外部环境和内部需求不断变化，因此薪酬与激励制度应具备适度的灵活性。例如，随着市场竞争加剧或产品战略调整，企业可能需要对薪酬方案进行优化和调整。

激励方案的调整应基于充分的数据分析、员工反馈和市场调研，确保这些调整是公平、合理且与当前的市场环境和企业发展阶段相匹配的。通过这种透明与灵活相结合的薪酬与激励制度，企业不仅能够确保员工的稳定性，还能在变化的市场中保持竞争优势，有效激发销售人员的积极性和创造力。

5. 多元化原则

在设计有效的薪酬体系时，多元化原则至关重要。一个有效的薪酬体系应兼顾短期激励与长期激励，确保销售人员在短期内保持高效动力的同时，激发他们对企业的长期承诺。此外，金钱激励与非金钱激励的结合，能够更加全面地满足销售人员的需求，因为有些销售人员可能更加重视荣誉、职业发展和个人成长。

短期激励是提升销售人员即时行动力的重要手段之一。月度或季度销售奖金等短期激励机制，可以促使销售团队迅速达到阶段性销售目标。这类激励在销售高峰期或市场竞争激烈时尤其有效。通过明确的销售目标和奖励，企业可以迅速激发团队的积极性和创造力，从而提升销售业绩。

仅靠短期激励可能不足以确保团队的稳定性和长期发展，长期激励的设计尤为关键。年度奖金、股权激励或利润分享机制等长期激励措施，能够确保销售人员不仅在短期内努力工作，还会有动力与企业共同成长。这类激励特别适用于留住核心销售人员和高潜力人才，通过长期激励让他们对企业发展产生更深的责任感。长期激励机制还能有效降低核心人员的流失风险，保持团队的整体稳定性和战斗力。

除了金钱激励，非金钱激励在提升销售人员积极性和忠诚度方面也起着重要作用。荣誉激励是常见的非金钱激励手段之一，如"销售冠军奖""季度最佳员工""年度最具价值销售""最佳新人奖""行业拓展奖"等荣誉称号。

荣誉不仅是对个人成绩的认可，还能提升销售人员的成就感和归属感，激励他们在未来的工作中继续努力。荣誉的设立能够在团队内树立榜样，增强员工的上进心和竞争意识。

此外，职业发展机会是非金钱激励中的重要组成部分。通过提供职业晋升机会或专业技能培训，企业可以帮助销售人员不断提升自身能力，并增强其对企业的忠诚度。明确的晋升路径和技能提升计划，能够让员工看清未来的发展方向，增强其对企业长远发展的信心。与此同时，培训计划也能提升员工的职业素养，使其在更高层面为企业创造价值。

多元化薪酬与激励体系能够最大限度地激发销售团队的潜力。通过将短期激励与长期激励结合，企业不仅能推动销售目标的达成，还能坚定员工的长期承诺和增强其责任感。同时，金钱奖励与非金钱激励的平衡，既能满足销售人员的物质需求，也能照顾到他们的职业发展和个人荣誉感，最终打造一支稳定、积极且持续发展的销售团队。

6. 可衡量性原则

一个有效的薪酬与激励制度必须建立在清晰、可衡量的绩效评估指标之上。通过明确的标准和指标，企业可以确保销售人员的绩效评估过程具有可操作性和公平性，进而为相应的激励措施提供可靠依据。这些绩效指标应涵盖销售工作的各个方面，能够全面反映销售人员在不同维度的表现。

新客户开发和拜访情况是衡量销售人员拓展市场能力的关键指标。每月的开发客户数量、实际拜访次数等数据可以清楚地反映销售人员的市场开拓力度。这些指标不仅鼓励销售人员主动寻找新的机会，还确保他们与潜在客户保持有效联系，推动客户池的不断扩展。

任务完成率和业绩增长率是衡量销售业绩的基本指标。通过考核当月和当季的销售任务完成情况，管理者可以评估销售人员在短期内的表现。而业绩增长率则反映了销售业绩的提升程度，确保销售人员不仅仅满足于达标，还积极推动业绩增长。

年度业绩增长率和目标市场占有率则侧重于中长期的表现。年度业绩增长率可以衡量销售人员在整个年度的贡献，而目标市场占有率则反映了销售人员在特定市场中的竞争力。这些数据为企业制定长期战略提供了有力支持，也为销售人员的年度奖金和长期激励打下基础。

大客户覆盖率和新产品销售业绩完成率则针对特定领域的销售活动进行衡量。大客户的成功开发和维护是企业收入的重要来源，因此大客户覆盖率能够反映销售人员在高价值客户中的渗透率。而新产品的销售业绩不仅推动企业业务创新，还考验销售人员对市场的适应能力，鼓励他们在新产品推广中发挥积极作用。

客户满意度是衡量销售人员服务质量和客户维护能力的重要指标。通过定期客户反馈调查，企业可以准确了解客户对销售人员服务的满意度。高客户满意度意味着销售人员不仅完成了销售任务，还通过优质服务建立了长期合作关系。

　　总的来说，所有这些指标必须具体化，并制定明确的标准，以便管理者和销售人员都能够清晰了解绩效目标。这不仅有助于销售人员明确工作方向，还为企业提供了科学、有效的评估依据，确保激励措施与绩效结果紧密挂钩，推动销售团队持续进步。

销售薪酬与激励制度的设计方法

　　薪酬方案的制订对销售团队的效率和企业整体业绩有着直接影响。合理发放工资并不仅仅是一个简单的数字问题，而是需要综合考虑企业的战略目标、招聘策略、培训体系、销售订单类型、绩效评估标准和销售人员日常工作的复杂性等多方面因素的工作。

　　在制订销售薪酬方案时，企业要先明确其作用与局限。薪酬方案不仅是激励销售人员的工具，还承担着推动团队合作、提升员工忠诚度和引导销售行为的重要功能。然而，薪酬激励的作用是有限的，虽然它能够有效推动短期业绩，但无法替代销售人员的自我驱动力、团队文化建设和企业长期发展战略的执行。因此，在制订薪酬方案时，企业必须明确薪酬的角色，避免过度依赖其作为唯一的激励工具。企业还需要通过职业发展规划、培训和文化建设等方式，弥补薪酬计划的局限性，从而构建更加全面的激励体系。

　　此外，薪酬与绩效考评和员工激励机制之间也存在着密切联系。销售薪酬方案的制订必须与绩效考评体系相结合，确保薪酬回报与绩效之间的透明、公正和科学。同时，薪酬不仅仅是奖励高绩效人员的工具，它也应成为激发团队合作与创新的手段。薪酬方案需要与组织激励体系一致，确保既能激励个人不断努力，又能促进团队实现整体目标，从而推动企业长期战略的成功执行。

薪酬方案的核心作用与局限性分析

　　薪酬方案是销售管理的核心，主要原因在于其对销售人员的直接激励作用。销售工作通常与业绩紧密挂钩，而财务激励能够快速、直观地反映出个人的努力成果，这使销售人员对金钱激励的反应尤为强烈。尽管晋升机会、个人荣誉感和职业道德等因素在激励中也具有一定作用，但在销售团队中，这些因素往往难以与薪酬的驱动力相抗衡。

然而，薪酬激励的作用并非万能。虽然它能够有效推动短期业绩的提升，但其局限性也不容忽视。首先，过度依赖薪酬激励可能导致销售人员只关注短期目标而忽视长期客户关系的维护和企业战略的执行。其次，薪酬激励无法完全替代员工的自我驱动力、团队文化建设以及职业发展机会等非物质激励手段。因此，企业在制订薪酬方案时，必须明确其核心作用与局限性，避免将其作为唯一的激励工具。

1. 薪酬激励是一把双刃剑

薪酬激励无疑具有强大的驱动力，但它也是一把双刃剑。许多企业通过薪酬激励取得了显著成效。例如，销售人员在追求更高销售额时，往往会采取更积极的策略，甚至主动开辟新市场，这有助于企业在短期内实现业务快速增长。然而，这种激励模式也可能带来意料之外的负面影响。例如，在推行高价战略时，单纯依赖销售额驱动的激励机制可能促使销售人员忽视定价策略，甚至通过不符合企业长期利益的折扣政策来快速达成交易。虽然这种行为能带来短期收益，但可能损害企业的品牌价值和长期竞争力。

同样，推行团队销售模式时，如果薪酬激励仍以个人为中心，容易导致团队协作失衡。销售人员可能为了争取个人奖励而忽略团队目标，甚至引发内部竞争。这些例子表明，薪酬方案制订不当，不仅可能未能有效推动目标的达成，反而可能对组织造成负面影响。

2. 薪酬之外的多重影响因素

虽然薪酬在销售激励中起着关键作用，但它并非唯一的决定因素。销售人员不仅需要与客户互动，还要协调企业内部的各类资源，如产品开发团队和市场推广团队。因此，他们常常处于连接客户与企业的"边界角色"，在多方压力之间寻求平衡。这样的独特角色使销售人员的行为不仅受到薪酬激励的影响，还受到客户需求、同事协作和市场环境等多重因素的制约。

例如，在销售过程中，客户的需求可能与企业的战略目标产生冲突。销售人员既要满足客户的即时需求，又需确保自己的行为与企业的核心战略保持一致。同时，同事间的互动和支持对销售人员的工作效率至关重要。销售管理者通常通过定期的销售会议、团队建设活动和小组合作等方式，促进团队合作与信息共享，从而减少销售人员的孤立感，并提升整体工作效率。这些因素共同作用，决定了销售人员能否在复杂的环境中发挥最大效能。

3. 销售团队的多样性挑战

制订有效的薪酬方案面临的一个重要挑战是销售团队内部的多样性。销售团队通常由不同经验层次、不同性格类型的员工组成，其中包括资深的销售人员、刚入职的新人以及性格特点不同的个体。这些差异意味着团队成员对同样的薪酬激励可能产生截然不同的反应。例如，绩效突出的资深销售人员通常更加关注高额的业绩奖励，因为他们更有经验，也更有信心通过努力实现更高的业绩目标。对于这些人来说，薪酬激励主要是对其工作成果的肯定和奖励，能够驱动他们保持高水平的工作投入。

而对于新入职的销售人员来说，情况则有所不同。对于他们而言，稳定的基本薪资保障更具吸引力，因为他们可能还处于适应阶段，需要时间来了解市场、积累客户资源并逐步做出自己的业绩。在初期，他们可能不会对高业绩奖励产生强烈的反应，因为他们面临的挑战主要是熟悉工作流程和提高自身的专业技能。在这种情况下，薪酬方案的制订必须充分考虑这些新人的需求，提供足够的基础保障以增强他们的稳定感和信心。

此外，销售团队中的多样性不仅体现在经验差异上，还包括性格和动机的多样性。不同的性格类型和工作风格可能导致员工对薪酬激励的反应不同。例如，内向型员工可能更看重工作的稳定性和团队支持，而外向型员工则可能更看重挑战和外部认可。在这种情况下，单一的薪酬方案往往难以满足每个成员的需求。因此，企业在制订薪酬方案时需要灵活调整，采取个性化的激励措施，以便满足不同性格员工的动机和期望。

外部市场环境也是影响销售人员行为的重要因素。在竞争激烈的市场中，销售人员往往会受到短期业绩压力的驱动，过于专注于快速达成销售目标而忽略了与客户建立长期稳定的关系。这种行为虽然可以在短期内推动销售增长，但却可能损害企业的长期客户价值和品牌形象。如果薪酬激励与这种短期导向的行为没有进行有效区分，就容易导致企业战略目标的偏离。例如，过度依赖业绩奖金和快速达成交易的激励可能使销售人员忽视客户的长期需求和后续服务，最终影响客户的忠诚度和企业的可持续发展。

因此，一个有效的薪酬方案必须综合考虑销售团队内部的多样性，以及外部市场环境的变化。设计个性化的薪酬与激励制度不仅能够更好地满足不同员工的需求，还能有效引导销售人员的行为，使其在追求短期业绩的同时，不忽视企业长期战略目标的实现。这种平衡的薪酬与激励制度能增强团队的凝聚力，促进销售人员在多个层面上的共同成长，为企业的长期成功奠定坚实基础。

4. 薪酬方案的核心目标

薪酬方案的核心目标都是激励销售团队达成企业的战略目标。薪酬激励是员工动机体系中的重要一环，同时也是企业持续管理实践的重要组成部分。这三者相辅相成、相互作用，共同影响企业战略的执行效果。一个有效的薪酬方案不仅仅是简单的奖励机制，更要通过精心设计将销售人员的个人利益与企业的整体利益紧密结合。

从设计角度来看，一个战略上有效的薪酬方案需要具备短期激励和长期引导双重功能。短期激励通常通过即时的奖金或提成来帮助销售人员聚焦当前的业绩目标，推动快速增长。这种激励方式能够在短期内激发员工的工作动力，确保目标的及时完成。与此同时，长期引导则致力于塑造销售人员的行为模式，确保他们的行动与企业的长期战略目标保持一致。为了实现这一目标，一些企业在薪酬方案中设置了"存量维护"与"增量开发"的分层激励机制，不仅鼓励销售人员维护和深化现有客户关系，还激发他们开拓新市场和新客户的积极性。通过这种双重激励模式，企业能够实现持续的业绩增长，同时保持对现有客户群的高度重视和服务质量。

此外，薪酬方案的设计必须与管理实践紧密结合。虽然薪酬激励能够有效激发员工的积极性，但它不能完全替代管理本身。销售管理者需要通过明确的目标设定、合理的过程管理、定期的绩效评估等手段，引导销售人员不断优化工作方式和行为模式。管理的核心作用在于确保销售人员在执行日常任务时，始终保持与企业战略一致的方向性。管理者还需通过定期反馈和培训，不断提高销售人员的技能与团队协作能力，进一步促进整体销售效能的提升。

只有将薪酬激励与精细化管理有效结合，才能实现销售团队的高效运转，并确保企业战略目标的实现。薪酬方案作为连接员工个人目标与企业战略目标的重要桥梁，必须兼顾短期的业绩驱动和长期的战略导向，这样才能使企业在市场竞争中实现持续的成功。

5. 薪酬方案的边界与整合

企业在制订薪酬方案时必须明确其边界。虽然薪酬是激励销售团队的核心工具，但它的作用往往被高估。薪酬并不能完全替代管理，更无法解决所有的销售问题。例如，仅依靠高薪并不能消除销售人员在面对客户反对时的挫败感，也无法弥补团队协作不足带来的问题。事实上，薪酬虽然能激励销售人员的短期行为，却不足以解决长期内团队合作、工作动力和企业文化建设等方面的深层次问题。

因此，企业需要将薪酬激励与其他激励方式结合，形成一个多元化的激励体系。除了薪酬，晋升机制和职业发展规划也是激励销售人员的关键因素。通过为员工提供清晰的职业成长路径，企业能够使员工坚定其长期承诺并增强其职业发展动力。绩效公开与表彰制度则能通过荣誉感和归属感激发员工的积极性，提升团队凝聚力。与此同时，灵活的工作安排和开放平等的沟通机制有助于营造积极的工作氛围，增强员工的工作满足感，从而提升整体工作效率。

这些非财务激励方式与薪酬激励相辅相成，共同构建一个系统化的销售激励体系。通过合理的组合，企业能够为销售人员提供多维度的激励，既满足他们的物质需求，又照顾到他们的精神需求。

虽然金钱在激励中具有强大的驱动力，但它仅是销售管理中的一个组成部分。有效的销售薪酬方案不仅要根据企业战略、团队特点和市场环境的变化进行灵活调整，还应当充分考虑薪酬、激励和管理三者之间的动态关系。薪酬激励的作用不可忽视，但它不能替代管理的职责。销售管理者仍然需要通过目标设定、行为引导和绩效评估等手段，确保销售人员的行为与企业战略目标一致，提升销售团队的整体表现。

最终，只有通过综合运用多元化的激励手段，并确保这些手段与企业发展目标高度契合，才能实现销售团队的高效运作，推动企业的长期可持续发展。一个成功的销售薪酬方案应当是动态的、灵活的，并且能够根据企业的战略方向和市场环境不断优化调整。

薪酬、激励和考评

激励（或称激发动机的形成）是管理的核心要素之一，也是销售管理中的关键任务。作为销售管理者，首要责任是确保团队专注于执行正确的任务，以实现企业的战略目标。然而，在销售管理中，激励并非单一维度的任务，而是一个复杂的过程，涉及多个层面的因素。为了成功激发销售人员的潜力，管理者必须从多个方面综合考虑，协调内外部的影响因素，并通过薪酬设计、激励策略与考评体系的有机结合来实现全面的激励效果。

1. 激励的核心因素：从内部视角看销售团队的激励机制

影响销售激励的核心因素之一是企业的招聘、人才发展和组织架构等管理决策。这些决策不仅决定了销售团队的人员组成，还直接影响团队成员的知识储备、态度、技能水平，以及他们对市场机会的识别和把握能力。例如，一个经过系统培养和持续发展的销售团队，通常在专业技能、客户服务意识和问题解决能力上具有更强的竞争力。这样的团队更能够适应快速变化的市场环境，在激烈的市场竞争中占据优势，进而推动企业目标的实现。

企业的组织架构对销售激励的效果也有着深远的影响。首先，清晰的岗位职责划分能够帮助每位销售人员明确自己的职责和目标，从而减少角色冲突和任务重复，确保每个成员都能专注于自己的关键任务。其次，合理的资源分配确保销售人员在开展工作时能够获得必要的支持，无论是人力资源、技术支持还是市场推广资源，都是提高销售人员积极性和工作效率的关键因素。如果这些资源配置合理，销售人员能够更高效地执行任务，提升团队整体业绩。

此外，高效的支持机制对于销售激励至关重要。销售人员在日常工作中往往需要得到来自其他部门的支持，如营销、产品研发和客户服务等。只有当这些支持机制畅通无阻，销售人员才能集中精力在客户开发和关系维护上，减少外部干扰，从而提升工作效率和积极性。相反，如果组织架构存在混乱，资源分配不均或支持系统不完善，销售人员可能会感到迷茫或无助，从而降低其工作积极性和激励效果。

总的来说，企业的管理决策，尤其是招聘、人才发展和组织架构的合理设计，是影响销售激励的核心因素。一个精心设计的组织体系不仅能提升销售人员的工作效率，还能最大限度地激发他们的潜力，为企业的长期成功奠定基础。管理者应从这些内在因素出发，持续优化销售团队的工作环境和激励机制，确保销售团队能够在复杂的市场环境中高效运作。

2. 激励的外部因素：市场与环境对销售团队的影响

销售人员的能力固然重要，但外部因素同样在激励过程中起着决定性作用。客户所处的地理区域、市场特征、行业趋势等外部条件，往往直接影响销售结果。例如，发达城市的高端市场通常拥有更强的消费能力和更明确的需求，这使销售人员在这些地区更容易签下高额订单，并实现较高的业绩。而在经济欠发达地区，客户的预算限制和需求不足可能成为销售业绩增长的瓶颈。即使销售人员具备很强的专业能力，也难以取得与发达市场相当的成果。

这些市场条件的差异要求管理者在设定销售目标和制订薪酬方案时，避免采用"一刀切"的标准。单一的业绩指标可能导致销售团队成员之间产生不公平感，甚至影响团队的合作氛围。例如，如果将同一业绩标准应用于不同市场，销售人员在资源匮乏的地区可能难以达成目标，从而对薪酬和激励产生不满情绪。反之，针对不同市场的特点，设定因地制宜的目标和薪酬设计，更能真实反映各市场的机会与挑战，进而更有效地激励销售团队。

管理者可以通过将市场特征融入目标设定中，制定灵活的业绩目标，使销售人员在面对不同的市场环境时，依然能够获得合理的奖励。比如，对于高潜力市场，管理者可以设定较高的目标并配以较高的薪酬激励；对于需求较低的市场，管理者可以设定适中的目标，避免因过高的预期而导致挫败感。这种因地制宜的激励方案，不仅能帮助销售人员保持积极性，还能增强团队的凝聚力和合作精神。

外部市场环境对销售激励的影响不容忽视。有效的激励机制应当灵活地适应不同市场的需求，通过差异化的目标和薪酬方案，确保销售人员在各自的市场环境中能够充分发挥潜力，实现个人和团队的共同成长。只有通过这种方式，才能最大化地激励销售团队，实现企业的战略目标。

3. 差异化管理与公平性：激励销售团队的有效策略

为了更好地激励销售团队，管理者需要在制订薪酬和考核方案时，充分考虑市场特性和销售人员的实际情况。这不仅有助于提升销售人员的工作动力，也能确保激励政策的公平性。例如，管理者可以根据不同区域市场的特点设定差异化的销售目标，将市场难度纳入考核体系，并为不同区域的销售人员设计适配的奖金激励机制。

具体来说，对于高潜力市场的销售团队，管理者可以设定较高的目标，并设计更具吸引力的奖励机制，以便激励他们持续突破上限，保持增长。例如，在竞争激烈的高端市场，销售人员可能需要面临较高的业绩标准，但设定有吸引力的奖金和激励政策能够促使他们不断超越自我，提升团队整体业绩。

而对于处于不利市场的销售人员，管理者应当降低业绩目标，并提供额外的支持与激励。这种支持可以是更灵活的奖金比例、更全面的培训计划，甚至是更多的资源倾斜。对于这些销售人员来说，降低目标可以减轻他们的压力，同时通过额外支持帮助他们突破市场瓶颈，找到适合他们的成长路径。例如，对于需求较弱的市场，销售人员可能更需要额外的培训资源和工具支持，以便增强他们对市场的洞察力，提高客户转化率。

这样的差异化激励策略不仅能够增强激励政策的公平性，还能帮助弱势市场的销售人员找到适合他们的成长路径，进而提升其长期表现。同时，差异化的管理方式能够有效避免"一刀切"的薪酬政策造成的不公平感，减少销售团队的内部分歧和不满情绪，从而提升整体团队的凝聚力与工作效率。

总之，差异化管理与公平性是激励销售团队的关键。通过灵活调整薪酬和考核目标，管理者能够在不同市场条件下充分调动销售人员的积极性，确保每位销售人员都能够在公平且具有挑战性的环境中实现最佳表现，从而推动企业的长远发展。

4. 薪酬与激励的结合：打造高效的销售团队

一个高效的销售激励体系离不开有效的薪酬制度的支撑。薪酬作为销售激励的基础工具，不仅仅提供物质回报，更重要的是向销售人员传递组织的优先级和价值导向。通过巧妙的薪酬结构设计，企业可以明确强调某些行为的重要性，如新客户开发、老客户维护或团队协作等，从而引导销售人员的行为和决策，推动团队的整体发展。

以差异化奖金制度为例，企业可以将绩效奖励划分为基本奖金和附加奖金。基本奖金主要用于激励销售人员达成基础业绩目标，确保销售人员对日常任务和基础工作保持高度关注。而附加奖金则针对那些实现超额业绩或完成战略性任务的销售人员，激励他们在现有的基础上进一步突破，推动企业长期战略目标的实现。通过这样的薪酬设计，企业能够同时满足不同层次销售人员的动机需求。基础市场的销售人员可以通过实现日常目标获得稳定的收入，而高潜力市场的销售人员则能够通过超额完成任务获得额外的奖励，从而激发他们的动力。

此外，薪酬与激励制度的设计还应与团队的整体目标紧密结合。例如，认为团队合作至关重要的企业，可以在薪酬结构中加入团队奖励，鼓励销售人员在个人业绩的基础上，注重与同事的协作。设计与团队表现挂钩的奖金机制，可以提升销售人员的集体意识，推动团队整体的业绩提升。这不仅有助于加强团队凝聚力，还能减少因过度竞争而带来的内部冲突，确保销售团队朝着共同的战略目标努力。

薪酬与激励的结合是打造高效销售团队的关键。通过合理的薪酬结构和差异化的奖励制度，管理者可以激发销售人员的潜力，引导他们集中精力达成个人和团队的销售目标，同时为企业的长期发展奠定坚实的基础。有效的薪酬与激励体系不仅仅是简单的物质回报，更是企业战略导向的重要体现。

5. 考评体系的重要性：连接激励与绩效的桥梁

在薪酬与激励体系中，考评体系扮演着连接者的重要角色。一个科学的考评体系不仅能够帮助管理者精准评估销售人员的绩效，还能有效引导团队行为朝着组织目标迈进。通过建立全面的考评机制，管理者能够确保激励措施的公平性与有效性，推动销售人员实现均衡发展。

例如，企业可以采用综合考核指标，将量化业绩与定性评估相结合，制定多元化的考核标准。这些标准不仅包括销售额、客户满意度、新客户开发数量等硬性指标，还可以纳入团队合作、客户关系维护、市场反馈等软性指标。这种多维度的考核方式能够全面反映销售人员的实际贡献，避免单一指标带来的偏差或过度聚焦于短期业绩，从而实现更加全面和客观的绩效评价。

此外，考评体系还应为销售人员提供清晰的反馈机制。定期的绩效评估与沟通是考评体系的重要组成部分，它能够帮助销售人员了解自己的工作表现以及在实现目标过程中遇到的挑战。通过这种机制，管理者不仅能及时发现问题，还能为销售人员提供针对性的支持与指导。例如，如果某位销售人员在高难度市场中表现出色，但未能完成统一的业绩目标，考评体系可以通过权重调整，合理评价其在特定情境下的贡献，避免因未达成某一单一指标而打击其积极性。这样一来，销售人员将会更加清楚自己的长处和短板，并能够在管理者的支持下进行持续改进。

总之，考评体系不仅仅是绩效管理的工具，更是连接激励与绩效的桥梁。通过科学的考核方式和清晰的反馈机制，管理者可以确保激励措施的精准落实，激发销售人员的潜力，帮助他们在实现个人和团队目标的过程中持续提高工作表现，推动企业实现长期成功。

6. 综合激励策略的实施：推动销售团队高效执行任务

销售激励是一个动态过程，需要管理者从战略、战术和执行层面进行全面整合。首先，在战略层面，管理者需要制定明确的目标，确保激励策略能够与企业的整体战略方向保持一致。通过设定清晰的战略目标，管理者能够确保激励措施与企业的长远发展目标紧密相连，避免短期激励与企业的长期战略目标发生冲突。

其次，在战术层面，管理者需要设计差异化的薪酬方案、科学的考评体系和灵活的支持政策以适应不同市场与团队的需求。不同的市场环境和团队结构要求管理者根据实际情况进行个性化的激励体系设计。例如，在竞争激烈的高潜力市场，管理者可以通过提供更高的奖金比例、更多的资源支持和更具挑战性的目标，激发销售人员的潜力。而处于较弱市场的销售人员，可能需要更多的培训机会、灵活的目标设定和额外的支持来提升其业绩。通过差异化的激励方案，管理者能够确保各类销售人员都能在适合的环境中得到最佳的激励，从而更有效地驱动团队提高整体业绩。

最后，在执行层面，管理者需要通过高效的沟通和持续的反馈机制确保激励策略能够落地生效。定期的沟通能够帮助管理者及时了解销售人员的工作状况、市场挑战和个人需求，同时通过反馈机制及时调整激励措施，确保每位销售人员都能够在适当的时机得到适当的激励支持。例如，在销售人员面临市场变化或挑战时，及时的支持与鼓励不仅能帮助其克服困难，还能使其保持长期的工作动力。

激励不仅是对销售人员个人能力的激发，更是对团队、市场和环境的全面考量。通过合适的薪酬制度、科学的考评体系和灵活的支持政策，管理者可以有效平衡市场机会与销售人员的实际情况，最大限度地激发销售团队的潜能。最终，这种综合激励策略不仅能够帮助企业实现业绩增长，还能为团队创造更加公平、积极和高效的工作环境，确保企业战略在各个区域得以顺利执行。

销售人员认知与激励机制：薪酬、激励与考评的闭环体系

销售人员对工作量、业绩与奖励之间关系的认知，是销售激励过程中至关重要的因素之一。这种认知直接影响他们的工作积极性与努力方向。然而，由于产品特性、定价策略和市场竞争环境的复杂变化，销售人员即使付出更多努力，也未必能获得与之匹配的回报。如果薪酬考核体系未能充分反映销售人员额外付出的价值，激励效果将大打折扣。这种脱节可能导致销售人员质疑额外付出的意义，从而削弱他们的动机和工作表现。

1. 工作量与奖励之间的匹配

一个有效的薪酬方案应能让销售人员感受到付出与回报之间的合理关联。理论上，薪酬体系应将工作量、业绩成果与奖励紧密挂钩，但在实际操作中，效果往往未必尽如人意。例如，某些薪酬方案以销售额增长率为激励标准，旨在鼓励销售人员开拓新客户、扩大市场份额或推广新产品。这类方案在增长型市场中或许表现良好，但对于那些负责维护成熟客户群的销售人员来说，却可能并不适用。

在成熟的市场中，客户群体相对稳定，增长空间有限，销售人员的核心任务更多是维护现有客户关系，而非开发新业务。如果企业的战略目标是稳定客户基础并提升客户满意度，那么这些销售人员实际上更像是在承担"管理固定资产"的角色。在这种情况下，企业应制订专门针对客户维护的薪酬方案，将考核指标聚焦于客户续约率、客户满意度或服务质量等，而非单纯依赖销售额的增长率。这样可以更好地激励销售人员，确保他们的努力与企业的战略目标相匹配。

2. 工作量与工作类型的区分

销售工作的激励不仅仅体现在工作量的增加上，还需要明确区分不同类型的工作任务。例如，开发新客户与维护老客户、推广高利润产品与销售高销量产品等，这些任务对销售人员的能力要求、投入程度和时间管理都有很大差异。如果薪酬体系未能清晰区分这些工作类型，便可能导致资源分配上的错配。

例如，如果企业的战略目标是增加新客户，但薪酬体系却偏重奖励客户维护工作，销售人员自然会倾向于更多地投入到老客户的管理中，忽视开拓新市场的任务。这种错配不仅会影响销售人员的行动方向，也有可能使其偏离企业的整体战略目标。

因此，薪酬方案的制订应当从企业的战略目标出发，明确希望销售人员专注的工作类型。为了确保不同任务类型得到合理激励，企业可以设置差异化的激励机制。例如，针对开发新客户的销售人员，企业可以提供更高比例的绩效奖金；而对于维护现有客户的销售人员，企业可以通过长期客户奖励计划来激励。这种差异化设计能够有效确保销售团队的工作重点与企业目标保持一致，从而提升整体销售效能。

3. 绩效衡量的准确性

在薪酬方案中，绩效衡量标准至关重要。销售人员只有明确目标，并相信付出的努力能够带来可衡量的成果，才能最大限度地发挥他们的潜力。一个有效的绩效衡量体系需要具备以下三个关键特点：

首先，合理的衡量标准是必不可少的。绩效指标应当与销售人员的职责相匹配。例如，对于负责开发新客户的销售人员，企业可以通过新客户签约数量来衡量他们的表现；而对于负责客户维护的销售人员，企业应侧重于客户满意度和续约率等指标。

其次，可获得的数据支持至关重要。企业需要为销售人员提供准确且及时的数据支持，从而确保绩效评估的公正性和有效性。例如，客户拜访频次、订单金额和销售周期等指标应当被清晰记录，并作为考核依据，这样销售人员才能在明确的数据支持下优化自己的销售策略。

最后，可靠的考核流程同样不可忽视。绩效考核不仅仅是衡量结果的工具，也是沟通和反馈的重要桥梁。定期的绩效评估可以帮助销售人员了解自身的表现，同时为管理者提供发现问题和支持员工改进的机会。

4. 薪酬方案制订的两大维度：薪酬配比与总量

薪酬方案的制订需要在"配比"和"总量"两个方面达到平衡，这对于确保薪酬体系的有效性和激励作用至关重要。配比是指基本工资与绩效奖金之间的比例，这一比例必须根据市场环境、企业战略和销售任务的变化进行动态调整。在一些市场竞争激烈的情况下，为了激励销售人员更积极地开拓市场和争取客户，企业可以增加绩效奖金的比例，使销售人员的收入与其业绩直接挂钩。这种调整不仅能提升销售人员的积极性，还能确保他们聚焦于企业的核心目标，如拓展市场份额或提升特定产品的销量。同时，在市场相对平稳时，企业可以适当降低绩效奖金的权重，将更多的薪酬集中在基础保障上，这样可以确保销售人员在执行日常任务时的稳定性和长期发展。

而总量则是指薪酬的整体竞争力，即企业如何分配有限的薪酬预算。有效的薪酬分配不仅要求公平性，还要考虑到企业战略目标和销售活动的优先级。在薪酬预算有限的情况下，企业必须根据不同销售活动的优先级进行合理倾斜。如果企业的战略目标是推动高利润产品的销售，企业应将更多的预算分配给这些产品的销售激励，而不是仅按照整体销量简单分配。这可以通过设置不同的激励权重，针对特定产品或市场制定差异化的奖金政策，从而引导销售人员的行为向企业战略目标靠拢。这样不仅能有效调动销售人员的积极性，也能确保企业的资源和目标得到最大化的利用。

因此，薪酬方案的制订不仅要在配比和总量之间找到平衡点，还要根据市场的变化和企业的战略需求灵活调整。通过合理配置薪酬资源，企业能够最大限度地激励销售人员的工作热情，并确保其行为与企业的长期目标保持一致。

5. 薪酬、激励与考评的闭环关系

薪酬、激励与考评之间存在着紧密的闭环关系，这一闭环体系能够帮助企业有效引导销售团队行为，确保销售人员的工作重点与企业战略目标保持一致，推动长期业绩增长。其运作过程如下：

首先，激励影响工作量。管理者通过薪酬方案和激励策略激励销售人员付出更多努力，从而增加工作量。明确的激励机制能够让销售人员更加积极地投入到工作中，推动销售活动的开展。例如，设定具有吸引力的绩效奖金和销售目标，能够激发销售人员的竞争意识和动力，促使他们主动寻找机会，提升销售业绩。此外，激励还应包括非物质激励，如认可、表扬等，这些激励能够提高销售人员的归属感和

工作满足感，进一步促使他们为达成目标而努力。

其次，工作量产生结果。销售人员通过一系列具体的活动，如拜访客户、开展产品推介、完成订单等，获得实际的销售成果。销售人员的努力和工作量在这一阶段开始转化为可衡量的业绩。这些业绩是对销售人员努力的直接反映，同时也为企业提供了关键的市场反馈。无论是新客户的开拓还是现有客户的维系，这些努力都最终转化为企业收入的增长和市场份额的扩大。

随后，结果推动考评。绩效考评体系根据销售结果对销售人员的表现进行全面评估，为薪酬分配提供依据。考评不仅关注有关销售业绩的数字，还要综合评价销售人员的工作方式和付出的努力。例如，销售人员是否遵循了企业的销售流程、是否积极参与团队协作、是否在客户服务中展现了优异的专业素质等，都应该作为考评的因素之一。这样，考评不仅能够反映销售人员的业绩表现，还能促进团队合作与企业文化的贯彻。

最后，考评反馈薪酬。绩效考评结果直接影响薪酬分配，通过薪酬奖励来强化销售人员的积极行为，进一步激励他们保持或优化表现。例如，业绩突出者能够获得丰厚的奖金、晋升机会或其他福利，从而鼓励他们继续努力，追求更高的业绩。而对于表现较弱的销售人员，企业应通过适当的反馈和辅导，帮助他们改进工作方法，确保他们能够继续提升自己的表现。

这一闭环体系形成了销售管理的核心驱动力，帮助企业保持高效的销售动力，促进员工与企业目标的高度契合。通过持续的反馈与激励机制，企业能够推动销售团队的长期发展，不断提升业绩表现，最终实现企业战略目标的达成，同时促进销售人员的职业成长并提高其工作满意度，从而实现双赢。

6. 薪酬方案与激励的相互作用

一个有效的薪酬方案不仅仅是单纯的物质激励工具，也是销售管理中的支柱。薪酬、激励和考评紧密结合，形成一个完整的闭环：增加工作量，工作量带来销售成果，成果通过考评体现于薪酬中，薪酬反过来强化销售人员的动机和行为。

在制订薪酬方案时，企业需要综合考虑工作量、工作类型、市场条件和战略目标之间的关系，确保薪酬体系不仅能够激励销售人员付出努力和获得成果，还能引导他们朝着正确的方向前进。通过这一闭环体系，企业不仅提升了销售团队的整体效率，还推动了业绩的持续增长，同时确保了资源的合理分配和战略目标的精准落实。

总结而言，薪酬、激励和考评之间的相互联系形成了一个有效的闭环。管理者通过薪酬方案激励销售团队，激励产生的工作量和结果推动绩效考评，考评反馈与薪酬体系结合，再次强化了销售人员的动机和行为。这一机制确保了销售团队的行为与企业战略高度一致，进而使企业实现了持续的业务增长与目标达成。

制订销售薪酬方案

制订销售薪酬方案是复杂而系统的工作，需要企业充分理解战略目标、市场环境、销售团队构成和目标客户群特性。以下是制订销售薪酬方案的关键步骤和注意事项：

1. 明确销售目标和任务

在制订薪酬方案之前，企业首先需要明确销售目标和任务，这些目标将为薪酬方案的制订提供方向和依据。具体来说，企业可以从市场扩展、客户维护、业务增长和盈利能力等几个方面来确定目标。例如，企业是希望通过激励销售人员快速开拓新市场或新客户，还是更侧重提升现有客户的满意度和忠诚度，从而增加客户的复购率？此外，企业可能更加关注销售额的提升，尤其是通过增加产品组合的销售量或推广新产品来推动业务增长。最后，盈利能力也是一个重要的考虑因素，企业可能希望通过提高利润率、减少不必要的折扣和促销活动来增强整体盈利水平。明确了这些销售目标后，企业可以进一步确定最重要的销售任务，从而为薪酬方案的制订奠定基础，确保薪酬激励能够有效支持并推动企业战略目标的实现。

2. 识别关键销售行为

根据销售目标，企业应明确销售人员需要完成的关键行为。这些行为的定义将帮助销售人员理解如何具体执行任务，并确保他们的努力与企业目标高度一致。例如，如果企业的目标是扩大客户群，销售人员就需要增加客户拜访的频次，以便开拓更多的潜在客户。如果目标是推动新产品的市场占有率，企业可以鼓励销售人员将新产品与现有产品进行组合销售，提升新产品的市场渗透率。对于那些需要提高客户满意度的企业，销售人员可能需要定期回访现有客户，并提供技术支持和维护服务，以便巩固客户关系并提高客户忠诚度。

在制订薪酬方案时，企业必须确保这些关键行为得到合理的激励，使销售人员能够专注于执行企业希望他们完成的具体任务。通过将这些行为与薪酬激励紧密结合，企业不仅能够提升销售人员的工作积极性，还能有效推动销售目标的实现。

3. 了解市场和行业薪酬水平

薪酬方案必须具备市场竞争力，否则企业将难以吸引和留住优秀的销售人才。因此，了解行业内其他企业或竞争对手的薪酬水平与激励机制，成为制订薪酬方案的重要步骤。企业可以通过多种方式获取市场信息以确保薪酬体系的合理性与竞争力。

首先，企业可以通过公开渠道获取行业薪酬数据，如行业报告、薪酬调查和招聘网站等，这些资源通常能提供整个行业的薪酬水平概览。其次，机构发布的针对特定职位的薪酬数据，这些数据能帮助企业了解特定行业或职位的薪酬趋势。再者，猎头和招聘公司通过专业的市场调研，能够为企业提供类似销售职位的薪酬要求，帮助企业全面评估市场需求和标准。

在掌握市场薪酬水平的基础上，企业可以结合自身的薪酬预算和战略目标，制订一个既具竞争力又符合企业长远发展的薪酬方案。这样，企业不仅能在人才竞争中占据优势，还能确保薪酬体系的可持续性与内部公平性。

4. 确定薪酬结构：基本工资与激励奖金的分配

一个有效的销售薪酬方案通常由基本工资和激励奖金两部分组成，以便确保薪酬结构的平衡和激励效果的最大化。基本工资适用于那些稳定性较强或销售周期较长的任务，如复杂的 B2B 销售或高技术含量的产品销售。在这些情况下，销售人员需要较高的基本工资来确保稳定性和持续性，以便他们能够专注于长周期的销售过程和深入的客户关系建立。激励奖金则适用于短周期、销售额波动较大的任务，如快速消费品销售或新客户开发。在这些情况下，高比例的提成或奖金能够有效激励销售人员快速完成任务，推动他们在短时间内实现业绩目标。

薪酬结构应根据行业特性、市场变化和销售任务的复杂性灵活调整。例如，对于技术密集型行业，企业可能需要较高比例的基本工资，从而确保销售人员能够投入足够的时间和精力理解产品并为客户提供专业支持。而对于高交易频率的行业，企业则可以设计高杠杆的奖金激励机制，通过高提成比例来鼓励销售人员在短时间内完成更多交易。通过这种灵活的薪酬结构的设计，企业能够更好地调动销售人员的积极性，并与行业特点和销售任务相匹配。

5. 设计激励机制

激励机制的设计至关重要，它直接关系到销售人员的动机和行为导向。在设计激励机制时，企业需要全面考虑几个关键因素，确保激励措施能够有效提升销售人员的表现并与企业目标一致。

首先，绩效指标的选择是激励机制设计的核心。常见的激励指标包括销售额、新客户数量、客户满意度和利润率等。不同的销售角色应设定不同的绩效指标。例如，大客户销售人员可以侧重于新客户的开发量和大单成交量，而客户维护人员则应侧重于客户满意度和复购率，确保他们专注于长期客户关系的管理和优化。

其次，奖励分配方式也非常重要。对于团队合作型的销售团队，应将团队绩效与个人贡献挂钩，确保每个团队成员都能够在合作中获得公平的回报。同时，为了进一步激励团队协作精神，企业可以设计"双算"机制，即将合作项目的销售额分别计入每个合作伙伴的业绩中，从而鼓励团队成员间的相互协作和支持。

最后，时间周期的选择应根据企业的销售周期来确定。对于短周期的行业，如快速消费品或日常销售，企业可以选择月度或季度激励，以便快速反馈销售人员的表现并调整策略。而对于长期项目或复杂销售，如大宗商品或技术产品销售，企业可以设定年度或项目周期内的激励机制，确保销售人员在长销售周期中保持持续动力和目标导向。

通过综合考虑绩效指标、奖励分配方式和激励周期，企业可以设计出更为有效的激励机制，确保销售人员朝着正确的方向努力，并推动企业业绩提升。

6. 考虑区域和岗位差异

销售薪酬方案应具备灵活性，以便适应不同区域和岗位的特点。首先，区域差异是薪酬方案制订中需要考虑的重要因素。不同地区的市场潜力和客户群体可能有所不同。例如，在市场潜力较大的区域，企业可以设置较高的业绩目标，并给予相应的奖金激励，激励销售人员积极开拓新市场；在成熟市场，增长空间相对有限，销售目标可以适度降低，更多侧重于客户维护和关系管理。

其次，岗位差异也是制订灵活的薪酬方案时不可忽视的因素。销售团队通常包括多个角色，如新客户开发、客户维护和技术支持等，每个岗位的职责和工作内容都有差异，因此，薪酬方案应根据岗位特点进行调整。例如，新客户开发团队主要负责拓展市场和开发新客户，适合采取高提成模式，以便激励其积极开拓市场；技术支持团队则主要负责客户的售后服务和技术支持，其工作稳定性较强，因此更适合以基本工资和固定奖金为主，确保其稳定的工作状态和持续的支持能力。

通过根据区域和岗位差异进行薪酬方案的制订，企业能够更加精准地激励销售团队，确保销售目标和激励措施与市场需求和岗位职责相匹配，从而最大化销售团队的整体绩效。

7. 设立清晰的绩效考核标准

薪酬方案的有效性依赖于清晰、透明的绩效考核标准，这些标准不仅应与企业战略保持一致，还需要易于销售人员理解和掌握。明确的考核标准能够帮助销售人员清楚地认识到他们的工作目标和努力方向，从而提高薪酬方案的激励效果。

例如，如果企业的目标是快速扩展市场份额，那么销售额可以作为主要的考核指标，从而推动销售人员在短期内实现业绩增长。若企业更加注重提升服务质量，则应将客户满意度和服务质量纳入考核范围，确保销售人员不仅关注销售业绩，还要注重客户关系的长久维护。对于开拓新市场或推广新产品的企业，新客户开发量可以作为关键考核标准，激励销售人员不断寻找并开发新客户，扩大市场占有率。

确保这些考核标准既透明又可衡量，是提高销售团队积极性和工作效率的关键。只有当销售人员明确了解自己的工作目标并且知道如何通过自己的努力达到这些目标时，薪酬方案的激励效果才能得以充分发挥。

8. 定期评估和调整薪酬方案

市场环境和企业战略可能会随着时间的推移而发生变化，因此，薪酬方案不应一成不变。为了确保薪酬方案始终能够有效激励销售团队实现既定目标，企业应定期评估并优化薪酬方案。这一评估过程能够帮助企业及时发现问题并做出相应调整，确保激励措施与市场和企业需求保持一致。

评估薪酬方案时，企业可以通过以下几种方式获取反馈。首先，企业可通过销售数据来分析销售团队的业绩表现，判断薪酬方案是否有效。例如，是否有销售人员未能实现目标，或是否出现了过于剧烈的业绩波动，这些都能反映出薪酬方案的有效性和激励水平。其次，收集员工反馈也是重要的评估手段。通过调查或访谈了解销售人员对薪酬方案的实际感受，能够揭示他们在实际工作中遇到的激励困境和需求变化。最后，市场对比也是评估薪酬方案的关键步骤。企业应定期检查行业内其他企业和竞争对手的薪酬方案，确保自身薪酬体系具有足够的竞争力，从而吸引并留住优秀的销售人才。

通过结合销售数据、员工反馈和市场对比，企业可以全面了解薪酬方案的实际效果，并根据变化的市场环境和企业战略及时进行优化调整，确保激励机制始终有效、灵活且富有竞争力。

从战略到执行的薪酬设计闭环是连接企业战略与销售团队执行力的关键。首先，确定关键销售任务并随市场变化调整，从而确保薪酬方案与企业战略目标一致。其次，明确销售人员的具体行为，并将激励与绩效挂钩，确保行为导向与任务目标相符。结合市场基准和岗位特点设计有竞争力的薪酬结构，并根据任务复杂性动态调整基本工资与激励奖金的比例，确保薪酬结构可以灵活应对不同销售任务。最后，建立多样化激励机制，既支持个人表现，也鼓励团队协作与长期发展。一个成功的薪酬方案不仅能激励销售人员践行正确行为，还能将个人利益与企业战略目标统一，推动组织长远发展。在快速变化的商业环境中，持续优化薪酬体系是提升企业竞争力的关键。

有效销售薪酬方案的核心特点

销售薪酬方案是企业战略执行的重要工具，其设计必须与商业环境紧密结合。销售薪酬不仅仅是激励手段，更是连接战略目标、绩效管理和市场动态的重要枢纽。以下是有效销售薪酬方案所具备的核心特点：

1. 聚焦：清晰的优先级与资源分配

一个有效的薪酬方案应紧密围绕企业战略中的重点任务进行设计，而非试图兼顾所有可能的目标。企业在制定战略时，通常会面临众多任务和目标，但不是所有的目标都能被同等对待。薪酬方案的制订必须聚焦于关键目标，明确哪些销售行为和结果是战略中的优先事项，避免将激励资源分散到过多的方向上。如果试图同时激励所有领域，销售团队将难以明确哪些目标才是最重要的，最终可能导致模糊激励。在这种情况下，销售人员的精力和动机会被稀释，难以全力以赴地专注于那些对企业发展至关重要的任务。

战略成功的关键在于选择重点，即在众多目标中挑选出最具影响力的几个关键点，并确保资源、时间和精力被优先投入到这些领域中。在薪酬方案中，这意味着需要将激励与企业的核心目标高度对接，确保销售人员的动机和行为始终朝着这些目标前进。例如，如果企业的战略是扩大市场份额或推广新产品，那么薪酬方案应更多地集中于激励这些与战略目标直接相关的销售行为，如新客户开发、产品销售等，而不应过多关注一些低优先级的任务。

通过这种方式，薪酬方案不仅能够提高销售团队的执行力，还能确保所有销售人员的努力都围绕企业最重要的目标展开，从而最大化薪酬方案的战略价值。

2. 立足现有战略：面向市场的动态设计

销售薪酬方案的有效性源于其对市场环境和企业战略的敏锐响应，而不仅仅依赖于过去的数据和历史经验。首先，企业应拒绝基于历史的调整。传统的做法往往通过"上一年目标微调"的方式设定新的目标，这种方式忽视了市场的动态变化和企业战略的转向，容易导致薪酬方案滞后于实际需求，从而无法有效驱动销售团队实现企业的最新战略目标。

相反，销售薪酬方案应基于市场和未来的视角进行制订。通过分析市场趋势、竞争态势和未来潜力，企业可以设定更具前瞻性的销售目标。这不仅能确保薪酬方案的激励机制与市场需求保持一致，还能推动销售团队在一线实施企业战略，挖掘新的增长机会。在此基础上，薪酬方案应该具备灵活性和适应性，能够随市场的变化及时调整，确保其持续激励销售人员在不断变化的环境中保持高效能。

此外，有效的薪酬方案还需要与企业的战略目标和汇报系统紧密结合。通过清晰的销售任务和目标，薪酬方案应与企业的信息系统和绩效评估流程衔接，从而确保战略决策能够有效地在销售团队中执行。只有当薪酬方案与企业的战略方向、市场环境和团队执行力紧密联动时，它才能真正起到推动业绩增长的作用。

因此，薪酬方案不能是闭门造车的产物，而应是基于市场现实、企业能力和战略目标的综合结果。只有这样，薪酬方案才能真正成为实现企业战略目标、激励销售团队和应对市场变化的有力工具。

3. 连接绩效评估：清晰的激励与管理关系

薪酬方案不仅是激励工具，更是绩效管理体系的重要组成部分。在制订薪酬方案时，企业要首先确保薪酬与绩效的联动性。销售团队需要清楚地了解薪酬方案如何与绩效评估挂钩，避免模糊的奖励机制。明确的绩效标准能够确保销售人员的努力与企业目标保持一致，从而提高整体业绩。

其次，薪酬方案不能替代绩效管理。虽然薪酬是激励的重要手段，但它不能完全取代持续的绩效管理。企业不能仅依赖薪酬制度中的奖励算法，忽视管理层在日常指导、反馈和能力建设中的核心作用。持续的绩效管理能够帮助销售人员明确发展方向，提升技能，并解决工作中的实际问题。

最后，销售经理的核心作用不可忽视。在薪酬方案的执行过程中，销售经理扮演着绩效衡量者、反馈提供者和能力建设者的多重角色。他们需要确保薪酬方案真正能够推动团队表现，并及时提供反馈与支持，从而促进销售人员的成长与业绩提升。

薪酬方案是绩效管理的有力工具，但其效果必须通过有效的管理实践来放大。

不同类型企业的薪酬绩效设计

不同类型企业的薪酬绩效设计需要根据各自的行业特点、产品类型、市场周期和销售模式的差异进行量身定制。以下是十个不同行业的薪酬绩效设计案例：

1. 快速消费品行业

在快速消费品（FMCGs）行业，产品销售周期短、交易频率高，市场竞争激烈。企业以快速占领市场为目标，销售薪酬绩效设计通常采用低基本工资和高提成比例的模式，强调短期激励。销售人员的主要收入来自销售额提成，奖金与月度或季度业绩直接挂钩，确保收入与业绩紧密关联。此外，企业可设立"月度销售冠军"等短期奖项，激励团队快速达成目标。

绩效考核围绕销售额、客户开发量和市场覆盖率展开，要求销售人员在短时间内完成大量客户拜访和促销活动，从而提升市场占有率。这种设计能有效激发团队的积极性，适应快节奏、销量导向的行业特点。然而，企业在实施时需具备强大的销售管理能力，避免过度竞争或短期行为对企业的品牌和市场形象造成负面影响。

2. 高科技行业

在高科技行业，销售周期通常较长，产品技术复杂且单笔交易金额较大。销售人员不仅需要销售产品，还要为客户提供技术支持和解决方案，因此薪酬绩效设计更加注重稳定性和长期激励。

薪酬结构通常包括高比例的基本工资和中等比例的绩效奖金。较高的基本工资保证销售人员在长周期项目中的稳定性，而绩效奖金则根据销售额、客户满意度和项目完成情况发放，从而激励销售人员持续推动销售和客户服务。

激励机制方面，长期激励措施（如年度奖金、股权激励或项目奖金）通常是薪酬绩效设计的重要组成部分。销售人员通过达成年度目标或成功完成大客户项目，可以获得较高的年终奖金或股权奖励，这不仅能够激励他们在复杂的销售周期中保持投入，还能增强他们的忠诚度。

绩效考核标准则重点考核新客户开发、大客户管理和客户满意度等指标。由于高科技行业的客户需求复杂,销售人员除了完成销售任务,还需维持良好的客户关系,因此,考核标准不仅限于销售额,还包括客户反馈和项目交付的成功率。

这样的薪酬设计非常适合技术含量高、销售周期长的行业,能够帮助企业吸引和留住高技能的销售人才,同时激励他们在较长时间内持续推动销售项目的成功,确保企业在竞争激烈的市场中保持优势。

3. 保险行业

保险行业的销售依赖于长期客户的开发和关系维护,销售人员通常需要花费大量时间进行客户拜访、咨询和跟进。因此,保险行业的薪酬设计强调个人业绩和荣誉激励,以便确保销售人员能够持续投入并维护长期客户关系。

薪酬结构通常包括较低的基本工资,销售人员的主要收入来源于业绩提成和个人奖金。每签一份保险合同,销售人员就能获得相应比例的提成。此外,保险公司还会设立荣誉奖项,如"最佳业绩奖"和"年度销售冠军"等,进一步激励销售人员。这些奖励不仅是对销售人员个人成就的认可,还能激发他们的竞争意识和追求卓越的动力。

激励机制方面,保险公司通常会设立年度评选活动,授予优秀销售人员荣誉称号和给予物质奖励,如带薪旅游、培训机会等。这种方式不仅能满足销售人员对金钱的需求,还能通过荣誉激励提升他们的成就感和归属感,增强他们的工作动力和忠诚度。

绩效考核标准则主要围绕销售额和新客户的开发展开。由于保险行业的销售业绩不仅与销售人员的工作量相关,还与客户维护能力密切相关,考核标准通常包括续签率、新客户数量和客户满意度等指标。这种综合性考核方式确保销售人员在提高销售额的同时,也能持续加强与客户的长期关系。

这种薪酬绩效设计的优势在于通过高提成和荣誉激励来保持销售人员的积极性,同时吸引他们长期致力于客户关系的培养。通过这种方式,保险公司能够激励销售人员为客户提供优质的服务,确保客户的长期留存与满意,从而推动企业的持续发展和市场占有率的提升。

4. 房地产行业

房地产行业的销售周期较长,交易金额大,但销售机会较少,因此销售人员需要具备强大的客户开发能力和谈判技巧。为了激励销售人员全力促成交易,房地产行业的薪酬绩效设计通常采用高佣金模式。薪酬结构一般采用高佣金和较低的基本工资相结合的模式，销售人员的主要收入来源是每笔交易的高比例佣金。这种模式能够强烈激励销售人员全力以赴推动交易完成，从而直接提高个人收入，同时推动企业的业绩增长。

激励机制方面，房地产企业通常设有成交奖和项目奖。例如，当销售人员成功签订一份高额合同或达到某个项目的销售目标时，他们可以获得额外的奖金或物质奖励。此外，企业还会设立如"年度销售冠军"等荣誉奖项，给予最佳销售团队成员高额奖金和其他激励，从而表彰他们的卓越表现，并激励他们在未来的销售过程中继续努力。这些激励措施不仅促进了销售人员的积极性，还增强了团队的竞争力和凝聚力。

在绩效考核标准上，对房地产销售人员的考核主要围绕签约数量和成交额进行。由于每笔交易的金额通常较大，销售人员的业绩增长直接与企业的收入增长密切相关，因此他们的工作重点是提高成交量、开发新客户并推动现有客户的成交。这种薪酬绩效设计确保了销售人员集中精力完成高价值交易，同时也能有效推动企业业务的增长。

这种高佣金模式非常适合高额、低频交易的行业，它能够有效激励销售人员在长期项目中保持高度积极性和专注度，同时确保他们的努力与企业的业绩增长紧密挂钩。

5. 医药行业

在医药行业，销售人员需要频繁拜访医生、走访医院和巡访零售药房，建立长期合作关系并推动药品的市场推广。由于行业专业性强，薪酬绩效设计需结合产品推广的复杂性和客户关系维护，以便激励销售人员在维护客户的同时推动市场渗透。薪酬结构通常采用基本工资与奖金相结合的方式。鉴于医药销售要求较高的专业知识和长期客户积累，基本工资设定较高，从而保持销售人员的专业形象和稳定性，同时确保他们专注于长期的客户关系管理。奖金部分则根据销售业绩和新客户开发情况设置，激励销售人员争取更高业绩。

激励机制方面，许多医药公司设立了产品推广奖金和市场开发奖，特别奖励在特定药品推广和新市场开发中表现优异的销售人员。这不仅推动销售人员关注当前市场机会，还激励他们拓展新市场领域。此外，企业还提供职业培训和进修机会，帮助销售人员提升专业能力和行业知识，确保他们在变化的市场中保持竞争力。

绩效考核标准涵盖药品销量、市场覆盖率和客户关系管理等多个维度。由于销售人员需与医生和医疗机构建立深厚的关系，考核标准不仅限于销售额，还包括医生反馈和客户满意度。这种考核方式确保销售人员不仅关注短期业绩，还能维持长期客户关系并提高客户忠诚度。

这种薪酬模式通过稳定的基本工资和有针对性的奖金激励，既保证了销售人员的专业性，又推动了医药产品的市场覆盖，帮助企业在竞争激烈的医药市场中稳步增长并扩大市场份额。

6. 金融服务行业

在金融服务行业，销售人员（如银行客户经理、投资顾问等）面临的是复杂的金融产品，这些产品通常需要客户经过长时间的决策过程。因此，薪酬方案不仅需要激励销售人员推动短期销售，还应考虑到长期激励与稳定性的结合。薪酬结构一般以高比例的基本工资和中等比例的绩效奖金为主。较高的基本工资能够确保销售人员在长期开发客户时的稳定性，尤其是在客户决策周期较长的情况下。绩效奖金则根据资产管理额、客户数量和产品销售额来发放，从而激励销售人员努力提高业绩。

激励机制方面，金融服务企业通常设有长期激励措施，如年度奖金、资产管理规模奖励和股权激励。这些激励不仅关注短期目标的实现，还鼓励销售人员在长期内维持高效的业绩表现和客户关系。此外，为了提升员工的忠诚度和专业水平，企业通常还会提供培训和资格认证的机会，帮助销售人员提升个人能力，以便更好地为客户提供专业的金融咨询和服务。

在绩效考核标准方面，金融服务行业的考核标准通常围绕资产增长率、客户留存率和产品销售额展开。由于金融产品销售的复杂性，绩效考核不仅关注销售额，还包括客户满意度和风险管理等因素。这些指标有助于确保销售人员在推动业绩增长的同时，也能保持良好的客户关系，确保客户的长期满意度和信任。

这种薪酬绩效设计适合高端客户开发和长期投资管理，能够确保销售人员在复杂的销售环境中保持专业性和稳定性，同时推动企业实现可持续发展。通过高比例的基本工资和有效的绩效激励，企业不仅能保持销售人员的稳定性，还能够激励他们为客户提供优质的服务，达成长期业绩目标。

7. 汽车销售行业

在汽车销售行业，销售周期相对较短，但每笔交易金额较大，因此销售人员需要在较短时间内迅速完成销售流程，并积极开发新客户。为了激励销售人员快速行动并提升业绩，薪酬绩效设计通常采用中等基本工资和高比例提成的模式。汽车销售人员的主要收入来自每笔交易的提成，这种激励方式与销量直接挂钩，能够有效调动销售人员的积极性，促使他们全力以赴地推动销售。此外，企业还会根据销售额的累计情况设定阶段性奖金，从而进一步激励销售人员在达成业绩目标的同时保持持续的销售热情。

在激励机制方面，汽车销售公司通常会根据销售业绩设立"销售冠军"等奖项，每季度和每年度为表现突出的员工提供高额奖金或其他物质奖励，如旅行或奢侈品。这种方式不仅能够强化销售人员的竞争意识，还能通过奖励提供额外的动力，促进销售团队持续奋进。为了鼓励长期发展和员工成长，汽车销售公司还会为表现优秀的员工提供管理培训机会，帮助他们晋升至销售管理岗位，为个人职业发展和企业团队建设打下坚实基础。

绩效考核标准方面，汽车销售行业的考核主要基于成交数量和成交金额。然而，为了提高客户满意度，考核还会包括销售人员的客户服务质量和售后支持情况。这确保了销售人员不仅专注于短期销售，还能关注长期客户关系的维护，提升客户的忠诚度和满意度。

这种高提成和奖励方式非常适合汽车销售这一需要快速成交、客户多样化的行业，能够有效保持销售团队在激烈的市场竞争中的活力，激励员工持续优化销售技巧、提升业绩，并确保客户满意度和企业长期发展。

8. 电子商务行业

在电子商务行业中，销售人员通常需要处理大量的客户订单和询价，同时通过线上和线下渠道开拓新客户，这对薪酬绩效设计提出了更高的要求。

为了适应行业特点，薪酬结构通常采用基本工资与绩效奖金相结合的方式。基本工资设定较低，从而激励销售人员通过业绩提升收入；绩效奖金则根据客户成交量、新客户开发量和线上活动推广效果等指标计算，确保薪酬与业绩直接挂钩。此外，企业设立月度和季度的销售目标奖金，同时为销售团队设立团队合作奖，鼓励销售人员通过协作提升整体业绩。对于拓展新市场的销售人员，企业还会额外设立市场开发奖励，从而激励其开拓新业务领域。

在绩效考核方面，电子商务行业的考核标准包括成交额、转化率、客户留存率和线上活动推广效果等。这些指标不仅能够全面反映销售人员的销售能力，还能衡量他们在业务推广中的表现。通过这种灵活的薪酬设计，企业能够有效激励销售人员积极适应快速变化的市场环境，不断提升线上和线下的客户开发能力，从而推动整体业绩的持续增长。

9. 制造业

在制造业中，销售人员通常面向 B2B 客户，销售定制化或批量的工业产品，销售周期较长且需要深度的客户关系维护。因此，薪酬结构通常采用高比例的基本工资加绩效奖金的形式。由于销售过程复杂且周期长，较高的基本工资能够保证销售人员的稳定性和工作投入度，而绩效奖金则与大客户合同签订量、合同金额和客户维护的持续性挂钩，从而激励销售人员推动长期项目的达成。

在激励机制方面，制造业企业会设立项目奖金和客户维护奖金，用以鼓励销售人员完成长期项目并维持客户关系。同时，企业还会设立大客户开发奖项，激励销售人员在维护现有客户的同时不断开拓新客户。绩效考核标准主要包括销售额、合同金额和客户关系稳定性等指标。此外，由于制造业产品的技术含量较高，企业还会考核销售人员的产品技术知识和客户培训能力，以便确保他们能够为客户提供完整的解决方案。

这种薪酬绩效设计确保了销售人员在复杂的 B2B 销售环境中，既有稳定的收入来源，又有足够的激励来推动长期项目和新客户开发，从而为企业创造持续的价值。

10. 零售行业

在零售行业中，销售人员通常面向大众消费者，产品种类繁多，销售周期短且交易频率高，因此薪酬绩效设计需要着重强调快速销售和团队合作。

薪酬结构通常以基本工资和销售提成相结合的形式为主。基本工资较低，确保企业运营成本可控，而销售提成则根据每笔成交额和月度总销售量计算，从而激励销售人员争取更多订单并提高销售效率。

在激励机制方面，零售行业会设立团队合作奖，用以鼓励团队成员相互配合完成销售目标。此外，企业还会设立"月度最佳销售"等奖项，对表现优异的员工给予特别奖励，如现金奖励或升职机会，从而激发个人积极性。绩效考核标准主要基于销售额、成交单数和客户服务评价。在一些高端零售环境中，企业还会考核销售人员的客户跟进能力和客户维护情况，以便确保客户满意度和复购率的提升。

这种薪酬绩效设计适合快节奏、高频次交易的零售行业，能够促使销售人员保持高效的工作状态，同时提高团队合作的积极性。通过科学合理的薪酬与激励机制，零售企业能够有效激励销售团队，确保销售行为与企业的战略目标一致，并使企业在激烈的市场竞争中建立长期优势。

不同行业的薪酬绩效设计反映了各自的市场特点、产品销售模式和客户需求，企业通过制订符合行业特性的薪酬方案，能够更好地实现销售目标并推动业务增长。

如何设计销售绩效管理制度

在销售管理的具体工作中，销售绩效管理是至关重要的核心环节，其目的在于通过有效的反馈和评估，推动销售团队持续改进并实现预定目标。在这一过程中，绩效反馈与评估方法的科学性和操作方式的可行性，直接决定了绩效管理的成效。作为关键的对标工具，绩效管理体系通常围绕以下四个方面展开：

绩效目标：明确方向，驱动增长

在设计销售绩效管理制度时，企业要先明确绩效目标。绩效目标应紧密围绕企业的整体战略，并根据企业的发展阶段、行业特点和战略方向进行调整和优化。明确绩效目标的过程，可以帮助企业确保销售团队的努力与企业发展的需求保持一致，激励销售人员朝着既定目标努力。以下是不同阶段和类型企业的目标示例：

1. 初创企业：聚焦市场拓展与品牌认知

对于初创企业而言，首要任务通常是快速进入市场并建立客户基础，因此，绩效目标主要集中在市场开拓和新客户开发上。企业可以通过设立市场覆盖率、新客户获取数量和市场份额增长率等指标来推动销售团队积极寻找并开发新的市场机会。销售绩效管理制度应激励销售人员快速扩大市场份额，使企业在市场初期阶段抢占先机，建立品牌认知。

2. 成长型企业：强化客户黏性与服务质量

成长型企业在稳定了初期市场后，重点会转向客户关系的维护和客户忠诚度的提升。此阶段的企业需要专注于提高客户的满意度和维持客户的长期合作，因此应更注重客户保留率、客户满意度评分和客户复购率等指标。通过这些绩效指标，企业可以确保销售人员持续跟进客户需求，及时提供解决方案，从而建立稳固的客户关系。这种考核制度也有助于销售团队增强客户的忠诚度，促进长期合作。

3. 成熟企业：提升盈利能力与客户价值深度开发

对于已经在市场上有较高占有率的成熟企业而言，优化市场份额和提升利润率成为主要目标。此时，企业的绩效管理制度应更加聚焦于提升客户的复购率、交叉销售能力和销售利润率等方面。成熟企业通常拥有稳定的客户群体和产品线，因此，企业应鼓励销售人员通过交叉销售或向现有客户推荐新产品，进一步提升单个客户的价值，从而推动销售额增长。同时，绩效目标也可以包括利润率的提升，确保销售团队在达成销售目标的同时注重提升订单的盈利能力。

明确绩效目标是制定有效绩效考核制度的第一步。企业应根据自身的发展阶段和市场需求，灵活调整和设定绩效目标，并将其细化为具体指标，从而确保销售团队的工作与企业战略目标保持一致。这种明确、可量化的绩效管理制度，可以有效激励销售人员在不同阶段充分发挥潜力，为企业的持续发展奠定基础。

绩效指标：精准评估与科学设计

绩效指标是一种衡量工具，用于传达和评估特定行为或活动的表现，通常以量化形式进行表达。这些指标可以是绝对值（如销售额、客户数量），也可以是相对值（如增长率、市场占有率），旨在对员工或团队的工作成效进行客观测量和分析。

1. 绩效指标设计的原则

销售绩效指标设计原则旨在确保企业能够有效评估和激励销售团队的表现，确保销售人员的工作与企业的战略目标一致。以下是销售绩效指标设计的关键原则：

1）可衡量性（Measurable）。绩效指标必须是具体且可量化的。销售指标必须量化，以具体数字或百分比作为明确目标，使绩效评估更客观。例如，企业设定销售额、客户增长率、市场份额等指标，使销售人员能够清晰了解达成目标所需的具体工作。

2）可实现性（Achievable）。明确的绩效指标应具有挑战性，但也要在销售人员的能力范围内可实现。指标定得过高可能会挫伤销售人员的积极性，而过低则无法激发他们的潜力。绩效指标应在合理的范围内，既能激励销售团队，又能确保销售团队有足够的资源和支持去完成任务。

3）相关性（Relevant）。绩效指标应与企业的整体战略目标紧密相关，确保销售人员的努力能够为企业的核心业务和长期目标做出贡献。例如，如果企业的战略是扩大市场占有率，那么销售绩效指标应聚焦于新客户开发、市场拓展和客户渗透率等方面。

4）时效性（Time-bound）。销售绩效指标应设定明确的时间框架。绩效考核应有月度、季度或年度的时间限制，以便企业和销售人员在特定的时间段内评估和反馈工作结果。这种时间限制确保销售团队有紧迫感，并根据业绩反馈进行及时调整。

5）具体性（Specific）。绩效指标应明确、具体，避免模糊或广泛。清晰具体的绩效指标如"每月新开发客户数量达到 20 个"或"季度销售额增长 10%"，这样可确保销售人员能够理解并知道如何实现目标。

6）公平性（Fairness）。绩效指标的设定应公平，确保所有销售人员在相同的基础上进行考核，避免因个人背景、客户资源或市场区域差异导致的不公平。这有助于提高销售团队的公信力和凝聚力，增强销售人员的工作动力。

7）激励性（Incentivizing）。绩效指标应具备激励作用，能够鼓舞销售人员努力工作并超越目标。绩效指标应能充分激发销售人员的积极性，并与激励措施（如奖金、提成、晋升机会）直接挂钩，确保销售人员能够在实现目标后获得相应的奖励和认可。

8）持续性（Sustainable）。绩效指标应考虑到长期的可持续性，不仅关注短期销售成果，还要确保长期客户关系的稳定和业务的持续增长。例如，设定客户续约率或客户满意度指标可以鼓励销售人员维护客户忠诚度，为企业的长期发展奠定基础。

9）灵活性（Flexibility）。市场环境和客户需求在不断变化，因此绩效指标应具备一定的灵活性。企业应根据市场动态、产品更新以及销售团队的反馈定期调整和优化绩效指标，确保绩效指标的设定始终符合实际市场情况和企业战略。

10）可追踪性（Trackable）。绩效指标应便于监控和追踪，确保管理者能够及时评估销售人员的表现，并提供实时反馈。通过 CRM 系统或其他数据分析工具，企业应建立透明的绩效追踪系统，让销售人员可以随时了解自己的工作进展。

11）多维性（Multi-dimensionality）。销售绩效指标的设定应包含多维度的考核内容，不仅限于单一的销售额或客户开发数量，还可以包括客户满意度、销售周期、利润率等，确保绩效考核体系更加全面，反映出销售人员在多个维度上的表现。

设计符合以上原则的销售绩效指标，能确保绩效评估的公平性、科学性和激励性。通过设定合理的绩效指标，企业能够激励销售人员朝着明确的方向努力，同时实现企业的整体战略目标。

2. 绩效指标设计的方法

绩效指标的设计在销售管理中尤为重要，因为它直接关系到销售团队的工作方向和激励效果。以下是三种常用的销售绩效指标设计方法，每种方法都依据企业的实际情况和战略目标进行定制。

1）基于企业经营目标分解的设计方法。这种方法通过将企业的整体经营目标层层分解为具体的任务和指标，确保每个部门及相关销售人员的工作与企业的战略目标紧密相连。这种分解方式确保绩效指标不仅与企业的发展在大方向上一致，还能明确每个销售岗位的核心职责。通过分解，每一个销售人员都承担着与其职能相匹配的业绩目标，如销售额、新客户开发率、市场份额扩展等。这种方法的优点在于，它能够保证每个销售人员的努力方向与企业战略保持一致，从而整体推进企业的业务目标。例如，对于企业在新市场开拓阶段，销售团队的绩效指标可能集中在新客户获取和区域覆盖率上；而在成熟市场阶段，绩效指标则可能强调客户维护和客户复购率。这样，企业就能灵活调整指标，确保绩效考核始终贴合当前的业务重点。

2）基于工作分析的设计方法。工作分析方法侧重于从岗位职责和任务分布的角度出发，明确销售人员需要完成的核心工作。企业通过岗位说明书和职责分工，将销售人员的工作内容细分为"必须做""应该做"和"建议做"三类，并基于此设计绩效指标。对于销售岗位而言，"必须做"的工作可能包括每月的新客户开发和完成销售额目标，而"应该做"的工作可能包括客户的定期跟进和售后服务，"建议做"的工作可能包括市场调研和竞争分析。

这种指标设计法有助于聚焦销售人员最关键的职责，同时确保考核指标的具体性和可衡量性。例如，一个专注于大客户开发的销售人员的关键绩效指标可以是"季度大客户新增量"和"年度大客户合同签订量"，而不是一些宽泛的、难以衡量的指标。这种方法能有效识别和强化销售岗位中最重要的行为，并将绩效考核直接与这些行为挂钩，从而确保销售人员在日常工作中专注于高价值活动。

3）基于综合业务流程的设计方法。这种方法主要基于销售人员在业务流程中的角色和作用，结合其在团队协作和业务链条中的贡献来设计绩效指标。销售人员不仅与客户直接互动，还需要与内部团队（如市场、产品和客户服务部门）紧密合作。因此，在设计绩效指标时，企业需要全面考虑销售人员在整个销售流程中的职责及其与上下游部门的协作情况。

例如，销售人员在处理客户订单时，不仅需要完成签单，还需协调产品交付和售后服务。因此，指标可以包括"订单交付的准确性""售后客户满意度"等。这种方法通过全面考虑销售人员的工作流程，确保绩效考核不仅仅集中在最终的销售结果上，还关注其在整个销售和服务链条中的整体表现。

这种设计方法尤其适合在复杂业务环境下使用，如制造业、金融服务业或技术销售等领域。在这些行业中，销售不仅仅是为了达成交易，还涉及售前技术支持、交付管理、项目跟进等多重环节。因此，绩效指标可以涵盖"技术方案提交准时率""客户需求响应速度"等，与销售人员的实际工作流程紧密相连，确保考核的科学性和全面性。

以上三种销售绩效指标设计方法从企业战略、岗位职责和业务流程的不同角度出发，确保销售绩效考核的全面性和精准性。无论从企业目标的角度出发，还是基于销售岗位的实际工作内容，都需要综合考虑销售人员在企业业务中的角色及其对企业战略的贡献，从而制定出有针对性且激励效果强的绩效指标。这些方法的应用能帮助企业构建高效的销售团队，并确保绩效考核系统既符合企业的战略目标，也能有效激励员工达成个人及团队目标。

3. 具体化绩效指标

在明确绩效目标后，企业应将这些目标细化为具体的绩效指标，确保每个销售人员的任务与企业的整体战略保持一致。常见的绩效指标可以分为以下几个方面：

首先是市场开拓指标，主要衡量销售人员在新客户开发和市场拓展方面的表现。例如，新客户开发数量是指销售人员在规定时间内成功开发的客户数量，市场占有率增长则考察销售人员在特定区域内提升市场份额的能力，而地区覆盖率则衡量销售人员在新市场或未开发区域的拓展情况。

其次是客户维持指标，主要评估销售人员与现有客户的关系管理。客户续约率反映销售人员维持现有客户的能力，客户满意度评分则基于客户反馈评估销售人员提供服务的质量，客户投诉率则衡量销售人员在处理客户问题和减少投诉方面的能力。

最后，销售提升指标着重于销售人员提升销售额和优化销售过程的能力。交叉销售率考察销售人员在现有客户中推销其他产品或服务的成功率，客户复购率则反映客户的忠诚度和再次购买的频率，订单平均利润率则衡量销售人员在提升销售额的同时控制成本的能力。这些具体化的绩效指标帮助企业更精准地评估销售人员的工作表现，推动业务增长。

绩效回顾：促进成长与持续改进

销售团队的绩效回顾是企业管理中常被忽略，但却具有重要影响的环节。许多企业的人力资源和业务负责人常常抱怨，管理者在执行绩效回顾时，要么草率处理，要么故意避开这一关键任务。结果许多员工都被评为"表现优于平均"，当企业因为预算紧缩需要裁员时，许多员工对自己被裁感到意外，因为他们认为自己的表现并不差。这种问题在销售管理中尤为明显。尽管绩效回顾是提升销售团队绩效和促进个人成长的有效工具，但在实际操作中，它常常被忽视或执行不充分。

绩效回顾对员工的直接反馈作用至关重要，也对他们的长期发展有深远影响。研究表明，员工只有在明确了需要改进的具体领域，并且通过具体的绩效反馈调整行为时，才有机会不断提升表现，逐步成为高绩效员工。定期进行绩效反馈有助于员工了解自身的优势与不足，确保他们在正确的方向上持续改进。

绩效回顾的具体方法和步骤将在第 16 章详细阐述。

绩效考核：方法与实践

绩效考核是评估和激励销售人员的关键工具，常见的几种考核方法包括目标管理、关键业绩指标、平衡计分卡和全方位考核法。每种方法各具特点，企业需根据自身战略目标、组织结构和团队特点灵活选择。以下是这些方法的详细解析：

1. 目标管理绩效考核法

目标管理（MBO）是由管理大师彼得·德鲁克提出的一种管理理念，强调从企业的整体战略出发，逐层分解并设定员工个人目标。德鲁克认为，目标管理的关键在于通过为员工设立清晰且可操作的目标，激励其为企业整体战略目标的实现而努力。这种设计思想强调员工参与目标设定，并确保目标与企业的整体战略保持一致，从而有效提升工作表现并改善企业整体绩效。

目标管理绩效考核法的操作流程通常包括几个步骤：首先是建立员工工作目标列表，员工应与其上级共同完成目标设定。让员工成为目标的制定者和实现者，能够增强目标实现的动力和责任感。接着，明确业绩衡量方法。一旦目标确定，企业就需要设定衡量标准，并建立检查和评估机制，确保评估过程的公正性和透明度。最后，在预定的时间周期结束时进行行业绩评估，比较实际表现与设定目标之间的差距。这不仅有助于识别员工的培训需求，还能评估组织战略的成功性，为下一周期的目标设定提供依据。

2. 关键业绩指标绩效考核法

关键业绩指标（KPI）是一种通过量化管理指标来衡量员工或组织绩效的工具。KPI 的设计思想是通过将影响 80% 工作效果的 20% 关键行为量化为可操作的目标，从而提高绩效考核的效率和效果。KPI 通常关注组织内部流程的关键输入与输出，通过这些关键参数的分析，帮助企业识别关键成功要素并聚焦于最能影响业务绩效的因素。

关键业绩指标的个数一般控制在 5~8 个，以便确保关注核心绩效领域，不被过多无关因素分散注意力。关键业绩指标绩效考核法的操作流程一般包括以下几个步骤：

1）明确企业的总体战略目标：首先要明确企业的战略方向，确定增加利润、提升盈利能力、提高员工素质等战略目标。这些战略目标为 KPI 的设定提供方向。

2）确定企业的战略支目标：将企业的总体战略目标分解为若干战略支目标，每个支目标都对应具体的业务领域。

3）内部流程的整合与分析：设定 KPI 之前，企业必须先整合并分析内部的各项流程，使员工明确自己的指标和职责是如何服务于整体流程，进而影响企业整体运作的。

4）部门级 KPI 的提取：通过对组织架构与部门职能的分析，将战略支目标分解并调整，确保每个部门的 KPI 都能够与企业的整体战略目标保持一致。

5）形成 KPI 体系：根据部门和岗位的职责，结合各个岗位的工作说明书，逐级分解目标并形成统一的 KPI 体系，确保企业目标、部门流程、职能和岗位相统一。

3. 平衡计分卡绩效考核法

平衡计分卡（Balanced Scorecard，简称 BSC）由哈佛大学教授罗伯特·卡普兰与复兴全球战略集团总裁戴维·诺顿于 1992 年提出。平衡计分卡强调将企业的远景、使命和发展战略与企业的业绩评价系统紧密结合，既包含了财务指标，又增加了顾客满意度、内部流程以及学习和成长等非财务指标，从而实现战略和绩效的有机结合，提供了一个更加全面的绩效评估框架。

平衡计分卡绩效考核法的操作流程包括以下几个步骤：

1）建立企业的远景和战略任务：通过 SWOT 分析、市场定位分析等方法，对企业内外部环境进行全面评估，从而明确企业的战略任务和远景。

2）就远景与战略任务达成共识：与企业的所有员工沟通并确保他们对企业的远景和战略任务达成共识，进而提升员工的参与感和使命感。

3）确定量化考核指标：为财务、客户、内部运营和学习与发展四个方面的目标设定具体、可量化的业绩考核指标。

4）企业内部沟通与教育：通过各种内部渠道加强沟通和培训，让全体员工理解企业的远景规划和战略目标，并将绩效目标逐级落实到每一位员工。

5）绩效目标值确定：结合企业的计划和预算，确定年度、季度、月度的绩效考核目标，并将浮动薪酬与绩效目标完成情况挂钩，形成奖惩机制。

6）绩效考核实施：为确保平衡记分卡的顺利实施，企业需强化管理的基础工作，完善人力资源信息系统，进行员工培训与能力建设。

7）绩效考核指标调整：考核结束后，及时汇报各部门的绩效结果，并根据反馈进行调整，确保考核体系的持续优化。

4. 全方位绩效考核法

全方位绩效考核法，又称 360 度绩效考核法，是一种全面、多角度的绩效考核方法。它不仅依赖上级的评估，还综合了来自下属、同事、跨部门协作伙伴、客户和员工本人等多个层面的反馈，从而提供了一个更全面、更客观的评价体系。

全方位绩效考核法的操作流程包括以下几个步骤：

1）上级考评：上级主管通常是绩效考核的主要考评者，他们评估员工的工作能力和任务完成情况。

2）同级考评：与员工工作较为密切的同事，能够提供对员工工作态度、沟通协作等方面的反馈。

3）下级考评：下属对上级进行考评，能够反映领导的管理风格、决策质量和团队氛围等方面的表现。

4）自我考评：员工本人对自己工作表现的评价，既能促进员工的自我认知，也有助于调动员工参与考核的积极性。

5）客户考评：对于与客户接触较多的员工，客户的反馈对评估其工作表现至关重要，尤其是客户满意度、服务质量等方面。

目标管理绩效考核法、关键业绩指标绩效考核法、平衡记分卡绩效考核法和全方位绩效考核法各有优劣，企业需根据自身战略目标、管理现状和团队特点，选择或组合运用不同方法。科学的绩效考核不仅能提升团队执行力，还能推动员工成长，为企业实现持续发展提供强大动力。

·第 11 章·

团队提升：驱动业绩增长的领导力

企业本身不会自动执行战略，战略的落地依赖于团队，尤其是销售团队。因此，个人和组织的能力构建至关重要，特别是在销售组织中，销售管理者的品质、格局和管理能力是否能够符合组织在不同发展阶段的要求，是战略能否真正落地的关键因素。

销售管理者不仅需要具备推动团队前行的领导力和决策力，还需适应企业的长期目标和业务变化。而实际上，许多企业未能充分关注销售管理团队的成长和发展，从而限制了整个销售组织的潜力。

最核心的要素是销售管理团队能否持续学习和不断提升自身能力，通过定期的绩效考核来发现不足并加以改进，推动团队整体的成长。这种持续的学习与提升，不仅能确保销售业绩的稳步增长，还能使销售团队有效应对市场环境和客户需求的变化。

构建销售团队能力模型

构建销售团队能力模型是企业销售管理中的核心任务之一。这一模型不仅为企业在选拔、培养销售人员和提升销售团队能力提供清晰的指导路径，还为销售团队的持续成长和整体绩效提升奠定了坚实的基础。

然而，仅依赖传统的胜任力模型难以满足销售岗位的特殊需求。销售工作动态多变、复杂多样，需要能力模型具备高度的针对性和实际操作性，能够契合市场变化和企业需求。基于多年的销售管理经验与实践，我提出了 TASK 模型，为企业构建销售团队能力提供依据。

TASK 模型以思维逻辑（Thought）、态度与特质（Attitude）、技能（Skill）和知识（Knowledge）为核心，全面覆盖了销售人员从战略思维到执行能力的关键要素。这一模型不仅寓意"任务"（Task），更反映了销售人员通过完成一个又一个任务不断成长的职业逻辑。

TASK 模型的核心要素

1. 思维逻辑：销售的底层驱动

思维逻辑是销售行为的起点，它决定了销售人员的洞察力、判断力和战略意识。具备良好的思维逻辑可使销售人员在复杂的市场环境中做出精准决策，从而提升销售效果。

首先，市场洞察是销售人员必须具备的能力之一。该能力能够帮助销售人员从海量信息中提炼出关键线索，发现潜在机会和风险。例如，一位 B2B 销售人员通过深入调研客户行业动态，预见到即将实施的新法规可能会影响客户，便主动提出合规解决方案，最终促成合作。

其次，客户分析也是销售成功的重要因素。通过深入理解客户的痛点和决策逻辑，销售人员可以精准识别出业务突破口。比如，某销售代表发现客户的瓶颈在于内部流程的复杂性，便推荐了一套自动化系统，帮助客户大幅提高了运营效率，进而加深了合作关系。

逻辑思考是思维逻辑中不可或缺的能力。具备缜密的推理能力，销售人员能够将复杂问题分解为简单步骤，从而制订切实可行的解决方案。例如，销售人员需要评估客户需求、市场环境和竞争态势，迅速做出判断并制定合理的策略。

最后，战略视角要求销售人员能够理解企业的业务目标，并确保自身的销售活动与企业战略目标保持一致。销售不仅仅是完成销售目标的过程，更是帮助企业实现整体愿景的重要环节。通过紧密对接企业战略，销售人员可以为企业的长期发展提供持续的动力。

2. 态度与特质：行动的内在驱动力

态度是销售人员面对压力和挑战时保持积极性的关键，它是推动持续高效表现的内在驱动力。积极的心态和坚定的责任感能够帮助销售人员应对日常工作中的各种困难和不确定性，从而取得更好的业绩。

首先，积极进取是销售人员成功的基本特质。销售工作充满了变数，客户的需求、市场的变化和竞争的压力都可能带来挫折。在这种环境下，积极进取的心态至关重要。积极的销售人员能够从每一次的失败和挑战中汲取经验、调整策略、保持韧性，并且迅速恢复自信，继续前进。

其次，客户至上的理念是建立长期稳定业务关系的基础。优秀的销售人员始终将客户的需求置于首位，不仅关注短期的销售目标，更着眼于与客户建立信任和合作的长期关系。通过为客户提供价值和解决方案，销售人员能够推动双方共赢，打造可持续的合作模式。

再次，责任意识是优秀销售人员的另一项核心特质。拥有强烈责任感的销售人员通常能够主动解决问题，而不是推卸责任或寻找借口。在面对客户需求或市场变动时，他们会积极行动，提出解决方案并迅速执行，确保达成销售目标。

最后，团队协作也是销售人员不可忽视的重要素质。除了个人目标的实现，积极参与团队合作，共同推动团队和组织目标的达成，也是销售人员取得长期成功的关键。一个互相支持和合作的团队能够在个体努力的基础上产生更大的合力，最终获得更优的业绩和成果。

3. 技能：实现销售目标的核心工具

技能是将销售人员的思维和战略转化为实际业绩的核心工具，它直接影响任务完成的效率与质量。具备高效的技能不仅能够提升个人业绩，还能增强销售团队的整体表现。以下是销售人员必备的几项关键技能：

1）客户开发能力是销售人员成功的基础。能够快速识别潜在客户，并迅速抓住机会，是提高销售效率的首要条件。通过不断拓展客户网络，建立并维系信任关系，销售人员能够在竞争激烈的市场中脱颖而出。

2）沟通与影响力则是建立客户信任和促成交易的关键。销售人员不仅需要清晰传递信息，还要通过有说服力的表达引导客户做出购买决策。在与客户的互动中，良好的沟通技巧和较高的影响力能够帮助销售人员赢得客户的信赖，最终促成交易。

3）谈判能力在销售过程中尤为重要。在面对价格、合同条款或交付周期等问题时，销售人员需要在保证客户需求的同时，与客户达成共赢协议。能够有效地进行谈判，不仅帮助销售人员确保合理的利润空间，还能维护长期合作关系。

4）需求挖掘是深入了解客户核心需求的能力。通过精准的提问、倾听和观察，销售人员能够识别客户的显性需求与隐性需求，为后续的解决方案设计提供基础。挖掘出客户的真实需求，是高效销售的起点。

5）解决方案设计则是指根据客户需求提供个性化的方案，突出产品或服务的独特价值。销售人员需要在了解客户需求的基础上，设计出符合其期望的解决方案，从而增强产品或服务的吸引力，提升成交的机会。

6）时间管理是提升销售效率的重要技能。销售人员需要合理分配时间，确保在客户开发、跟进和维护上投入足够的精力，并通过优化工作流程，缩短销售周期，从而实现更高的业绩目标。

这些技能相辅相成，销售人员需要根据市场环境和客户需求不断提升自己的综合能力，确保高效完成每一项销售任务。

4. 知识：应对市场变化的深厚积累

知识是销售人员提供高质量服务和解决方案的基础，它直接影响客户对销售人员专业度的信任。具备扎实的知识储备，不仅能帮助销售人员更好地识别客户需求，还能增强其在客户心中的可信度，进一步推动销售的成功。以下是销售人员在知识方面需要掌握的几个核心领域：

1）行业知识是销售人员的基本竞争力。通过深入了解行业动态、竞争格局和技术趋势，销售人员能够敏锐地识别客户需求的关键点，预测市场走向，从而为客户提供前瞻性的解决方案。行业知识帮助销售人员建立起与客户的共同语言，使其能在复杂的行业环境中给出更具价值的提议。

2）产品知识是销售人员的"武器库"。只有深入了解企业产品的功能、特点和独特优势，销售人员才能清晰而有说服力地传递产品的价值，帮助客户理解其对业务的潜在益处。产品知识还包括对不同版本、功能选项、配置和适用场景的了解，可使销售人员根据客户的具体需求提供量身定制的建议。

3）客户知识是精准服务的核心。熟悉客户的组织结构、决策流程和业务痛点，使销售人员能够在与客户的互动中进行更有效的沟通，提出切实可行的解决方案。客户知识不仅帮助销售人员识别潜在的销售机会，还能提升客户满意度，培养长期的合作关系。

4）销售工具是提升工作效率的重要支撑。销售人员需要熟练掌握 CRM 系统、数据分析工具和销售自动化平台的使用方法，这些工具能够帮助销售人员高效管理客户信息、跟踪销售进展，并通过数据驱动的决策提升销售业绩。借助技术手段，销售人员能够更精确地预测客户需求、优化销售策略，从而提升整体销售效率。

通过不断丰富和深化行业、产品、客户和销售工具的相关知识，销售人员能够在竞争激烈的市场中脱颖而出，提供高效、专业的服务，赢得客户的信任与满意。

TASK 模型的实际应用

1. 招聘与选拔：以胜任力为导向

TASK 模型为销售人员的招聘与选拔提供了一套系统的胜任力框架，帮助企业更加精准地挑选符合岗位需求的候选人。通过对思维逻辑、态度与特质、技能和知识四个维度的评估，企业可以全面了解候选人的能力和潜力，从而为销售团队招募到最合适的人才。以下是 TASK 模型在招聘过程中的应用：

1）思维逻辑：评估市场洞察力与分析能力。思维逻辑在销售人员的决策和表现中起着关键作用，在复杂的销售场景中尤为重要。企业可以通过情景题或案例分析来评估候选人的思维深度和问题解决能力，从而判断其在实际工作中的应变和决策能力。例如，设计一个行业情境题，要求候选人分析当前市场趋势并提出相应的销售策略，这不仅能够观察候选人在信息提取和分析上的能力，还能评估其决策水平和解决复杂问题的能力。通过这样的测试，企业能够更加准确地了解候选人的市场洞察力和分析能力，为销售团队的选拔和培养提供有力支持。

2）态度与特质：衡量工作驱动力与责任感。态度是评估候选人发展潜力的关键因素。一个积极进取、具备强烈责任感的候选人，能够在面对挑战时持续努力，推动团队和个人业绩的提升。企业可以通过行为面试法深入了解候选人在压力和挑战面前的反应，从而评估其抗压能力与责任感。例如，企业可以通过询问候选人在以往工作中如何应对高压目标来了解其在面对困难时的决策和行动模式。这种方法不仅帮助企业了解候选人在困难情境下的应对策略，还能够揭示其在高压环境下保持绩效的能力，为企业的长远发展选拔具备潜力的员工。

3）技能：考察销售核心技能。销售岗位要求候选人具备强大的沟通、谈判和需求分析能力，企业可以通过模拟销售场景或采用角色扮演的方式，实际考察候选人在处理客户异议、谈判和推动销售过程中的表现。例如，企业可以安排模拟谈判环节，观察候选人如何与"客户"沟通，处理反对意见，并最终达成协议。这不仅能够考察候选人的谈判策略和技巧运用，还能深入了解其应变能力和解决问题的方式。通过这种模拟测试，企业能够更直观地了解候选人在实际销售环境中的表现，从而确保选拔出具备优秀销售能力的人员。

4）知识：考察销售人员对行业的理解及其学习潜力。虽然行业知识和产品理解是销售成功的基础，但更为关键的是候选人对新知识的学习潜力和适应能力。企业可以通过测试候选人的基础认知能力和过往学习经验，评估其快速掌握新领域知识的能力。例如，企业可以提出开放性问题，如："如果向不了解我们产品的客户进行说明，您会如何解释？"通过此问题，企业不仅可以评估候选人在面对"陌生"客户时的学习能力，还能考察其逻辑思维和表达技巧。候选人如何将复杂信息简洁明了地传达给客户，能反映出其快速掌握新知识并有效沟通的潜力。这种测试帮助企业筛选出具备持续学习能力和灵活应对市场变化的销售人才。

通过 TASK 模型，企业能够在招聘环节建立起科学的评估体系，有效筛选出不仅符合当前岗位需求，而且具备长期发展潜力的销售人才。这种以胜任力为导向的选拔机制，不仅提升了招聘效率，还为销售团队注入了可持续发展的动力。

2. 培训与发展：基于 TASK 模型的全面提升

TASK 模型为销售团队的培训与发展提供了系统化的方向，帮助团队成员在思维、态度与特质、技能和知识四大层面实现全面优化。通过全方位的培训体系，企业不仅能够提升销售人员的核心能力，还能加强团队的整体协作与执行力。

在思维层面，销售人员的市场敏感度和逻辑能力是制定科学的销售策略的关键。企业可以通过市场趋势分析课程，帮助销售人员理解行业动态、政策变化和客户需求，从而提升他们的前瞻性与决策能力。同时，通过模拟案例训练，销售团队能够在复杂的市场环境中，学会分解问题、制订有效的解决方案。这种思维逻辑的培养，不仅帮助销售人员精准捕捉市场机会，还能提高其应对变化的灵活性和决策水平。

在态度与特质层面，积极的心态与责任感是推动销售团队高效运作的内在驱动力。企业可以通过激励机制（如设立奖励政策、晋升机会等）激发团队成员的士气，促使他们在面对挑战时持续保持动力。同时，企业可以通过文化建设，如团队建设活动、榜样分享会等，营造积极合作的工作氛围，鼓励销售人员树立正确的职业态度。通过这样的引导，销售人员能够在压力下依然保持韧性，推动团队和个人业绩的持续增长。

在技能层面，销售工作的核心执行力来源于扎实的沟通与谈判技巧。情景模拟训练是提升这些核心技能的有效方式，企业可以安排销售人员进行客户拜访、异议处理和谈判的模拟训练，帮助他们积累实践经验。在实际案例分析中，销售团队可以总结经验，制订改进方案，进一步强化需求挖掘与应变能力。通过这种针对性的训练，销售人员能够在实际工作中更加高效地处理客户关系，提升成交率。

在知识层面，持续更新的产品知识和行业洞察为销售人员提供了竞争优势。定期的产品培训可以确保销售团队熟悉最新的产品功能、市场定位和竞争环境，从而提高他们的产品推介能力。此外，企业可以设立内部分享与学习平台，提供随时获取行业报告和销售技巧的渠道。这种体系化的学习机制，不仅增强了个人知识储备，还促进了团队整体的成长与协同，进一步提升了团队的专业性和市场竞争力。

通过 TASK 模型的系统指导，企业能够构建一个全面、高效的培训体系，使销售团队在思维、态度与特质、技能和知识四个层面得到均衡发展。这种综合性的培训不仅提升了销售人员的个人能力，也为企业的长期竞争力提供了有力支持，确保企业能够在不断变化的市场中保持领先地位。

3. 绩效管理与评估：基于 TASK 模型的全面框架

TASK 模型为销售团队的绩效管理与评估提供了科学且全面的指导框架。通过从思维、态度与特质、技能和知识四个层面进行考量，企业能够全面评估销售人员的表现，帮助其在关键领域实现持续改进。这一综合性评估框架能够帮助企业精准识别销售人员的优势与不足，从而优化培训和激励措施，提升团队的整体绩效。

在思维层面，销售人员的市场洞察力和分析能力直接影响其对客户需求的精准把握与解决方案的制订。绩效评估应重点考察销售人员是否能够快速识别客户的核心痛点，并提出切实可行的解决方案。通过客户反馈、实际案例复盘和销售数据分析，企业可以有效评估销售人员在复杂销售场景中的问题解决能力和决策质量。例如，分析销售人员在面临市场变化或竞争压力时，是否能够灵活调整策略，精准抓住市场机会。

在态度与特质层面，销售人员的积极性与责任感是完成高难度任务的关键驱动力。在绩效评估中，企业应关注销售人员面对挑战时的主动性和执行力，以及他们对团队和客户的责任感。客户关系的持续性和团队合作表现也是重要的参考指标。例如，观察销售人员是否能在高压任务中积极寻找解决方案，并主动承担责任，能够直观反映其态度对工作成果的影响。同时，企业还可以通过同事和客户的反馈，评估其在团队中的协作精神和客户关系管理能力。

在技能层面，销售工作的核心在于沟通与谈判能力。评估应重点关注销售人员在实际成交过程中的表现，尤其是在客户异议处理、决策引导和交易达成方面的能力。通过成交率、客户满意度调查、主管评估等方式，企业可以全面衡量销售人员的逻辑思维、应变能力和结果导向性。例如，评估销售人员在与客户沟通的过程中是否能够清晰阐述产品优势，是否能快速处理客户提出的问题，最终促成交易的成功。

在知识层面，对产品和行业的熟悉程度是销售人员赢得客户信任的基础。绩效评估应包括对其知识储备的考核，特别是其对企业的产品、竞争对手动态和行业趋势的掌握情况。同时，企业应测试销售人员在实际客户沟通中的知识应用能力，如他们是否能够准确解答客户的专业问题并提供有说服力的建议。知识测验、案例演讲或实际工作表现都是有效的评估手段，可以帮助企业了解销售人员在实际销售过程中如何运用其知识为客户提供增值服务。

通过 TASK 模型的多维度框架，企业可以全面、科学地评估销售团队的表现。这种系统化的评估方式不仅能够发现销售人员的优势和改进空间，还能够为个性化的培训计划、职业发展路径和激励措施提供有力依据。最终，企业可以通过优化这些方面的绩效管理和评估，提升销售团队的整体执行力和绩效水平，为企业持续发展提供坚实的支持。

4. 职业发展规划：基于 TASK 模型的清晰路径

TASK 模型为销售人员的职业发展提供了一条系统且明确的成长路径，涵盖从基础阶段到成熟阶段的能力提升要求。通过在不同阶段聚焦特定的要素，销售人员能够逐步实现从业务岗位到管理岗位的职业跃迁，为个人成长和企业发展创造双赢局面。

在基础阶段，销售人员的重点是掌握基本的知识与技能。这一阶段需要通过系统的培训和实践，帮助销售人员熟悉产品特点、行业趋势和销售流程，同时使他们掌握沟通、谈判和需求分析等核心技能。通过夯实这些基础能力，销售人员能够快速适应岗位要求并高效完成任务。此时，企业应提供入职培训、情景模拟和导师辅导等支持，确保销售人员快速成长。

进入成长阶段，销售人员需要进一步提升逻辑分析能力和市场洞察力。这一阶段的核心是帮助销售人员从执行层面向策略层面转型，具备从市场数据中提炼关键信息的能力，能够精准分析客户需求并制订有效的解决方案。通过参与市场趋势分析课程、高级案例研讨和实践训练，销售人员可以形成系统化的思维能力和市场敏锐度，为复杂的销售任务的成功奠定基础。

在成熟阶段，销售人员的职业发展目标是全面塑造态度和领导能力。这一阶段需要提升销售人员的责任感和职业素养，同时培养其团队管理和决策能力，为晋升到销售管理岗位做好准备。从个人贡献者转型为团队领导者是这一阶段的核心挑战。企业可通过管理培训项目、领导力发展课程和文化建设活动，支持销售人员建立正向的职业态度和高效的团队管理能力。

通过 TASK 模型的分阶段规划，销售人员能够在职业发展的每一步都明确方向，并有针对性地提升核心能力。从夯实基础到强化策略能力，再到塑造领导力，这一清晰的成长路径不仅帮助个人实现职业目标，还为企业培养了高素质的销售管理人才。

5. 岗位匹配与能力等级：基于 TASK 模型的精准设计

TASK 模型为企业明确不同销售岗位的能力需求提供了有效框架，同时帮助建立能力等级体系，为员工的职业发展描绘了清晰路径。通过岗位需求与能力等级的精准匹配，企业能够高效配置资源，提升团队整体绩效。

在岗位匹配方面，不同销售岗位对能力的要求各有侧重。对于新客户开发岗，核心要求是市场开拓能力、客户洞察力和抗压能力。此类岗位的重点是快速识别市场机会，初步建立客户关系，并在高压环境下保持稳定的表现。例如，新客户开发人员需要具备敏锐的市场嗅觉，能够在复杂多变的市场环境中找到潜在客户，并有效地推动业务合作。相比之下，客户维护岗更强调关系管理和服务意识，要求销售人员能够持续关注客户需求，提升客户满意度，并具备出色的续约能力，从而维持长期合作关系。该岗位要求销售人员不仅能够处理客户的日常问题，还要通过不断优化服务提升客户黏性和忠诚度。而在解决方案销售岗中，行业知识、技术理解力和跨部门协作能力是关键。这类岗位的销售人员需要整合企业内部资源，为客户提供定制化的解决方案，并用专业能力推动复杂交易的成功、解决客户的实际问题，确保长期价值的实现。

在能力等级方面，企业可以根据 TASK 模型划分销售人员为初级、中级和高级三个层次，为职业发展提供清晰路径。初级销售人员主要掌握基础的产品知识和销售技能，适合执行明确的任务，通常承担基础客户开发或支持性岗位的职责。这些员工的工作重点是学习和掌握销售基础技能，以及如何应对简单的客户需求和基础的销售场景。中级销售人员需要具备一定的市场洞察力和逻辑分析能力，能够独立应对客户需求并执行较复杂的销售任务。他们适合负责客户维护或中型项目的销售工作。中级销售人员能够更好地分析客户的潜在需求，制订并推进符合客户需求的销售方案，参与更高层次的客户谈判与方案定制工作。高级销售人员则需具备全面的策略思维和领导能力，能够制定复杂的销售策略，协调多方资源，达成高价值交易，通常是解决方案销售岗和管理岗位的理想人选。高级销售人员不仅需要具备深厚的行业和技术知识，还要能够领导团队和管理重要客户，推动企业战略目标的达成。

通过应用 TASK 模型，企业不仅可以实现销售岗位与能力需求的精准匹配，还能够为员工的职业成长提供明确的方向。这种系统化的设计有助于优化招聘与培训流程，同时激励员工持续提升专业能力，推动企业实现更高效的人才管理和组织发展。

TASK 模型是一套科学且实用的销售能力构建工具，涵盖了思维、态度与特质、技能和知识四个层面，全面满足销售人员的职业发展需求。它不仅帮助企业构建高效的销售团队，还为销售人员提供清晰的成长路径，最终推动企业业绩提升与长期发展。

同时，销售团队能力构建不仅需要涵盖销售人员的核心素质，还需适应不同岗位的需求和能力层级的差异化。通过明确能力要求和定义能力等级，企业可以有效指导销售人员的招聘、培训和职业发展。无论是新客户开发岗的市场开拓、客户维护岗的关系经营，还是解决方案销售岗的技术支撑与资源整合，TASK 模型都能够帮助企业明确不同岗位的关键能力需求。能力等级划分则进一步为销售人员提供了清晰的成长路径，从基础任务到战略级项目管理，每一步都帮助他们为企业创造更大的价值，同时实现个人职业目标。

搭建不同层次的销售人才培养体系

常见的销售组织通常分为三个层级：销售代表、销售经理和销售总监。在成熟的企业中，销售团队的架构一般会以业务为导向，设置以项目为中心的业务条线，中台和后台部门作为辅助，配合前端销售形成协作。这种架构的设计目的是最大限度地提升销售效率，提升团队作战能力。接下来，我们将逐层解析在每个层级中需要打造的核心能力。

在各个层级的销售人员中，销售经理扮演着尤为重要的角色。首先，销售经理负责招聘销售代表，并持续对他们进行培训和辅导，帮助他们成长为更加优秀的销售人才；其次，销售经理需要准确理解企业的战略目标，并将其有效传达给一线销售人员，使团队在同一目标下协同作战；最后，销售经理的行为和态度直接影响一线销售团队的士气和战斗力，因此，他们是整个销售团队保持积极状态和高效产出的关键人物。

尽管销售经理至关重要，但这一角色的实际表现却往往褒贬不一。一方面，从短期来看，一个优秀的销售代表配上平庸的销售经理，其绩效往往要好于平庸的销售代表配上优秀的销售经理。然而，从长期来看，如果一位平庸的销售经理带领优秀的销售团队，其整体业绩很有可能会逐渐下滑。更为危险的是，平庸的销售经理在招聘时倾向于挑选不如自己的销售人员，从而逐渐导致整个团队的整体水平下降。正如人才管理领域中的那句名言所说："一流的人才招聘一流的人，二流的人才招聘三流的人。"

销售经理不仅仅影响团队中的销售人员，他们的决策和领导力也间接影响企业所覆盖的广泛客户群体。对于企业而言，如何培养并选拔具有领导潜质的销售经理至关重要，因为他们的能力和态度将影响整个团队的士气和绩效。遗憾的是，许多初级管理者在能力上存在不足，工作态度懈怠，并且流动性较高，从自我管理到管理他人是一个巨大的挑战。《卓越销售》一书对此有详细阐述，许多企业存在着将优秀的销售人员提拔为失败管理者的案例，其主要原因在于企业仅凭销售业绩来做出管理者的选拔决策，而忽视了管理者潜质的挖掘与培养。

事实上，把业绩平平的销售人员提拔为管理者，也很难获得团队的认可。因此，企业常常陷入两难的境地：既不愿让优秀的销售人员变成失败的管理者，也无法依赖表现一般的销售经理来带领团队。在这一过程中，最重要的是如何从众多的销售人员中甄选出具备管理潜质的候选人。管理者从员工角色向领导角色的转型，不仅仅是个人的挑战，也是组织的责任。企业应积极为有潜力的员工提供系统化的培训和发展路径，帮助他们逐步过渡到管理岗位，确保他们具备管理团队的能力，从而提升销售团队的整体绩效与效率。

1. 成为管理者

销售经理不仅是一个更高的销售岗位，也是销售人员职业生涯中的重要转折点。这个岗位不仅承担着企业战略落地执行的重任，还在企业内部起到承上启下的关键作用。衡量一名销售人员是否具备管理者的潜质，其中一个重要的考核点是他能否适应并乐于处理各种琐碎的事务，如频繁参加企业的各类会议，以及主持部门内部会议。而对于销售代表来说，他们更多地关注客户的需求，通常会觉得这些会议浪费时间。

然而，管理者的职责远不止这些，他们不仅需要确保团队的业绩产出，还需要在业务发展中做出合理的平衡与决策。一个合格的销售经理既是企业战略的执行者，也是销售团队的教练、评估者和领导者。

优秀的销售管理者能够具备全局观，最大化地配置和利用有限的资源，这对管理者提出了很高的要求。事实也确实如此，成为一名优秀的管理者并非易事。

首先，销售经理需要完成角色的转型。在上任初期，销售经理需要充分了解新岗位的职责，并改变原有的一些态度和习惯，比如只对个人业绩负责、过于关注客户关系。角色的转换通常需要进行自我否定，但许多人并不知道如何有效地否定和改进。新的管理者还需要学习如何全面检查各项事务，探索并应用新的工作方法和绩效考核方式。此外，挖掘个人的动机和塑造成就感同样重要。成为管理者需要学习新的任务，改变思维方式，提升自身能力。

在上任初期，新的管理者往往会对新的职位所需的新观点、新的思维模式和价值观感到陌生和不安，甚至低估它们的价值。然而，管理者的任务就是通过他人的工作来实现目标。因此，销售经理需要开始关注团队成员的构成、风格、特点和资历，要了解他们的心态、状态以及能力的优劣势。根据不同销售人员的意愿和能力，采取不同的领导风格，从而更好地激励和引导团队成员。

此外，组织的支持也是不可或缺的。企业最好能提供系统化的支持，形成统一的语言和工具体系，如销售管理方法论、销售经理工作清单（每日、每周、每月、每季度、每年）。这些工具可以帮助个人识别所需的转型技能，并意识到自己有责任完成理念、行为和习惯的改变，最终成为更有效的管理者。

2. 发展销售经理

销售人员转型为管理者是一条充满挑战的道路，这一过程不仅需要适应全新的角色转换，还要学习与之前独立销售截然不同的管理技能。因此，找到一个清晰、有效的模型或路径，有章可循地指导新晋管理者，显得尤为重要。核心问题在于，新晋管理者需要了解并掌握如何提升职业转型的能力，尽快从个人贡献者变为团队领导者。

为了解决这一挑战，我们可以借鉴《销售转型》的作者提出的"四阶模型"，这一模型对那些在职业生涯中持续保持高绩效的人提供了宝贵的指导。模型的关键在于，优秀的管理者普遍能够随着职位的提升，不断增加对组织的贡献。而要实现这一点，首先需要他们不断反思并消化过去令其成功的行为，同时学习在下一个阶段所需的全新理念和管理视角。四阶模型通过每个职业阶段的核心贡献来描述转型过程，帮助管理者清晰理解其角色变化的关键点。

1）辅助和学习：在这一阶段，刚进入职场的人需要积极向前辈学习，支持团队的日常工作，积累知识与经验。这一阶段的重点在于汲取经验并观察优秀同事的工作方式。

2）独立贡献：进入独立贡献阶段，个人开始承担起具体的销售任务，成为业绩的直接推动者。这是销售人员成长期的核心阶段，体现了他们独立完成工作、获取成果的能力。

3）通过他人贡献：这一阶段是从销售人员到管理者的关键转型点。新晋的销售经理需要学会如何通过他人的努力来达成目标，必须逐渐学会指导、激励并赋能团队，而非仅仅依靠自己去完成所有工作。管理者的职责在于激发团队每一位成员的潜力，从而实现集体目标。

4）塑造组织方向：最终阶段，管理者成为组织的领导者，不仅带领团队完成销售任务，还要参与到制定组织战略中，为企业的长期发展规划方向。这一阶段的核心在于具备全局观，能够把握整体方向，并将组织的资源进行最佳配置。

"四阶模型"清晰地阐述了从独立贡献者到管理者的转型关键点，并强调了随着责任和目标的提高，协作变得愈加重要。这一模型为新晋销售经理提供了明确的成长路径，帮助他们更好地理解角色变化的核心内容，并更快地进入管理者的状态，逐步成长为优秀的领导者。

3. 如何驱动业务增长

销售人员升职为销售经理后，面临诸多挑战，除了理念和心态的转变，工作内容也发生了很大变化。销售经理的主要工作包括以下几个方面：

1）客户开发管理。客户开发是销售工作的核心，但也是最具挑战的环节。销售经理需要管理并指导销售人员的客户开发过程，帮助他们明确目标客户，找到相关负责人并约见，克服过程中遇到的困难，确保完成客户开发目标。销售经理还需要确保销售人员在"黄金时间"（即每天的工作高峰期）集中精力进行客户开发和拜访，从而最大化业绩产出。

2）销售人员拜访管理。销售人员拜访客户是最重要的销售活动之一。销售经理需要对拜访数量和质量进行管理，为销售人员制定拜访目标，并要求他们写工作日报和拜访总结，汇报拜访情况和下一步计划。对于重点客户，销售经理应陪访，以便帮助销售人员准确掌握客户需求，检查拜访质量，并提高赢单概率。

3）客户管理和项目评估。通过对客户的深入管理，销售经理能够帮助销售人员明确工作重点，制订销售计划，并提高销售业绩预测的准确度。销售经理需要通过"过客户"的方式（即对客户和项目的全面评估）协助销售人员分析客户需求、竞争对手和赢单概率，并帮助制定合理的赢单策略和行动计划。此外，"过客户"还能帮助销售人员建立工作优先顺序，减少销售业绩的波动，提高工作效率。

4）能力短板识别与辅导。销售经理通过客户管理可以识别销售人员的能力短板，如约访能力不足或赢单能力欠缺，并为他们制订具体的辅导计划，包括提供针对性的培训和导师支持，从而实现销售人员的精准培养，提升团队的整体能力。

5）培训与辅导。销售人员的培训和辅导是销售经理的重要工作之一。通过培训，销售人员可以系统化地学习销售方法论和建立正确的思维方式，并通过陪同客户拜访进行实践。销售经理需要与销售人员沟通客户拜访策略，并在拜访前、拜访过程中、拜访后提供建议和反馈。此外，销售经理还需采用有效的辅导方式，如"我说你听，我做你看，你说我听，你做我看"，帮助销售人员通过反复练习掌握销售技能，提升工作水平。

通过以上重点工作的有效管理和执行，销售经理能够驱动团队的业务增长，确保团队实现业绩目标并持续提升销售能力。

详细内容可阅读我的另一本书《卓越销售》。

4. 销售总监：重点加强体系化管理能力和领导力的提升

销售总监是销售组织的中高层职位，当然规模更大的企业或跨区域的销售组织还有更高的职位——销售副总裁。对于大多数企业来说，销售总监非常重要，他需要根据企业的战略制定正确的销售策略，并能在有限的资源下实现企业既定的业绩目标，因此，选拔和培养一个优秀的销售总监变得非常重要。在上一节，我们重点讨论了销售经理的很多内容，销售总监更需要考察系统思维能力、领导力和自驱力。

1）建立对领导力的认知。要成为优秀的销售总监，首先需要深入理解领导力——这是一种能够激发他人信任和追随的能力，体现在感染力、格局、胸怀和独特的个性上。领导力不仅仅是管理团队，还在于引领方向、汇聚力量。因此，优秀的领导者应既精通业务又具备出色的管理才能，能够在理性与感性之间取得平衡，将理念与方法相结合，从而形成高效的领导机制。

一些销售总监未能取得成功，其原因主要有两个方面：一是过于依赖理性思维而缺乏情感，像个"机器人"一样，只凭借职位和权力进行沟通，缺乏与下属之间的情感联系；二是过于感性，与下属关系密切到失去了必要的距离感，对下属的错误无法及时纠正，缺乏科学的管理方法。优秀的领导者应在理性与感性之间取得平衡，既管理业务又管理团队成员。

要成为出色的销售总监，还需要具备以下四个关键条件：体力、抗压力、思考力和内驱力。

体力：体力是成为优秀销售总监的条件。大多数成功的老板和高管都精力充沛、投入度高，这种状态也会感染和激励身边的人。因此，通过锻炼来保持良好的体能，是充分发挥潜能并实现职业成功的重要前提。

抗压力：销售总监面临着较高的业绩压力，既需要面对客户，又需要进行内部协调，压力往往高于其他岗位。因此，强大的抗压力是胜任这项工作的关键。在困境中主动解决问题并积累小成功，这些成功将带来自我成就感，进而不断增强抗压能力。

思考力：思考力是成为高层管理者的必要条件之一。优秀的思考能力可以帮助销售总监更好地理解和分析信息，制定出有效的决策，并在激烈的商业竞争中脱颖而出。同时，思考力还帮助销售总监更好地预判未来趋势，并根据市场变化和竞争环境及时调整策略。此外，良好的思考力有助于领导者更好地管理团队，理解员工的需求和优势，制定出有效的策略和计划，从而使整个团队朝着共同目标努力前进。销售总监应通过持续学习、阅读、反思和实践，不断培养和提升思考力。

内驱力：内驱力是指个人内在的动力和热情，是推动自己不断进步和追求卓越的意愿和能力。基层员工需有责任心，中层管理者需有上进心，而高层管理者则需有强烈的事业心。事业心是指对事业的热爱和执着追求，为实现事业目标而不断努力的内在动力。在职业生涯中，具有强烈事业心的人通常拥有更远大的目标和更强的执行力，能够不断提升自身能力，从而在职场竞争中占据优势。对于销售总监来说，事业心尤为重要。只有拥有强烈的内驱力，才能帮助销售人员顺利完成职业转型，迈向区域总经理和销售总裁的职业道路。

2）领导力提升模型。领导力提升模型是一个理论框架，用于评估和提升领导者行为及其对团队的影响。该模型帮助领导者更有效地管理和引导团队。通常基于理论和实践数据，该模型将领导力分为不同的层次或维度，旨在全面提升领导者的管理能力。这些维度可以涵盖领导者的个人特质、行为、态度、情感，以及组织的文化、战略、结构和流程。

领导力提升模型可以从以下三个层面进行理解：

上层——战略规划：这一层面关注企业对市场机会和未来发展的考虑。销售总监需要理解企业战略，将其分解为具体的执行计划并传递给团队成员，确保每个人都对目标保持一致。良好的战略规划能够引领团队朝着正确的方向前进，确保资源的最优配置，实现企业的长期发展。

中层——引领团队和驱动业务：这一层面的职责包括引领团队和驱动业务。引领团队意味着评估每个成员的能力，因材施教，激发个人潜能，建立人才梯队，并营造公平透明的团队氛围。驱动业务则需盘点团队资源，合理利用内部和外部资源寻找增长点，高效执行企业的销售策略。一个成功的销售总监不仅是团队的领导者，也是业务的推动者，能帮助团队成员成长并实现目标。

底层——自我发展：自我发展是提升领导力的基础。领导者需要设定明确的阶段性目标，定期复盘和总结，找出差距并加以改进。持续的自我反思与学习能够确保领导者不断成长，始终保持适应变化的能力，进而带动团队进步。

更详细的内容请阅读我的另一本书《卓越销售》。

持续提升团队的认知力

提升销售团队的认知力是企业实现长远成功的重要基石。销售团队需要通过认知的提升来驱动行为转变，从而塑造出具备卓越能力的销售专业人员。认知力的提升不仅能改变销售人员对任务的理解和执行方式，还能引导他们主动适应市场变化，为企业带来更强的竞争力。

这一过程需要系统化的培养和持续的优化。系统化培养能够为销售团队提供清晰的学习路径，从基础技能到高级战略，帮助他们构建全面的知识体系。同时，通过持续优化，企业可以根据市场动态和客户需求，及时调整培养方向，确保团队的认知始终与实际需求相匹配。

通过不断提升销售团队的认知力，企业不仅能够强化销售人员的专业性，还能激发他们的主动性与创造力，为企业构建强大的执行力和竞争优势。认知力的持续提升，是销售团队从优秀走向卓越的必经之路。

1. 将认知提升为团队建设的核心

销售团队需要一类角色来帮助销售人员建立正确的销售观念和职业认知。这样的角色不仅是团队文化的建设者，更是认知提升的引导者。通过这种角色的支持和引导，销售人员能够更深刻地理解销售工作的核心意义，激发潜能，从而实现专业化的成长。

（1）认知引导：在销售团队中，销售经理、培训师或资深销售顾问的主要任务是帮助销售人员形成正确的销售观念，推动个人认知的提升。例如，他们需要通过定期培训、案例分享和思想引导，让团队成员理解销售不仅仅是产品推销，更是为客户创造价值、解决问题的过程。通过这种认知的引导，销售人员能够深化对销售工作的理解，从单纯的业绩驱动向战略性思维转型，进而提升整体团队的专业度。

（2）培训与激励：持续推动认知升级　通过定期的培训和引导，团队成员能够不断提升自我，保持对市场变化、客户需求和销售技术的敏锐度。例如，定期举行的销售技能提升课程、市场趋势分析研讨会和客户沟通技巧培训等，都能帮助销售人员在认知层面不断突破。同时，激励措施（如定期的表彰大会、销售榜单等）可以有效地激发销售人员的进取心和自信心，鼓励他们持续努力。

这种通过认知引导与技能提升的结合，能够不断塑造销售团队的核心竞争力，并让每个成员意识到，只有不断提升认知水平，才能在日益复杂的市场环境中保持竞争力。

（3）持续反馈：构建学习型团队　认知提升不仅是销售人员个人努力的结果，更需要团队内的反馈机制来持续优化。企业可以通过定期的绩效评估、团队会议和销售案例复盘等方式，帮助团队成员总结经验，发现认知上的盲点。通过团队内外的反馈，销售人员能够更全面地了解自己在市场中的定位，及时调整策略，并提升整体业绩。

将认知提升作为团队建设的核心，不仅有助于增强团队的凝聚力，还能够推动销售人员的职业成长和整体业绩的持续增长。在这种持续优化的过程中，销售团队的认知水平得以不断提升，形成深厚的专业积淀，为企业的长期成功奠定坚实基础。

2. 认知发展的四个步骤

认知发展过程通常包括四个关键步骤：基模、同化、调适和平衡。这些步骤能够帮助团队成员建立起对市场、客户和产品的深刻理解。

（1）基模：构建认知的基本模型　基模是认知发展的第一步，它为销售人员建立了一个知识框架，帮助他们理解和组织新信息。通过将信息进行结构化处理，销售人员能够更容易地将零散的知识点联系起来，从而形成系统化的认知。在销售团队中，基模通常从基础的产品知识、市场状况、行业趋势和销售流程等核心内容开始。例如，当一名销售新人进入团队时，他们首先会学习企业产品的基本功能、市场定位、目标客户群以及与主要竞争对手的差异。这些基础信息构成了销售人员初步了解产品和市场的框架，帮助他们在面对客户时能够清晰地传递关键信息，并与客户进行有效的沟通。

基模不仅有助于销售人员更好地理解和掌握产品，还能帮助他们快速适应市场环境，抓住销售机会。通过这一认知基础，销售人员逐步形成对产品的全面认识，打下了后续认知发展和销售技巧提升的基础。简而言之，基模是销售人员构建专业知识体系的起点，是成功销售的基础。

（2）同化：将新信息与已有知识整合　同化是认知发展的第二步，它指的是将新获得的信息与已有的知识框架相结合，从而深化对新信息的理解。在销售团队中，同化帮助销售人员将所学的新知识与现有的知识体系进行关联，使其在已有的认知基础上不断扩展和完善。例如，经验丰富的销售人员已经积累了对市场趋势、客户需求和竞争对手的深入了解，因此他们能够将新的市场动态、产品特点或销售技巧与之前的经验结合，形成更加全面的知识体系。

这一过程不仅有助于销售人员在面对新情境时快速做出反应，也能增强他们的分析能力，使他们在面对客户时能够结合实际情况提出更加切实可行的解决方案。随着同化过程的推进，销售人员的知识体系变得更加深刻和复杂，使他们能够灵活应对不断变化的市场环境，提高销售效率和客户满意度。因此，同化是持续学习和成长的关键，有助于销售人员在实际工作中不断积累和深化专业能力。

（3）调适：调整已有认知，适应新知识　调适是认知发展的第三步，指的是在接收到新信息后，调整已有的认知结构，使其能够适应新的知识内容。这一过程在销售团队中尤为重要，因为市场环境和客户需求是动态变化的，销售人员需要不断更新和调整自己的认知框架，以便及时应对这些变化。

例如，当市场出现新的趋势或客户需求发生变化时，销售人员可能需要重新评估自己的销售策略或调整与客户的沟通方式。在这种情况下，销售人员不仅需要吸收新的信息，还需要通过调整已有的思维模式和工作方法来适应新的市场条件。调适的过程有助于销售人员更加敏锐地捕捉市场的变化，并根据变化制定灵活的销售策略。

　　此外，调适还能帮助销售人员提升应变能力，使他们能够在面对复杂或不确定的客户需求时，灵活调整解决方案。这种认知的更新与调整，不仅能提高个人的销售业绩，也能增强团队在面对快速变化的市场环境时的整体竞争力。

　　（4）平衡：找到同化与调适之间的稳定点　平衡是认知发展的最后一步，指的是在同化与调适之间找到动态的平衡点，使认知结构既能够灵活适应新的信息，又能保持相对稳定。这一阶段，销售人员的认知体系进入一种动态平衡的状态，能够在不断变化的市场中保持稳定，同时具备足够的灵活性以应对新的挑战。

　　在销售实践中，平衡意味着销售人员在面对新的市场趋势或客户需求时，不仅能够迅速吸收和整合新知识，还能在已有经验的基础上灵活调整策略。例如，当客户的需求发生变化时，销售人员能够在已经建立的框架内快速调整自己的销售方法，而不至于因为信息过载或认知偏差而感到困惑或迷失方向。

　　这种平衡的认知体系不仅增强了销售人员的适应力，还能提升其在不同环境下的决策能力和应变能力。通过持续的平衡调整，销售人员能够在复杂多变的市场环境中稳定输出高效的销售成果，同时保持对未来变化的高度敏感，确保长期的业绩增长与职业发展。

3. 如何提升团队的认知力

　　1）提升管理者的认知水平。管理者的认知水平决定了团队的底线，而团队的认知水平决定了团队的发展潜力。管理者不仅要具备较高的认知能力，还要能够引导团队朝正确的方向努力。通过不断学习和自我反思，管理者能够制定有效策略，激发团队潜力，为团队设定认知基准线。管理者的决策方式、支持方式直接影响团队成员的认知结构，进而影响整体绩效。

　　2）提供系统化的培训。系统化的培训是提升销售团队认知的核心方法。提供全面的产品知识、销售技巧和市场趋势培训可以帮助销售人员构建系统的认知框架。这些培训可以通过内部培训、外部讲师或在线学习平台进行，确保培训内容始终与市场需求和销售角色相匹配，并根据市场动态及时更新。

　　3）建立知识分享机制。企业应建立知识分享平台或机制，供销售人员交流行业动态、成功案例、销售经验等内容。例如，定期举行团队会议、建立在线知识库和交流社区等。这种持续的知识共享有助于团队成员相互借鉴，积累实战经验，从而不断提升整体认知水平。

4）激励学习与自我提升。企业可通过激励机制鼓励销售人员主动学习和自我提升，比如设立学习奖励、晋升机会或专业认证等。管理者可以以身作则，成为学习榜样，带动团队成员积极学习。这种榜样作用和激励机制能够激发销售人员不断提升自我。

5）提供实践机会与反馈。理论知识需要通过实践加以巩固。企业可以组织销售演练、模拟场景和角色扮演等实践活动，帮助销售人员在真实的环境中应用所学知识，并逐步提升操作能力。同时，反馈机制可以让销售人员了解自身优点和改进方向，持续优化销售技能。

6）持续学习和知识更新。销售行业和市场环境变化迅速，销售人员需保持持续学习的态度，定期阅读行业书籍、报告，参加行业会议和培训，以便掌握最新的趋势和技术，积极获取专业认证，从而提升自己的适应力和竞争力。

7）提供良好的工作环境和支持。营造积极的工作环境，能够激发销售人员的学习动力。管理者应提供必要的资源和支持，如技术工具、市场情报、销售支持团队等，从而帮助销售人员更好地完成任务并提升认知水平。支持性环境能让销售人员在面对挑战时保持积极，有助于推动团队整体的认知提升。

通过系统化的方法提升销售团队的认知力，企业可以显著提高团队的执行力和专业水准。销售团队的认知提升是业绩增长的源泉。通过持续的培训、知识分享、实践反馈和激励机制，销售团队可以形成一个稳定的认知提升体系，为企业打造出一支专业化、高效能的销售队伍。这一长期的培养过程不仅能够增强团队的核心竞争力，也会带来持续的业绩增长和市场竞争优势。

打造销售团队执行力：以"执行力闭环"模型为核心

在销售管理中，销售经理经常面临这样的困境：销售人员未能按要求执行任务，或者工作计划虽制订得很周密，但在实际操作中却未能按计划完成。这些问题的根源在于销售团队执行力不足，直接影响了整体业绩和目标的实现。因此，提升销售团队的执行力是销售经理的一项核心职责。"执行力闭环"模型提供了一个系统化的解决方案，通过七个关键步骤帮助销售经理高效推进团队任务的落实和执行。

1. 促共识：奠定执行力的思想基础

提升执行力的首要条件是让销售人员认同任务的意义。只有当销售人员从内心认可任务的重要性，他们才会全力以赴；否则，即使销售经理高度重视并强化监督，任务的执行仍可能面临诸多阻碍。

首先，销售经理必须深刻理解并强调达成共识的重要性。如果在任务启动前未能与团队建立共识，执行效果必然大打折扣。虽然共识的建立需要投入时间，但这种投入是确保后续高效执行的关键，绝非可以忽略的环节。

其次，销售经理应帮助销售人员分析任务与其个人的利害关系。例如，在推动客户开发任务时，销售经理可以从职业发展的视角出发，阐明这一任务如何影响销售人员的业绩提升和个人成长，从而激发他们的内在动力。

最后，销售经理要对解决销售人员的畏难情绪予以重视，提供必要的支持与资源，帮助他们树立信心，坚信自己具备完成任务的能力。这不仅能增强任务的可行性，也能激励团队在执行过程中表现出更高的主动性和创造力。

2. 定目标：明确执行的方向

在达成共识的基础上，销售经理需要将年度目标逐步分解为季度、月度、每周甚至每日的具体任务。这种层层拆解的方法能够帮助销售人员明确日常和阶段性的工作重点，使执行更具针对性和可操作性。例如，在客户开发方面，销售经理可以根据销售人员的能力和工作节奏，将目标细化为每日或每周需要开发客户的数量，确保日常工作始终围绕既定目标展开，从而提升执行的效率和精准度。

在制定具体目标时，销售经理需要关注以下几个关键点：首先，目标应当具体且可衡量。明确的目标能够帮助销售人员清晰理解需要完成的任务及其衡量标准，比如"每周新增 5 名有效客户"要比笼统的"提升客户开发效率"更具指导性和实操性。其次，目标应合理且可实现，既要具有挑战性，可以激发销售人员的潜力，又要避免过高或过低的难度，以免打击他们的积极性。最后，销售经理应及时跟进目标的完成情况，定期提供建设性反馈和必要的鼓励。通过这种方式，销售经理能够帮助销售人员发现问题并调整策略，同时增强他们对完成目标的信心和动力。

通过细化目标，并确保目标的具体性与可行性，同时辅以有效的跟进机制，销售经理能够引导团队始终保持明确的方向，使执行过程更加高效，逐步提升整体成效。

3. 列计划：细化执行的路径

在确定了具体目标之后，将其细化为每月、每周甚至每日的工作计划至关重要。细化的计划能够让销售人员更明确自己的每日工作任务，帮助他们合理分配时间和精力，避免因为任务模糊而产生拖延或执行偏差。例如，销售经理可以将年度的目标分解成月度任务，再进一步细化成每周需要完成的具体工作，甚至是每天的客户跟进、电话沟通或外出拜访数量。

这种计划的分解不仅让任务更具体可行，还能帮助销售人员建立成就感。当每天的小目标得以实现时，销售人员会感受到阶段性成功带来的鼓励，从而在后续工作中更加积极主动。为了更好地监控执行情况，销售经理还可以每周安排团队例会或个别沟通，对当月、当周和当日的任务完成情况进行汇报和讨论，确保团队始终在正确的轨道上前进。

此外，通过这种细化的工作计划，销售经理可以轻松地识别出哪些销售人员存在计划执行问题，从而有针对性地进行指导和帮助。这种逐步分解的计划能有效减少因任务过大带来的压力，同时确保每位团队成员都清楚自己的职责范围，从而有效提升整体的执行效率。

4. 给方法：提供执行的工具与支持

制订详细计划后，销售经理还需为销售人员提供必要的方法和工具，帮助他们掌握实现目标的技能。这不仅包括传授具体的销售技巧，还包括提供对市场和客户需求的洞察。在这个过程中，销售经理可以通过培训和指导，向销售人员传授开发客户、沟通技巧、产品演示的有效方法。例如，安排客户开发技巧的专题培训或分享已有的成功案例，可以帮助销售人员建立信心，让他们在实际工作中更自信地应对客户需求。

此外，销售经理需要积极倾听销售人员的反馈，了解他们在工作中遇到的具体困难和需求。基于反馈，销售经理可以灵活调整培训内容和方法，使其更贴近实际问题。比如，如果团队成员普遍反馈在特定行业或市场遇到客户开发的挑战，那么销售经理可以安排针对性培训，讲解相关市场的客户特点和有效策略。这种基于反馈的优化不仅能提升销售人员的学习效果，还能帮助他们在未来工作中更具实操性地运用所学技能。

5. 做检查：确保执行的落实

在执行计划的过程中，检查和监督是确保计划有效落实的关键环节。销售人员的执行力往往需要外部推动和持续跟进，因此，销售经理需要建立一套系统化的检查机制。这不仅能确保每项任务的顺利完成，还能向团队传递一个明确的信息：任务并非简单布置后就被遗忘，而是会被持续关注和跟进。

检查可以通过多种形式展开，如每日任务简报、每周团队会议和月度绩效回顾。每日检查可以采用简短汇报或电话沟通的方式，快速确认当天任务的执行情况，确保工作进度符合计划。每周的团队会议则是对整体进展的深入了解，销售经理可以通过这类检查发现潜在的执行偏差或问题，并及时采取调整措施。月度检查则更具战略性，聚焦于目标完成的整体分析和团队执行力的提升情况，为接下来的工作指明方向。

定期检查的意义不仅在于督促任务执行，还为销售经理提供了一个发现问题和优化流程的窗口。如果销售人员在计划执行中遇到困难，销售经理可以通过检查及时介入，为他们提供额外的支持和资源，帮助其克服障碍。同时，检查还能强化销售人员对任务的重视程度。当销售人员知道任务的成果将被定期检查时，他们会更有动力去按时完成，减少拖延或懈怠现象。

通过科学的检查机制，销售经理不仅能确保任务执行到位，还能进一步优化团队的工作流程和资源配置，最终全面提升整体的执行效率和结果质量。

6. 速纠偏：及时调整执行中的偏差

检查后若发现问题，销售经理应及时分析原因并帮助销售人员纠正。纠偏的关键是找到问题的根源，并提供有效的解决方法。首先，分析问题的根本原因。例如，客户开发进度落后可能是因为销售人员没有掌握有效的开发技巧，或者对任务的重要性认识不足。此时，销售经理应找出具体原因，避免主观猜测。其次，针对原因提供解决办法。如果是销售人员未掌握方法，则可进一步培训；如果是重视度不够，需再次强调任务的重要性。最后，提出调整建议，要具体可操作并设定明确的时间节点和责任人，从而确保问题得到有效解决。

7. 拿结果：通过成果验证执行力

最终成果是检验执行力的关键，也是执行闭环的重要环节。确保每项任务都能形成实际成果，不仅能验证执行的有效性，还能为团队提供持续改进的方向。成果的重要性体现在三个方面。

首先，成果提升成就感，激发工作动力。当销售人员完成任务并取得成果时，他们会感受到明显的成就感和自信心的增强。这种正向反馈不仅能够巩固他们对工作的认可，还能进一步激励他们在后续任务中保持高昂的斗志，形成良性循环。

其次，成果强化执行力，巩固工作习惯。每个阶段性目标的达成，都能让销售人员感受到执行带来的切实价值。随着成果的不断积累，他们对执行任务的信心和投入度也会显著提高，从而培养出更强的执行习惯，为下一阶段的目标奠定基础。

最后，成果推动最终目标的实现。通过实现每个阶段性的小胜利，销售团队逐步走向整体的成功，最终达成年度业绩目标。这种成果导向的执行方式不仅让销售团队的努力更有方向性，还能为后续的策略调整和资源分配提供数据支撑，确保销售团队始终朝着最终目标稳步前进。

通过以结果为导向的执行管理，销售经理能够有效验证任务的落实情况，同时为团队提供及时的激励和改进建议，最终推动全员实现既定目标，并持续提升整体表现。

通过"执行力闭环"模型的七个步骤，销售经理能够有效提升销售团队的执行力，使团队在每一项任务中都能高效推进并获得预期成果。这一闭环过程还使团队成员在共同目标的推动下稳步前进，为达成团队目标奠定坚实基础。

·第 12 章·

营造文化氛围：统一理念，凝聚团队

在竞争日益激烈的商业环境中，销售组织的文化、理念和氛围是其取得成功的重要支柱。它们不仅决定了组织的内部运作方式和外部品牌形象，更是激发团队潜力、提升业绩和实现长期发展的关键因素。

明确而积极的文化能够引导员工的行为，增强团队的协作能力；而以客户为中心、注重价值创造的理念，则能确保销售团队始终朝着正确的方向发展。与此同时，良好的团队氛围能够提升员工的幸福感和归属感，从而激励他们更积极地投入工作，促进创新与效率的提升。

本章将深入探讨如何构建和促进高效、有凝聚力的销售团队文化，及其在塑造团队理念和氛围中的核心作用。我们将首先明确文化、理念和氛围的概念及其内在关联，分析它们在销售团队不同发展阶段产生的影响。接着，我们将分享实用的策略和方法，包括如何建立以客户为导向的价值理念、如何培养员工对组织文化的认同感，以及如何通过良好的沟通和管理手段营造积极的团队氛围。

通过统一的理念和积极的文化氛围，销售组织能够确保员工的行为始终与企业的核心价值观保持一致，不仅在短期内提升团队执行力和业绩，还为企业的长期发展打下坚实的基础。

文化、理念、氛围的定义

文化、理念和氛围是组织成功的关键要素。文化是团队成员共享的价值观和行为规范，是在工作中自觉遵循的"隐性规则"，体现在行为、沟通和问题处理方式上，是构成组织凝聚力的基础。理念是组织发展的核心思想和指导原则，指引团队的行动方向，明确目标和使命，使每个成员理解努力的意义。氛围是指组织内的工作环境和人际关系，影响成员的心理和情感体验。积极、支持性的氛围能提升员工的积极性和幸福感，增强团队凝聚力和执行力，促进更高效的协作和成果的取得。

在企业经营中，特别是创业阶段，创始人的特点对企业文化的塑造至关重要。创始人的价值观、行为方式和领导风格往往决定了初创企业的文化基调。随着企业的成长，积累的经验和核心信念逐渐凝结成独特的企业文化和价值观。不同行业的企业文化差异明显。例如，互联网公司强调创新和开放，医药研发企业注重严谨和科学性。这些行业特性深刻影响企业的沟通方式、工作节奏和价值观。同样，企业内部不同岗位和部门之间也可能存在文化差异，甚至因领导风格不同，部门氛围也有所不同。

企业的文化、理念和氛围需与发展阶段和行业特性相匹配。有关销售团队的理念应围绕客户导向、结果导向和团队协作建立，清晰的目标和有效的激励机制能够激发团队的动力和竞争力。销售团队的氛围应充满激情和支持，鼓励团队成员面对挑战、全力以赴。一些企业推崇"狼性"文化，要求销售团队专注目标、勇敢无畏，这尤其适合资源有限的创业期，通过这种拼搏精神帮助企业在激烈的竞争中脱颖而出。

创业期和成长期的销售部门应具备灵活应变、持续学习和客户至上的理念，适应快速变化的市场环境，持续学习新技能以满足客户需求。客户至上的理念至关重要，通过紧密互动建立信任关系。在这一阶段，销售团队的氛围应充满活力和挑战，激发创新与拼搏精神；成长期应逐步过渡到稳健与进取并重的氛围，保持创新精神，注重业务稳定增长。

在成长期和成熟期，销售部门应注重规范化和系统化，建立标准化流程，提升执行效率和客户满意度，同时倡导团队合作，共享成功经验以提升整体绩效。领导者应通过积极的激励机制、公开沟通和团队建设，营造信任和支持的氛围，确保成员实现个人成长，同时推动组织整体发展。

构建适合销售组织执行力的文化

在构建销售组织执行力文化时，企业的行业背景、创业者特质、发展阶段和团队风格都会对组织文化产生深远影响。因此，打造合适的组织文化不仅需要考虑不同层级员工的需求，还要制定针对性的培养策略。为了有效实现这一目标，企业可以运用"三心""三感"和"三力"模型来指导文化建设。

具体而言，"三心"包括事业心、上进心和责任心，这些特质帮助员工明确自身的职业目标和使命感；"三感"则涵盖使命感、危机感和饥饿感，能够激励员工为企业愿景而努力，保持高效执行的紧迫性；"三力"则指自驱力、思考力和行动力，这些特质决定了员工的主动性、解决问题的能力和执行任务的效率。

这些关键特质对应了不同层级员工的需求。高层管理人员需要具备使命感、事业心和自驱力，因为他们是企业战略的制定者和引领者，肩负着实现企业愿景的责任；中层管理人员则需要拥有危机感、上进心和思考力，他们不仅要确保日常运营，还要为未来规划并推动团队执行企业的战略决策；基层人员则需要具备饥饿感、责任心和行动力，作为企业业务执行的前线，他们的工作直接影响着企业的收入和客户满意度。通过有针对性的文化培养，销售团队的执行力得以全面提升，从而推动企业持续发展。

如何打造执行力文化

对于大多数销售团队来说，执行力是成功的基石。在企业的不同发展阶段——无论是创业期、成长期、成熟期，还是转型期，构建自上而下的执行力文化都至关重要。所谓的"不找借口，执行到位"，是要将执行力贯彻到每个层级，确保从高层到基层的每个员工都能全力推动目标实现。那么，如何在销售组织中落实这一文化呢？

1. 思想层面的文化建设

销售团队的文化建设可以从物质文化、制度文化和精神文化三个维度入手，形成全面的文化体系，推动团队高效发展。

物质文化是指通过具体的行为和外在表现打造团队的工作风貌。在销售领域，销售人员的一言一行应始终围绕客户展开，关注客户需求并维护客户关系，这便是销售的物质文化。就像军队要求士兵穿军装一样，销售人员的行为应体现出对客户的高度重视和责任感，建立起专业、可信赖的形象。

制度文化指的是企业规则的严格执行。每项制度若未得到严格遵守，就无法发挥其应有的支撑作用。文化建设离不开严格的制度执行，每位成员都应自觉遵守组织的规章制度，进而保障组织的稳定发展和高效运作。

精神文化是企业核心价值观和团队成员的内在驱动力。精神文化包含了使命感、责任感以及对企业目标的认同感。销售组织的精神文化要求团队成员保持高度的责任心和协作精神，始终秉持客户至上的原则，致力于推动组织目标的达成。通过这一层面的文化塑造，团队能够在面对挑战时保持动力，持续推动业务向前发展。

2. 制度层面的文化建设

在制度层面，文化的构建应从身份认同、制度服从和感恩文化三个方面着手，确保文化不仅能够形成强大的内在驱动力，还能在组织内持续发展。

身份认同是制度文化建设的基础。明确每位成员在组织中的角色和责任，使他们能够清晰地了解自己在团队中的定位，进而与组织目标高度匹配。只有当员工充分认同自己在组织中的角色，他们才能自觉地履行职责，并为组织目标的实现贡献力量。身份认同帮助员工明确自身价值，激发其为团队成功而努力的动力。

制度服从是确保组织正常运作的关键。制度的制定不仅是为了规范工作流程，更是为了提供一个公平、公正的执行框架。只有当每位员工都能严格遵守企业制定的规则，执行各项制度，制度才能真正成为组织正常运转和长远发展的基石。制度的执行力必须得到每位员工的认同和践行，只有这样才能确保组织高效运作并实现长期稳定发展。

感恩文化强调对团队、客户和工作机会的感激之情。通过培养感恩心态，员工不仅能够形成积极的工作态度，还能在团队中传递正能量，增强团队合作和集体主义精神。感恩文化有助于提升员工对企业的归属感和忠诚度，进一步增强组织的凝聚力与向心力，从而推动整个团队朝着共同目标努力。

通过在制度层面的深入建设，企业可以塑造出一个具有高度执行力和凝聚力的组织文化，确保从上至下的每一位员工都能在明确的角色定位和制度约束下，积极推动团队和企业实现长期发展。

3. 具体的文化建设方法

为了在销售团队中落实执行力文化，企业可以采取以下具体方法，确保团队在持续的激励和有效的支持下不断朝着目标前进，并不断提升整体执行力。

1）建立积极的激励机制：一个有效的激励机制是驱动销售团队不断超越目标的关键。设计合理的激励措施，包括具有竞争力的薪酬、奖励、晋升机会和公开表彰等，可以激励销售人员不断追求卓越，并超越设定目标。将物质激励与精神鼓舞结合，可确保每个团队成员都能够在达成目标的同时获得应得的回报。

2）培养团队合作精神：销售团队应强调合作，通过加强团队成员之间的沟通与知识共享，打造一个支持彼此的团队氛围。企业可以通过团队建设活动、跨部门合作项目、定期的经验分享会等方式来提升团队的合作精神和集体意识，帮助销售人员在遇到困难时能够彼此支持、共同成长。

3）提供持续培训和发展机会：销售团队的能力提升离不开持续的学习和成长。企业应不断为销售团队提供培训和发展机会，提升他们的销售技能、市场敏锐度和解决问题的能力。通过内部培训、外部课程、导师制度等多种途径，企业可促进销售团队的持续成长与职业发展，使销售人员始终保持竞争力。

4）建立有效的沟通渠道：良好的沟通是团队执行力的保证。企业应确保销售团队与管理层之间的沟通畅通无阻，定期召开会议，了解团队的反馈，及时解决问题，提供必要的支持和指导。管理者应倾听销售人员的意见，针对他们的需求进行调整和优化，从而确保每一位成员都能在清晰的目标和支持下执行任务。

5）及时奖励与认可：销售团队的激励不仅仅依靠物质奖励，及时的认可同样至关重要。通过设立奖项、召开表彰会议、创建员工名人堂等方式，及时为销售人员提供公正且有意义的奖励与认可。这不仅能增强销售人员的自豪感和归属感，还能激发他们更大的动力，推动他们在未来的工作中表现得更加出色。

6）建立公平的激励机制：公平透明的激励机制是确保每个团队成员都能够公平竞争的基础。企业应设计清晰、公正的薪酬和奖励制度，确保员工的表现与回报挂钩，并为销售人员提供明确的晋升路径和职业发展机会。这不仅能够激励员工不断在岗位上努力，也能增加员工对企业的忠诚度和工作投入度。

通过以上具体方法的实施，企业可以有效地推动销售团队执行力文化的落地和发展，为销售组织的持续成功和长远发展打下坚实的基础。

销售组织的文化建设应从思想层面和制度层面同时推进。企业应通过物质、制度和精神文化的有机结合，逐步打造出一个适应自身发展、促进执行力的文化环境。这样，不同层级的员工能够清晰地理解自身角色和责任，确保组织的目标能够有序、高效地实现，从而为企业的长期成功奠定坚实的基础。

如何建立高层销售管理人员的使命感、事业心、自驱力

对高层销售管理人员而言，使命感、事业心和自驱力是他们成功的核心驱动力。这些内在动力不仅有助于推动个人的成长，也为组织的长期发展奠定坚实的基础。下面将分别探讨如何通过这三大要素提升高层销售管理人员的领导力。

1. 使命感：激发深层次的责任感与全身心投入

高层管理人员需要使命感，这是指他们对组织的使命和目标有深刻的认同和责任感。使命感是高层管理人员在工作中的内在动力，它激发他们全身心地投入到组织的事业中。

1）坚韧与毅力：使命感使高层管理人员在面对困难时具备持久的动力。他们深知自己的使命是为组织的未来铺路，而不仅仅是完成眼前的工作。即使面对最艰难的时刻，他们依然能坚持自己的信念，迎难而上，寻找创新的解决方案。

2）正确的价值观与道德标准：使命感也促使高层管理人员树立正确的价值观和道德标准。他们认识到每个决策都可能对员工和组织产生深远影响。因此，他们在决策时不仅考虑短期利益，还关注长远的战略目标和团队的健康发展。通过以身作则，他们塑造了组织的文化和价值观，激励员工共同为使命奋斗。

3）强化沟通与团队凝聚力：使命感还激发了高层管理人员与员工之间的沟通与联系。他们积极倾听员工的声音，关注团队的需求和发展。这种互动不仅帮助高层管理人员更好地了解团队的挑战，也能够激励员工在组织使命的指引下共同努力，推动组织向前发展。

4）长远的愿景与战略规划：使命感赋予高层管理人员战略眼光。他们不仅考虑眼前的问题，更注重组织未来的战略方向。通过明确组织的使命和愿景，高层管理人员能够为团队设定清晰的目标和发展路径，在复杂的商业环境中引领团队走向成功。

使命感是高层管理人员必备的品质之一。它赋予他们坚忍的意志、正确的价值观、良好的沟通能力和远见卓识，使他们能够引领组织朝着共同的目标前进，并激励团队成员共同追求组织的使命和愿景。

2. 事业心：燃烧激情并追求卓越

高层销售管理人员的事业心是他们成功的重要驱动力。事业心激发了他们对工

作的无限热情和对卓越的不懈追求，它不仅推动个人成长，也推动组织成功。

1）工作热情与激情：事业心首先表现为高层管理人员对工作的深厚热爱。无论是面对挑战还是机遇，他们总是充满激情地投入到工作中，并从中获得满足感和成就感。这种激情不仅激励自己，也能感染团队，促使他们在工作中追求更高的目标。

2）对团队成长的关注：事业心也体现在高层管理人员对团队发展的关注。他们不仅关注自己的职业发展，也注重团队成员的成长与成就。通过为团队提供学习和发展的机会，他们激励员工发挥潜力，实现个人与组织的双赢。

3）追求卓越与创新：高层管理人员的事业心使他们不满足于现状。他们设定具有挑战性的目标，制定战略规划，并始终追求卓越。他们敏锐地把握市场趋势和竞争动态，不断推动组织创新，保持竞争力。

4）专业敬业的领导风格：事业心还体现在高层管理人员的领导风格和工作态度上。通过不断提升自己的领导力和管理技巧，他们以身作则，展示出敬业与责任感。这种精神在团队中营造了积极的工作氛围，鼓励员工在工作中不断追求卓越。

高层管理人员的事业心是他们成功的重要因素之一。事业心驱使他们对工作充满热情、关注个人和团队的发展、追求组织的成功和业绩，并展现出专业、敬业和负责任的态度。这种事业心激励着他们不断努力，追求卓越，为组织的长期发展做出贡献。

3. 自驱力：内在动力推动个人与组织成长

自驱力是高层管理人员成功的核心要素之一。它使管理者能够在没有外部压力的情况下，主动追求个人和组织目标。自驱力促使领导者自我激励、超越自我，并持续推动组织进步。

1）持续学习与自我提升：高层销售管理人员的自驱力体现在他们对自身成长的持续追求上。他们主动寻求学习和发展的机会，不断提升自己的知识、技能和领导能力。他们关注行业趋势，了解新的市场动态，并时刻准备迎接新的挑战。

2）对工作责任感的认知：自驱力也源于高层管理人员对工作责任感的认知。他们明确自己在组织中的职责，并且深知自己的决策对团队和企业的影响。自驱力促使他们对组织的成功充满责任感，推动组织战略的实施，确保团队朝着目标前进。

3）目标设定与结果导向：自驱力促使高层管理人员设定明确的目标，并以此为动力持续努力。无论是短期目标还是长期战略，他们都能以目标为导向，采取积极行动，不断推进各项工作。同时，他们具备灵活性，能够根据实际情况调整策略，确保目标的实现。

4）坚韧与毅力：自驱力还体现在高层管理人员面对困难和挫折时的坚韧不拔。他们具备应对挑战的决心和毅力，不轻言放弃，而是寻找新的方法和解决方案。无论遭遇多大的困难，他们总是能保持积极的态度，并激励团队一同克服障碍，取得成功。

高层管理人员的自驱力是他们成功的关键因素之一。自驱力使他们能够自律、自我激励，并追求个人和组织的目标。他们对个人成长和发展有持续的追求，对工作负责并设定具有挑战性的目标。他们具备坚韧和毅力，能够在困难和压力下保持积极的态度和行动。这种自驱力使他们能够持续地推动个人和组织的进步，并取得卓越的成果。

高层销售管理人员的使命感、事业心和自驱力是其领导力的三大支柱。使命感激发责任感与全身心投入，事业心燃烧激情并追求卓越，而自驱力则是推动个人和组织持续成长的内在动力。通过这三个方面的培养和提升，高层销售管理人员能够不断推动自己和团队向着更高的目标迈进，为组织的长期成功打下坚实的基础。

如何建立中层销售管理人员的危机感、上进心、思考力

在销售管理中，中层管理人员扮演着连接战略与执行的关键角色。为了有效应对不断变化的市场环境和内外部挑战，他们需要具备危机感、上进心和思考力。这些内在驱动力不仅帮助中层管理人员做好日常运营管理，更能引领团队在复杂多变的环境中不断突破，实现组织目标。

1. 危机感：警觉并主动应对风险

中层管理人员需要有危机感，这意味着他们对组织面临的潜在风险和挑战保持高度警觉，并采取积极的行动来应对这些危机。危机感是中层管理人员成功的重要因素之一，可使他们能够及时发现问题并采取适当措施，从而保护组织的利益和促进长期发展。

1）对外部环境的警觉与分析：中层管理人员的危机感首先体现在他们对外部环境的高度关注上。他们密切观察市场趋势、竞争动态、法规变化等因素，以便及

时识别可能对组织产生负面影响的风险。通过深入研究和分析，他们能够评估这些风险对组织战略和运营的潜在影响，并提前准备应对策略。这种前瞻性的态度有助于组织在变动的环境中保持竞争力。

2）内部运营的监控与优化：除了外部的变化，中层管理人员还需对组织内部的运营状况保持高度警觉。他们关注关键绩效指标（KPI）、业务流程及内部控制，确保运营的高效性与风险最小化。通过建立有效的监测与反馈机制，他们能够及时发现潜在问题并迅速采取纠正措施。更重要的是，他们鼓励员工提出反馈，并鼓励员工在风险管理和问题解决中发挥作用，形成全员参与的风险管控体系。

3）灵活适应与迅速决策：危机感还体现在中层管理人员的灵活性和适应性上。在不断变化的市场环境中，他们需要具备敏锐的洞察力和迅速调整的能力。当环境变化或突发事件发生时，中层管理人员能冷静应对，迅速做出决策并调整策略或运营计划，确保团队能够快速适应并保持稳定运行。

4）预见性与战略规划：中层管理人员的危机感还体现在他们的前瞻性和战略思维上。他们必须着眼长远，系统思考，预判潜在风险并做好应对准备。在战略规划过程中，他们与高层管理人员紧密合作，共同制定危机应对策略和应急预案，确保在危机来临时，组织能够迅速且有效地应对，减轻损失并恢复正常运作。

5）内部竞争危机感的强化：中层管理人员需要在内部也保持竞争危机感，以便应对组织内部的竞争。他们关注资源分配、人才招聘和培养、市场竞争和个人能力的提升。他们敏锐地意识到内部的竞争压力，采取积极的行动来保持团队的竞争力和创新能力。竞争危机感对于中层管理人员来说是非常重要的，它激发他们的动力和创造力，帮助他们在内部竞争中保持竞争优势。

首先，中层管理人员需要认识到组织内部存在着资源的有限性和分配的竞争。不同部门和团队之间可能会争夺有限的资源，如预算、人力和设备等。中层管理人员应该积极参与资源的分配和决策过程，并为自己的团队争取到足够的资源以支持其发展和竞争力。

其次，中层管理人员需要关注内部的人才竞争。他们应该意识到组织内部的人才是宝贵的资源，不同团队之间可能会争夺优秀的人才。中层管理人员应该积极参与人才招聘和选拔过程，确保自己的团队能够吸引和留住优秀的人才，并通过培训和发展计划提升团队成员的绩效和能力。

此外，中层管理人员还应该关注内部团队之间的竞争。不同团队可能在项目资源、市场份额或业绩目标等方面存在竞争关系。中层管理人员应该激发团队成员的竞争意识，鼓励他们提高自身能力和团队绩效，从而在内部竞争中取得优势。

另外，中层管理人员还应该关注内部创新和变革的竞争。组织内部可能存在阻碍创新和变革的保守思维和行为模式。中层管理人员应该鼓励团队成员提出新想法、探索新方法，并帮助他们克服内部的阻力，推动创新和变革的实施。

中层管理人员需要在内部竞争中保持竞争危机感。他们关注资源分配、人才竞争、团队竞争和创新变革，采取积极的行动提升团队竞争力和创造力。通过这种竞争危机感，中层管理人员可以更好地应对内部竞争的挑战，推动组织发展和成功。

中层管理人员需要具备危机感，以便应对组织面临的潜在风险和挑战。他们关注外部环境和内部运营，及时发现和解决问题，并具备灵活性、适应性和预见性。他们的危机感使他们能够保护组织的利益，促进组织持续发展，并有效地应对不断变化的环境和市场条件。

2. 上进心：追求个人成长与团队突破

中层管理人员在组织中起着重要的桥梁作用，他们需要展现上进心，从而推动自身和团队发展。以下是中层管理人员需要具备上进心的几个方面：

1）追求个人成长：中层管理人员应该持续追求个人成长和发展。他们应该设定明确的职业目标，并主动寻找提升自己的机会和途径。这可能涉及参加培训课程、研讨会、行业交流活动等，以便不断地学习新知识和技能，提高自身的专业水平和领导能力。

2）寻求挑战和机会：中层管理人员应该积极地寻求新的挑战和机会。他们不仅要完成本职工作，还要主动承担更多的责任和项目，展示自己的能力和价值。他们会争取更高的职位和更大的责任，从而实现个人的职业发展目标。

3）持续改进和学习：中层管理人员应该保持持续的自我反思和改进。他们会定期回顾自己的领导表现，分析成功与失败的原因，总结经验教训，并制订改进计划。他们会主动寻求他人的意见和建议，接受反馈并积极改进自己的领导方式和管理风格。

4）建立良好的人际关系：中层管理人员需要与上级、下属和同事建立良好的人际关系。他们应该主动与团队成员合作，激励和支持他们的发展，并与上级保持良好的沟通和合作。同时，他们还应该与同行进行经验交流和分享，拓宽自己的视野并提高自己的能力。

5）坚持自我激励：中层管理人员需要保持积极的态度和动力。他们会面临各种挑战和困难，但他们会坚持并寻找解决问题的方法。他们会保持乐观的心态，相信自己的能力和潜力，并持续努力，不断提升自己的业绩和影响力。同时，他们也会激励团队成员，鼓励他们追求个人成长和发展。

中层管理人员需要展现出上进心。这将帮助他们在职业生涯中取得成功，并有效地推动团队和组织发展。

3. 思考力：深度分析与智慧决策

中层管理人员需要具备思考力，这是他们在组织中发挥有效领导作用的重要品质。思考力指的是能够深入思考问题、分析情况、做出明智决策的能力。以下是中层管理人员需要具备思考力的几个方面：

1）分析问题：中层管理人员应该具备分析问题的能力。他们需要能够全面理解和评估面临的挑战和机遇，辨别问题的本质和根源。通过仔细分析并掌握问题的各个方面，他们能够制订有效的解决方案，为团队和组织带来积极的影响。

2）掌握复杂的信息：中层管理人员需要处理大量的信息和数据，包括来自上级、下属和外部环境的信息。他们需要具备整理和筛选信息的能力，从中提取关键信息，并将其整合为有意义的结论。通过掌握复杂的信息，他们能够做出明智的决策和行动计划。

3）考虑多个观点：中层管理人员应该能够考虑多个观点，兼顾多方利益。他们需要意识到问题往往有多个方面和层面，不同利益相关者可能有不同的观点和期望。通过积极倾听和理解各方的意见，中层管理人员能够综合各种观点，做出符合整体利益的决策。

4）预见未来：中层管理人员需要具备一定的预见性，能够预测和洞察未来的趋势和变化。他们应该关注行业的发展动态、市场趋势和技术创新等因素，从中分析未来可能出现的机遇和挑战。通过对未来的预判，中层管理人员能够制定长远战略和规划，为组织的成功做好准备。

5）促进创新和改进：中层管理人员需要鼓励团队成员进行创新和改进。他们应该提供一个积极的环境，鼓励员工提出新思路和解决方案。中层管理人员的思考力可以帮助他们发现潜在的创新机会，并推动团队在业务和流程上改进。

中层管理人员需要具备思考力。这将帮助他们做出明智的决策，推动团队和组织发展，并应对不断变化的环境和挑战。

综上所述，中层销售管理人员需要具备危机感、上进心和思考力。这些品质不仅有助于他们有效地应对不断变化的商业环境和内部挑战，还能推动团队和组织持续成功。

如何建立基层销售人员的饥饿感、责任心、行动力

基层销售人员在竞争激烈的市场环境中，必须具备饥饿感、责任心和行动力，这些品质是他们成功的核心要素。以下是三者如何具体体现，以及如何通过管理策略加以培养的探讨：

1. 激发饥饿感：持续动力的源泉

饥饿感是基层销售人员在面对市场挑战时，保持高效能和持续动力的关键因素。它源自内心的强烈渴望，并体现在多个方面。

1）渴望成功：基层销售人员应该有强烈的渴望成功的愿望。他们对于个人和团队的销售目标应该充满热情，并愿意为此付出努力。他们将成功视为责任和追求，持续努力提高销售技巧和表现，从而实现个人的职业成就。

2）追求挑战：基层销售人员应该积极主动地追求挑战。他们应该勇于面对销售过程中的困难和障碍，并将其视为机会而不是阻碍。他们会不断寻找新的销售机会和目标，超越自己的舒适区，不断挑战自己的极限。

3）持续学习：基层销售人员应该保持持续学习的态度。他们会主动寻求销售技巧和知识的提升，了解市场动态和竞争对手的情况，以及了解产品和服务的特点。通过不断学习和提升，他们能够更好地应对客户需求和市场变化，提高销售效果。

4）自我驱动：基层销售人员需要有自我驱动的能力。他们能够自我激励，设定明确的销售目标，并制订详细的行动计划来实现这些目标。他们对于个人和团队的销售绩效负责，并不断寻求提高和突破，从而取得更高的销售业绩。

5）追求持续改进：基层销售人员应该追求持续改进和提高。他们会定期回顾自己的销售过程和结果，分析成功和失败的原因，并找到改进的方法。他们会主动与同事和领导进行经验分享和反馈，从而不断提高自己的销售技巧和表现。

基层销售人员需要具备饥饿感。这将帮助他们保持高度的动力和激情，取得卓越的销售业绩，并在竞争激烈的市场中脱颖而出。

2. 培养责任心：确保高效执行与客户满意

基层销售人员需要具备责任心，这是他们在销售工作中展现出色表现的重要品质。责任心指的是对待工作认真，愿意为客户和团队的利益负责。以下是基层销售人员需要具备责任心的几个方面：

1）履行承诺：基层销售人员应该对自己的承诺负责。他们会根据企业的销售目标和客户需求，主动承诺提供优质的产品和服务。他们将客户的满意度视为自己的首要任务，并努力履行承诺，确保交付高品质的产品和服务。

2）关注客户需求：基层销售人员应该关注客户的需求和利益。他们会主动与客户沟通，了解他们的需求和问题，并提供适当的解决方案。他们会尽力满足客户的期望，建立长期的信任和合作关系。

3）自我管理：基层销售人员应该具备自我管理的能力。他们会自觉地规划和组织自己的销售工作，确保高效地完成任务。他们会设定明确的销售目标，并采取必要的行动来实现这些目标。他们会对自己的时间和资源进行有效管理，以便确保工作的及时交付和质量。

4）团队合作：基层销售人员应该具备团队合作精神。他们会与团队其他成员紧密合作，共同实现销售目标。他们会分享信息和经验，互相支持和帮助，推动团队的整体业绩。他们愿意承担团队的责任，并为团队的成功贡献自己的力量。

5）反思和改进：基层销售人员应该具备反思和改进的意识。他们会定期回顾自己的销售过程和结果，分析成功和失败的原因，并寻找改进的方法。他们会主动接受反馈和指导，不断提升自己的销售技巧和表现。他们将责任心体现在不断提升自身能力和绩效上。

基层销售人员需要具备责任心。这将帮助他们建立良好的职业声誉，赢得客户的信任和忠诚，并在销售工作中取得优异的成绩。

3. 激发行动力：高效应对市场变化

基层销售人员需要具备极强的行动力，这是他们在销售工作中取得成功的关键品质。行动力指的是能够积极主动地采取行动，迅速应对市场变化和客户需求，从而实现销售目标。以下是基层销售人员需要具备行动力的几个方面：

1）主动出击：基层销售人员应该具备主动出击的态度。他们不会等待机会的到来，而是积极主动地寻找销售机会和潜在客户。他们会主动与潜在客户联系，了解他们的需求，并提供适当的解决方案。他们会主动与客户建立联系，并推动销售流程的进行。

2）敏捷应变：基层销售人员应该具备敏捷应变的能力。他们能够快速响应市场的变化和客户的需求。当面临挑战或困难时，他们能够迅速调整策略和行动计划以适应新的情况。他们能够灵活地应对各种销售情况，实现销售目标。

3）坚持执行：基层销售人员应该具备坚持执行的毅力。他们不仅有良好的销售策略和计划，还能够持之以恒地执行。他们不会因为困难或挫折而放弃，而是坚持不懈地追求销售目标。他们会克服困难和阻力，持续推进销售流程，直到达到预期目标。

4）实际行动：基层销售人员注重实际行动。他们不仅有销售理念和计划，还能够将其转化为实际行动。他们会制订详细的行动计划，并按计划执行。他们注重结果导向，通过实际行动来实现销售目标，而不仅仅停留在口头上的承诺。

5）持续进取：基层销售人员应该具备持续进取的精神。他们不满足于当前的销售成绩，而是不断追求进步和提高。他们会寻求新的销售机会和方法，不断学习和发展自己的销售技巧。他们会设定更高的销售目标，并努力不懈地追求这些目标。

综上所述，基层销售人员需要具备行动力。这将帮助他们在竞争激烈的销售环境中脱颖而出，取得卓越的销售成绩。

树立销售团队正确的工作理念

销售作为一种充满挑战的职业，不仅需要销售人员具备卓越的产品知识和业务技巧，更需要他们拥有正确的工作理念。这种理念不仅影响他们的工作态度和行为方式，也决定了他们能否真正实现"成人达己"，即在帮助客户成功的同时实现自己的职业目标，并推动企业业务的可持续发展。以下六大核心理念为销售人员在职业道路上提供了明确的方向。

以客户为中心

在销售领域，客户永远是核心。无论是面对个人消费者，还是企业客户，销售人员都应从客户的需求出发，设身处地为客户着想。优秀的销售人员不仅仅是产品的推销者，更应该是客户的"问题解决者"。他们需要深入了解客户的需求和痛点，真正理解客户面临的挑战与困境，这样才能提供精准的解决方案。

此外，销售人员应努力与客户建立长期的信任关系。这不仅仅是通过产品或服务本身，而是通过优质的服务、细致的沟通和持续的关怀，才能赢得客户的信任。这种信任的建立需要时间和耐心，也是未来持续合作的基础。毕竟，客户不仅仅会因为产品本身而再次购买，还会因为他们对销售人员的信赖而选择长期合作。

价值导向

销售不仅仅是达成交易，更重要的是为客户带来价值。销售人员应清晰地认识到，他们的角色不仅是销售产品或服务，而是帮助客户实现业务目标。要做到这一点，销售人员首先需要深入理解客户的业务逻辑，了解客户的目标和挑战，然后将企业的产品或服务的优势与客户的需求精准匹配。这不仅是展示产品或服务的价值，更是通过提供定制化的解决方案，帮助客户实现业务成功。

销售人员应当扮演客户的"价值顾问"角色，帮助客户实现最大化的业务回报。这种价值导向不仅让销售人员从单纯的产品推销者升级为客户的业务伙伴，还能够使客户在未来面临类似需求时，第一时间想到这位销售人员。这样，销售人员与客户的关系不仅限于单笔交易，而是发展成了长期合作关系。

长远的眼光

销售人员必须具备长远的眼光，不能仅仅追求眼前的销售成绩。在激烈的市场竞争中，短期成功无法为未来打下坚实的基础。优秀的销售人员不会只关注单次的销售机会，而是更关注客户的长期发展与成功。他们懂得与客户共同成长，帮助客户实现其长期目标。

通过不断为客户提供有价值的解决方案，并在关键时刻给予支持，销售人员不仅能够赢得客户的信任，还能够建立稳固的长期合作关系。这种长远的眼光不仅有助于销售人员不断获得业务机会，也为企业带来持续性的收入增长。毕竟，一个满意的客户不仅会重复购买，还可能带来新的潜在客户资源。

沟通与人际关系能力

沟通是销售工作的核心能力。无论是向客户传达产品或服务的优势，还是理解客户的需求，都离不开高效的沟通能力。销售人员必须具备优秀的倾听能力，只有真正理解客户的需求，才能为客户提供恰当的解决方案。而在表达方面，销售人员需要具备清晰的表达能力，能够将产品或服务的核心价值和优势简明扼要地传达给客户。

同时，在销售工作中，与各种类型客户打交道是常态。每个客户都有不同的个性、需求和沟通方式，销售人员必须具备灵活应对不同客户的能力。通过建立良好的人际关系，销售人员不仅能提升客户的信任感，还能为日后的合作打下坚实的基础。毕竟，良好的人际关系往往决定了交易的成败。

持续学习与适应能力

销售行业的变化极为迅速，市场趋势、客户需求和竞争环境都会不断发生变化。因此，销售人员需具备持续学习的能力，时刻保持对行业动态的敏感度。只有不断更新自己的知识和技能，才能在快速变化的环境中保持竞争力。

销售人员不仅需要学习新的销售技巧，还要掌握市场分析和数据驱动的销售决策能力。通过利用数据分析工具，销售人员能够更好地理解客户的购买行为、市场趋势和竞争对手的动向，从而制定更加精准的销售策略。此外，随着销售工具和技术的不断更新，销售人员还需掌握新技术，从而提高工作效率和销售业绩。

团队合作精神

尽管销售人员通常独自面对客户，但销售工作实际上离不开团队的支持。无论是市场营销部门的支持，还是技术部门的协助，销售人员都需要与企业内外的各个团队紧密协作。只有通过团队合作，销售人员才能最大化地利用资源，为客户提供优质服务。

销售人员在团队中应具备分享和合作的精神，及时分享市场信息和客户反馈，与同事共同解决问题。通过集体智慧和团队力量，销售团队能够提升整体的工作效率，并实现共同的业务目标。在一个高效协作的团队中，销售人员不仅能够获得更多支持，还能够提升个人与团队的整体绩效。

优秀的销售人员不仅要具备专业技能，更需要树立正确的职业理念。以客户为中心、注重价值导向、拥有长远的眼光、具备出色的沟通能力、持续学习和团队合作精神，是销售成功的关键。这些理念能够帮助销售人员在充满挑战的市场环境中脱颖而出，实现"成人达己"的职业目标，在为客户创造价值的同时，也为企业带来持续的业务增长。

营造良好的销售团队氛围

营造良好的氛围对销售团队的成功起着至关重要的作用。一个健康、积极的团队环境不仅能提升士气，还能增强凝聚力、激发拼搏精神。以下七个关键策略有助于营造充满信任、合作与支持的销售团队氛围，推动团队成员共同成长与成功。

明确团队目标与共享愿景

团队目标和愿景是销售团队行动的指南针，它们为团队成员指引方向，帮助每个人理解自己的工作如何与整体战略相契合。为了建立一个有凝聚力的团队，企业要先确保每个成员都能清晰地理解团队的共同目标和愿景。只有当团队成员都意识到自己的贡献与整体目标的重要联系，才能激发他们的责任感和动力。

明确团队目标不仅能帮助团队成员专注于长期任务，还能增强他们的归属感。当团队成员知道他们正在为一个更大的目标共同努力时，他们的工作积极性和主动性会明显提高。此外，定期回顾团队愿景，也有助于增强团队的内部凝聚力，并使成员对未来保持一致期望与信心。

建立开放的沟通渠道

良好的沟通是打造成功团队的基础。为了营造积极的团队氛围，企业必须确保团队内的沟通渠道是开放、透明的。通过定期的团队会议、内部沟通平台或反馈机制，销售团队成员能够自由分享信息、提出问题并表达建议。这不仅能帮助团队成员互相了解各自的工作进展，还能防止信息不对称导致的误解与效率低下。

领导者在这个过程中扮演着至关重要的角色，他们应该鼓励员工提出问题、分享见解，创造一个让所有人感到安全、受到尊重的环境。通过倾听和回应每个成员的意见，团队不仅能激发更多的创新想法，还能让每个成员感到自己的声音被重视，从而增强彼此之间的信任与合作。

促进团队合作与知识共享

团队合作与知识共享是销售团队提升执行力与创新能力的重要手段。在销售团队中，不同成员的专业领域、经验和技能都各不相同，充分利用这些多样性并促进成员间的合作将有助于提高整个团队的表现。通过合作项目、分组任务或定期团队学习分享会，销售团队成员可以互相借鉴彼此的成功经验和最佳实践。

知识共享不仅能提升整个销售团队的专业水平，还能帮助团队在应对复杂问题时更加灵活、高效。开放的知识共享文化能够增强销售团队的整体凝聚力，确保每个成员在面对困难时都能得到团队的支持和帮助。此外，这种合作与分享的氛围也能培养每个成员的责任感，使他们更愿意为团队的成功贡献力量。

提供积极的反馈与认可

及时和有效的反馈是激励销售团队成员进步的重要工具。无论是对个人还是团队整体的表现，定期提供正面反馈和建设性的意见都是提升士气和工作热情的关键。领导者应该主动关注团队成员的努力，并在他们取得成绩时及时给予表扬。

公开认可非常重要。例如，公开表扬某位成员的优秀表现或通过设立奖励机制来肯定团队的共同成就，可以激发成员更大的工作热情，进而提升团队的整体绩效。积极的反馈文化不仅能增强团队成员的自信心，还能创造一种积极的竞争氛围，促使每个成员都以更高的标准要求自己。

培养团队精神与凝聚力

团队精神和凝聚力是销售团队持续成功的基础。为了增强团队成员之间的信任与协作，团队建设活动是不可或缺的。这些活动可以包括户外拓展训练、趣味比赛、行业会议或团队研讨会等。这类互动机会不仅能打破日常工作中的隔阂，还能为成员之间创造更多的交流和了解彼此的机会。

通过共同参与这些活动，团队成员之间的信任感将显著提升。团队凝聚力越强，团队在面对挑战时的表现就越突出。强大的团队凝聚力不仅能增强员工归属感，还能帮助团队在压力环境下保持团结与高效运作，确保团队在任何情况下都能达成目标。

激励与发展团队成员

有效的激励机制是维持销售团队动力的关键。通过设立个人目标、绩效奖励和晋升机会，团队成员将更有动力去追求卓越的工作表现。销售团队的激励机制应考虑到短期与长期激励因素。短期激励（如奖金和绩效奖励）能够激发团队成员的工作积极性，而长期激励（如职业发展机会和培训计划）则可以帮助成员提高技能和忠诚度。

给予团队成员的职业发展机会也至关重要。为团队成员提供培训、学习和发展的机会，不仅能提升他们的专业能力，还能增强他们对企业的认同感和归属感。销售人员的成长与发展最终将转化为团队进步与企业持续成功。

建立积极的工作环境

一个支持性和有挑战性的工作环境是销售团队取得长期成功的基础。团队领导者应该确保为每位成员提供必要的资源和工具，使他们能够高效地完成工作。此外，关心员工的身心健康也是营造积极工作氛围的重要组成部分。通过提供灵活的工作安排、福利和健康支持，销售团队成员可以找到工作和生活的平衡，从而更好地应对工作压力。

一个充满支持与挑战的环境能激发团队成员的潜力，让他们在面对困难时更加从容自信。在这种环境中，销售团队不仅能够保持高水平的工作效率，还能培养出面对变化时的适应能力和抗压能力。

营造良好的销售团队氛围，不仅能够提升团队的销售业绩，还能增强成员的归属感与职业发展动力。通过明确目标、开放沟通、促进合作、及时反馈与认可、激励与发展以及提供支持性工作环境，销售团队可以形成一种高效、协作和充满积极动力的氛围。这种氛围将为团队的长期成功打下坚实基础，并帮助每个成员实现个人与团队的共同成长。

如何确保销售人员行为与组织文化、工作理念、团队氛围的一致性

组织文化、工作理念、团队氛围与销售行为之间的一致性是基层销售团队取得成功的关键因素之一。这不仅影响员工之间的合作与工作环境，还深刻影响销售人

员的行为、态度和表现。销售行为，简单来说，是指销售人员在实际销售过程中所采取的具体行动。为了实现团队的共同目标并提升整体销售绩效，销售行为必须与组织文化、工作理念、团队氛围保持高度一致（简称团队一致性）。以下是团队一致性的几个关键方面：

共同目标的明确与追求

确保团队内的一致性，首先体现在团队成员对共同目标的明确认知和一致追求上。每个成员都应清晰了解并深刻认同团队的销售目标，将其作为共同奋斗的方向。销售团队成员不应仅仅被动完成个人任务，而要建立实现团队整体目标的责任感。这种目标的高度一致性能够有效推动团队成员在行动上形成共识，使每个人在销售过程中都展现出一致的决策力和执行力。

通过定期讨论和更新目标，团队可以确保每个成员随时了解团队的最新动向和期望。这不仅提高了团队的凝聚力，还能在面对挑战时，确保所有成员都朝着同一方向共同努力，实现高效的协同作战。

团队合作与相互支持

团队合作和相互支持是确保一致性的重要基础。在一个高效的销售团队中，团队成员应形成紧密的合作关系，相互协助和资源共享。通过合作，团队能够实现优势互补，优化个人和集体的销售能力。具体来说，团队成员应积极分享销售信息、市场洞察和成功经验，从而在团队中形成一个相互支持、互帮互助的文化。

这种合作氛围可以让销售人员在面对客户时展现出一致的态度和行动，为客户提供更稳定、高质量的服务体验。成员之间的相互支持不仅提高了团队的执行力，还创造了一个积极、鼓励成长的工作环境，帮助销售人员在相互协作中不断进步。

有效的沟通与协调

有效的沟通与协调是团队一致性的重要保证。团队成员之间应保持畅通的沟通渠道，确保信息的及时传递与透明共享。沟通不仅仅是日常的任务汇报，还应包括市场动态、客户反馈和团队内部的策略调整。通过开放、透明的沟通，团队成员能够更好地协调各自的工作，确保每个人的行动都在同一节奏下展开。

这种信息同步不仅减少了内部的摩擦和重复劳动，还能提高团队的整体执行效率。当所有成员对团队的期望和策略都保持一致时，销售行为也会更为协调，从而提高团队整体的销售绩效。

价值观的一致性

共同的价值观是团队一致性的核心基础。销售团队中的每个成员都应认同并践行团队所倡导的核心价值观，如诚信、专业精神、客户导向等。这些价值观应贯穿于每个销售环节和客户互动中，使团队在外部展现出高度一致的服务标准。

当团队成员共享并践行这些价值观时，客户无论接触哪位销售人员，都能感受到一致的服务体验。这种价值观驱动的行为一致性，不仅能够增强团队内部的凝聚力，还能赢得客户的信任与长期忠诚。最终，团队中的每个成员都在销售过程中展现出高度一致的态度和行为，为客户创造更好的体验。

责任感与自律

责任感与自律是确保团队一致性的另一个关键要素。每个销售人员都应对自己的行为负责，并严格遵守团队的行为准则和工作规范。责任感使每位成员能够更好地协同工作，确保自己的行动符合团队的期望。而自律性则确保销售人员在面对挑战和诱惑时，依然能够坚持团队的高标准和高要求。

在这种责任感和自律的驱动下，销售人员不仅能有效地协作，还能在客户面前展现出专业精神与一致性，从而提升团队的整体形象与声誉。一个高度自律的团队，能够在任何情况下都保持一致的行为标准，确保客户体验的连续性和质量。

赏罚分明的激励机制

在确保团队一致性的过程中，奖惩机制的实施至关重要。销售行为需要与组织文化、工作理念和团队氛围保持一致，为做到这一点，企业需要建立明确的红线和底线。对于那些触犯团队规章或破坏团队一致性的销售人员，企业应及时进行惩处，以维持团队的纪律与秩序。而对于那些在销售行为中表现出色、认真贯彻团队文化的成员，企业应给予奖励和表扬。

这种赏罚分明的机制不仅能够有效激励员工朝着正确的方向努力，还能增强团队的整体士气与执行力。通过设立明确的激励制度，可以确保所有团队成员都遵守共同的规范与标准，从而提升团队的整体绩效。

　　通过明确共同目标、加强团队合作与支持、建立良好的沟通与协调机制，并坚持共同的价值观，销售团队能够在行动上保持高度一致。这种一致性不仅提升了团队的整体销售绩效，还为客户提供了更好的体验，进而增强了客户的信任与忠诚。在竞争激烈的市场中，销售团队要脱颖而出，关键在于其团队文化、工作理念、团队氛围与销售行为高度一致。这将帮助团队更好地应对市场变化，持续取得成功。

第 4 部分

选择最优的
销售管理方法

制定正确的营销策略是构建强大的销售组织执行力的第一步。它为销售团队提供了明确的方向，但要确保策略有效执行，必须建立完善的组织保障体系，并依赖精细化的销售管理方法。精细化销售管理不仅是对销售活动的监控，更是对销售人员的全方位管理，确保目标顺利完成。

　　精细化销售管理涵盖多个关键维度。首先，根据战略需求做好新业务管控，通过增加考核权重、加强培训和提升奖励，确保新业务与整体战略协同发展。其次，总结适合企业的销售战法，优化业务流程，并通过工具支持和定期培训提升执行效率。最后，精细化销售管理包括销售指标分类、客户开发与拜访管理、销售定位与机会管理，以及人员辅导，从而帮助团队提高执行力。

　　此外，建立绩效回顾机制至关重要。通过设定清晰的目标、收集分析数据、评估绩效并提供反馈，销售组织能够不断调整方向，提升执行力。最后，构建团队协作机制，打破部门壁垒，促进前台、中台和后台协作，提升整体的协同效率，实现更高的销售绩效和客户满意度。

　　本章旨在为销售管理者提供一个全面的精细化销售管理框架，帮助他们构建一个更加高效、协调的销售团队，从而顺利实现销售目标。

_____

・第 13 章・

新业务管控：与战略发展同步

　　随着市场环境和客户需求的快速变化，企业必须不断调整战略规划和业务方向，从而应对竞争。任何产品或服务都有生命周期，通常在 5~10 年进入成熟阶段，有的则可持续 15~20 年。然而，随着市场的不断变化，极少有产品能够长期保持原有的竞争力。即便原有业务继续运营，其增长往往也会遭遇瓶颈，面临激烈的竞争和毛利率下降等挑战。

　　在这种背景下，企业通常会推出产品升级或拓展全新业务领域，以便维持市场份额和盈利能力。然而，销售团队往往依然沿用原有的销售策略与考核模式，这对新产品的推广构成挑战。为了确保新业务的顺利推出，企业需要根据新产品的特点、市场定位和目标客户群体制定新的销售策略，同时可能需要重构团队架构，甚至调整绩效方案。

　　然而，现实中，许多成长型与成熟型企业依赖现有销售团队或渠道来推动新产品的市场渗透，如何平衡旧业务的持续增长与新业务的拓展成为一大难题。销售团队不仅要调整销售模式来适应新产品的需求，还需要确保不影响现有业务的稳定发展。

　　要解决这一挑战，企业必须加强销售团队对新旧业务的管控，精准把握两者之间的动态平衡，并明确资源分配策略，确保战略顺利落地。这一过程的关键在于实现新业务的快速渗透与原有业务的平稳增长，从而推动企业的长期发展与转型。本章将深入探讨如何在战略驱动下有效管控新业务，确保销售团队能够在新旧业务之间找到最佳平衡，实现企业的可持续发展。

为什么新业务很难推广

在快速变化的市场环境中，创新和增长对企业至关重要。尤其在高技术背景下，这种需求尤为迫切，不仅是为了应对技术进步和市场竞争，更是为了适应日益变化的客户需求。因此，推出创新产品和服务成为企业发展的常态。然而，许多企业在新业务推广过程中都面临"难以落地"的困境，导致发展进程放缓，收入和利润下滑。管理层往往将原因归结于销售团队的执行力不足，但实际上，影响新业务推广的因素往往错综复杂。

缺乏对新产品的理解和信心

销售团队在推广新业务时，往往缺乏对新产品的深入理解和全面认识，对其特点、应用场景和竞争优势了解有限。这会导致销售团队在与客户沟通时无法有效传达产品价值，进而影响客户的购买决策。此外，如果销售团队对产品缺乏信心，推广意愿也会降低。例如，一家公司推出了创新的物联网产品，但销售团队在产品培训中仅接受了基本知识的介绍，缺乏对产品的技术原理、使用场景的深入理解。因此在面对客户提问时，销售人员常常无法解答，导致推广受阻。

惯性思维和抗拒改变

许多销售团队已经习惯了传统业务的推广方式和客户群体，突然转向新业务会面临思维和行为上的转变。销售人员往往更愿意在熟悉的领域工作，而新业务的推广涉及新的产品知识、不同的客户类型和销售方式，这些都会带来额外的学习和适应成本。例如，一家家具制造公司决定进入智能家居市场，但销售团队长期以来都习惯于推广传统家具产品，对于智能设备的销售方式缺乏经验。结果，销售团队倾向于继续推销熟悉的传统产品，忽视了新业务的拓展。

新产品支持系统不完善

新产品的成功推广不仅依赖于销售团队，还需要企业提供完善的支持系统，包括技术支持、售后服务和市场宣传等。如果支持体系不完善，销售团队在推广新业务时往往感到力不从心，遇到问题时得不到快速有效的解决，客户体验也因此受到影响，最终影响销售表现。例如，某电子设备公司推出一款创新智能设备，但售后服务和技术支持尚不完善。销售团队在推广过程中频繁遇到客户提出技术性问题的

情况，但公司缺乏及时的技术支持，影响了客户体验，导致新业务的销售推广难以
展开。

激励机制不匹配

在新业务推广中，销售团队的激励机制如果仍然偏向于传统业务，那么团队
的关注点会集中在旧业务上，对新业务的推广缺乏动力。由于新业务通常在初期难
度较高、见效较慢，销售人员往往会优先选择更易达成业绩的旧业务。例如，一家
保险公司推出创新型保险产品，期待通过该产品吸引新客户群，但公司的佣金制度
主要偏向传统保险产品。销售团队觉得推广新产品耗时耗力，收入不如传统产品稳
定，因此缺乏积极性，导致新业务销售业绩低迷。

客户教育成本高，销售周期长

新业务特别是在高科技或创新领域，客户的认知度往往较低，需要大量的教育
和解释工作，这使销售周期更长、推广难度更大。销售团队在推广过程中面临较大
的工作量，但成效缓慢，容易产生挫败感。例如，一家新创能源公司推出的家庭
储能设备面向一般家庭客户。由于大部分消费者对储能技术不了解，销售人员需要
花费大量时间向客户解释技术原理和使用价值。销售周期的延长使团队的推广效率
下降，影响新业务的整体进展。

竞争激烈，新业务优势不明显

新业务在市场中可能面临激烈的竞争，而企业未能有效地突出新产品的差异化
优势，从而使销售团队在推广时难以找到突破点。销售人员在面对客户时无法清晰
地说明新业务相较于竞争产品的独特卖点，导致推广效果不佳。例如，某软件公
司推出一款企业管理软件，但在功能和价格上与市场上的成熟产品差别不大。销售
团队在推广时发现，客户更愿意选择已有知名度和客户口碑的竞争产品，而公司的
产品难以被客户关注。

销售团队能力不足

新业务推广往往需要更高的专业知识和销售技巧，而部分销售团队缺乏必要的
培训和能力提升机会，导致他们在推广新业务时感到力不从心。例如，在一些技术

性强的新产品的推广中，销售团队需要掌握基本的技术知识和专业术语，这样才能取得客户的信任。 例如，一家医疗设备公司推出了一款高端的诊断设备，需要销售团队对设备的技术参数、适用场景充分理解。但原有的销售人员大多缺乏医学背景，对设备功能的专业性了解不足，从而导致向医院推广时屡屡受挫。

资源分配不合理，推广支持不足

有些企业在新业务推广中往往将资源集中于研发和生产环节，却忽视了市场推广和销售的支持，导致销售团队缺乏必要的资源。市场推广和产品宣传不足，客户认知度低，销售团队在市场中难以打开局面。 例如，某消费电子品牌推出一款新的智能音箱，但在推广预算和广告投入上远不及竞品。销售团队在没有品牌宣传的基础上推广新产品，客户的认知度和接受度低，导致销售效果不理想。

内部沟通不畅，执行不力

新业务的推广往往需要跨部门协作，包括研发、市场、销售和支持部门的协同。然而在许多企业中，部门之间的沟通不畅，导致信息传递滞后，影响了新业务推广的执行力。销售团队在客户面前缺乏可靠的产品信息和技术支持，容易影响客户体验。 例如，一家高科技公司推出新型安防产品，研发部门并未与销售团队就产品更新情况及时沟通，导致销售团队对产品的更新版本和功能缺乏了解，在客户咨询时出现信息不对称，影响了推广成效。

缺乏系统的推广计划和策略

新业务推广的成功往往需要一个系统的推广计划，而不是随意或临时的措施。许多企业在新业务推广时缺乏明确的推广策略，未能建立有效的目标和考核机制，销售团队在执行时没有方向，导致推广效果不佳。 例如，某电子品牌推出一款智能家居产品，但缺乏系统的推广计划，销售团队没有明确的推广目标和执行步骤，导致市场开拓进展缓慢，客户群体扩展有限。

新业务推广不佳往往是多重因素共同作用的结果，包括销售团队的惯性思维、对产品的信心不足、激励机制与新业务不匹配、客户教育成本高、竞争激烈以及内部资源和沟通问题等。要提升销售团队在新业务推广中的表现，企业需要在产品培训、激励机制、支持系统和资源分配上做出合理规划，并推动跨部门协作和信息共享。通过优化这些关键环节，企业可以更好地帮助销售团队适应新业务的推广需求，从而提升新业务在市场上的表现。

按照企业战略要求做好新业务的规划

为了确保销售团队的工作与企业整体战略规划高度一致，特别是在新业务推广过程中，企业必须对销售目标进行细化与明确分解。这不仅有助于销售团队更清晰地理解工作重心，也能够激发其在新业务拓展中的积极性，从而推动企业在新市场的快速布局。以下是几个关键策略：

提高新业务在考核指标中的权重

传统的"总销售额"指标难以全面反映新业务的实际成果。为了避免局限于传统业务的推广，企业应将新业务的销售额设定为独立的考核指标，或要求新业务占比达到一定比例。例如，某科技公司设定智能家居产品的销售占比为总销售额的30%。通过这一调整，销售团队能够清晰感知公司对新业务的重视，避免只关注传统业务，实现新旧业务的平衡发展。

增加新业务专项培训

新业务推广的成功依赖于销售团队对产品的深刻理解。企业应提供全面的培训，涵盖产品特性、市场定位、客户需求分析和销售策略等方面。例如，一家金融科技公司在推出支付解决方案时，通过多轮培训和实际销售场景模拟，帮助销售团队掌握产品特点。此外，公司还邀请行业专家和市场分析师为团队讲解，提升销售人员的市场敏锐度和专业水平。

提升新业务奖励幅度

新业务推广通常面临更高的难度和较长的见效周期，单一的销售目标激励可能不足以支持团队持续的推广动力。企业可以通过增加激励政策，如更高的佣金比例或达标奖励来鼓励销售人员更多地关注新业务。例如，某保险公司在推出健康险产品时增加了新业务佣金，并设定季度达标奖励，激励销售人员在新市场上投入更多精力。这种措施不仅加速了新业务的推广，也提升了团队士气。

选拔优秀管理者和销售团队负责试点推广

为了规避新业务全面推广的风险，企业可以优先选择业绩突出的管理者和经验丰富的销售精英组成试点团队，先行开展小范围推广。这种试点模式不仅有助于积累实战经验，还能优化新业务的销售策略和市场应对方案。例如，一家工业设备公司推出一款新型节能设备，首先组建了一支高绩效销售团队进行试点推广，并在试点阶段不断改进产品演示方式、完善客户反馈机制。试点结束后，试点团队的经验和模式被推广至整个公司，确保新业务在更大范围内顺利推广。

成立专门的业务支持和运营团队

新业务的推广往往涉及更复杂的售前、售中和售后环节，对技术支持和客户服务的要求更高。成立专门的业务支持和运营团队，能够帮助销售团队及时应对销售过程中客户的各类问题，包括技术咨询、产品展示、售后维护等。例如，一家医疗器械公司在推出创新诊断设备时，配备了专门的支持团队，协助销售人员解答技术性问题，并提供上门安装服务。这个团队的成立不仅提升了客户的体验，也使销售团队在推广时减少了后顾之忧，推动了新业务的良性循环。

配置新业务专属资源

新业务的成功推广需要在市场推广、资源分配和宣传活动上得到充分支持。企业应为新业务设置专项资源预算，用于广告宣传、展会推广和数字营销等活动。例如，一家农业科技公司推出智能灌溉系统，为了在目标市场中树立品牌形象，公司投入专项预算用于行业展会，并进行了大规模线上推广。公司还提供了产品试用的优惠政策，吸引客户体验新技术。这些资源配置确保了新业务能够在短时间内获得市场关注和客户认可，加速了市场渗透。

招聘适合新业务的销售团队

在推广新业务的过程中，现有团队的经验和技能可能难以满足新业务的需求。企业可以通过招聘具备新业务专业知识的新成员，组建一支适应新市场需求的团队。例如，一家软件公司为了推广全新的 AI 数据分析平台，特别招聘了具备数据科学背景的销售人员。这些新团队成员不仅能够更好地解答客户的技术疑问，还能为产品推广提供独特的市场洞察力，使新业务的推广效率显著提高。新团队的加入弥补了原有团队的短板，使新业务的推广更加专业化和系统化。

加强对销售管理团队的考核力度

新业务推广不仅依赖于销售人员的努力，也需要销售管理团队的支持与引导。因此，企业应加强对销售管理团队的考核，确保其能积极推动新业务发展。销售管理层应定期审核新业务的进展情况，及时调整推广策略，确保团队的执行效率。例如，一家快消品公司为推动新产品的市场拓展，在管理团队中设立了专门的考核指标，要求其定期汇报新业务的销售进度、客户反馈情况和市场竞品分析，确保管理层在推动新业务上负有责任，并积极采取有效措施推动业务发展。

逐步建立新业务事业部架构

当新业务发展到一定规模时，适时成立独立的事业部有助于确保资源的独立性和有效性。事业部架构不仅能提供更有针对性的支持，还能帮助新业务在企业整体架构中获得更多的发展空间。例如，一家电子科技公司在推出智能家居产品后，将其发展成独立的事业部，负责产品的研发、市场推广和客户服务。通过这种事业部模式，公司能够确保新业务从资源配置、策略调整到执行力度的全面优化，为新产品的市场表现奠定了扎实的基础。

建立持续反馈机制，动态优化推广策略

在新业务推广过程中，市场反馈和销售团队的反馈都是至关重要的。通过定期收集团队的推广反馈，管理层可以动态优化推广策略，确保推广活动符合市场需求。例如，一家互联网公司在推广新的应用平台时，设置了每月的团队反馈会议，收集销售团队在推广中的经验、问题和市场反应。通过这一机制，公司可以快速调整产品功能和推广方案，使新业务推广保持灵活性和市场适应性，避免资源浪费。

要确保销售团队的努力方向与企业战略规划一致，新业务的目标分解和全面支持至关重要。通过设立专属考核指标、提供培训、增加激励、试点推广、成立支持团队和事业部、加强管理层考核等措施，企业可以大幅提升新业务的推广效率。科学、细致的规划和执行能够确保销售团队在推广新业务时积极、高效，最终实现新业务的成功落地，为企业长远发展提供重要支撑。

成立专门的新业务管控小组

在实际运营中，企业在推广新业务的初期通常依赖于现有销售团队的经验、能力和资源，以最大化资源利用率。这一策略被广泛采用，因为它可以充分借力现有客户群和销售渠道，加速新业务的市场渗透。但要成功推广新业务，需具备以下几个关键前提：

首先，新业务和老业务的目标客户群相似。这意味着可以通过向现有客户推广新产品来推动销售。例如，一家健康福利公司新增了新的产品，仍然面向已有客户群，只需有效地向客户传达新产品的独特价值即可。此时沟通的重点应放在中高层客户，因为管理层更注重创新的服务，若得到他们的认可，客户增加预算的可能性更大，沟通才会更有效。

其次，新业务的复杂程度不高。若新业务与老业务在操作上具有相似性，现有的销售团队经过短时间培训即可掌握新产品的知识和销售技巧。这样一来，销售人员可以在日常客户拜访中顺带推广新业务，使新业务自然融入现有销售流程，逐步积累销售成果。

最后，新业务和现有业务有较强的相关性。例如，新技术的出现使产品性能提升显著，而基础产品特性依然一致，此时现有销售团队便具备了推广新业务的基础条件。原有销售团队只需调整话术，聚焦新产品的性能提升，即可有效地向客户展示其增值优势。

即使符合以上条件，销售管理部门仍需成立专门的支持小组，从组织架构上保障新业务的成功推广和落地。新业务管控小组的职责包括以下几个方面：

战略规划与跨部门协作

在战略层面上，管控小组协助制定新业务的规划和策略，使其与企业整体战略保持一致，并通过市场分析和风险评估提供业务指导。此外，管控小组作为内部沟通桥梁，促进各职能部门的协同工作，确保新业务推广高效无阻。

市场支持与推广

提供专项市场资源支持，策划体验活动，加强客户对新产品的兴趣和理解，激发购买需求。这些市场活动可让客户直接接触新产品，提升其认可度和市场接受度，助力新业务快速渗透市场。

业务落地与执行支持

保障新业务在销售团队中的顺利落地，为销售人员提供明确的任务指标、客户分析报告和相应的销售工具，确保推广过程具备明确的行动指引和资源支持。

反馈优化与绩效管理

通过双向反馈机制，管控小组可收集并整理销售团队和客户的使用体验，及时向产品和研发团队反馈，促进产品和服务的优化。同时，管控小组参与目标设定，制定关键绩效指标（KPI），定期跟踪和调整业务进展，确保达到预期目标。

持续改进与创新

推动组织内的持续改进和文化创新，引入新工具和新技术，优化团队工作流程和业务效率，确保新业务始终具有市场竞争力。

通过以上方式，销售管理部门能够及时响应新业务推广中的问题，提升新产品的市场适应性和接受度。成立新业务执行小组并借助职能化思维来提升执行力，这是强化销售团队表现的有效途径。分工明确、优势互补、跨职能沟通和经验共享可使各部门在销售过程中充分发挥专业优势，提升整体的销售绩效。通过协同合作与专门的管控小组支持，职能化管理不仅提高了销售效率，还增强了团队的执行力，帮助企业在市场中获得竞争优势。

根据企业的战略发展需要做好新业务管控

为了做好新业务管控，下文提到了一套方法，按照这样的流程和方法来做就可以保证业务落地。

盘点客户

在推出新产品或新业务之前，我们需要对现有客户群体进行全面而深入的分析。这包括研究客户的购买习惯、偏好、反馈，以及与企业之间的互动历史。通过细分客户群体，我们能够精准识别对新产品最具潜在兴趣的目标客户。同时，我们借助数据分析工具，预测市场趋势和潜在需求，为新产品的市场定位提供科学依据。这一系统化的分析过程不仅帮助我们深入理解客户需求，还为市场推广和销售策略的制定奠定了坚实基础，确保新产品的推出更具针对性。

制定策略

在完成对客户的深入分析后，下一步是制定一套全面且高效的市场推广策略。这套策略将涵盖以下关键要素：新产品的市场定位、目标客户群体、推广渠道、价格策略和促销活动。市场推广策略将以市场研究和竞争对手分析为基础，确保新产品既能精准地满足市场需求，又具备突出的竞争优势。同时，我们将结合产品生命周期管理原则，制订兼具短期效果和长期增长的推广计划，确保新产品能够在各阶段稳步扩大市场占有率，推动持续增长。

准备工具

为确保市场推广策略的高效执行，我们需要提前准备一系列关键工具和资源。首先是用好市场调研工具，收集客户反馈、分析市场趋势，深入了解目标客户的需求与偏好，为策略的制定提供数据支持。其次，数字营销平台至关重要，通过多渠道推广新产品（如各种社交媒体和搜索引擎广告），能够显著提升产品的市场曝光率，增强品牌影响力。此外，CRM系统则是高效管理客户关系的核心工具，它能够跟踪客户互动历史，为精准营销和个性化服务提供数据支持，帮助销售团队更好地满足客户需求。除了这些工具的准备，我们还应为团队成员提供系统化的培训和指导，帮助他们熟练掌握这些工具的使用方法，并提高应对市场变化和客户需求的创新能力。通过这些周密的准备，不仅能够提升销售团队的协作效率，还能确保在新产品推广过程中快速响应市场变化，保持竞争优势。

执行计划

当市场推广策略和工具准备就绪后，下一步是进入计划的执行阶段。这一阶段的核心在于将整体策略转化为清晰、具体的行动计划，并合理分配资源和明确责任。我们的团队将紧密协作，确保每个环节都能高效推进，按时完成。同时，我们将建立一套完善的监控与反馈机制，实时跟踪执行进度，快速识别并解决潜在问题，确保推广工作顺利进行。

此外，定期分析市场反馈和销售数据，对执行情况进行评估。根据评估结果，灵活调整和优化推广策略，确保新产品能够最大限度地满足市场需求，提升其市场表现与竞争力。这种动态调整的方式不仅提高了执行的精准度，也为新产品的成功奠定了坚实基础。

树立榜样

在新产品市场推广过程中，树立榜样是提升团队士气和执行力的重要举措。表彰在推广活动中表现突出的团队成员，尤其是那些在策略执行、创新思维或结果达成方面做出卓越贡献的人。他们的成功经验和实践方法将作为团队的参考与学习典范。通过树立榜样，不仅能够激发团队成员的积极性，还能强化团队的凝聚力和执行力。

为进一步推广成功经验，要定期组织内部分享会和专题培训课程，让团队成员交流经验，学习高效的推广技巧。这种知识共享将持续提升整个团队的推广能力和市场响应效果。

奖励到位

与此同时，建立一套公平透明的奖励机制，在激励个人表现的同时，也注重团队协作的成果。奖励机制将与业务目标和绩效指标紧密挂钩，确保每一分努力都能得到公正的认可。奖励形式包括奖金、晋升机会、培训资源或团队建设活动，全面激励团队成员。

为了确保奖励机制的公平性和有效性，通过透明的沟通渠道和公正的评价体系，定期收集反馈并优化机制。这不仅增强了团队成员的归属感和忠诚度，还为新产品的市场推广和销售奠定了更加坚实的基础，推动战略目标的全面实现。

总结和推广

在新产品市场推广的每个阶段，组织 Q&A 总结会议，系统地收集团队成员的反馈和建议。这些会议不仅有助于及时发现和解决推广过程中存在的问题，还能增强团队成员之间的沟通与协作。

Q&A 总结会议有助于深入了解推广工作的执行情况，挖掘潜在优化机会，不断完善市场推广流程和策略。这种实时调整与优化的机制，能够确保新产品在市场中的表现更加出色。同时，这些会议也为团队成员提供了一个学习与成长的平台，帮助他们积累宝贵的实践经验和专业知识。

我们将把这些反馈和建议纳入后续推广计划，推动新产品的持续改进和创新。通过这种闭环式的反馈机制，不仅提高了团队的执行效率和市场响应能力，还为未来的推广项目提供了宝贵的参考和指导。

·第14章·

定制企业专属的销售战法

销售战法与销售业务流程密切相关,但各有侧重。销售流程定义了任务顺序和职责分工,为销售团队提供了清晰的操作指南。而销售战法则是在流程中运用的具体策略和技巧,旨在提升客户转化率和销售成功率。设计业务流程时,首先需要明确销售目标和关键环节,设定详细的操作步骤,并合理分配角色职责,同时制定关键绩效指标(KPI)以衡量执行效果。一个科学合理的销售流程能够确保销售活动的规范性和可复制性,为销售团队提供明确的方向和标准。

然而,仅有流程并不足以确保销售成功,还需要结合有效的销售战法。销售战法包括客户需求分析、异议处理、谈判技巧、关系维护等具体策略,帮助销售人员在流程的各个环节中灵活应对客户需求,提升转化率。例如,在客户开发阶段,销售人员可以通过精准的需求挖掘和个性化沟通,快速与客户建立信任关系;在谈判阶段,运用灵活的定价策略和增值服务,促成交易达成。

为了确保流程和战法的有效结合,企业需要通过技术工具支持、定期培训和监控来不断优化流程。例如,利用 CRM 系统跟踪销售进展,通过数据分析发现流程中的瓶颈,并针对性地调整策略。同时,为促进流程协同,企业应明确角色分工、加强团队沟通、标准化操作步骤、应用协同工具、提供及时反馈,并推动跨部门合作,确保销售活动高效一致。高效的流程设计与卓越的销售战法相辅相成,共同为企业提升销售执行力、实现业绩增长提供强有力的支持。

常见的问题和分析

在许多企业，销售团队的现状常常是缺乏一套系统化、专属的销售战法。曾与一位销售人员交流时，我询问他如何带领新人成长。他回答："我通常带着新人一起见客户，让他们看我怎么做。"当我进一步问及带教效果时，他坦言："对有些人有效，但很多新人无法随机应变，'太笨了'。"这实际上反映了许多人对销售战法的普遍看法：销售被视为一种"随机应变"的艺术，难以通过系统化培训或流程传授。这种观念的形成，主要源于以下几个原因：

企业和销售团队的规模较小，缺乏系统战法的需求

许多中小型企业规模有限，产品线和销售资源相对单一，市场竞争压力不大，因而团队通常将重心放在眼前的销售结果上，忽视了长期发展的销售方法论建设。这样的企业认为，只要销售人员能带来业绩，方法不重要。因此，制定一套销售战法被视作"锦上添花"，而非核心需求。即便业务扩大，这些企业依然沿用早期粗放的销售模式，最终导致销售团队执行力不足。

销售管理者过于依赖个人经验，忽视系统方法论

销售团队管理者往往是从一线成长起来的业绩突出者，依靠个人能力和经验获得成功。他们拥有独特的销售技巧，擅长因材施教，但却缺乏系统化总结和方法论思维，不善于总结成功经验并将其转化为团队共享的资源。这导致整个销售组织在执行时依赖于个体的随意发挥，难以确保持续稳定的绩效。一些优秀的销售经理习惯于个性化带教，而非传授标准化的技能和流程，这在带教效果上具有极大的不确定性。

创始团队缺乏市场和销售的背景，忽视销售方法论建设

许多创始团队来自技术或产品领域，缺乏对商业运作的深入理解，也未充分认识到销售战略和方法的重要性。他们通常将资源集中于技术创新和产品研发，忽视了销售团队的体系化建设。在这种思维下，销售被视为一个单纯的结果导向部门，

只需关注业绩达成，无须精细化的流程和方法。这种观念直接影响了销售团队的建设，导致销售战法和方法论的缺失。

销售即"艺术"，缺乏系统化的认知

不少人认为，销售是一种"随机应变、见招拆招"的工作，主要依赖个人能力，是一种"会者自会"的艺术，无法通过培训来传授。因此，这些企业通常认为销售战法无从总结，销售技巧很难复制。尤其对于业绩优异的销售人员，他们的高成交率更多地被归因于天赋，而非系统化的销售方法。在这种观念的影响下，企业并不重视对新人提供流程化的培训，而是放任新人通过模仿"高手"自行摸索。

照搬国外方法论，未能本土化落地

一些企业尝试引入国外的销售方法论，但由于文化差异和市场环境的不同，这些方法论未能成功落地。国外的销售方法论通常侧重于流程管控、数据分析和客户服务，而国内一些市场仍然以客户关系为导向。这种文化差异导致国外的方法论缺乏本土化调整，被销售团队视为"不接地气"的理论，难以实际应用。最终，这些方法论被抛弃，销售战法的建设也因此停滞。

正因如此，许多销售组织默认为"各显神通"的方式，只要业绩达标，就不统一方法。然而，随着企业的发展，依赖少数销售精英的做法变得不可持续。初创阶段，企业可能凭借几位业绩突出的销售精英推动发展，但随着规模扩展，销售团队的运作需要更加标准化的支持。依赖个别顶尖人才不仅难以复制，还带来了人员流动的风险，可能影响企业的整体业务稳定性。

进入成长阶段后，销售战法的构建和落地成为保障持续业绩增长的关键。无论市场如何变化，成熟的销售战法提供了清晰的流程和具体策略，帮助销售团队在复杂的市场中拥有稳定的执行力。这种执行力不仅依赖个体经验，更是系统化销售方法和标准化流程的支撑。通过系统的销售战法，销售团队能够高效培养新人，稳定业绩，确保即便在关键人才流失时，也能保持业务的平稳运行，避免因个别人员变化带来的业绩波动。

销售战法：系统化的销售方法论与流程

销售战法是一套系统化的理论框架和方法，旨在为销售活动提供科学指导和有力支持。它基于对市场、客户需求和销售过程的深入理解，结合实际经验，经过整合和总结，形成了具有可操作性的标准化销售方法论。它的核心目标是帮助销售团队全面理解客户需求，并高效实施销售活动，从而提升销售绩效。

具体来说，销售战法涵盖了从销售机会发现、客户开发、洽谈沟通、报价管理到合同签署等关键环节，强调通过标准化流程的设计提升销售效率、质量和客户满意度。借助这一方法，销售团队能够实现高效管理和精准执行，进而提升整体的销售表现。

销售战法的重要性

销售战法的核心价值在于赋予销售团队系统化的流程和工具。这使他们能够有效地组织、管理和执行各项销售活动。通过这种流程化管理，销售团队能够更清晰地理解客户需求，更精准地完成销售任务，最终实现销售绩效和客户满意度的双重提升。以下是销售团队业务流程的几个重要方面：

1. 组织和协调

销售战法为团队提供了一套结构化的操作框架，定义了销售活动的流程步骤和各环节中的角色职责。销售团队成员明确自己在流程中的定位，包括"做什么""何时做"和"如何与其他成员协作"，从而避免了职责不清和流程不畅。这种清晰的分工和协同方式提升了团队的整体运作效率和绩效水平。

2. 销售流程标准化

标准化是销售战法的核心之一，通过明确销售阶段、活动和任务，销售团队能够按照统一的方法开展工作。这种标准化流程不仅确保了销售过程的一致性和可预测性，还降低了出错和遗漏的风险，从而为客户提供更高质量的服务体验。

3. 提高销售效率

销售战法通过设计和优化流程，帮助销售团队提升工作效率。通过识别和消除流程中的冗余、瓶颈和无效环节，销售团队能够更快地完成销售任务。利用自动化和数字化工具，销售战法进一步简化了操作步骤，缩短了客户响应时间，实现了高效的客户转化。

4. 提升销售质量

销售战法确保销售团队严格遵循最佳销售实践和行业标准，为客户提供专业的销售服务。通过流程中的关键环节设置，如客户关系管理、需求分析、制定报价策略和合同管理，销售团队能够更有条理地处理关键要素。这提升了销售工作的专业性，有助于提高客户的满意度并优化整体业务结果。

5. 监控与持续改进

销售战法的另一个优势在于建立了系统的监控和评价机制，使销售团队能够实时评估销售活动的绩效。通过关键绩效指标（KPI）和评估方法，销售团队可以有效跟踪销售成果，发现流程中的改进空间。根据评估反馈，销售团队可以及时调整策略和行动计划，不断优化流程，从而应对市场变化和客户需求的变化。

销售战法的实施：提高销售团队的竞争力

通过系统化、标准化的销售战法，销售团队能够全面优化自身的销售活动。以下是销售战法如何具体助力销售团队提升竞争力的几个方面：

- 准确理解客户的需求：销售战法中的需求挖掘流程，帮助销售团队深度了解客户的痛点和目标，确保销售策略与客户需求高度匹配。
- 减少操作误差和时间浪费：标准化流程减少了销售过程中的人为失误，节约了时间和资源，为客户带来了更流畅的体验。
- 增强团队一致性和执行力：统一的销售方法论确保团队成员在市场调研、客户沟通、方案制订、售后服务等方面提供一致的高质量服务，有效地增强了团队的整体执行力。

作为一套系统的销售方法论，销售战法不仅能帮助团队在短期内达成业绩目标，更能够在企业的长期发展中发挥关键作用。销售战法提高了销售组织的灵活性和响应能力，帮助销售团队迅速适应市场变化。通过不断优化和调整，销售战法能够使销售团队在复杂的市场环境中保持稳定的业绩增长，为企业战略目标的实现提供了重要支撑。

主流的销售方法论

当前，我们把客户大致分为两类，交易型客户和关系型客户，这在不同的行业和企业有较大的差异。针对不同客户的主流销售方法论有：

1）FABE 销售法：FABE 销售法是一种经典的销售技巧，广泛应用于销售和客户服务领域。它通过强调产品的特性（Feature）、优势（Advantage）和利益（Benefit）、证据（Evidence），帮助销售人员更有效地向客户传达产品的价值，从而促成销售。

2）SPIN 销售法：SPIN 销售法是由尼尔·雷克汉姆提出的一种销售方法，特别适用于复杂销售场景。SPIN 是四种问题类型的缩写，包括情境问题（Situation）、难题问题（Problem）、暗示问题（Implication）和需求效益问题（Need-payoff）。销售人员通过这些问题逐步引导客户思考和认识需求的价值。这种方法能有效地帮助销售人员理解客户的真实需求，并逐步引导客户认识到问题的严重性和解决方案的必要性。

3）顾问式销售法：顾问式销售法（Consultative Selling）要求销售人员将自己视为客户的顾问，为客户提供有价值的咨询建议。销售人员关注解决客户的痛点，而不仅仅是推广产品。这种方法强调与客户建立长期关系，通过深度了解客户需求和挑战来提供量身定制的解决方案。这种方法能培养客户的信任，提升客户忠诚度，更适合服务性行业或复杂的企业级销售。

4）解决方案销售法：解决方案销售法（Solution Selling）主要适用于客户需求不明确或存在多种需求的场景。销售人员专注于提供整体解决方案，而不仅仅是卖产品。通过识别客户的问题并定制解决方案来满足其需求。这种方法能有效地增加客户购买价值和整体销售额，适合需要高度定制的 B2B 销售。

5）挑战式销售法：挑战式销售法（Challenger Sales）由 CEB 提出，适合应对信息充分、需求明确的客户。销售人员通过引导客户、调整客户思维来推动销售。销售人员会"挑战"客户的传统观念，提供新的见解，帮助客户更好地理解产品价值。这种方法特别适合那些已经熟悉产品和市场的客户，适用于高竞争环境。

6）价值销售法：价值销售（Value Selling）法关注产品或服务的价值，而不是产品的具体特性。销售人员通过展示产品的实际价值，帮助客户理解产品如何在特定的情境中为他们带来利益和回报。这种方法让客户更关注长期利益和投资回报率，有助于应对价格敏感型客户。

7）战略销售：战略销售（Strategic Selling）由米勒·黑曼集团提出，专注于采购复杂产品的企业级客户。销售人员应识别关键的决策者、影响者，并且分析客户的采购流程和决策要素，进而制定有针对性的策略。该方法帮助销售人员系统地识别客户的决策链条和每个角色的需求，适合需要多方决策的大型项目。

8）敏捷销售法：敏捷销售法（Agile Selling）基于敏捷开发方法论，适合快速变化的市场。销售人员在不断试错中快速适应客户需求，灵活应对市场变化，反复迭代销售策略。该方法帮助销售团队更好地适应市场环境的变化和客户需求的波动，适合科技类产品和创新型服务。

适用场景与组合应用

不同的销售战法有不同的侧重点，企业应根据市场环境、客户需求和产品特性来选择或结合使用。以下是几种常见方法的适用场景：

FABE 销售法：适用于销售单一产品或服务的企业。这种方法侧重于从产品的基本特点出发，通过明确表达这些特点带给客户的好处，最终帮助客户识别出购买该产品或服务的价值。FABE 销售法适合于那些产品相对简单、客户需求直接的情境，特别适用于中小型企业或产品线较为单一的企业。

SPIN 销售法：适合 B2B 销售或销售周期较长、产品较为复杂的情境，如企业级软件、工业设备或咨询服务等。SPIN 销售法的优势在于能够深入挖掘客户需求，引导客户意识到问题的严重性，并促使他们采取行动。

顾问式销售法：适用于长期合作关系的构建，尤其是在服务行业或复杂的产品销售中，能够通过提供专业咨询和定制解决方案，增强客户的信任和满意度。

解决方案销售法：适用于需求较为复杂或尚不明确的场景，能够通过系统的解决方案满足客户的多元化需求，适合高度定制的 B2B 销售。

这些方法论在实际的工作中很少单独使用，因为不同的销售组织、不同的人对方法论的理解不同。销售组织需要根据自身的实际业务选择适合自己的销售方法论来形成适合自己企业的销售战法。

知名企业的销售战法实践

许多企业根据自己的业务特点，选择了适合的销售方法论来提升销售效率。

1. SAP 的销售战法实践

SAP 是一家全球领先的企业软件公司，他们采用了"价值销售方法论"（Value Selling Methodology）。该方法论强调销售人员与客户共同探讨和量化产品或解决方案带来的价值，以便帮助客户理解投资回报率和业务效益，从而推动销售。

2. IBM 的销售战法实践

IBM 采用了"解决方案销售方法论"（Solution Selling Methodology）。这种方法论注重了解客户的业务挑战和目标，并提供定制的解决方案，从而满足客户的需求。IBM 还强调与客户建立长期的合作关系，通过提供全面的解决方案帮助客户实现业务增长。

3. Oracle 的销售战法实践

Oracle 是一家全球领先的企业软件和云服务提供商。该公司采用了"嵌入式销售方法论"（Embedded Selling Methodology）。该方法论将销售过程融入产品和解决方案。销售人员通过深入了解客户的业务需求，并展示如何通过 Oracle 的产品和解决方案实现业务增长，从而推动销售成功。

4. 微软公司的销售战法实践

微软公司采用了"解决方案销售方法论"（Solution Selling Methodology）。该方法论强调与客户建立合作伙伴关系，深入了解客户的业务需求，并提供定制的解决方案，从而帮助客户实现业务目标。

5. 思科公司的销售战法实践

思科公司是全球领先的网络技术解决方案提供商。该公司采用了"咨询式销售方法论"（Consultative Selling Methodology）。该方法论强调销售人员作为咨询顾问，与客户合作解决问题，并提供具有高度定制化的解决方案，从而满足客户的业务需求。

6. 戴尔公司的销售战法实践

戴尔是一家著名的计算机技术公司，该公司采用了"直销模式"（Direct Sales Model）。该模式强调通过直接与客户沟通和交易，消除渠道中的中间环节，提供更高效和个性化的销售体验。戴尔公司的销售人员直接与客户对话，了解其需求，并提供定制的产品和解决方案。

7. 阿里巴巴的销售战法实践

阿里巴巴是中国著名的电子商务和互联网科技公司。该公司采用了一种叫作"平台销售"（Platform Sales）的销售方法论。阿里巴巴通过提供在线交易平台（如淘宝、天猫）和数字营销工具（如阿里妈妈），帮助卖家与买家直接联系，实现销售和交易。

8. 腾讯公司的销售战法实践

腾讯是中国领先的互联网和科技公司。该公司采用了一种叫作"生态链销售"（Ecosystem Sales）的销售方法论。腾讯公司通过构建庞大的生态系统，包括社交媒体、游戏、支付和云服务等多个领域，将不同产品和服务互联互通，实现跨业务线的销售和增值。

随着企业业务的不断发展和多元化需求的增长，单一的销售方法往往无法满足所有客户和市场的需求。因此，企业通常需要结合多种销售方法论以应对不同类型的客户、产品和市场环境。此外，随着业务进入不同的发展阶段，客户需求和市场竞争状况也在不断变化，企业的销售策略需要相应的调整和更新。例如，企业在初期扩展阶段可能更依赖猎手型的销售方法论，以便快速获得客户和市场份额；而在稳定发展阶段，企业更适合采用顾问式销售法或解决方案销售法，以便深化客户关系并提升客户价值。

通过灵活应用和动态调整销售方法，企业可以更精准地把握市场机会，满足多元化客户需求，进而在不同阶段实现最佳的销售效果。

销售战法的设计依据

销售战法的原理和依据基于将销售从一种"艺术"转变为科学化、系统化的过程，通过细化、分解复杂任务并逐步优化执行方法，从而获得可持续的销售成果。以下是核心的原理和依据：

将销售从艺术转变为科学

在传统的销售中，销售人员通常依赖于个人经验和直觉，而 B2B 销售战法则旨在将这种"艺术"转变为可量化、可复制的"科学"。通过建立标准化的流程、设计有效的销售策略，并依靠数据驱动的方式来决策，B2B 销售不再依赖个人能力，而是基于团队协作和流程执行。科学化销售的关键要素包括：

1）流程标准化：将整个销售流程划分为细致的步骤，如客户识别、需求挖掘、产品演示、报价、合同签订等。每个步骤都有明确的目标和执行方式。

2）数据驱动决策：通过销售数据分析和绩效指标监控，科学地评估销售战术的效果，为销售团队提供可操作的反馈。

3）策略可复制性：在不同市场或团队中应用经过验证的战术，确保销售战法可以系统化推广和实施，从而实现可预测的销售结果。

天下难事，必作于易；天下大事，必作于细

B2B 销售通常面临复杂的采购流程和多重决策层级，直接推进往往难度大且效果不佳。因此，将复杂任务分解为多个可执行的小步骤，逐步推进以实现最终目标，成为 B2B 销售战法的核心理念。以下是具体策略：

1. 细化流程

将销售过程分解为详细的步骤，从最小的任务入手。例如，销售团队应先识别客户痛点，然后逐步推进到需求分析、方案设计等环节。这种由小至大、由易到难的推进方式，不仅降低了执行难度，还使销售团队能够有条不紊地推动进程。

2. 聚焦关键点

将复杂的客户需求转化为若干个可逐步解决的核心痛点。例如，在"客户需求挖掘"阶段，销售团队要先了解客户的基础需求，再逐步深入探讨其深层次问题。通过分阶段解决痛点，销售团队逐步构建客户对产品的信任，为后续合作奠定基础。

3. 进展递增

在销售过程中，通过不断积累"小胜利"来促使最终目标的达成。例如，销售团队可先争取客户对初步方案的认可，再逐步推进到合同签订。这种逐步达成的方式不仅增强了客户的信任感，还为销售团队提供了明确的操作方向，降低了整体销售风险。

戴夫·布雷斯福德的"边际增益理论"

戴夫·布雷斯福德提出的"边际增益理论"强调，通过 1% 的微小改进，长期累积就能带来显著的成效。这一理论在 B2B 销售战法中尤为重要，因为复杂的销售流程中的每个环节都可能影响最终结果。通过优化每个环节，哪怕是细小的改

进，最终累积的效果将大幅度提升整体销售业绩。边际增益理论在 B2B 销售流程中的应用如下：

1）持续优化流程：将每个流程细分至具体的操作任务，不断尝试改进，如提高客户沟通效率、优化产品演示技巧等，即使是 1% 的提升也将大大影响整体的销售成功率。

2）注重细节的提升：对销售的每个细节进行优化，如客户邮件回复的用语、跟进客户的频率、会议安排的合理性等。通过在细节中寻找优化空间，销售团队可以获得持续性的增益。

3）建立反馈机制：不断收集客户反馈，分析战法中每个环节的效果，调整并优化流程，使每一次客户接触都成为增益的机会。这种边际优化能够使销售战法的效率和效果不断提升。

B2B 销售战法基于这三个核心依据，通过标准化、分步化和持续优化销售流程，将复杂任务细化为可执行步骤，以数据驱动进行优化，实现逐步提升效果的目标。

建立企业专属的销售战法

上一节我们探讨了多种销售方法论。结合企业的行业特点、产品特性和团队的能力现状，企业可以设计并实施适合自身的独特销售战法。建立销售战法的第一步是设计高效的销售业务流程。销售业务流程与销售战法关系紧密，但二者有明显的区别：销售业务流程是销售活动的结构化框架，规定了任务的顺序、步骤和责任分工；销售战法则是流程中的具体执行策略与技巧，旨在推动客户决策、提高成功率。

建立业务流程的步骤

1. 理解销售目标和策略

确保对销售目标和策略有清晰的理解，包括明确销售团队的总体目标、目标市场、核心客户群体和具体销售策略。清晰的目标和策略将为整个业务流程的设计提供明确的方向，使销售团队的每个操作都有的放矢。

2. 识别销售流程中的关键环节

全面审查销售流程，找出从客户识别到签约的关键环节和核心活动。这些环节通常包括销售机会识别、潜在客户开发、销售洽谈、报价、合同管理等，确保流程设计涵盖销售中的主要节点，便于团队精准操作。

3. 制定步骤和任务

为每个关键环节制定详细的步骤和任务，确保每个步骤的行动、输入和预期结果清晰可见，具有一致性和可重复性。明确的操作步骤可以帮助销售人员在每个流程节点执行高效且标准化的操作。

4. 确定角色和责任

明确每个销售团队成员在流程中的角色和责任，确保任务分工合理，推动团队协作。例如，企业应指定谁负责客户开发，谁负责合同签订，以及他们需要与哪些团队或部门合作，确保流程的顺畅和高效。

5. 定义关键绩效指标（KPI）

根据目标设定关键绩效指标（KPI）来衡量业务流程中各任务的执行效果，如销售额、销售周期和客户满意度等。将这些指标与销售目标和策略对齐，以便确定流程绩效并持续优化。

6. 整合技术工具和系统

利用适当的技术工具和系统支持销售流程的推进。这可以包括客户关系管理（CRM）系统、销售自动化工具和项目管理平台，帮助团队成员更好地推进销售流程并提供数据跟踪和分析功能。

7. 培训和支持团队成员

为销售团队提供必要的培训和支持，确保他们理解并能有效地推进销售流程。培训可包括产品知识、销售技巧、流程操作等，并提供持续反馈和支持，帮助成员改进和成长。

8. 监控和持续改进

建立监控机制，定期评估销售流程的效果和绩效，借助数据和反馈进行分析，并根据评估结果持续优化。这可以包括调整流程步骤、优化角色和责任分配、改进培训内容等，以便保持流程的高效性和适应性。

从业务流程到销售战法的构建

在设计完高效的销售流程后，下一步是将这些流程转化为可操作的销售战法，确保销售团队能在销售流程的每个环节中实现最佳效果。为此，企业可以借助销售团队的实际经验，并通过以下方式逐步将销售战法具体化。

1. 收集销售中遇到的实际问题

从销售团队日常工作中收集实际遇到的问题，邀请团队成员反馈他们在实际销售场景中面临的典型挑战以及所用的应对策略。通过汇总这些问题和策略，企业不仅可以获得销售流程中各关键环节的实战经验，还能识别出常见的客户需求和应对方案。这一反馈过程可以定期进行，也可以结合项目复盘，帮助销售团队动态把握客户偏好和市场变化。通过这些反馈，企业能够根据实际操作需求对流程进行调整，进一步优化销售战法。

2. 总结关键环节的策略方法

在收集了常见问题和策略后，企业可以根据这些反馈逐一对销售流程中的关键节点制定有针对性的策略。例如，在销售流程中，技术类新项目的客户往往需要参观已实施的示范项目，从而减少采购风险。在这种情况下，企业可以将"参观考察"作为关键环节，确保每个客户在决策阶段能够直观地了解产品的实际应用效果。此类环节可以作为销售战法的重要一环，甚至通过制定参观考察手册、提供案例展示模板等，使每次参观都能有效呈现项目的成效和客户价值。此外，对于其他关键环节，如产品演示或售后支持环节，企业也可以根据问题和策略反馈逐一设计特定的战术方案，确保在每个步骤中都有具体、易于操作的销售战法指导。

3. 场景化设计

场景化设计可将抽象的销售流程具体化，便于销售团队更好地执行。为流程中的每个节点设置详细的执行步骤，使销售战法细致且具有情境感。例如，对于"参观考察"环节，企业可以为客户设计最佳路线，强调展示重点，安排技术专家解说，为客户提供清晰的案例参考。这一环节的细节设计能够让客户体验到项目的优势和成功应用，不仅增强客户对产品的信任度，也有助于缩短决策时间。同样，在其他环节（例如，在"报价和合同管理"中），场景化设计可以帮助销售团队更有条理地解释产品价值、报价优势和合同细节，使客户对企业和产品的信任感持续提升，也使销售战法的执行更加顺畅。

统一思维，确保团队的深度参与

销售战法的构建过程实际上也是一个团队统一思维、达成共识的过程。销售战法的效果往往取决于团队成员的参与度和一致性。在销售战法制定和推广过程中，建议定期开展培训、讨论会和反馈活动，确保销售团队对战法的理解和接受。销售团队的深度参与不仅可以增加销售战法的实用性，还能通过一线销售的反馈不断优化销售战法的细节，使之更贴近市场。团队成员参与制定过程越多，他们在实际执行中就越能灵活运用这些销售战法，提升整体的销售效果。

行业内的差异化设计

销售战法的设计需要根据不同的行业需求进行差异化处理。在销售战法设计阶段，建议遵循分层和逐步深入的原则，避免过度复杂化，确保销售战法的易操作性和实用性。例如，快速消费品行业注重快速成交，因此销售战法可以简化、偏重高效互动；而在 B2B 行业，客户决策过程复杂且周期较长，因此需要多层级设计，逐步深入，并关注客户关系的长期维护。销售战法一定要确保可操作性和实用性，只有这样才能更容易推广和执行。实用性强的销售战法，通常是最具效果的。

试点实施，逐步推广

在新的销售战法形成后，企业可以选择一个区域或特定市场进行试点，以便进行效果验证和改进。在试点实施过程中，通过收集试点数据并整理反馈，销售团队可以对销售战法在实际操作中的表现有一个清晰的认识。通过试点应用，企业能够发现销售战法的适用性和需要调整的细节，并针对性地优化销售战法。待试点区域效果达到预期后，企业再将销售战法逐步推广到其他区域，从而确保销售战法在不同市场环境中的稳定性和可操作性。

动态更新，适应业务阶段

企业的销售战法需要随着业务阶段和市场环境的变化而进行动态调整。销售团队可以定期审视销售战法的适用性，根据不同阶段的战略目标及时更新。比如，在企业的快速扩展期，侧重猎手型策略以快速扩大市场；在业务稳定期则可更多地关注客户关系的维护与深耕，采用农夫型策略以提升客户终身价值。不同的销售策略，需要匹配不同的销售战法。通过灵活调整，销售战法能够持续适应市场变化和客户需求，确保在不同业务阶段持久有效。

销售战法的模块化与细化

为了从高效的销售流程设计到可执行的销售战法，企业需要通过场景化、分层化的操作，在实际销售中实现销售流程与销售战法的协同作用。结合企业的特性与市场需求，制定合适的销售战法能够帮助销售团队在竞争中保持优势，并推动整体业绩的提升。

1）模块化：将销售流程拆解为关键节点是实现高效管理的第一步。在 B2B 销售中，关键节点包括开发与拜访客户、制订方案、投标等。虽然拆解销售流程在主流销售方法论中已经是常见做法，但真正关键的是识别出对于特定销售组织最为重要的环节。不同的企业可能在不同的节点上面临不同的挑战。例如，对于某些企业，在找到客户后，成交率可能已经达到 80%；而对于某些企业，成交率在客户参观之后才会大幅提升。识别这些关键环节，有助于提升销售的成功率。

2）细化：销售流程中的关键节点需要进一步细化，从而确保每个环节都是可操作的。以客户开发为例，销售团队可以将其拆解为更小的执行任务，如精准定位潜在客户、搜集客户名单、筛选信息、电话沟通和确认目标人员等步骤。电话沟通这一环节也可以细化为开场白、传递价值、了解需求等具体步骤。通过细化，销售人员能够更加清楚每个环节需要完成的具体任务，从而提高整体效率和执行力。

3）优化：针对每个细化后的销售行为进行持续优化，旨在提高执行效率和成功率。例如，整理和总结企业的客户开发方法，将最佳实践固化为标准操作流程，供销售人员参考和应用。通过不断优化细节，销售团队可以提高每个环节的执行力，最大化地提高销售转化率。

4）复制：将优化后的销售流程和方法培训给销售人员，并通过实践不断提升其专业能力。系统地传授最佳实践经验和优化技巧，可以提升整个团队的销售水平，确保销售战法在销售团队中得以全面推广和执行。通过复制成功经验，企业能够加速培养销售人才，并确保销售战法的高效实施。

将优化后的每个步骤以培训的方式让销售人员了解，提升整个销售团队的水平。将优化的方法和技巧传授给销售人员，可以提高其专业能力和销售效果。

通过模块化、细化、优化和复制四个步骤，销售战法得以从理论走向实践。每个细化和优化的环节都有助于提升销售团队的执行力，而通过复制，企业能够持续提高销售团队整体的销售能力，推动业绩稳步增长。

企业梳理和执行销售战法的好处

1）可复制性：销售战法的最大优势是其可复制性。通过总结销售团队中表现优秀的成员使用的销售方法和策略，企业可以将这些成功经验标准化，供其他团队成员参考与学习。例如，将签约大客户的流程拆解为更小的步骤，如找客户名单、搜集客户信息等，并为销售人员提供相应的操作方法，使签约大客户的能力能够被整个团队复制和共享。

2）可控性：将销售任务拆解为细致的环节，并在每个环节中设定明确的时间节点，能够帮助企业更好地控制销售进度。通过阶段性目标和实时监控，管理者可以及时发现问题并进行调整，从而确保销售工作按计划推进。比如，企业在每个销售阶段检查目标达成情况，若出现偏差，能够立即调整策略，保持销售节奏的连贯性。

3）可实现性：通过将销售过程细分、优化和标准化，企业能够确保每个环节与销售目标和工作流程对接，进而提高销售任务的可实现性。标准化和优化不仅能提高效率，还能保证每个细节都与整体目标一致，确保最终能够实现既定的销售任务目标。

4）标准化：标准化是确保销售战法执行效果的基础。每个销售环节应有明确的标准。例如，在客户信息搜集环节，企业要明确客户的规模、行业、性质等标准，并且这些标准要具有操作性——比如，寻找 500 人以上的能源类央企。在客户目标确认阶段，企业需要确保销售人员可以找到需求部门的负责人，只有符合这个标准，才能算作目标明确。标准化的制定保证了销售工作有章可循，避免因标准不清导致开发无效客户，从而浪费资源。

5）可量化：除了明确标准，量化指标也是销售战法中的重要组成部分。它可帮助管理者精准地跟踪销售进度。量化指标通常由整体目标分解而来。例如，如果企业目标是增加 5 亿元销售收入，并且每单平均交易额为 25 万元，则需要新签约2000 个新客户。根据销售团队的转化率，推算出每个阶段的量化目标，如销售团队需要开发 10000 个新客户机会。通过每月、每日的量化指标设定，销售团队可以清晰地知道是否在朝着年度目标迈进，并及时调整开发策略。

　　制定量化指标时，时间因素尤为重要。没有时间维度的量化指标是不完整的。例如，销售团队需要在三个月内开发 10000 个新客户机会与一年内完成同样的任务，其结果会有很大差异。因此，设置具有明确时间框架的量化指标能够更有效地指导销售活动。

销售战法典型案例分享

　　国内著名的销售专家付遥在著名的商战小说《输赢》中提出了名为"摧龙八式"的 B2B 销售方法论。"摧龙八式"是一种销售流程方法，包括以下八个步骤：建立信任、发掘需求、立项、设计、呈现价值、赢取承诺、管理期望和收回账款。

　　第一式，建立信任：这个步骤的目标是与客户建立良好的关系和信任基础。销售人员需要通过有效的沟通和互动，展示专业知识和诚信，从而赢得客户的信任和合作意愿。

　　第二式，发掘需求：销售人员需要深入了解客户的需求和问题。通过提问、倾听和观察，销售人员可以获取关键信息，了解客户的期望、挑战和目标，为后续的销售过程做好准备。

　　第三式，立项：销售人员需要与客户一起确定项目的具体目标、范围和时间表。在这个步骤中，销售人员与客户共同制订项目计划，明确双方的责任和期望，确保双方对项目的目标和执行方式达成一致。

　　第四式，设计：销售人员需要根据客户的需求和要求，设计出适合客户需求的解决方案或产品。在这个步骤中，销售人员需要结合自身的专业知识和经验，为客户提供个性化的解决方案，从而满足客户的需求和期望。

　　第五式，呈现价值：销售人员需要向客户展示产品或解决方案的价值和优势。通过演示、案例分析和数据支持，销售人员帮助客户理解产品或解决方案的潜在收益和效益，从而激发客户的购买兴趣和决策意愿。

　　第六式，赢取承诺：销售人员需要与客户达成共识并获得客户的承诺。在这个步骤中，销售人员需要与客户协商价格、合同条款和交付条件，确保双方就交易细节达成一致，从而实现销售的最终目标。

　　第七式，管理期望：销售人员需要与客户保持良好的沟通，并及时跟进项目的执行和交付。在这个步骤中，销售人员需要与客户保持密切联系，及时解决问题和回应客户的需求，确保客户对产品或解决方案的实际效果和价值有正确的期望。

第八式，收回账款：有很多销售人员甚至销售管理者存在一个误解，即认为签订合同并完成产品或服务的交付就代表销售工作的完成。实际上，真正的销售完成是在收回账款的时候。收回账款是销售过程的最后一步，它标志着客户对产品或服务的认可和满意，并表示销售人员成功地实现了销售目标。当客户按时支付账款时，这不仅意味着销售人员成功促成了交易，还表明客户对产品或服务的质量和价值感到满意，愿意履行合同中的付款义务。

付遥老师的"摧龙八式"可以作为销售方法论的原型，有了方法论原型之后，设计销售战法的时候，最关键的是找到销售流程当中的关键环节，然后把关键环节涉及的销售场景进行细化、标准化、流程化，设计出相应的销售工具，只有这样，销售战法才能被有效复制到销售团队中。

通过以上讨论可以看出，建立企业专属的销售战法至关重要。这不仅是一个持续不断迭代优化的过程，也需要在推广和落实中不断强化。要使销售战法真正为企业带来价值，需要系统地进行培训、模拟演练、实践输出、实战应用、复盘总结，并通过这些步骤不断优化。

在销售战法的推广过程中，确保销售团队的全面理解非常重要。通过定期培训和演练，销售团队可深入掌握战法的核心要点；通过实战应用，销售团队可将战法落实到实际销售情境中，并结合反馈与数据进行复盘和优化。此外，企业还要监控销售团队的过程数据（如跟进频率、客户反馈）和结果数据（如销售达成率、客户满意度），及时调整销售战法中的不足之处。

这种反复优化的方法不仅能让销售战法在销售团队中真正落地，更能提升销售战法的适应性和实效性。通过这一持续的精细化迭代，企业可以建立起稳固而高效的销售策略体系，为提升组织执行力奠定坚实基础。

·第15章·

精细化的管理：提升销售过程的有效性

精细化的管理是提升销售组织执行力的关键。它不仅涉及对销售活动的全面管控，还涵盖了对销售人员的精准管理，确保销售目标的高效达成。

本章将深入探讨精细化管理的多个核心维度，包括销售指标的分类与应用、客户开发与拜访的精细化管理、销售机会与定位的策略，以及销售团队的人员管理与辅导技巧。

通过这些内容，我们将展示如何通过精细化管理提升销售效率、优化客户关系，并推动销售业绩的持续增长。无论是在销售结果的评估、销售过程的管控，还是在销售团队的激励与发展方面，本章都将提供实用的策略与方法，帮助销售管理者构建一个更加高效、协同的销售团队，确保销售目标的顺利实现。

销售管理的内涵

销售管理的核心在于明确管理的对象和内容。销售管理的对象是销售人员，管理的内容是销售活动。销售管理的主要目的是通过引导销售人员在设定的销售目标指引下，有效执行各项销售任务，最终获得预期的销售成果。简单来说，销售管理是通过管控过程来获得预期结果的实践。

俗话说，"管过程，得结果"。在销售管理中，企业要先明确哪些销售过程可以被有效管理，并理解不同类型的绩效考核指标，从而确保管理的精准性和实效性。

销售管理的三类指标

在销售管理中，指标通常分为三大类：销售结果指标、销售活动指标和销售监控指标。三者分别从不同的层面帮助管理者进行有效的销售过程管理。

1. 结果指标

销售结果指标关注销售的最终结果，如销售收入、业绩达成率、业绩增长率、回款率、新产品收入等。这些指标反映了销售团队的整体运营状况。然而，销售结果一旦形成，就成为既定事实。管理者在看到结果不佳时，通常已无法直接干预或改变。因此，尽管结果指标能够反映销售的健康度，但它并不属于管理者可以直接控制的内容。

2. 活动指标

销售活动指标反映具体的销售活动行为，如新客户开发量、新客户拜访量、老客户回访量、客户互动频率、学习和培训参与情况等。活动指标是达成销售目标的基础。通过监控这些活动数据，管理者能够确保销售团队按照既定计划和节奏推进销售任务。

3. 监控指标

销售监控指标是影响销售结果的关键因素，属于"早期预警"类型。常见的监控指标有新客户数量、新订单量、新商机转化率、老客户续约率、大客户签约率、市场渗透率等。监控指标比结果指标出现得更早，能够反映销售任务的执行情况，帮助管理者预判任务完成的可能性。此外，这些指标还能反映销售活动的质量，便于管理者在结果形成前采取干预措施。

指标分解与监控机制

假设企业设定了年度销售目标，管理者可以将其按时间分解为季度和月度的结果指标，进一步分配给各销售团队和个人。这一目标还需细化为匹配的活动指标，如每周的新客户开发量、新客户拜访量、老客户拜访量等。通过建立结果和活动指标的层层监控机制，管理者可以通过日、周、月、季度的指标追踪销售进展，及时发现并解决执行过程中的问题，确保目标的稳步达成。

销售管理中的常见问题

在实际工作中，许多管理者往往更加关注结果指标，如业绩达成率和利润增长率。当结果指标良好时，管理者可能会忽视潜在问题，尤其在销售活动和过程监控方面容易产生缺位；而当结果不佳时，管理者往往通过施压或加大奖惩力度来推动业绩。但这些方法往往只是表面上的措施。事实上，如果不关注销售活动和过程管理，仅凭结果指标来跟踪销售状态，是无法真正提升销售业绩的。

三类指标之间的关系

从时间顺序上看，销售结果指标具有滞后性，即当前的结果通常是之前销售行为的积累与兑现。销售活动指标和销售监控指标均先于销售结果指标。

销售活动指标、销售监控指标和销售结果指标之间存在着紧密的层级关系：销售活动指标直接影响销售监控指标，而销售监控指标则进一步决定销售结果指标的表现。管理者需要通过实时关注销售活动指标和监控指标，及时发现问题并调整活动指标的管理策略，从而确保销售目标的达成。

以新客户开发为例，它是影响销售目标完成的关键活动指标。管理者可以将年度销售目标分解为每日、每周或每月的客户开发量，并将其作为监控指标进行跟踪。通过定期分析这些数据，管理者能够快速识别销售团队在客户开发过程中遇到的瓶颈或效率低下的问题。例如，如果某段时间内客户开发量低于预期，管理者可以进一步分析原因，可能是客户资源不足、沟通技巧欠缺或市场环境变化等，并采取针对性的改进措施，如提供更多潜在的客户线索、加强销售技能培训或调整市场策略。

这种从活动指标到监控指标再到结果指标的逐层监控和调整机制，不仅帮助管理者及时发现问题，还能通过优化活动指标的执行效率，最终提升销售结果指标的表现。这种动态的管理方式能够确保销售团队在复杂多变的市场环境中保持灵活性和竞争力，从而实现销售目标的稳步达成。

对结果进行奖惩，对过程进行监控

在销售管理中，奖惩和激励措施在激发团队成员积极性、营造竞争氛围、强调目标导向方面起到了重要作用。然而，销售团队的奖惩管理不能仅仅基于过程，因为单纯的过程奖惩可能会导致销售人员虚构活动指标，忽略真正的业绩达成。销售团队的管理更应通过对结果的激励，结合对过程的监控，确保整体绩效的稳步提升。

案例分享

销售管理中过程和结果管理的误区

张力是一家员工福利销售公司的创始人。公司成立十年来，前五年依靠技术优势取得了快速增长，但随着行业竞争加剧，公司增速逐渐放缓。同时，张力的销售团队管理松散，员工队伍老化，这成为公司发展的瓶颈。为提升业绩，张力决定加强对销售团队的考核。

在 B2B 行业中，客户开发至关重要。张力制定了考核规则，要求销售人员每天完成 2 个客户开发任务，每月开发 50 个有效机会。完成任务的销售人员可获得 2000 元奖励，未达标则扣除 2000 元绩效。初期，这项政策带来了明显成效，客户开发量显著上升。然而半年后，公司的签单数据并未增长。经调查发现，为了拿到绩效奖金，销售人员进行了大量无效甚至虚假的客户开发，导致公司浪费了大量资源。

该案例反映出，销售管理不能仅依赖结果或活动指标，而是应在监控和奖惩之间找到平衡。张力的公司因对过程管理缺乏有效监控，导致销售活动质量下降。通过监控活动数据、分析行为质量，管理者能够更好地推动销售业绩的真正增长。

销售管理的核心在于通过有效的过程管理实现稳定的业绩结果。销售结果指标、监控指标和活动指标是管理的三个关键维度，只有将这三者有机结合，才能充分发挥销售管理的作用。销售结果是最终的反馈，而销售监控和活动则是日常可控的过程管理重点。管理者需要通过精细化的过程监控和合理的结果激励，打造一支高效的销售团队，推动业绩的持续提升。

销售管理中关于事的管理

销售管理的核心在于对销售活动的有效管理。根据不同企业的业务流程和销售战法，管理者需要明确销售活动的关键环节，并根据企业目标和时间节点来确定管理的重点。销售工作通常包括开发客户、拜访客户、挖掘需求、建立信任、考察交流、商讨方案、合同谈判、签订合同、产品和服务的交付等核心环节。

客户开发管理

1. 客户开发的常见问题

在客户开发过程中，企业常常面临一些普遍性问题，这些问题严重制约了销售团队的业务增长潜力，具体如下：

首先，部分销售团队缺乏主动开发意识，过度依赖"碰单"机会。这种心态导致销售人员将精力集中在少数潜在客户身上，忽视了广泛开发新客户的重要性。这种被动等待客户上门的做法，不仅限制了客户资源的拓展，还使团队错失了大量潜在的业务机会，严重影响了长期业务增长。例如，一些销售人员可能更倾向于服务现有客户或等待客户主动联系，而不愿意主动挖掘新客户。这种"碰单"心态不仅降低了客户开发的效率，还使团队的业务增长过于依赖偶然性，难以形成稳定的客户来源。

其次，客户信息质量低是另一个常见问题。尽管销售团队可能拥有大量的客户信息，但由于缺乏系统化的开发流程和与决策链关键人物的有效沟通，客户转化率往往较低。例如，客户信息可能不完整或过时，导致销售人员无法准确识别客户需求或联系到关键决策者。此外，销售人员在客户开发过程中频繁遭遇拒绝，尤其是新销售人员，容易因此产生消极情绪，进一步降低开发效率。例如，新人在面对客户的冷漠或拒绝时，可能会感到挫败，从而对客户开发工作产生抵触心理。因此，实施精细化的客户开发管理显得尤为重要。通过建立标准化的开发流程、提供系统的培训和支持，企业可以帮助销售人员更好地应对开发过程中的挑战，提升客户开发的效率和成功率。

最后，管理者对开发过程的忽视也是一个突出问题。许多管理者往往只在业绩下滑时才关注客户开发，而在业绩良好时则忽视这一关键环节。由于客户开发与销售结果之间存在一定的滞后性，当前的开发工作可能不会立即体现在业绩上。例如，开发一个新客户可能需要数周甚至数月的时间，如果管理者只关注短期销售结果，可能会忽视这一过程中的努力和投入。如果管理者只关注短期销售结果而忽视开发过程，团队业绩将难以保持稳定，甚至可能出现断崖式下滑。因此，管理者需要平衡短期业绩与长期开发的关系，确保客户开发工作持续、稳定地进行。例如，管理者可以通过设定明确的客户开发目标、定期检查开发进展、提供必要的资源和支持等方式，确保销售团队在业绩良好的同时，也能够持续开发新客户，为企业的可持续发展奠定坚实的基础。

企业需要通过提升销售团队的开发意识、优化客户信息质量、加强管理者的过程管控来解决客户开发中的常见问题。只有通过系统化的管理和持续的努力，企业才能在激烈的市场竞争中保持竞争优势，实现长期稳定的业务增长。

2. 客户开发的精细化管理步骤

为了有效管理客户开发工作，企业应采取精细化管理策略，通过细化、标准化、量化和数字化等手段，全面提升客户开发的效率和质量。具体步骤如下：

首先，客户开发过程应被细化和优化，拆解为简单的可执行步骤，并对每个环节进行针对性改进。例如，将客户开发细化为"客户识别、信息搜集、预约拜访"等多个步骤，确保每个环节都有明确的目标和操作方法。同时，通过"边际增益"思维，对每个环节进行持续优化。例如，在客户识别阶段，企业可以通过数据分析工具筛选出高潜力客户；在沟通交流阶段，企业可以优化话术和沟通方式，提高客户响应率。这种逐步优化的方式能够显著提升整体开发成效。

其次，企业需要确立标准化的开发流程，确保团队成员在执行过程中有章可循。标准化的流程包括客户识别、信息搜集、需求分析、约见洽谈等关键环节，每个环节都应制定明确的操作规范和标准。例如，在信息搜集阶段，企业可以规定必须收集客户的基本信息、行业背景、需求痛点等；在约见阶段，企业可以制定统一的预约话术。通过标准化管理，企业不仅能够提升销售团队执行的一致性和准确性，还能减少因个人差异导致的效率损失。

此外，量化管理是客户开发精细化的重要环节。企业应对开发活动进行量化管理，如设定每日或每周的客户开发量、电话拨打次数、客户拜访次数等具体指标，确保销售团队在规定时间内完成任务。量化管理不仅帮助销售人员明确目标，还能通过数据反馈及时调整策略。例如，如果某位销售人员的客户转化率较低，管理者可以通过数据分析发现问题并提供针对性指导。同时，量化管理也为绩效考核提供了客观依据，有助于激发团队积极性。

最后，数字化工具的应用是提升客户开发效率的关键。企业可以借助 CRM 系统等数字化工具，实现客户数据的集中管理和实时追踪。通过 CRM 系统，管理者可以随时查看客户开发进展、客户反馈、销售漏斗状态等信息，便于及时调整策略。例如，如果发现某个阶段的客户流失率较高，企业可以迅速分析原因并优化相关流程。数字化管理不仅提高了信息的透明度，还为企业提供了数据驱动的决策支持。

通过细化、标准化、量化和数字化的精细化管理策略，企业能够更高效地管理客户开发工作，提升团队执行力和客户开发成功率，从而为企业的长期发展奠定坚实的基础。

3. 开发客户的管理

在客户开发过程中，企业需要采取系统化的管理策略，以便确保销售团队能够高效地完成客户开发任务。首先，客户定位是客户开发的基础，管理者应根据销售人员的特点制定相应的定位策略。经验丰富的销售人员可以采用"强定位"策略，集中精力瞄准核心客户，充分发挥其专业能力；新入职的销售人员则可以采用"弱定位"策略，面向更广泛的行业或客户群体，逐步积累经验。这种差异化的定位策略不仅能够最大化销售团队的整体效能，还能帮助新员工快速适应工作节奏，减少资源浪费。

其次，客户名单的搜集是客户开发的重要环节，管理者需要根据客户定位的要求，为销售团队提供相关培训，并设定具体的客户名单搜集任务。例如，管理者可以要求销售人员每天搜集一定数量的潜在客户名单，并通过行业展会、网络搜索、社交媒体等多种渠道获取信息。同时，管理者还需负责审核和筛选客户名单，确保信息的准确性和有效性，为后续开发工作奠定基础。高质量的客户名单是销售成功的前提，因此这一环节的管理至关重要。

在客户信息完善方面，管理者需要为销售人员提供必要的培训和工具，帮助他们补充关键信息，如联系方式、地址、组织结构等，从而确保客户信息的完整性和可用性。例如，销售人员可以通过 CRM 系统记录客户的基本信息，并定期更新。此外，管理者还可以提供信息搜集的工具和技巧培训，如何使用公开数据库、行业报告等资源，帮助销售人员更高效地获取客户信息。信息的完整性和准确性直接影响后续的客户分析和沟通效果，因此这一环节不容忽视。

接下来，客户分析是制定销售策略的关键步骤，管理者应协助销售人员对客户的需求、痛点和关注点进行深入分析，从而为后续的销售活动提供有针对性的策略支持。例如，通过分析客户的行业背景、业务模式和当前面临的挑战，销售人员可以更好地理解客户的需求，并制订个性化的解决方案。客户分析不仅能够提高销售的成功率，还能增强客户对企业的信任感，为长期合作奠定基础。

在 B2B 销售中，找到关键决策者尤为重要，销售人员需要识别并联系客户决策链中的关键人物，包括执行者、建议者和最终决策者，尤其是建议者和决策者，以便增加成交的可能性。例如，销售人员可以通过客户官网、行业报告或社交媒体等渠道了解客户的组织结构，找到负责采购或决策的关键人物。同时，销售人员还需要与执行者保持良好的沟通，了解客户的内部流程和需求，从而为最终决策者提供更有说服力的方案。

最后，预约与会面是客户开发的最终环节，管理者需要为销售人员提供会面准备的指导，帮助他们制定沟通策略，确保与客户的面谈能够高效、顺利地进行，从而提升客户开发的整体成功率。例如，管理者可以为销售人员提供会面前的准备工作清单，包括客户背景调研、需求分析、解决方案设计等内容。同时，管理者还可以通过模拟演练的方式，帮助销售人员提升沟通技巧和应变能力。有效的会面沟通不仅能够增强客户的信任感，还能为后续的合作创造更多机会。

通过以上系统化的管理策略，企业可以有效提高客户开发的效率和质量，为销售业绩的增长提供有力支持。从客户定位到会面沟通，每个环节都需要精细化的管理和执行到位。

客户拜访管理

客户拜访是成交的重要环节之一。通过精细化管理，企业可以显著提升拜访效果，确保客户开发工作的持续推进。

首先，企业应将拜访流程拆解为"预约拜访、正式拜访、拜访后跟进"三个阶段，并对每个阶段进行详细化。例如，预约拜访可被细化为"准备名单、制订计划、电话沟通"等小环节。企业应确保每个步骤都有明确的目标和操作方法。这种拆解方式不仅能够帮助销售人员更好地规划时间，还能降低遗漏关键环节的可能性。

其次，标准化是提升拜访效果的关键。企业需要将拜访环节标准化，包括开场白、公司介绍、方案展示、SPIN 销售方法等，确保每个销售人员都能按照统一的标准执行。标准化不仅能够提高拜访的执行质量，还能为客户提供一致的体验，增强客户对企业的信任感。

此外，优化与复制是提升团队整体能力的重要手段。企业应逐步优化拜访方法，将成功经验总结为标准流程，并推广至整个团队。例如，通过分析优秀销售人员的拜访案例，提炼出高效沟通技巧或客户需求挖掘方法，形成可复制的标准化流程，从而实现团队经验的有效传承。

最后，过程管控与执行是确保拜访效果的重要保障。管理者需要实时监控拜访数据和执行情况，如拜访次数、客户反馈、成交率等，及时发现问题并进行调整。通过数据驱动的管理方式，管理者可以更精准地评估销售团队的表现，并提供针对性的指导，确保销售活动的有效性和目标的达成。

通过上述精细化管理措施，企业能够显著提升客户拜访的效果，为成交率的提高和客户开发工作的持续推进奠定坚实的基础。

销售定位管理

前面我们讨论了市场分析和市场选择，按照组织执行力的一致性原则，企业需要明确自己的定位。同样，销售也需要进行精准的定位。销售定位是指在销售过程中明确目标客户群体，通过这一过程，销售人员可以更精确地识别潜在客户，了解他们的需求，并提供相应的解决方案。

1. 精准销售定位的价值

精准销售定位是提升销售团队效能和市场竞争力的关键策略，其好处主要体现在以下几个方面：

首先，精准销售定位能够显著提高销售效率。通过有效的客户定位，销售人员能够精准识别潜在的客户群体，了解他们的需求与偏好，从而提供更有针对性的解决方案。这样，销售人员能够避免浪费时间和资源与不合适的客户进行沟通，将精力集中在高潜力客户身上，显著提升销售效率。例如，通过数据分析工具筛选出符合目标客户画像的群体，销售人员可以更有针对性地开展沟通和推广活动，减少无效沟通的时间和成本。

其次，精准销售定位有助于建立更好的客户关系。客户定位帮助销售人员深入了解目标客户，包括其所处行业的特点、需求痛点和购买决策流程。通过建立深入的联系，并根据客户需求提供个性化解决方案，销售人员能够提升客户满意度，促进长期合作关系的建立。例如，在 B2B 销售中，了解客户的业务模式和痛点后，销售人员可以提供定制化的产品或服务方案，从而增强客户的信任感和依赖度。

再次，精准销售定位能够提高销售转化率。精确的客户定位使销售人员能够更加清楚地了解客户的需求，并基于此为客户量身定制销售策略。与客户进行更有效的沟通、准确传递产品或服务的价值，可以最大限度地提升销售转化率，满足客户期望。例如，在销售过程中，销售人员可以根据客户的具体需求，突出产品的核心优势，从而增加成交的可能性。

此外，精准销售定位有助于增强市场竞争力。通过客户定位，销售人员不仅能够深入了解市场细分和目标客户的需求，还能分析竞争对手的状况，并根据市场环境调整销售策略。这种竞争性优势可以帮助销售人员在市场中脱颖而出，与竞争对手区别开来。例如，通过分析竞争对手的弱点和市场空白，销售人员可以制定差异化的销售策略，抢占市场先机。

最后，精准销售定位能够提升客户满意度与口碑传播。精准的客户定位能够使销售人员更好地满足客户需求，提供个性化服务，从而提升客户满意度。满意的客户不仅会成为忠实用户，还可能成为品牌的代言人，通过口碑传播带来更多的潜在客户，并创造更多的销售机会。例如，在 B2C 销售中，通过精准定位并提供优质服务，客户可能会在社交媒体或朋友圈中分享自己的购买体验，从而为企业带来更多的潜在客户。

精准销售定位不仅能够提高销售效率和转化率，还能帮助销售人员建立更好的客户关系、增强市场竞争力，并提升客户满意度和口碑传播效果。

2. 如何进行精准的销售客户定位

1）定义目标市场：在进行销售定位前，销售人员要先明确本企业的产品或服务适用于哪个市场，考虑市场的规模、增长潜力、竞争态势等因素，确定产品在哪些市场中最有发展机会。

2）进行市场细分：细分市场可以根据行业、地理位置、企业规模、消费习惯、需求特点等因素进行划分。根据产品或服务的定位，企业可选择最适合的细分市场，以便聚焦资源，提升销售效果。

3）明确目标客户群体：在细分市场的基础上，企业可进一步定义目标客户群体。通过分析客户的特征、行为和需求，企业可确定哪些客户最可能成为理想客户。例如，企业可以聚焦某一行业的决策者，或者某个特定地理区域的消费者。

4）进行市场调研：市场调研是精准定位的关键。企业通过问卷调查、访谈、数据分析等方式，收集有关目标客户的各种信息，包括需求、偏好、购买行为以及竞争对手情况等。深入了解客户需求能够帮助销售人员制定更有效的销售策略。

5）绘制客户画像：企业可基于市场调研的结果，建立客户画像或买家人物模型。客户画像是对目标客户的典型特征、需求、行为习惯、决策方式等的综合描述。通过客户画像，销售人员能够更精确地理解客户，并根据这些信息制定销售策略。

6）实施和评估：根据客户定位策略，销售团队应制订详细的销售计划，并开始实施。在实施过程中，管理者需密切关注销售绩效指标，如客户获取率、销售转化率、客户满意度等，以便评估定位策略的有效性。若发现问题，管理者应及时进行调整和优化，从而确保销售目标的实现。

通过精准的客户定位，销售团队能够更高效地识别潜在客户，提供个性化的解决方案，并与客户建立更深的关系，从而提升销售转化率和客户满意度。销售定位不仅帮助提升销售效率，还能增强市场竞争力，是企业实现可持续发展的重要战略。

销售机会管理

有效的销售机会管理是提升销售业绩的重要环节。通过明确销售阶段、跟踪机会进展、评估潜力、持续跟进和优化销售流程，销售管理者能够精准识别并抓住最有潜力的机会。以下是销售机会管理的关键步骤：

1. 定义销售阶段

首先，明确销售流程的各个阶段。通常，销售机会可以分为以下几个阶段：梳理潜在客户名单、挖掘销售线索、跟进机会、提案 / 报价、谈判、成交客户等。每个阶段的定义需清晰具体，以便销售团队能够准确识别每个机会所处的位置，并根据阶段特点采取相应的策略。

2. 跟踪销售机会

使用销售管理软件或 CRM 系统来管理和跟踪销售机会。对于每个机会，记录关键数据，如客户名称、联系方式、销售阶段、机会价值等。定期更新销售机会的状态和进展，以便管理者随时了解销售团队的工作进展和客户需求。

3. 评估销售机会

定期对每个销售机会的潜力进行评估。通过分析客户需求、购买意愿、预算情况等因素，将销售机会进行分类和优先排序，这样可以确保资源的合理分配，并帮助销售人员集中精力在最有可能成功的机会上。

4. 跟进销售机会

与销售机会保持密切联系，定期跟进客户需求的变化。通过有效的沟通，帮助客户解决痛点，并提供有针对性的解决方案。及时回复客户的咨询，确保客户始终感受到被关注，进而加深客户关系，推动销售进程。

5. 分析和优化销售机会管理

定期分析销售机会数据，评估每个阶段的转化率和整体销售表现。识别销售过程中的瓶颈或问题，并通过优化措施加以改进。使用数据分析工具可以帮助管理者更清晰地了解销售机会的实际情况，支持决策和战略调整。

6. 培训和支持销售团队

为销售团队提供必要的培训和支持，确保销售人员了解各阶段的定义、目标，并掌握必要的销售技巧和管理工具。定期开展技能培训，帮助团队提升处理的能力，从而提高整体业绩。

7. 持续改进

销售机会管理是一个动态过程，需要随着市场变化不断调整优化。管理者应定期审视和调整销售阶段的定义，改进销售流程，以便适应新的市场环境和客户需求。通过持续改进，确保销售机会管理始终保持高效和灵活，支持企业的长期发展。

通过有效的销售机会管理，企业能够更加精准地识别高价值的销售机会，优化销售流程，提高机会转化率，最终实现业绩的持续增长。

市场活动管理：提升 B2B 销售的关键驱动力

在 B2B 业务拓展中，市场活动不仅仅是品牌推广的工具，更是接触和吸引目标客户群体的有效手段。通过精心设计和执行市场活动，企业能够提高客户触达频率，增强销售互动，进而推动销售业绩的增长。因此，重视个性化策划和执行是实现市场活动价值的关键。

1. B2B 市场活动的多重价值

1）增强客户黏性：市场活动能够通过提供有价值的信息来增强客户的黏性。当销售人员与客户分享相关活动信息时，客户会感到被重视，这有助于加深双方的关系，提高客户忠诚度与满意度，为销售奠定稳定的基础。

2）试探客户意向：市场活动为销售人员提供了了解客户购买意向的机会。如果客户对活动反应冷淡或不感兴趣，这可能意味着他们的购买意愿较低。通过客户反馈，销售人员可以及时调整后续的跟进策略，确保接下来的销售计划更具针对性。

3）展示企业价值：市场活动是展示企业专业性、实力和创新能力的重要平台。

通过研讨会、展示会或在线活动，企业能够向客户传递其品牌价值，增强客户信任和认可，从而推动销售进程的顺利进行。

4）促进利他关系：成功的市场活动应侧重于为客户提供价值，帮助他们解决问题、提供信息或资源。这种利他型的活动有助于增强客户对企业的信任，并促进长期的合作关系。例如，举办内容丰富的行业研讨会或提供有深度的白皮书等活动，能够加深客户对企业专业性的认同和好感。

在 B2C 领域，市场活动的作用已被广泛认可，但在 B2B 业务中，市场活动同样至关重要。B2B 市场活动不仅仅是潜在客户教育和引导的工具，也是建立客户信任和关系的桥梁。与 B2C 活动不同，B2B 市场活动需要更加注重针对性和专业性，从而满足特定客户群体的需求和期望，进而有效提升销售效果和客户满意度。

2. B2B 市场活动的策略与实施步骤

1）确定目标受众：明确目标受众的特征，如行业、公司规模、需求和偏好。深入了解这些特征有助于为市场活动制定更精准的策略，确保活动内容能够引起目标客户的兴趣和共鸣。

2）进行市场调研与竞争分析：在策划活动前，企业应进行市场调研和竞争分析，了解当前市场趋势和客户需求，明确产品或服务在市场中的优势与定位。通过差异化宣传突出企业的核心竞争力，使活动更具吸引力和竞争力。

3）制定市场活动策略：基于受众特征和市场调研，制定详细的市场活动策略。这包括明确活动目标、选择合适的推广渠道、确定活动内容和安排时间。活动形式应多样化，如展览、行业会议、在线研讨会、社交媒体推广等，以便最大化覆盖目标客户。

4）举办专业研讨会与培训：组织针对目标客户群体的专业研讨会、培训和工作坊，提供有价值的行业知识和解决方案。这类活动能够吸引潜在客户并提升企业在行业内的声誉。确保活动内容与客户的业务需求相关，邀请行业专家参与，从而增强活动的权威性和专业性。

5）数字营销与内容营销：利用数字渠道进行内容推广，如企业官网、博客、案例研究等。企业可结合搜索引擎优化（SEO）、社交媒体营销和电子邮件营销等手段吸引目标客户，并逐步引导他们进入销售流程。

6）数据分析与活动优化：在活动结束后，企业可通过数据分析评估活动效果，如客户参与的职级、参与后的签约率等。根据分析结果，企业可了解哪些活动类型带来了最高的投资回报率，并据此调整市场活动策略和资源配置，以便提高未来活动的效果和销售转化率。

通过精细化管理市场活动，B2B 企业能够实现更精准的客户定位、更高效的销售推动和更强的客户黏性，最终促进销售业绩的提升并加速长期客户关系的建立。

重点客户管理

1. 什么是重点客户

重点客户是指对于企业或组织具有特殊重要性和战略价值的客户。通常，重点客户具备以下特征：

1）高潜力和高价值：重点客户具有较高的购买能力和潜在的销售价值，通常是大型企业、高净值个人或具备强大购买力的组织。与普通客户相比，重点客户的销售额和利润贡献更高。

2）战略意义：重点客户在企业的业务发展和市场竞争中扮演着重要角色，可能在特定行业中具有广泛的影响力和资源。与这些客户建立稳固的合作关系有助于企业扩大市场份额、提高品牌声誉并实现战略目标。

3）长期合作潜力：重点客户倾向于与企业建立长期合作关系。他们对稳定的供应链、可靠的合作伙伴和持续的服务支持有较高的要求。与重点客户保持紧密关系可带来持续的业务机会和稳定的收入来源。

4）影响力和口碑传播：重点客户在其行业或社交圈中往往具有较高的影响力和声誉。他们的满意度和口碑对企业形象和市场声誉具有重要作用。与这些客户保持良好合作关系能带来更多的口碑宣传和业务推荐。

重点客户的定义可能因企业的战略目标、行业特点和市场环境而有所不同。因此，企业需要根据自身情况和发展目标来确定重点客户，并制定相应的管理策略。

2. 如何进行重点客户的管理

销售团队在进行重点客户管理时，可以按照以下步骤进行：

1）识别重点客户：销售团队需明确哪些客户是重点客户。这可基于客户的潜在销售价值、购买能力、战略意义和合作潜力进行评估和筛选。市场调研、客户分析和内部数据分析等手段可帮助确定重点客户名单。

2）建立个性化关系：与重点客户建立紧密合作关系是管理的核心。销售团队应通过定期会议、电话、邮件和社交活动等多种方式保持沟通，深入了解客户的需求、偏好和痛点，并提供个性化的服务和解决方案，以便增强客户黏性和忠诚度。

3）制订客户发展计划：销售团队应为每个重点客户制订具体的发展计划。该计划应涵盖具体的目标、策略和行动步骤，旨在实现业务增长和深化合作。计划内容可以包括销售目标设定、市场营销策略、产品定制和服务支持等方面。

4）分配资源和支持：为了有效管理重点客户，企业需合理分配资源，确保销售团队具备足够的人力、时间和资金来满足客户需求，如派驻专属销售代表、组建客户服务团队或提供专门的技术支持等。

5）定期评估和调整：销售团队应定期评估重点客户管理的效果，并根据评估结果进行调整和优化。销售团队可通过客户满意度调查、销售绩效分析和客户反馈收集来评估成果，并据此调整策略，改进服务，深化客户合作关系。

6）持续改进和学习：重点客户管理是一个持续优化的过程。销售团队应不断学习和更新与客户行为、市场趋势和竞争动态等相关的知识，以便适应客户需求的变化，保持与重点客户的合作活力和竞争力。

遵循这些步骤将帮助销售团队更好地管理重点客户，提升销售业绩和客户满意度。每个企业的实际情况和市场环境不同，因此销售团队应根据具体情况灵活调整，制定定制化的管理策略。

九段"过客户"：销售管理中的核心环节

在 B2B 销售管理中，定期分析和回顾销售机会，即"过客户"，是一个至关重要的环节。通过这种方式，销售经理和销售团队能够判断销售机会的真实性、赢单的概率，并分析跟进过程中的难点，及时给予指导和支持。这种系统化的检查和反馈机制不仅能帮助销售团队保持一致的执行力，还能提高整个销售流程的可预测性和稳定性。

1. 客户分析的重要性

客户分析在销售管理中扮演着不可替代的角色，对企业的销售策略和业务发展具有深远的影响。以下是客户分析的几个核心重要性：

首先，客户分析帮助企业深入理解客户需求。通过分析客户的行为、偏好和反馈，企业能够更准确地把握客户的需求和痛点。这种洞察力使企业能够进行更精确的产品定位、制定有效的定价策略，并开展针对性的市场推广活动。例如，一家软件公司通过客户反馈发现中小企业客户更注重性价比和易用性，因此推出了灵活的套餐和培训服务，成功满足了这一客户群体的需求。此外，洞悉客户需求还能帮助企业提供个性化的产品和服务，从而提升客户满意度和忠诚度，为长期合作奠定基础。

其次，客户分析有助于发现潜在的市场机会。通过分析客户数据和市场趋势，企业可以识别新的目标客户群体和市场需求的变化趋势。例如，某电子产品供应商通过客户数据分析，发现工业制造领域存在未被满足的需求，于是调整策略进入该市场，取得了显著的业务增长。这种对市场机会的敏锐捕捉，能够帮助企业开拓新市场、扩大销售规模并增加市场份额，从而在竞争中占据主动地位。

再次，客户分析能够优化销售资源的分配。通过评估客户的价值和潜力，企业可以确定哪些客户具有更高的销售价值，从而将销售团队的时间和精力集中在最有价值的客户身上。例如，企业可以将最优秀的销售人员分配到高潜力客户上，从而确保关键机会的最大化收益。这种资源优化不仅提高了销售效率，还降低了销售成本，提升了投资回报率。

此外，客户分析有助于企业建立竞争优势。通过分析竞争对手的市场份额、产品定位和客户满意度等信息，企业可以识别自身的竞争优势和差异化机会。例如，某 IT 服务公司通过客户反馈和市场分析发现，竞争对手在售后服务上存在短板，于是迅速提升了自身的售后支持体系，赢得了更多客户的青睐。这种对竞争环境的洞察，使企业能够在市场中脱颖而出，吸引更多目标客户并扩大市场份额。

最后，客户分析是客户关系管理（CRM）的基础。通过分析客户信息、交互记录和购买历史，企业能够建立和维护客户数据库，为个性化服务和定制化销售方案提供依据。例如，某零部件供应商通过定期客户分析，针对每个客户推出了定制化采购方案和预防性维护计划，显著提高了客户续约率。这种基于客户分析的关系管理，不仅提升了客户体验和忠诚度，还促进了重复购买和口碑传播，为企业带来持续的业务增长。

综上所述，客户分析在理解客户需求、发现市场机会、优化资源分配、建立竞争优势以及提升客户关系管理等方面具有重要作用。通过系统化的客户分析，企业可以制定更精准的销售策略。

2. 重点客户管理的频率与策略

对于重点客户，销售管理者应以周为单位进行"过客户"分析，提供具体的指导意见，检查项目跟进情况，确保及时调整策略。这种频繁的跟进能够使企业更快地响应客户需求和市场变化，保持竞争优势。销售新人则需要以天为单位进行"过客户"分析，以便及时发现问题并提供解决方案，帮助他们提高销售能力和执行力。这种高频度的指导不仅能加快新人适应市场的速度，还能增强他们的信心和工作动力。

3. 九段"过客户"的分阶段动作

在这九个步骤中，分析、判断和指导是最核心的要素。这三者帮助销售管理者深入了解团队的业绩情况、发现问题并及时调整策略，同时为销售人员提供有针对性的支持，顺利完成任务。

在销售管理中，按照"过客户"的顺序，销售过程可被分为前、中、后三个阶段，每个阶段涉及九个关键步骤。这些步骤不仅帮助销售人员系统化地推进客户开发，还能确保销售目标的达成和资源的有效利用。以下是每个阶段的具体内容和核心要素：

1）定目标：明确本阶段的业绩任务，如季度签单额、开发新机会的数量和金额、销售收入和回款等，确保销售人员有清晰的目标。目标设定是销售管理的起点，它为团队提供了明确的方向和动力。例如，某企业为销售团队设定了季度目标，要求每位销售人员每月至少开发 10 个新客户，并完成一定金额的销售额。这种明确的目标设定能够激励团队高效工作，同时为后续的绩效考核提供依据。

2）备信息：收集与客户和销售机会相关的详细信息，包括客户背景、行业特点、需求痛点和决策流程等。这些信息为后续的沟通和策略制定奠定基础。信息的全面性和准确性直接影响后续销售活动的效果，因此这一环节至关重要。

3）查漏斗：审视销售漏斗，确保机会在正确的阶段推进，不遗漏重要环节。例如，检查是否已针对潜在客户完成初步接触，是否已进入需求分析阶段，以便确保销售流程的连贯性。销售漏斗是销售管理的核心工具，通过定期检查漏斗状态，管理者可以及时发现潜在问题并做出调整

4）巧分析：对客户需求、购买动机和潜在障碍进行深入分析，从而制定更有效的跟进策略。例如，通过客户访谈或数据分析，销售人员可了解客户的真实需求和决策顾虑，从而提供更有针对性的解决方案。客户分析不仅能够帮助销售人员更好地理解客户，还能为后续的沟通和谈判提供依据。

5）做判断：根据分析结果，评估销售机会的真实性和赢单的可能性，为下一步行动提供依据。例如，判断客户是否有预算、需求是否紧迫，以及是否存在竞争对手的干扰。通过评估销售机会的真实性，销售人员可以更好地分配时间和精力，避免在不具备潜力的客户身上浪费资源。例如，某销售团队通过分析发现，某潜在客户的预算有限且需求不明确，因此决定将资源集中在其他高潜力客户身上，最终

实现了更高的销售转化率。

6）细指导：提供详细的指导，帮助销售人员优化跟进策略，提升销售效率。例如，针对不同类型的客户，提供定制化的话术、沟通技巧或谈判策略，以便增强销售人员的应对能力。管理者可以通过模拟演练、案例分析或一对一辅导等方式，帮助销售人员提升专业技能。

7）盯进度：持续跟进项目进展，确保按计划推进，及时识别问题并做出调整。例如，通过定期会议或 CRM 系统监控销售进展，确保每个环节都按预期进行。管理者可以通过数据驱动的管理方式实时了解销售团队的表现，并提供针对性的指导。

8）给支持：提供必要的资源支持，如技术专家、市场材料或定制化方案，解决销售人员在跟进中遇到的困难。

9）要结果：确保完成本阶段任务，重点分析和评估重大项目的进展和结果。例如，某企业通过定期召开销售复盘会议，分析成功案例和失败案例，提炼出最佳实践并推广至整个团队，最终完成销售业绩。

在这九个步骤中，分析、判断和指导是核心的要素。这三者帮助销售管理者深入了解团队的业绩情况、发现问题并及时调整策略，同时为销售人员提供有针对性的支持，协助他们顺利完成任务。

4."过客户"的重要性

"过客户"对销售管理者和销售人员来说都具有重要意义。管理者通过这一过程能够准确掌握团队的业绩情况，及时发现潜在问题并提出解决方案，确保销售流程顺畅且高效。销售人员能在此过程中明确工作目标，接受专业的意见和建议，优化工作方法，实现业绩提升。

持续的"过客户"分析和指导能帮助企业在激烈的市场竞争中保持优势，提升整体销售团队的绩效和达成销售目标的能力。

销售日报、周报、月报管理

销售日报、周报和月报是销售团队与管理层沟通的重要工具，帮助团队记录、总结和反馈销售活动与业绩，确保管理层及时了解销售进展、市场变化和业务动态，进而做出更加精准的决策和战略调整。销售日报通常记录当天的销售额、客户拜访、电话销售、市场推广等活动的情况，同时包括新发现的销售机会、遇到的问题和解决方案。销售周报则总结一周内的销售情况，比较销售额与目标的差距，分析客户开发与跟进进展，提供市场竞争态势和下周的计划。销售月报是对月度销售活动的全面总结，包括销售额达成情况、客户关系维护、市场趋势和竞争对手分析等，为月度战略调整提供依据。

为了高效管理销售团队的日报、周报和月报，企业需要明确报告内容和提交时间，确保销售团队了解报告的目的和要求。为此，提供标准化的报告模板和填写指导非常重要，这可以帮助团队成员准确理解每个部分的填写要求。同时，设定便捷的报告提交渠道，如电子邮件、在线协作工具等，确保信息流通无障碍。管理者应定期审查报告，分析其中的数据与趋势，及时发现问题并制定改进措施，提供反馈和支持，帮助团队优化销售策略，提升整体业绩。

销售会议管理

销售会议管理的核心在于提升团队沟通、决策和协作的效率。每次会议前，管理者必须明确会议目的和议程，并提前将相关材料发送给参会人员，确保他们充分准备。会议的频率和时间应根据团队需求合理安排，如每周的销售例会或每月的评估会议，避免与其他工作任务发生冲突。参会人员要精简，确保只有与议题相关的人员参加，避免浪费时间和资源。鼓励与会人员积极参与讨论，提出意见、建议和问题，确保讨论与会议目标保持一致，并为每个议题设定时间限制，以便保证会议高效进行。对未能在会议内完成的议题，管理者可以安排专门的后续讨论。会议期间，指定记录员确保会议要点、讨论结果和行动项被准确记录，并及时与参会人员共享会议纪要。跟踪和追踪这些行动项的执行情况，确保进度可控。此外，定期评估会议效果，收集与会人员的反馈，分析会议中存在的问题并加以改进，从而提高会议效率和团队整体的工作效果。系统的会议管理能够大大提升销售团队的沟通效率、决策质量，最终推动销售业绩的提升。

销售管理的数字化

销售管理的数字化是通过利用计算机技术、网络平台和数据分析方法，将销售过程和销售数据转化为可量化、可追踪的信息，从而提高销售管理的效率和精确度。数字化管理帮助企业更高效地收集、整理和分析销售数据，从而优化销售策略、提高客户管理能力并加速决策流程。

首先，销售管理数字化的核心是建立一个全面的数字化销售平台。这个平台能够集成销售数据收集、管理和分析功能。企业可以选择现有的 CRM 系统，也可以定制开发自己的平台。通过这种平台，企业不仅可以跟踪客户的基本信息，还可以收集客户的需求、购买历史、偏好等数据，帮助销售团队更好地理解客户需求，制定更精准的销售策略。

其次，客户数据的数字化管理是销售管理数字化的重要组成部分。通过将客户信息从传统的纸质记录转化为数字化的数据，企业可以更便捷地管理客户信息，并随时获取客户的最新状态。这些数据可以帮助企业分析客户行为和需求趋势，从而提供个性化的服务和定制化的销售方案。通过数字化管理，企业能够实现客户数据的整合与共享，提高信息流通的效率，提升客户服务水平。

实时监控销售数据是销售管理数字化的另一大优势。通过数字化平台，企业可以实时获取销售数据，如销售额、销售渠道、市场区域等。及时了解销售进展，企业可以更快地发现潜在问题并做出反应。例如，当销售额未达到预期时，管理层可以通过平台查询销售数据，分析原因，及时调整销售策略，确保目标的实现。

另外，销售数据分析是数字化管理的关键功能之一。通过对销售数据的全面分析，企业可以识别销售趋势、市场变化和客户需求，从而为销售人员提供实时的指导，优化销售流程，提升销售效率。这些数据还可以作为决策支持工具，帮助管理层制定长期战略和调整资源配置。

然而，销售管理数字化的实施也面临一定挑战。首先，许多企业在选择 CRM 系统时过于依赖市场上现有的标准软件，这些系统可能无法完全符合企业的个性化需求。其次，数字化管理不仅仅是客户信息的数字化，更重要的是要销售过程管理的数字化。例如，销售人员录入客户信息后，销售管理者应定期审核数据的真实性，并及时提供建议和指导。数字化平台应不仅仅是数据存储工具，还应为销售人员提供具体的销售策略和行动计划，帮助他们提升业绩。

总的来说，销售管理的数字化通过精确的数据收集、分析和实时监控，提升了销售效率和客户管理能力，使企业能够更快速地调整策略、优化资源配置、提高销售绩效，最终实现销售目标。

销售管理中的人员管理

管理销售人员的流程

除了对销售活动的常规管理，销售管理还包括全面关注销售人员的管理，包括"选、用、育、帮"四个方面。这种系统化的管理方式能够帮助企业打造一支高效、专业的销售团队，从而提升整体业绩和市场竞争力。

1. 选：选择合适的销售人才

选择合适的销售人才是销售管理的第一步。基于《卓越销售》中的 TASK 模型，企业应持续评估和招聘具有销售潜质和技能的人才。选择过程应该是动态和长期的，确保团队中始终有高素质的销售人员补充和更新。例如，企业可以通过结构化面试、情景模拟测试等方式，评估候选人的沟通能力、抗压能力和学习能力，确保其具备成为优秀销售人员的潜质。此外，企业还可以建立人才储备库，定期跟踪潜在候选人的职业发展动态，以便在需要时快速补充新鲜血液。

2. 用：合理分配与使用人才

在使用销售人才时，企业需要根据不同岗位的职责进行合理分配。例如，负责客户开发的销售人员可比作"前锋"，他们需要设定每天或每周的开发目标，如明确每日需接触多少新客户。通过日常跟踪和反馈，销售管理者可以判断该销售人员是否胜任其岗位，确保其有效承担开发任务。同时，管理者还可以根据销售人员的特长和经验，将其分配到最合适的岗位上。例如，经验丰富的销售人员可以负责大客户开发，而新人则可以从小客户或辅助性工作入手，逐步积累经验。这种合理分配不仅能够最大化团队效能，还能帮助销售人员快速成长。

3. 育：持续培养与提升能力

一旦确认销售人员适合其岗位，企业应针对其能力和知识结构进行培养。培养内容应包括产品知识、市场分析、沟通技巧、谈判策略等。例如，企业可以定期组织内部培训、外部专家讲座或在线课程，帮助销售人员掌握最新的市场动态和销售技巧。此外，定期评估和反馈也是培养过程中的重要环节。通过绩效评估和一对一辅导，管理者可以帮助销售人员识别自身的短板，并提供针对性的改进建议。例如，某销售人员在客户需求分析方面表现较弱，管理者可以安排其参加相关培训，并通过模拟演练提升其能力。这种持续的培养方式能够帮助销售人员不断成长，最终成为高绩效团队成员。

4. 帮：提供支持与解决问题

对于符合岗位要求的销售人员，管理者应提供支持，帮助他们克服在客户跟进中遇到的问题，并协调企业资源以促成交易。例如，当销售人员遇到技术性问题时，管理者可以安排技术团队提供支持；当客户对价格或方案有异议时，管理者可以协助制定更具竞争力的报价或方案。此外，管理者还需提供心态疏导和行为指导，帮助销售人员保持最佳工作状态。例如，在销售压力较大时，管理者可以通过定期沟通和心理辅导，帮助销售人员缓解压力，使其保持积极的心态。如果经过考察，某销售人员无法达到岗位要求，则应考虑调岗或离职，确保团队整体绩效不受影响和延误。

通过全面的"选、用、育、帮"管理方式，从人才选拔到能力培养，再到资源支持和问题解决，每个环节都需要精细化的管理和执行。这种系统化的管理方式不仅能够提升销售效率，还能增强团队的凝聚力和战斗力。

管理销售人员的策略

在实际销售管理中，从销售人员角度出发，很少有人真正希望被"管理"，而是更渴望获得领导和支持。因此，采用情景式领导（Situational Leadership），根据不同情境调整领导风格，成为一种极具实用性的管理方法。

情景式领导的基本风格可以根据领导者的指导行为（任务行为）和支持行为（关系行为）的强弱组合为四种主要类型：指令式领导、教练式领导、支持式领导和授权式领导。

1. 教练式领导

教练式领导的特征包括推销、解释、澄清和说服等。当下属能力较低但意愿高，并且需要更多信息时，教练式领导策略较为适用。对于中度发展阶段的下属，领导者应采用高任务、高关系的原则，既提供明确指导，又积极支持。

2. 支持式领导

支持式领导的特征包括参与、激励、合作和承诺等。当下属具备能力但缺乏意愿，并且感到不安全时，支持式领导策略是理想的选择。面对这种情境，领导者应采取高关系、低任务的指导原则，注重沟通和互动，分享想法，鼓励下属参与决策。

3. 指令式领导

指令式领导的特征是告知、引导、指示和建制。当下属在能力和意愿上都较低且缺乏信心时，指令式领导策略最为合适。在这种情况下，领导者应遵循高任务、低关系的原则，给予明确指示并密切监督下属的表现。

4.授权式领导

授权式领导的特征包括授权、观察、监控和履行。当下属有能力、有意愿且自信时，领导者可以采用授权式领导策略。此时，领导者在低任务、低关系的情境下，将决策和执行的责任充分赋予下属，让他们发挥个人潜力。简而言之，对于能力强、意愿高且自信的下属，领导者无须事必躬亲，只需进行适度监督和观察即可。

通过灵活运用情景式领导，销售管理者能够根据不同的下属特点和工作情境调整策略，从而提升团队整体的执行力，同时满足员工的成长需求。这不仅能够提高销售团队的工作效率，还能有效促进团队成员的职业发展。

辅导销售的策略

辅导销售的策略可以概括为 16 个字：我说你听，我干你看，你说我听，你干我看。这一方针不仅简洁明了，还涵盖了销售辅导过程中的核心步骤和指导理念，旨在通过多维度互动提升销售团队的整体能力。

首先是"我说你听"。这意味着在辅导的初期阶段，管理者需要主动发言，向销售人员传授知识、技巧和实战经验。管理者会详细解释销售任务的目标、策略和实施方法，使销售人员能够专注倾听并理解其中的精髓。这一步骤旨在打下坚实的理论基础，使团队成员了解任务背后的逻辑和成功的关键因素。

其次是"我干你看"。在这一阶段，管理者亲自示范，实际执行销售任务的核心部分。这种亲身示范让销售人员能够观察到高标准的销售行为和执行细节，感受到实际销售情景中的应对方式和技巧。通过这种直观的学习方式，销售人员可以从榜样中学到如何应对挑战、展示产品价值并赢得客户的信任。

接下来是"你说我听"。在这一阶段，管理者为销售人员提供了表达和交流的机会。他们能够畅所欲言，分享自己的理解、挑战和建议，并针对销售任务提出改进意见或创新思路。管理者则通过倾听销售人员的反馈，了解他们在学习和实践过程中的困惑和体会，促进更深层次的交流与信任。这一步不仅有助于发现问题，还能鼓励团队成员主动参与，激发他们的创造力和责任感。

最后，"你干我看"代表销售人员亲自实践和展示他们所学到的技能和知识。管理者在一旁观察，及时评估他们的表现并提供有针对性的反馈。通过这种方式，销售人员可以在实战中不断完善自己的技能，巩固理论，并将理论与实践的结合。

管理者的即时指导和鼓励能够帮助他们纠正错误，增强信心，并提高整体的销售绩效。

这一方针的辅导策略强调了销售管理者与销售团队之间的互动、观察、倾听和实践的重要性。它不仅是简单的知识传递，更是推动销售人员成长和提升的有力工具。通过这种方式，销售人员能够在理论与实践的不断交替中提高技巧，全面了解市场需求，最终提升业务成果和客户满意度。这样的辅导策略能够培养出具备高效沟通能力、快速应变能力和持续学习能力的销售团队，实现企业长远的竞争优势。

辅导销售人员的方法

在销售管理中，根据管理者的领导力和销售团队的意愿，管理者可以采用不同的辅导策略。

1）盯：当管理者的领导力高且销售团队意愿高时，管理者可采取"盯"的策略。首先，管理者为销售团队设定明确的目标，并制订详细的销售计划。其次，建立销售活动和业绩的监控机制，如销售报告和漏斗分析，通过实时监控及时发现问题并纠正偏差。

2）逼：当管理者的领导力高而销售团队意愿低时，管理者可采用"逼"的方式。销售竞赛、排行榜等激励机制的设置，可激发销售人员之间的竞争动力。此外，管理者应定期召开与销售人员的一对一反馈会议，讨论他们的表现并提供改进建议，建立奖惩机制，确保公平和透明。

3）放：当管理者的领导力较低且销售人员意愿低时，管理者可采取"放"的策略，即通过优胜劣汰机制，淘汰不适合的销售人员。这有助于激发竞争动力、优化资源配置、提升团队士气，并帮助团队更好地适应市场变化。

4）帮：当管理者的领导力较低但销售意愿高时，管理者可采取"帮"的策略。管理者应定期与销售人员沟通，了解他们的需求和压力，提供激励和奖励机制。同时，提供培训和发展机会，帮助销售人员提升技能和成长，从而增强团队的动力和能力。

· 第 16 章 ·

建立绩效回顾机制：与业务节奏同步

绩效回顾是提升销售组织执行力的关键工具，通过系统评估和分析销售团队的表现，帮助管理者识别优势与不足，从而制定更有效的策略和行动计划。此过程不仅增强销售团队对企业战略目标的认同感，还促进个人和团队的持续成长与优化。

本章将深入探讨绩效回顾的重要性，并提供一套详细的实施框架，包括目标和指标的设定、数据的收集与分析、绩效评估、反馈与建议的提供，以及改进计划的制订。此外，文章还将讨论绩效回顾的实施节奏与关键步骤，以及如何与销售复盘结合，推动销售团队的长期发展与业务增长。通过这些内容，旨在为销售管理者提供一个全面的绩效管理体系，帮助提升销售组织执行力，推动销售目标的实现。

绩效回顾的定义和重要性

什么是绩效回顾

绩效回顾是对员工在特定时间段内工作表现的评估和反馈过程。它的核心目的是通过对员工过去工作的总结，帮助管理者识别其优点与不足，并为员工确定发展方向。绩效回顾不仅是对过去业绩的评价，更是推动个人职业成长、提升团队整体表现和优化工作流程的重要工具。

在销售管理中，绩效回顾尤为关键，它帮助销售经理评估销售人员的业绩表现、客户沟通技巧、市场拓展能力等，并据此提供有针对性的反馈和改进建议。通过定期进行绩效回顾，管理者能够帮助员工设定明确的目标，并加强团队的凝聚力和信任感，确保个人努力与企业战略目标一致。

绩效回顾通常包括几个关键方面。首先是**评估表现**，即全面分析员工在工作中达成的目标、完成的任务和面临的挑战。这一评估为后续的反馈和改进提供了基础。其次是**提供反馈**。根据评估结果，管理者需要向员工提供具体的反馈，帮助他们了解自身的优势和不足，进一步明确改进的方向。接下来是**设定目标**。基于绩效回顾的结果，管理者为员工设定短期和长期的目标，确保他们对未来的发展有清晰的认知。最后是**促进成长**。管理者通过帮助员工制订个人发展计划并提供必要的支持与培训，促进其职业成长，从而提升其在组织中的价值和贡献。

然而，尽管绩效回顾是提升销售组织执行力和促进员工成长的重要工具，但许多组织并未充分利用这一过程。许多企业的 HR 和业务负责人反映，管理者在执行绩效回顾时要么敷衍了事，要么回避这一关键任务，导致员工往往被模糊地评为"优于平均"。这种模糊的评价使员工误以为自己的表现已达标，尤其是在经济紧缩或裁员时，他们可能对被裁感到意外。这一问题在销售管理中尤为严重，尽管绩效回顾对提升团队绩效和个人成长至关重要，但由于执行不力，往往未能发挥其应有的作用。

绩效回顾的核心价值

绩效回顾是企业管理中不可或缺的重要环节，它不仅是对员工过去工作的总结，更是推动个人成长、提升团队整体表现的关键工具。通过系统化的绩效回顾，企业能够帮助员工明确方向，同时帮助管理者更好地履行其领导职责。以下是绩效回顾的四大核心价值：

1. 提供明确的反馈，促进个人成长

绩效回顾的核心价值之一在于为员工提供具体、有效的反馈。研究表明，员工只有在清楚地了解自己的优势和不足，并得到针对性的改进建议，才能不断提升表现，逐步成长为高绩效者。通过定期的绩效回顾，员工能够从管理者的反馈中获得清晰的自我认知，明确自己在工作中的表现是否符合预期，以及在哪些方面需要进一步改进。

例如，在销售团队中，绩效回顾可以帮助销售人员分析其销售业绩、客户沟通技巧和市场开拓能力等方面的表现。通过具体的数据和案例，管理者可以指出员工在哪些环节表现出色，哪些环节存在不足，并为其提供切实可行的改进建议。这种

反馈不仅能够帮助员工提升工作能力，还能增强他们的自信心和职业成就感，从而激发更大的工作热情。

2. 明确管理者的核心责任

作为绩效回顾的主导者，管理者在这一过程中扮演着至关重要的角色。他们的任务不仅仅是评估员工过去的表现，更是帮助员工明确未来的发展方向。对于销售团队而言，每位成员的个人努力和贡献直接关系到企业的财务目标，但员工的个人成长同样不可忽视。有效的绩效回顾不仅能够提升员工的职业发展水平，还能确保其行为与企业整体战略保持一致。

管理者在绩效回顾中需要做到以下几点：首先，提供客观、公正的评价，避免主观偏见；其次，关注员工的长期发展，而不仅仅是短期的业绩表现；最后，通过沟通和辅导，帮助员工找到适合自己的职业发展路径。例如，对于一位销售新人，管理者可以通过绩效回顾帮助其制定阶段性的学习目标，如提升客户沟通技巧或熟悉产品知识，从而为其未来的职业发展奠定基础。

3. 设定未来目标

绩效回顾不仅是对过去工作的总结，更是为员工设定未来发展目标的重要契机。通过具体而细致的反馈，管理者可以指出员工需要立即改进的领域，并帮助其制定长期发展规划。这一过程不仅是对员工的一种辅导，更是为他们提供明确的改进路径，使其在工作中找到方向感和动力。例如，对于一位销售主管，管理者可以为其设定"在未来三个月内将团队销售额提升 10%"的目标，并为其提供相应的资源和支持。通过这种方式，员工不仅能够明确自己的努力方向，还能在实现目标的过程中不断提升自己的能力。

4. 增强团队的凝聚力与信任感

除了对个人的价值，绩效回顾还能够增强团队的凝聚力和信任感。通过公开、透明的绩效回顾机制，团队成员能够清楚地了解彼此的工作表现和贡献，从而减少误解和矛盾。同时，管理者在绩效回顾中表现出的公平性和支持性，也能够增强员工对管理层的信任，进而提升团队的协作效率。例如，在团队绩效回顾中，管理者可以邀请团队成员分享自己的成功经验和挑战，从而促进团队内部的交流与学习。这种开放的氛围不仅能够帮助员工相互借鉴经验，还能增强团队的归属感和凝聚力。

绩效回顾在销售管理中的关键作用

在实际管理中，许多企业通常在年初设定目标、分解任务、签署"军令状"，并通过动员大会激励士气。然而，其中一些企业往往缺乏对执行过程的持续关注，导致年底时销售目标未能如期达成。这种现象背后涉及销售团队的心理状态、执行力、资源分配、市场动态和目标设定等多个因素。因此，定期进行绩效回顾，能够帮助管理者及时识别问题，调整策略，确保团队始终保持与目标一致的执行力，并有效应对外部和内部变化。

1. 销售团队未能完成任务的真实原因

通常，人们认为销售团队未能达成目标的原因主要在于销售人员的努力不足、能力欠缺或市场竞争过于激烈。然而，深入分析后我们会发现，销售人员的心态往往是未能完成任务的重要因素。心理因素的影响不仅限于表面的工作效率和执行力，还会深刻影响到他们的决策过程、风险评估和问题反思。具体而言，以下几种心态和心理机制在销售人员未能达成目标的过程中起到了至关重要的作用：

1）年初的过度乐观：过高预估与现实差距。面对年度业绩压力，销售人员在年初往往倾向于保持乐观心态，以此激励自己和团队保持信心并增强行动力。然而，这种心理调适在高压力环境下很容易走向极端，导致过度乐观。销售人员可能对目标的实现过于自信，认为只要努力就能轻松达成，这种信念往往使他们忽视了执行过程中的潜在挑战。例如，他们可能低估了市场的变化速度、客户需求的波动或竞争对手的应对策略。过度乐观让销售人员忽略了必要的准备和应对策略，使他们在面临不可预见的困难时措手不及。

2）计划中的惯性思维：固守经验与缺乏创新。销售人员往往依赖于过去的经验和固定的工作模式，这种惯性思维有时能帮助他们快速做出决策，但也容易让他们忽视新的市场动向或客户需求的变化。在计划阶段，他们可能重复使用以往成功的策略，而未能根据当前市场情况做出灵活调整。这种惯性导致他们在面对新产品、新市场或新客户时缺乏创新和应变能力。过于依赖旧有思维和模式，最终可能使他们错失市场机遇，或未能精准应对市场的变化，导致目标未能如期实现。

3）过程中的侥幸心态与风险忽视：依赖运气与低估挑战。在不确定的市场环境中，销售人员往往倾向于抱有侥幸心理，高估自己的好运并低估潜在风险。这种心态让他们在执行过程中忽视了可能的风险，缺乏对问题的深度分析和前瞻性判断。例如，在面对销售障碍或客户反应时，他们可能会选择"等一等"或"再看看"，而不是采取更为理性的应对措施。他们可能认为"运气会好转"或者"客户最终会接受"。这种侥幸心理让他们在面对风险时缺乏预防意识，从而错过了提前调整策略的机会，最终影响了目标的完成。

4）面对结果时的自我安慰与逃避现实。当销售业绩未达预期时，销售人员往往会采取自我安慰或逃避责任的方式来保护自己的自尊和形象。这种心理防御机制通常表现为忽视自身的不足，寻找外部因素作为失败的借口，避免深入反思自身在执行过程中的问题。例如，他们可能会把业绩不佳归因于市场不景气、客户需求不足或团队支持不力，而忽略了自身执行力的短板或策略执行中的错误。这种心理上的逃避使他们无法面对问题，难以从失败中汲取经验教训，也阻碍了他们对执行效果的真实反思和改进。随着时间的推移，这种心态可能会在销售人员中形成一种恶性循环，导致他们无法突破瓶颈，重复犯错。

这些心理机制的叠加作用，往往导致销售人员长期处于恶性循环中——年初设定高目标，年中忽视潜在挑战，执行过程中依赖侥幸，而在结果不如预期时又采取自我安慰。这一系列心理反应最终形成了"年初设定目标，年末难以达成"的困境。销售人员未能意识到自身心态上的问题，也未能从失败中进行深刻的反思和调整，从而导致目标达成的困难持续存在。

2. 绩效回顾的关键作用：确保目标达成与团队成长

绩效回顾是销售团队成功的关键工具之一，它帮助管理者在日常执行中及时识别问题、调整策略、增强团队责任感，并确保目标始终与实际情况相匹配。定期进行绩效回顾，可以有效避免年初与年终之间的"周期陷阱"，使销售目标的达成成为一个持续优化、不断调整的过程。此外，定期的绩效回顾也帮助销售团队打破心理惯性，防止陷入拖延和盲目执行的困境。管理者在执行过程中通过绩效回顾，能够及时发现偏差并进行调整和纠正，避免在年底才发现目标未达成的尴尬局面。绩效回顾的具体作用包括：

1）打破"年初设定—年底反思"的周期。定期回顾绩效帮助管理者及时掌握目标的完成情况、团队表现、市场环境变化及其对业绩的影响，管理者能够根据这些反馈在合适的时间对策略和目标进行调整，而不仅仅依赖年终奖惩机制来刺激团队。

2）分析原因，调整方向。绩效回顾不仅是对过去的总结，更是对未来工作的指导。在回顾中，管理者能够分析未达成目标的原因，如执行力不足、资源配置不到位、市场策略不当等，通过这类分析找出问题出现的根本原因，为下一阶段确定清晰的改进方向。

3）增强销售团队的责任感。定期的绩效回顾也有助于提升销售团队的责任意识。通过明确每位成员在任务中的具体角色和进度，避免因信息不对称导致的误解或延误，确保所有成员对目标的进展有清晰认识，从而提高责任感和参与度。

4）鼓励自我反思和成长。绩效回顾为销售人员提供了自我反思的机会。他们可以通过回顾并总结自己的优势和不足，为下一阶段制定更有效的策略。这种成长不仅提高个人绩效，也为销售团队的发展提供支持。

5）促进团队沟通与情绪管理。对管理者而言，绩效回顾是了解团队士气和成员心理状态的重要途径。在回顾中，管理者能够及时识别和解决销售团队内的情绪问题，促进健康的沟通环境，确保成员在目标执行中保持积极的态度和高效的协作。

绩效回顾的方式

在销售管理中，绩效回顾通常可以分为以下几种形式：

1）定期评估会议：这是一种定期举行的会议，通常以周、月度、季度或年度为周期。在会议中，销售管理者与每个销售人员进行一对一的绩效评估和回顾。他们会讨论销售人员的目标完成情况、销售成果、销售技巧和行为表现等。这种形式的回顾可以提供详细的个别反馈和指导，帮助销售人员改进并制定下一阶段的目标。

2）团队绩效评估：这种形式的回顾侧重于整个销售团队的绩效评估。销售管理者会与整个团队一起讨论销售指标、业绩结果、团队合作等方面的表现。这样的绩效回顾可以促进团队成员之间的交流和协作，并鼓励他们共同努力以取得更好的销售绩效。

3）实时跟踪和反馈：这种形式的绩效回顾基于实时的销售数据和反馈。销售管理者会定期跟踪销售人员的绩效，包括销售额、客户反馈、销售活动等方面，并及时提供反馈和指导。这种形式的回顾可以帮助销售人员及时调整策略并纠正错误，从而提高销售绩效。

4）自评和他评：这种形式的绩效回顾涉及销售人员自我评估和他人评估。销售人员可以对自己的绩效进行自我评估，并比较自己与其他同事的表现。同时，同事之间也可以互相评估和提供反馈。这种形式的绩效回顾可以促进销售人员相互学习和交流，并激发他们相互之间的竞争和合作。

绩效回顾的形式可以根据组织的需求和实际情况进行调整和组合。重要的是确保回顾过程具有透明性、客观性和建设性，以便为销售人员提供明确的目标和发展方向，促进个人和团队的成长。

绩效回顾不仅仅是评估员工过去的表现，它更是一个帮助员工成长、推动团队整体绩效提升的关键工具。通过结构化的反馈流程、个性化的沟通和明确的目标设定，管理者可以激励员工不断提升，从而确保销售团队的努力方向与企业战略保持一致。在销售领域，定期有效的绩效回顾是维持团队竞争力和活力的核心保障。

绩效回顾的实施框架

绩效回顾的实施框架和步骤是确保绩效回顾有效性的关键。一个完整的绩效回顾框架应包括目标与指标的设定、数据收集与分析、绩效评估与反馈、改进计划的制订与执行等环节。通过系统化的实施框架和步骤，管理者能够确保绩效回顾的科学性和可操作性，从而提升团队的执行力和目标达成率。

目标与指标的设定

在绩效回顾周期开始前，首先需要明确设定销售团队的绩效目标与关键绩效指标（KPI）。这些指标应与销售团队的核心职责和企业的战略目标紧密对接，确保它们反映企业的总体发展方向。常见的绩效指标包括销售额、成交量、客户满意度和市场份额等。设定的指标不仅要具备可衡量性，还需具备可达成性和挑战性，以便为后续的评估提供科学依据。

在设定目标时，管理者应遵循 SMART 原则，确保目标具有具体性、可衡量性、可实现性、相关性和时限性。具体性要求目标明确，避免模糊不清。例如，"提升销售额"不如"在未来三个月内将销售额提升 10%"具体。可衡量性意味着目标应能够量化，便于评估进展。例如，"提高客户满意度"可以通过客户满意度调查得分来衡量。可实现性要求目标应具有可行性，避免设定过高或过低的目标。例如，对于新入职的销售人员，设定"每月开发 5 个新客户"可能比"每月开发 20 个新客户"更现实。相关性要求目标与企业的战略目标和个人职责保持一致。时限性则要求目标具有明确的时间期限，以便跟踪进展。例如，"在未来三个月内将销售额提升 10%"比单纯的"提升销售额"更具时限性。

在设定目标后，管理者需要确保目标的对齐与分解。目标对齐要求团队目标与企业的战略目标一致。例如，如果企业的战略目标是拓展新市场，销售团队的目标应聚焦于新客户开发。而目标分解则要求将年度目标细化为季度、月度甚至周度目标，以便更好地跟踪进展。例如，将"年度销售额提升 20%"分解为"每季度提升 5%"。某企业通过将年度目标分解为季度目标和月度目标，并通过定期回顾和调整机制，成功提升了销售团队的执行力和目标达成率。

数据收集与分析

为了确保绩效回顾的准确性和有效性，管理者应全面收集与销售团队绩效相关的数据。这些数据包括销售报告、交易数据、客户反馈和市场分析报告等。在收集数据时，管理者必须确保数据的真实性和完整性，尤其是关键数据点的准确性，这为后续的分析和评估奠定了坚实的基础。

在数据收集过程中，管理者可以利用多种工具和方法来提高效率和准确性。例如，利用 CRM 系统可以自动收集销售数据和客户反馈，从而确保信息的及时更新和完整性。数据分析工具，如 Excel 和 Tableau，可以帮助管理者对数据进行整理和分析，以便更好地识别问题和机会。此外，问卷调查也是常用的方法，通过收集客户满意度和员工反馈，进一步完善数据来源。

数据分析的过程中，管理者应特别关注以下几个关键步骤。首先是数据清洗，这一步确保了数据的准确性和完整性，剔除了无效的或错误的数据。接着是数据可视化，利用图表和仪表盘等工具将复杂的数据转化为易于理解的报告，使管理层能够快速识别趋势和问题。最后是趋势分析，通过分析历史数据，管理者可以识别出销售趋势和潜在问题，从而为制定策略提供有力支持。

例如，某企业通过引入 CRM 系统和数据分析工具，成功实现了销售数据的自动化收集和分析，显著提高了绩效回顾的效率和准确性，进而提升了决策质量和团队执行力。

绩效评估与反馈

在绩效回顾过程中，管理者要先对收集到的数据进行深入分析，重点将实际绩效与预定目标进行对比，识别其中的差距。这一分析应全面覆盖销售额增长、渠道效率、客户关系维护等多个方面的指标。为了更好地理解数据背后的趋势与问题，采用数据可视化工具（如图表和趋势图）可以为评估提供更加清晰的视角，帮助管理者精准地识别出影响绩效的关键因素。

在绩效评估过程中，管理者需要关注以下几个维度。结果指标主要包括销售额、成交量、市场份额等，这些直接反映了销售团队的业绩。活动指标则关注客户拜访次数、客户满意度等，这些体现了销售活动的质量和效率。行为指标则涵盖团队合作、沟通技巧等，这些反映了销售人员的工作态度和团队协作能力。

提供反馈时，管理者需要掌握一些重要的技巧和策略。首先，反馈应尽可能具体且详细，避免模糊不清。例如，本月客户拜访次数没有达到目标，目标是 12 次，但实际拜访了 8 次。这样的具体描述能帮助销售人员明确问题所在。其次，提供正向反馈也至关重要，尤其是在指出不足的同时强调销售人员的优点和进步，帮助他们建立自信心。最后，双向沟通也是必不可少的，通过与销售人员的交流，了解他们的困惑和困难，帮助他们找到改进的方向，确保反馈具有实际的指导意义。

例如，某企业通过引入结构化的绩效评估和反馈机制，成功提升了员工的绩效水平和满意度。这种方式不仅使销售团队的工作效率提高了，也让销售人员的归属感和参与感增强了。

改进计划的制订与执行

在总结绩效回顾的基础上，管理者应与团队共同制订具体且明确的改进计划。该计划应包含清晰的改进目标、详细的实施步骤与时间表，并考虑所需的培训和支持。同时，改进计划还应关注市场活动的优化和策略调整，从而确保销售团队能够有效弥补绩效差距。所有改进措施都需要设定可衡量的标准，以便后续跟踪进展并确保措施的有效执行。

在制订改进计划时，管理者应特别关注以下几个关键要素：首先，改进目标应具体且可衡量。例如，管理者可以设定“在未来三个月内将客户拜访次数提升至每月 12 次”。其次，改进计划需要包括详细的实施步骤和明确的时间表，如“每周至少拜访 3 个新客户”。此外，资源支持也至关重要。为销售人员提供必要的培训和支持（如客户沟通技巧的培训）是提高改进效果的关键。最后，管理者需要建立定期跟踪和评估的机制，确保改进措施能够得到有效执行。

在改进计划的执行过程中，管理者应定期跟踪进展并及时调整策略。具体步骤包括定期检查改进进展，通过会议和报告跟踪，确保改进计划的落实。同时，管理者应根据进展情况和市场变化，及时调整改进策略，从而确保目标的达成。此外，管理者应通过总结规律，提炼成功经验，并将其应用到下一阶段的目标设定中，推动持续的优化和改进。例如，某企业通过制订详细的改进计划并定期跟踪进展，成功提升了销售团队的执行力和目标达成率。

绩效回顾的数字化转型

随着技术的进步，绩效回顾的数字化转型已成为趋势。通过引入绩效管理软件和数据分析工具，企业可以实现以下功能：首先，自动化数据收集，通过集成CRM、ERP等系统，自动收集销售数据、客户反馈等信息，减少人为干预。其次，通过数据分析和可视化报告生成，利用图表和仪表盘等工具将复杂的绩效数据转化为易于理解的报告，帮助管理者更快地做出决策。最后，数字化工具使实时反馈与目标跟踪变得更加高效，管理者可以通过移动端应用或即时通信工具进行实时反馈和目标进展的跟踪。

例如，某企业通过引入OKR软件和数据分析工具，成功实现了绩效回顾的数字化转型，显著提升了销售团队的执行力和目标达成率。

绩效回顾的文化建设

绩效回顾不仅是一个管理工具，也是塑造企业文化的重要手段。通过建立一种以结果为导向、注重持续改进的企业文化，企业可以激发员工的积极性和创造力。具体策略包括：首先，建立公开透明的绩效回顾机制，定期召开全员绩效回顾会议，分享团队和个人的成功经验与改进方向，增强员工的信任感和归属感。其次，采用正向反馈与激励机制，鼓励员工不断突破自我。例如，设立"月度最佳员工"奖项，表彰在绩效回顾中表现突出的员工。最后，领导层应发挥示范作用。管理者应以身作则，积极参与绩效回顾，并通过实际行动展示对绩效管理的重视。

例如，某科技公司通过建立公开透明的绩效回顾机制，成功塑造了一种以结果为导向的企业文化，员工的工作积极性和团队凝聚力显著提升。

绩效回顾的步骤和节奏

绩效回顾前：明确评估标准与绩效目标

在绩效评估中，管理者需要明确核心评估标准，清晰界定哪些工作特别重要，以及期望的成果。这些标准应涵盖结果指标（如签单量和回款率），同时也要包括活动指标（如新客户开发数量和拜访次数）。明确的评估标准不仅能够有效衡量销售业绩，还能帮助销售团队理解绩效要求。然而，许多企业在这一环节常常存在问题。问题的根源可能来自多个方面。例如，一些新任管理者可能对绩效指标理解不深，或者这些指标与企业的战略目标未能对齐。此外，资深管理者若多年脱离一线，可能对业务现状缺乏了解，甚至不清楚企业战略已有变化。团队成员的流动和人员变动，也可能导致不同的绩效理解，若缺乏统一清晰的标准，容易导致团队困惑，进而影响团队成员的积极性。

例如，某些企业在新客户开发方面的考核可能过于模糊，仅要求销售人员"多开发客户"。这种不明确的要求容易引起疑问：开发多少个客户才算完成任务？开发什么样的客户才算成功？为了避免这种困惑，制定量化的活动指标非常重要。例如，每月拜访 10 个新客户，既明确了任务，又能够激励销售人员达成目标。

绩效回顾不仅是对销售人员工作表现的评价，也是对其薪酬和工作分配的审视。管理者需要合理安排时间，确保充分的讨论，避免草率回顾给销售人员带来困惑或让其感到不被重视。除了对工作成果的回顾，管理者还需关注销售人员的行为，通过观察和沟通，找出其潜在的改进点，这样才能有效地帮助团队成员提升绩效。

有效的绩效回顾应深入分析业绩不佳的根本原因。例如，某位销售人员表现不佳，管理者需要明确原因是缺乏工作动力还是能力不足，是"不知道怎么做"还是"不愿意做"？有些销售人员非常努力，但可能缺乏必要的技能。在这种情况下，管理者可以通过培训和辅导帮助其提升能力。例如，如果某销售人员在客户谈判中表现不佳，可能是缺少谈判技巧，培训和指导将大有裨益。而有些销售人员尽管具备能力，但缺乏动力，此时，管理者可以通过调整奖励机制或提供更多认可来激发其积极性。

对于那些在能力和动力方面都存在问题的销售人员，管理者需要评估其是否适合继续从事销售工作，或许在其他岗位能发挥更大的作用。与此同时，表现优异的员工也是宝贵的资源，管理者应从他们身上学习，总结并推广其成功经验和知识，从而提升整个团队的绩效。

绩效回顾中：传递积极意图与具体反馈

在绩效回顾中，第一步是传递积极的意图，让员工明确绩效评估的真正目的是帮助他们成长、取得更好的成果，而非单纯地批评其不足。管理者应清楚表达对员工发展的关心，强调通过强化他们的优势来提升整体工作效能。只有当员工感受到管理者的支持和善意时，他们才能对反馈产生积极反应，并愿意做出改变。

因此，管理者在绩效回顾中应强调，这不仅是对工作成果的评价，更是一个共同成长的交流过程，而非单纯指出错误的批评。员工应意识到，这是一个促进个人进步和团队合作的机会，而非惩罚或责备的过程。通过营造积极的沟通氛围，员工能够更好地接受反馈并积极投入到改进和成长中。

第二步是具体描述你的观察。反馈越具体、越详细，员工就越容易理解并接受改进建议。管理者应详细列出所观察到的员工的优势和需要改进的地方，并说明这些行为对绩效的具体影响。例如，管理者可以这样说："本月客户拜访次数没有达到目标，目标是 20 次，但实际拜访了 10 次。"这种具体的数据能够让员工清晰地看到自己需要改进的方向。避免使用模糊笼统的描述，例如"你需要更加努力"或"表现不错"。这些笼统的反馈既不清晰，也缺乏实质性指导。对表现良好的行为要有针对性地进行表扬，对存在的问题也应当明确指出。这样不仅能减少员工的防御心理，还可以帮助他们更愿意敞开心扉，接受改进建议。反馈应基于事实和数据，而非主观印象，应包含过程和结果数据。有效的绩效反馈需要管理者事先充分准备，通过长期观察员工的行为，确保形成全面而客观的评价。

第三步是陈述具体行为或行动对结果的影响。大多数员工都不希望成为表现不佳的那一个，但他们可能并不清楚自己的行为如何影响到最终结果。这正是管理者需要发挥作用的地方——帮助员工理解行为与结果之间的关系，并明确哪些行为需要改进。在绩效回顾中，管理者应陈述某些具体行为对结果的影响。例如："你在与客户的拜访中缺乏深入沟通，导致客户对产品了解不充分，进而可能引发客户流失。"通过这种方式，员工能够更好地理解自己的行为对绩效的影响，并有针对性地进行调整和改进。

对于销售人员来说，提高绩效必须从改变具体行为开始。因此，管理者在绩效回顾中应聚焦于具体且可控的行为、行动和工作表现，而不是试图改变员工的性格。性格通常是很难改变的，试图通过绩效回顾直接批评性格上的缺点，不仅效果不好，还可能打击员工的自信心。如果某位员工的性格确实与销售工作不太匹配，最好的解决办法是调整其岗位，而非通过反馈强行改变其性格。

第四步是让员工进行回应。有效的绩效回顾应是一个双向沟通的过程，而非管理者单方面的讲评。邀请员工分享他们的观点和看法，可以促使他们更加积极地参与到绩效讨论中，从而对改进措施更有认同感。大多数销售人员都希望了解自己的行为对业绩的影响，只要这些反馈能够帮助他们提高销售成绩、赚取更多的收入，他们通常会非常重视。然而，同样的问题，从不同的立场和角度出发，可能会得出不同的结论。因此，管理者应倾听员工反馈，了解他们在实际工作中的困惑和困难。比如，某位销售人员可能觉得自己已经尽了最大努力去拜访客户，但签单率仍然不理想。管理者需要了解他的相关想法，并帮助他找出具体的问题所在。这种双向沟通能够更好地找出有效的解决方案。

第五步是聚焦于可行的解决方案。绩效回顾不仅要指出问题，还需要帮助员工找到改进的路径。例如，如果当前新客户的开发数量和质量没有达到要求，这可能会影响全年的业绩目标。管理者可以与销售人员一起讨论如何改善客户开发策略，如重新定位目标客户群体、改进拜访技巧、增加市场宣传活动等，帮助他们积累更多有价值的客户。又如，销售人员拜访了很多客户，但签单量却不高，这时管理者可以和员工一起分析原因，是产品价值没有充分传递，还是没有对客户的需求深入挖掘？如果销售人员的优势在于维护客户关系，管理者可以指导他如何通过客户推荐获得更多的潜在客户资源。

通过这种深入讨论，管理者不仅能帮助销售人员找出应对绩效问题的解决方案，还能让他们学会如何发挥自身的优势，从而提升整体的业绩。这种方式让绩效回顾变得更加有针对性和实效性，使员工感受到管理者的支持与帮助，从而增强他们对改进措施的执行力和责任感。

绩效回顾不仅仅是一次评估，而是帮助员工明确发展方向、寻找改进方法的合作过程。通过传递积极的意图、具体描述你的观察、陈述具体行为或行动对结果的影响、让员工进行回应和聚焦于可行的解决方案，管理者可以有效地激励员工不断进步，并提升销售团队的整体表现。

绩效回顾后：持续跟进与行动

绩效回顾后，许多销售人员的行为未能发生显著变化，导致业绩也没有明显提升。这种现象表明，绩效回顾并未产生预期效果。尽管销售人员通常在薪酬讨论中显得更加敏感和关注，但当涉及实际行为改变时，他们往往犹豫不决。行为的改变不仅需要明确的目标设定，还需要在目标实现过程中提供持续的反馈和支持，这样才能推动持续改善。

有效的绩效跟进需遵循以下几个关键原则：设定可达成的目标、定期反馈、管理者的支持和适当的激励。绩效跟进的过程应将回顾与实际行动紧密结合，从而确保每个销售人员明确需要改进的领域，并能够积极付诸实践。以下是有效的绩效跟进的四个要点：

1）聚焦销售定位与客户匹配。销售人员首先需明确自己的销售定位，确保客户选择与自身定位相一致。例如，某公司的销售人员最初定位模糊，服务所有类型客户，导致时间分配不均，业绩平平。通过绩效回顾和跟进，管理者帮助他重新聚焦高潜力客户，最终助其显著提升了业绩。

2）结合行动计划与目标设定。在绩效跟进中，销售人员必须将具体的行动计划与目标设定结合。例如，如果新客户开发数量不足，管理者应与销售人员共同制订详细的行动计划，明确三个月内每周优先开发新客户，并设定具体目标。通过目标的量化，销售代表可以清晰地知道每周需优先完成哪些任务，并转化为具体行动。

案例分享

一名销售代表因拜访频次低导致新客户开发不足。在绩效跟进中，管理者与他设定每周至少开发三名新客户的目标，并将新客户开发作为优先任务。三个月后，该销售代表的新客户数量显著增加，其业绩也得到了明显改善。

3）定期检查与跟进。管理者需要定期检查销售人员的行为变化和目标完成情况，确保他们在执行中保持正确的方向。有效的跟进不仅是询问任务是否完成，更要深入了解销售人员在执行过程中遇到的挑战，评估行为是否达到预期标准。例如，如果销售人员的目标是增加客户拜访频次，管理者应检查拜访数量、沟通质量和客户反馈，确保拜访不仅仅是"完成任务"，而是"有效完成任务"。例如，通过跟进，管理者发现某销售人员声称完成了拜访次数，但实际缺乏有效沟通。进一步辅导后，他提升了沟通质量，成功转化为更多的销售机会。这种深入的跟进不仅关注任务的完成度，更关注执行质量，确保行为改变带来绩效的实际提升。

4）总结规律，调整策略。管理者还应帮助销售人员总结行为、策略和结果之间的规律，优化工作方法。通过持续的反馈和观察，管理者可以帮助销售人员识别哪些行为更有效，哪些策略更具成效。例如，某销售人员发现在跟客户进行电话沟通后，再进行一次面谈，签单的成功率更高，而仅靠线上沟通效果不佳。对此，管理者建议他优化电话沟通技巧，并尽可能预约客户进行面谈。最终，他提升了面谈预约的成功率，并找到了最适合自己的沟通方式，进而提高整体销售表现。

总的来说，有效的绩效跟进需要将目标设定、行动计划、反馈机制、行为改变与策略改进有机结合。管理者应在整个过程中持续跟进，确保销售代表在实现目标过程中得到充分支持和指导。这种持续的支持与反馈能够帮助销售代表找到实现业绩突破的方向。

绩效回顾的节奏

绩效回顾的节奏对销售团队的持续改进至关重要。定期回顾帮助销售团队及时发现问题、调整策略，并确保目标达成。回顾的频率可根据需求和目标的紧迫性调整，从每日到年度回顾都有其适用场景。一般来说，绩效回顾应每季度、半年或年度进行；对于新入职的销售人员，可以每日或每周进行，以便及时发现问题并采取纠正措施，同时对优秀表现进行激励。

日常和每周的回顾可以帮助团队快速了解销售进展，识别问题并及时调整，确保目标的顺利达成。频繁的回顾还可以增强团队的协作与动力，推动整体业绩提升。以下是不同频率的绩效回顾方法和建议：

1）每日回顾：快速反馈与问题解决。对于新入职的销售人员或处于快速发展阶段的团队，每日回顾可以提供及时的反馈和支持。简短的站立会议让团队成员分享他们的销售活动、客户互动和达成的目标，同时快速识别遇到的问题并寻求解决方案。这样的回顾不仅能保持团队的专注度和动力，还能及时调整工作重点和策略，确保团队的执行力和目标一致性。

2）每周回顾：仔细分析与进展跟踪。每周回顾是对销售团队表现的全面评估，可以帮助团队更深入地理解自己的销售进展。团队成员可以分享成功的经验、遇到的挑战以及需要支持的领域。这一频率的回顾有助于及时识别并解决问题，确保团队保持专注，并能够调整策略以实现短期目标。每周回顾还能确保团队目标与实际执行的高度一致。

3）每月回顾：进展跟踪与战略调整。每月回顾是一个综合评估的机会，适用于对销售团队的长期表现进行适时调整。在此回顾中，销售团队不仅评估过去一个月的销售目标完成情况、客户反馈与市场变化，还可以反思销售活动的有效性。这有助于团队更清楚地了解当前的工作状态，制订接下来的行动计划并做出必要的战略调整。

4）季度回顾：深度分析与长期规划。季度回顾提供了一个更长周期的绩效评估平台。此时，销售团队可以深入分析销售数据、客户满意度和销售策略的有效性，并评估整体业务进展。这一周期的回顾也有助于制订下个季度的目标与计划，确保销售活动的战略性与目标一致。

5）年度回顾：全局总结与未来规划。年度回顾是最全面的绩效评估，适用于对整个销售团队一年内的表现进行深度总结。在年度回顾中，销售团队不仅会评估销售额、市场份额、客户关系等硬性指标，还会讨论团队的协作与培训需求，制定个人与团队的职业发展规划。年度回顾的成果为来年的目标设定与战略方向提供了宝贵的依据。

6）根据团队表现调整回顾节奏：绩效回顾的节奏应根据销售团队的业绩完成情况和工作表现灵活调整。如果团队在某些周期内表现优异，可以适当减少回顾的频率；而在业绩提升空间较大或面临复杂挑战时，可以增加回顾的频率以确保问题能够及时被识别并解决。根据销售团队的实际需求灵活调整回顾的频率，可以确保回顾对销售团队的实际帮助最大化。

绩效回顾的频率和节奏应根据销售团队的具体情况进行灵活调整，从而确保最大化其效果。从每日、每周每月到季度、年度的回顾，不同的频率有助于销售团队在不同维度上进行评估，确保目标的有效达成。定期的回顾能够帮助销售团队保持高效的执行力，及时发现问题并调整策略，推动业绩的持续增长。在实际操作中，管理者可以根据销售团队的业绩完成情况和工作进展动态调整回顾的节奏，以便更好地支持销售团队的需要并实现长期目标。

绩效回顾的挑战和应对策略

尽管绩效回顾在团队管理中具有不可替代性，但在实际操作中，管理者常常会遇到各种问题。这些问题不仅影响绩效回顾的效果，还可能削弱团队的凝聚力和执行力。以下是绩效回顾中常见的几大问题及其解决方案：

绩效回顾被忽视的原因

尽管绩效回顾在团队管理中具有不可替代的重要性，但它却常常被管理者，尤其是销售经理忽视。这种现象的背后有多重原因，既有管理者心理层面的障碍，也有实际操作中的困难。以下是导致绩效回顾被忽视的几大主要原因：

1. 害怕冲突

许多销售经理习惯于与客户维持和谐的关系，这种习惯也常常延伸到团队管理中。当需要对员工进行负面反馈时，管理者往往会感到不适，甚至试图回避。这种逃避行为不仅削弱了绩效回顾的效果，还剥夺了员工学习和改进的机会。例如，一位销售经理可能发现某位销售人员在与客户的沟通中存在明显问题，但由于害怕引发冲突，这位销售经理选择不直接指出问题，而是通过间接的方式暗示。这种做法不仅无法帮助销售人员改进，还可能让问题进一步恶化。

2. 不愿传递"坏消息"

管理者通常担心负面反馈会打击员工的自尊心和信心，因此往往选择模糊处理问题，避免明确指出具体不足。然而，这种方式会导致员工误解自己的表现，继续在错误的方向上努力。例如，一位销售人员在客户开发中表现不佳，但管理者只是笼统地表扬其"工作态度积极"，而没有指出其在客户需求分析上的不足。这种模糊的反馈会让员工误以为自己表现良好，从而错失改进的机会。

3. 应对辩解的困难

销售人员通常具有较强的自尊心和自我认同感，这使他们在接受负面反馈时容易为自己辩解。例如，当管理者指出其业绩未达标时，员工可能会归咎于客户未按时付款、市场环境不佳等外部原因。面对这些辩解，管理者往往感到棘手，从而倾向于回避深入的绩效讨论。这种回避不仅让问题得不到解决，还可能让员工产生

"管理者不关心我"的误解，进一步削弱团队的信任感。

4. 中等绩效员工的挑战

在团队中，表现平平的员工通常占较大比例。他们既没有明显的错误，也未达到卓越表现，这使管理者在与他们沟通时感到尤为困难。一方面，管理者需要鼓励他们维持现有的优势；另一方面，管理者需要指出他们的不足，并帮助他们设定更高的目标。这种平衡需要更高的沟通技巧和更多的精力投入，因此更容易被忽视。例如，一位销售经理可能将更多精力放在表现优异或问题明显的员工身上，而对中等绩效员工的关注较少，导致这部分员工的潜力未能得到充分挖掘。

5. 时间与精力的限制

销售经理通常面临繁重的工作任务，包括客户开发、团队管理、业绩追踪等。在这种高压环境下，绩效回顾往往被视为"非紧急"任务，从而被一再推迟。例如，一位销售经理可能因为忙于处理客户投诉或准备季度报告，而将绩效回顾会议推迟到"有空的时候"。然而，这种拖延会导致反馈的时效性降低，销售人员无法及时调整自己的行为，从而影响整体团队的表现。

6. 缺乏系统化的工具和方法

许多管理者在进行绩效回顾时，缺乏系统化的工具和方法，导致回顾过程流于形式。例如，一些管理者可能只是简单地询问员工"最近工作怎么样"，而没有深入分析具体的数据和案例。这种缺乏深度的回顾不仅无法为员工提供有价值的反馈，还可能让员工感到敷衍了事，从而降低他们对绩效回顾的重视程度。

7. 对绩效回顾价值的认知不足

部分管理者对绩效回顾的价值缺乏足够的认识，认为它只是一种形式化的流程，而非推动团队成长的关键工具。例如，一些管理者可能认为，只要团队业绩达标，绩效回顾就无关紧要。这种认知偏差会导致他们忽视绩效回顾的重要性，从而错失通过反馈和改进提升团队整体表现的机会。

避免绩效回顾流于形式

为了避免绩效回顾流于形式，管理者需要做好以下三方面工作：

1. 建立结构化流程

高质量的绩效回顾需要建立在结构化的流程基础上。每次绩效回顾应围绕明确的目标进行，确保反馈内容清晰、具体且可操作。管理者在回顾前应做好充分准备，包括收集相关数据、分析员工表现，并制定针对性的改进建议。通过结构化的流程，管理者可以帮助员工设定明确的改进路径，从而提升其积极性和工作质量。

2. 利用数据与事实

绩效回顾必须基于翔实的数据和事实，而非主观判断。这种透明性和客观性有助于管理者赢得员工的信任，并促进改进。管理者应避免使用模糊的语言（如"你做得不够好"），而要通过具体的数据和案例来说明问题。

3. 定期跟进与评估

在改进计划实施过程中，定期进行跟踪和效果评估，确保改进措施的执行力度。例如，通过定期会议和报告跟踪改进进展，并根据进展情况和市场变化，及时调整改进策略。

如何提升绩效回顾的实际效果

1. 个性化反馈

销售团队的成员通常具有不同的性格、能力和学习方式，因此管理者需要根据每位成员的特点调整反馈内容，使其更具针对性和实用性。个性化反馈不仅能够帮助团队成员更好地理解自己的表现，还能增强他们的接受度和改进动力。例如，对于一位销售新人，管理者可以通过绩效回顾帮助他制定阶段性的学习目标，如提升客户沟通技巧或熟悉产品知识。

2. 专注于中等表现员工

辅导的真正价值在于帮助中等表现的员工突破瓶颈。这部分员工通常占据团队的较大比例，他们的表现虽然稳定，但缺乏突破性进展。针对他们的反馈应具体、可执行，并且重点明确，以便实现显著的绩效提升。

3. 总结规律，调整策略

管理者可通过持续的反馈和观察，帮助员工识别哪些行为更有效，哪些策略更具成效。

绩效回顾和复盘的结合

销售团队复盘的定义和重要性

销售团队复盘是指在销售活动或项目结束后，团队成员共同回顾和总结整个销售过程的经验和教训。以下是销售团队复盘的重要性：

1）发现成功因素：销售团队复盘有助于深入分析成功的因素。团队成员可以分享他们在销售过程中的成功策略、技巧和最佳实践。这有助于识别团队中最有效的销售方法和战略，并将其应用于未来的销售活动。

2）学习和成长：销售团队复盘提供了一个学习和成长的机会。团队成员可以分享他们在销售过程中遇到的挑战和困难，并讨论如何解决这些问题。这样的经验交流可以促进团队成员之间的学习和知识共享，提高整个团队的销售能力。

3）发现改进机会：销售团队通过复盘，可以发现销售过程中的改进机会。团队成员可以提出他们认为可以改进的方面，包括销售策略、销售流程、客户沟通等。这些反馈和建议可以帮助销售团队识别并解决潜在的问题，提高销售效率和绩效。

4）加强团队合作：销售团队复盘是一个协作和沟通的机会。团队成员可以共同回顾销售过程中的合作情况，并讨论如何进一步加强团队合作。这有助于增强团队的凝聚力和合作精神，提高团队的整体绩效。

5）促进目标实现：销售团队复盘可以帮助团队成员对销售目标进行评估和调整。通过回顾销售过程中的绩效和结果，团队成员可以确定是否达到了预期的目标，并制订下一阶段的目标和计划。这有助于保持团队的目标导向性，并推动销售业绩的持续提升。

复盘的四环节：回顾、反思、探究、提升

销售团队复盘包括回顾、反思、探究和提升四个环节。这些环节在销售团队的复盘过程中起着关键的作用，帮助团队不断提高销售绩效和业务成果。

首先是回顾阶段。销售团队在此阶段会回顾过去的销售活动和业绩。在这个环节，销售团队会仔细回顾销售目标的设定、销售策略的执行和销售结果的达成情况。通过回顾，销售团队能够全面了解销售过程中的成功因素和存在的问题，为后续的复盘提供基础。

接下来是反思阶段。销售团队在此阶段会深入思考和分析销售活动和业绩的关系。在这个环节，团队会思考为什么某些销售策略和行动会带来成功，为什么某些策略和行动会导致失败。通过反思，销售团队能够发现销售过程中的关键因素、成功模式以及需要改进的方面。

然后是探究阶段。销售团队在此阶段会进一步探索和研究销售活动和业绩的关系。在这个环节，销售团队会寻找更多的销售数据和信息，进行更深入的分析和比较。通过探究，销售团队可以发现更多的销售趋势、客户需求和市场变化，为制定改进措施提供更准确的依据。

最后是提升阶段。销售团队在此阶段会根据探究的结果制定改进措施。在这个环节，销售团队会总结出具体的行动计划，包括调整销售目标、改进销售策略、提升销售技能等方面。通过提升，销售团队可以将复盘的结果转化为实际的改变和进步，提高销售绩效和业务成果。

销售团队复盘的四个环节相互关联，形成循环往复的过程。通过持续地回顾、反思、探究和提升，销售团队能够不断学习和成长，不断改进销售策略和行动，提高销售业绩和实现业务增长。这种持续的复盘过程可以帮助销售团队更加敏锐地发现问题和机遇，做出更明智的决策，实现持续的销售成功。

绩效回顾的效益评价

绩效回顾中的效益评价是确保销售团队与企业的战略目标一致的关键环节。有效的绩效管理不仅应关注销售收入的多少，更要评估销售活动是否推动了企业战略目标的实现。

首先，许多企业在绩效回顾中过于注重销售收入总额，这虽然反映了业绩成果，却未必契合企业真正的战略需求。如果战略目标包括提升毛利或推动新产品市场拓展，而销售团队却未能聚焦于这些方向，那么尽管收入达标，却未能实现企业的战略目标。这种偏离战略的行为，短期内可能会增加收入，但长期来看可能削弱企业的竞争力。因此，绩效回顾应纳入与企业战略高度匹配的指标，确保销售活动符合企业发展的长期规划。

其次，区分效率与效益至关重要。不同企业有不同的战略目标，某些企业追求市场份额的快速扩张，可能将效率放在首位，注重新客户开发和市场覆盖率；而其他企业可能更注重销售的质量，强调毛利和附加值的增长。因此，绩效指标应根据战略目标灵活调整。例如，对于高速增长的企业，绩效指标可侧重于销售额和客户数量；而对于注重质量的企业，绩效指标则侧重于毛利率和客户质量。如果销售团队只关注数量而忽视质量，可能导致短期收入增长，但长期可能损害利润和客户满意度。

此外，绩效指标应随市场环境和企业战略的变化进行调整，从而确保管理者的辅导和激励始终符合当前的市场需求和战略方向。不及时调整绩效指标，可能会导致团队困惑，甚至阻碍企业目标的实现。管理者应根据市场变化，灵活简化绩效指标，确保其合理性和时效性，避免绩效考核体系过于复杂，导致销售人员失去方向。

销售效益不仅体现在收入的高低，更应体现在推动企业战略目标的实现上。有效的绩效管理要求销售团队不仅完成收入目标，还要积极支持战略目标的达成。优化绩效回顾机制既能提升企业的竞争力，又能增强销售团队对企业目标的认同，实现个人销售目标与企业整体战略的高度统一。

· 第 17 章 ·

强化内部协作：与团队协同增效

销售团队前台、中台、后台的协作机制与效能提升

销售团队的成功往往取决于其内部协作机制，尤其是前台、中台、后台三大角色的高效互动。在现代销售组织中，前台、中台和后台各自承担着不同但紧密相连的职责。一个高效的销售团队不仅依赖于各自的职能发挥，更需要构建无缝衔接的协作框架。通过精确的角色分工与精心设计的协作机制，销售团队可以提升整体执行力，取得卓越的业绩。

在这一章中，我们将详细探讨这三大角色的核心职责及其协作要点，并提出切实可行的优化策略，帮助销售团队提升工作效率与团队效能。

前台、中台与后台：角色分工与职责

销售团队的成功运作，依赖于三个关键角色的分工与协作：前台、中台和后台。每个角色在销售过程中扮演着至关重要的角色，各自肩负着特定的责任，而这些责任在协作中得以有效交接和融合。

1. 前台：客户接触与销售推进

作为销售团队的"先锋力量"，前台直接与客户接触，是企业与市场之间的桥梁。前台的职责远不止销售产品那么简单，他们是企业与客户之间信任关系的建立者，是客户需求的洞察者，也是企业品牌的传播者。在与客户的互动中，前台不仅

要了解客户需求，还需根据这些需求提供个性化的产品或服务解决方案，并确保客户的每个问题都能得到及时有效的回应。

前台的成功往往取决于其沟通技巧、敏锐的市场嗅觉以及对客户需求的迅速响应能力。优秀的前台能够快速获取客户的信任，并持续推动销售机会的达成，从而为企业创造长期的客户价值。

2. 中台：项目支持与资源协调

中台作为销售过程中的"运营核心"，其主要任务是在售前阶段为前台提供支持，并在订单签署后承接项目的实施和交付。与前台不同，中台的职能更多地聚焦于如何确保销售承诺能够高效、有序地转化为实际成果。

在项目实施过程中，中台不仅需要与前台密切沟通，确保客户需求能够被准确理解和执行，还要协调各项资源以保证项目能够按时、高质量地完成。中台人员的能力直接关系到客户的满意度和项目的顺利推进。

3. 后台：流程管理与合规保障

后台角色是销售团队中的"幕后英雄"，虽然他们不直接与客户接触，但他们的工作保障了整个销售流程的顺畅与合规性。后台的职责包括合同执行、法律事务、财务审核等，这些职能确保了销售活动符合企业政策和法律法规的要求。

一个高效的后台能够确保所有环节顺利运转，避免因合规问题或流程滞后而影响客户体验。后台人员需要具备对企业政策的深刻理解，以及对风险的敏锐洞察力，从而确保每一步操作都符合法规要求，并提供前台和中台所需的支持。

协作要点：打造高效协作机制

在了解了前台、中台和后台各自的角色和职责后，下一步就是了解如何构建一个高效的协作机制。高效的协作不仅能提高每个角色的执行力，还能确保整个团队朝着共同的目标前进。以下是推动高效协作的几项关键要点：

1. 明确的职责分工

高效的协作机制首先依赖于明确的职责分工。在一个理想的销售团队中，前台、中台和后台的职责要清晰界定，避免重叠和冲突。前台应该专注于客户接触和销售推进，中台则应专注于项目支持和管理，而后台则负责所有流程的合规性和支持。明确的分工可以帮助团队成员集中精力在各自领域内发挥最大效能，减少跨部门沟通的障碍。

2. 建立信息流通机制

信息的透明和流畅是保证协作顺利的基础。为了确保各个角色能够及时获得所需的信息，销售团队应建立定期的沟通机制。无论是通过定期会议、共享报告，还是通过即时反馈系统，确保前台、中台和后台之间的信息可以迅速传递，避免信息滞后或误解带来的效率损失。只有在信息传递畅通的前提下，销售团队才能迅速应对市场变化，及时调整战略。

3. 标准化流程与操作指南

标准化的操作流程可以大大提高销售团队的工作效率，减少因不规范操作带来的错误和误解。前台、中台和后台应遵循统一的操作指南，从客户初步接触到项目交付的每一环节都应有明确的流程要求。例如，前台在与客户洽谈后，应及时将客户需求的相关信息传递给中台，中台再将相关信息送交后台进行合规性审查与资源配置。这种标准化的流程能够确保团队在执行过程中步调一致，减少因信息不对称导致的资源浪费。

优化措施：提升协作效能的路径

为了确保销售团队能够高效运作，除了完善协作机制，还需要采取一系列措施来进一步提升团队的协作效能。

1. 定期培训与跨部门交流

培训是提升团队协作的基础。通过定期培训，特别是跨部门协作和沟通技巧的培训，团队成员可以更好地理解彼此的职责，增强协作能力。此外，定期的跨部门交流可以帮助团队成员建立更强的信任感，减少沟通中的误解与冲突。

2. 激励机制与绩效考核

一个好的激励机制能够促进团队成员在完成个人目标的同时，更加注重团队协作的效果。设立跨部门的绩效指标和奖励措施，可以有效地激励前台、中台和后台之间的无缝合作。奖励机制不仅关注个人表现，更强调团队协作对整体业绩的贡献。

3. 问题闭环与反馈机制

为了确保各项协作措施能够落地并取得实际成效，销售团队应建立问题闭环与反馈机制。通过及时跟踪问题解决进度，并对问题处理效果进行反馈，销售团队才能不断优化协作流程，提高工作效率。

通过建立高效的"前台—中台—后台"协作机制，销售团队不仅能够提高执行力，还能够确保客户在每个接触点都能体验到一致性和专业性，从而提升客户满意度。最终，这种协作机制将推动销售团队提高业绩，提升企业在市场中的竞争力，并为企业的长期发展打下坚实基础。

打破部门壁垒，协同作战

在企业运营中，部门间的协作对组织的整体绩效和员工的工作体验具有深远影响。打破部门壁垒，推动跨部门协作，不仅能够显著提高工作效率，还能营造一个更加开放、包容的工作环境。尤其是在以客户为中心的企业中，销售部门与其他关键职能部门的密切协作至关重要。它直接影响到客户体验和业务成果。

本节将深入探讨如何打破部门间的壁垒，推动部门协同，特别是如何通过销售部门与其他部门的协作来推动企业持续发展。

如何推进跨部门合作

1. 沟通与透明度：搭建信息共享的桥梁

有效的沟通是跨部门协作的基石。在一个多元化的团队中，每个部门都有其独特的知识和资源。打破信息孤岛，实现资源共享，能促进跨部门间的信息流动，进而提高决策效率。例如，定期举办跨部门会议、工作坊或项目评审会，可以为团队成员提供一个平台，分享工作进展、讨论问题并共同寻找解决方案。

销售部门在这一过程中起着至关重要的作用。作为与客户最直接接触的部门，销售人员能够实时获取客户反馈和需求。通过使用协作平台和共享文档，销售团队能够及时将客户的反馈传递给市场营销和产品开发团队，确保其他部门能够迅速响应并调整策略或产品设计。这种信息的高效流动不仅增加了透明度，还减少了冗余沟通，提高了各部门的响应速度。

2. 跨部门项目和团队：创造协作的实践机会

跨部门项目和团队是推动部门间协作的有效途径。聚集在同一个项目中的不同部门的成员，可以充分利用各自的专业知识和视角，共同解决复杂的任务。例如，销售团队和市场营销团队可以联合策划品牌推广和销售活动，在提升品牌知名度的同时，增加销售的成功率。

此外，跨部门项目组的设立有助于建立长期的跨部门关系，打破传统职能部门的边界。举例来说，销售、产品开发和客户服务团队可以共同组成客户体验改善小组，专注于提升客户从售前到售后的整个体验流程。这种紧密的协作能够有效建立团队间的信任，减少因信息不对称或职能界限产生的摩擦。

3. 目标对齐：确保各部门共同努力

为了避免部门间的"本位主义"现象，确保各部门的目标与企业的整体战略保持一致至关重要。举个例子，销售部门的目标可能是增加销售额，而市场部门的目标是提升品牌曝光度。如果两者的目标未能对齐，那么两个部门可能会因资源分配和策略冲突而导致合作不顺。

因此，组织应通过将企业的战略目标细化并逐步分解到各个部门，确保每个部门都能理解并将整体目标转化为具体的行动计划。举例来说，当销售部门的目标与客户服务部门的客户满意度目标一致时，两个部门能够形成无缝对接，为客户提供一致的体验，从而提升客户忠诚度和品牌口碑。

4. 跨部门培训与交流：增进理解，促进合作

跨部门培训与交流能够显著增强团队成员之间的理解与合作。通过组织部门间的工作轮岗、交叉培训或知识分享会，员工可以更好地理解其他部门的工作方式和挑战，从而减少误解并促进协作。

例如，销售团队可以通过市场部门的培训，深入了解产品的市场定位与竞争环境；产品开发团队的培训则帮助销售人员掌握产品的技术特性和竞争优势。这样的跨部门学习不仅提升了个人能力，也加深了各部门之间的理解，为后续的协同工作打下了坚实的基础。

5. 跨部门问题解决：打造协同解决问题的文化

跨部门问题解决机制能够为组织带来更高的敏捷性和灵活性。在面对跨部门的

问题或挑战时，组织应鼓励团队成员合作解决，而非各自为政或相互推诿。组织可以通过制定清晰的问题解决流程（如快速响应机制），确保问题能在多个部门之间顺畅传递，并快速找到解决方案。例如，当销售部门反馈某款产品的客户满意度下降时，产品开发部门、市场部门和客户服务部门能立即介入，分析原因并制订改进计划。

这种协作方式能够有效避免部门间的冲突，并让员工认识到通过合作可以更迅速地解决问题。在销售和客户服务团队中建立一个共享的客户反馈系统，使得销售人员在与客户沟通时若发现问题，能够及时共享给客户服务部门，以便他们做出调整和优化，从而为客户提供更一致的服务。

6. 领导层的支持和示范：以身作则，推动协作文化的构建

领导层在构建跨部门协作的组织文化中扮演着重要的角色。他们不仅应提供资源和支持，还要以身作则。领导层可以通过表彰跨部门协作的优秀案例来激励员工协同工作。比如，企业可以设立"最佳协作奖"或"团队协作奖"，对在协作过程中表现突出的团队和个人给予认可。这种激励不仅能提高员工的协作意识，也为员工树立了优秀的协作榜样。

此外，领导层应定期评估部门间协作的情况，并在必要时介入解决冲突，确保部门协作能够顺利进行。领导层的积极参与不仅能够提升员工的协作意愿，也使员工更有动力突破部门限制，积极参与到组织的整体目标中来。

跨部门协作的价值与业务增长

跨部门协作不仅能打破传统的职能壁垒，还能有效推动销售部门和其他关键职能部门共同努力，提升整体业务效益。以下是跨部门协作带来的几大价值：

1. 实现协同效应

跨部门协作能够帮助销售部门更深入地理解客户需求，并利用这些洞察推动更加精准的业务活动。例如，与市场部门的合作使销售部门能够获得更精确的市场定位信息和潜在客户分析，从而优化销售策略。与此同时，市场部门可以利用销售部门反馈的数据实时调整营销活动，提高活动的针对性。

产品部门也能通过销售部门的反馈，及时了解客户对产品的评价，并在设计和功能上进行相应优化。这种协同效应不仅促进了信息和资源的共享，还形成了从客

户需求到产品改进，再到市场推广的高效闭环。

2. 优化销售流程

通过与其他部门的紧密合作，销售部门能够持续优化销售流程，提升客户转化率。与市场部门的协作，能够提高潜在客户的质量，使销售部门能专注于高价值客户的开发。同时，市场部门提供的高质量线索帮助销售部门减少盲目开发的时间，提升工作效率。

与客户服务部门的合作，则确保客户在售后阶段的优质体验，避免因信息滞后或服务不当而引发不满。销售部门与客户服务部门的无缝配合，不仅使销售流程更加顺畅，还能有效提升整体的销售效率。

3. 提供一致的客户体验

在以客户为中心的商业环境中，一致的客户体验至关重要。销售部门与市场、产品和客户服务部门的紧密合作，确保客户在整个旅程中——从产品咨询、购买、使用到售后——获得一致的信息和体验。例如，销售团队在了解客户需求后，会将客户的具体要求反馈给产品和客户服务团队，以便产品开发更加贴近客户需求，而服务团队则能提供更个性化的支持。

这种贯穿始终的一致性体验，能够建立客户对企业的信任，提升品牌形象，并增强客户忠诚度。

4. 加速问题解决，提高工作效率

跨部门协作显著提升了问题解决的速度和效率。销售部门在面对客户问题或需求时，可以依赖其他部门快速响应，通过信息和资源共享，加快解决方案的提供。例如，当客户对产品有疑问时，销售团队可以直接联系产品部门获取解答，减少了信息滞留，缩短了响应时间，确保客户的问题得到快速解决。高效的协作不仅优化了客户体验，还提升了组织内部沟通的流畅度。

5. 构建高效的协作机制，推动业务增长

通过与其他部门的密切合作，销售团队帮助企业打破传统的部门壁垒，形成了高效的协作机制。这种机制促进了各部门在相互支持中共同推动业务增长。例如，销售部门提供的客户反馈帮助产品部门优化产品，增强市场竞争力；市场活动吸引的潜在客户为销售提供更多转化机会；客户服务的支持提升了客户满意度和忠诚

度。最终，这种协作不仅提升了业务成果，也营造了积极的企业文化，促进了员工在开放环境中的高效合作与成长。

建立强有力的跨部门协作机制，对于企业成功至关重要。良好的协作带来协同效应、深入的客户洞察、优化的销售流程、知识共享、统一的客户体验，以及加速问题解决和提高效率。通过跨部门合作，企业能够获得更高的销售绩效、客户满意度并实现整体业务的增长。

第 5 部分

结论与展望

打造一个具有强大执行力的销售组织，是企业成功的关键。销售组织的执行力不仅直接影响销售目标的达成，更决定了企业战略能否有效落地。

　　在前述部分，我们详细讨论了提升销售组织执行力的三个核心环节：制定正确的营销策略、构建高效的组织保障体系、选择最佳的销售管理方法。每一环节都至关重要，但更为关键的是系统性、一致性、协同性和差异性这四个基本原则。

　　本部分将进一步强调这些基本原则的重要性，并展望如何通过 AI 工具提升销售组织的执行力，从而更高效地实现战略目标。

——————————————

·第18章·

战略和执行的全面一致性

在当今竞争激烈的商业环境中，提升销售组织的执行力是至关重要的，尤其是确保战略与执行之间的高度一致性。这种一致性不仅确保企业战略目标能够精准传达，还能使其有效地落实到每个销售环节，从而显著提升组织的整体效率与业绩。

本章将深入探讨如何实现这一一致性，具体包括：市场规模、企业规模与市场定位的匹配；组织规模、销售类型与人员能力要求的协调；市场阶段、销售模式与薪酬体系的有机结合；市场阶段、组织规模与干部选拔的适配。通过这些综合性分析与策略建议，本章为销售组织提供了一套清晰的框架，帮助销售组织确保战略顺利执行并高效达成销售目标。

为什么一致性这么重要

打造强大的销售组织执行力，是每个销售管理者的核心目标。然而，我们强调的并非单纯的"执行力"，而是"组织执行力"，即销售任务和行为必须始终与企业的业务战略保持高度一致。只有在战略一致的前提下，组织执行力才能真正发挥其价值。

战略方向的正确性至关重要。如果战略方向错误，执行得越快，偏离目标越严重。

一致性的主线如图18-1所示。

业务战略 ➡ 营销策略 ➡ 销售机会 ➡ 销售任务 ➡ 销售行为

图 18-1　从业务战略到销售行为

从业务战略到销售行为的过程不仅仅涉及数字或目标的分解，更重要的是确保各个环节间的一致性，从而保证销售组织始终在正确的轨道上前进。

要实现这一贯穿始终的执行力主线，企业需要从以下几个方面入手：

1. 构建合理的组织架构

组织架构应服务于业务战略，确保资源配置合理，促进各部门间的协作，减少信息传递与执行过程中的断层。

2. 选配合适的人员

销售团队成员应具备与组织文化及岗位需求相匹配的素质与技能。只有将合适的人才放到适合的岗位上，才能确保执行的高效与稳定。

3. 制定激励性薪酬与绩效政策

企业应设计具有竞争力的薪酬激励政策，结合业绩目标与企业价值观，激励团队成员全力以赴地实现组织目标。

4. 打造一致的企业文化与工作氛围

营造支持业务战略的企业文化和工作氛围，可让每位团队成员明确组织方向，形成共同的价值观和工作理念。

5. 提升团队能力与执行意愿

企业应确保团队成员不仅愿意执行企业的战略，更具备执行的能力。持续培训与资源支持可帮助团队成员实现个人与组织的共同成长。

当这些关键要素落实到位时，销售组织将在明确战略方向的指引下稳步前进。同时，为了避免偏离战略目标，企业需要不断优化销售管理方法以适应市场动态的变化。销售管理方法是确保每个销售行为精准落地的微观工具，持续优化它能确保销售团队的执行高效且精准，避免偏离战略目标。

最终，打造销售组织执行力的核心在于实现战略到执行的无缝对接，确保每个环节高度一致，确保方向正确、目标明确、执行到位。

市场阶段、企业规模与市场定位的战略匹配

对于销售组织，实现"战略到执行"不仅是愿景，更是一项系统性工程。在制定市场定位和营销策略时，企业必须综合考虑市场企业规模、阶段及其他相关因素，并确保这些因素之间的高度一致。只有当市场阶段、企业规模和市场定位相互匹配时，企业才能在竞争中获得优势，确保战略能够有效落地。

市场定位是制定营销策略的核心环节。通过精确的市场细分、明确的目标市场选择和鲜明的品牌定位，企业能够更有效地满足客户需求，提升竞争力并扩大市场份额。清晰的市场定位不仅帮助企业深入理解客户需求和购买行为，还为营销策略和产品开发提供明确指引，从而使企业在市场中占据有利位置，显著提升市场占有率和整体竞争优势。

在制定营销策略时，企业需要以市场环境、目标客户和市场定位为基础，构建完善的营销组合。典型的营销组合包括产品策略、定价策略、渠道策略和推广策略等。通过这些精心设计的策略组合，企业能够在竞争激烈的市场中脱颖而出，实现营销目标并稳固市场地位。例如，在技术驱动型市场中，企业可能将产品创新作为核心策略，通过差异化产品与竞争对手拉开距离；而在成本敏感的市场中，企业可能采取更具竞争力的定价策略，以便吸引价格敏感型客户。

同时，企业在制定营销策略时，必须评估自身规模和资源状况。不同规模的企业在资源和能力上的差异决定了策略的差异化要求。例如，小型企业可能倾向于采用灵活且具成本效益的策略，以便迅速响应市场变化；大型企业则可能采用更系统化的策略，以便保持市场地位并建立竞争壁垒。这种策略差异化不仅帮助小型企业利用灵活性抓住市场机会，也能支持大型企业的规模优势，从而实现差异化竞争。

总之，销售组织在制定营销策略时，必须综合考虑市场规模和企业规模，确保这些因素之间的协调一致。这种一致性是确保战略成功落地并最终实现销售目标的关键。

如何根据市场阶段调整营销策略

根据市场阶段来调整营销策略需要全面分析多个因素，以下是一些关键的步骤和建议：

1. 识别市场阶段

企业首先需明确市场所处的阶段——初创期、成长期、成熟期或衰退期。不同阶段需要侧重不同的策略。例如，在成长期，企业应侧重市场份额的扩大和品牌知名度的提升；在成熟期，企业应维持市场地位、提高客户忠诚度，并推动产品创新以防止市场份额流失。

2. 明确市场定位

市场定位是营销策略的基石。通过精确的市场定位，企业能够明确自身的独特优势与市场差异点，精准锁定目标受众，从而量身定制有效的营销策略。明确定位帮助企业突出核心价值，提升市场识别度。

3. 及时反馈和调整

营销策略调整后，企业应密切关注市场反馈与销售数据，及时评估调整的效果。通过持续监测市场表现，企业能发现策略中的不足并进行优化，从而持续提升市场效果。

4. 灵活应对市场变化

企业需具备应对市场波动的灵活性，无论是在经济低迷还是市场结构变化时，都能动态调整策略。通过与客户建立紧密联系，倾听反馈，企业能快速响应市场需求的变化，保持市场敏感度。

5. 设定可衡量的目标

制定清晰、可衡量的营销目标对于策略的执行至关重要。目标应包括短期和长期目标，并便于跟踪进展。例如，扩大市场份额、提升品牌知名度、提高客户满意度等，这些都能衡量营销效果。

6. 优化营销组合（4P）

企业需根据市场阶段和客户需求优化产品、价格、渠道和促销策略。在成长期时，企业可重点投入推广和渠道扩展；在成熟期，企业可以通过价格策略和忠诚度计划稳固市场地位。

7. 持续评估与优化

企业应定期评估营销策略，从而确保其符合市场需求和企业目标。通过定期的市场调研和客户反馈，企业能及时优化策略，持续保持竞争力。

不同规模企业的营销策略

除了市场阶段，不同规模的企业，由于资源和能力不同，其市场定位和营销策略的制定也有显著的差异。

1. 小型企业的营销策略

1）资源与能力的限制。小型企业通常面临有限的预算、人员和技术支持。因此，小型企业需要制定高效、成本效益较高的营销策略，以便最大化资源利用，确保在有限条件下实现最优结果。

2）利用数字营销与社交媒体。数字营销和社交媒体平台是小型企业宣传和推广的重要工具。相比传统广告，数字营销的成本更低，同时能够快速扩大品牌知名度、吸引目标客户。小型企业可以通过社交媒体广告、内容营销、互动活动等方式来提升品牌形象，并在目标客户中建立初步影响力。

3）精准市场定位与目标群体分析。小型企业应当明确其市场定位和目标客户群体，以便聚焦有限资源，提高营销效率。这种细分和精准定位可以帮助小型企业将精力集中在最具潜力的市场区域，避免资源浪费，确保营销活动更具针对性和有效性。

4）低成本高效益的营销策略。小型企业可以通过口碑营销、合作推广和社区活动等低成本方式达到良好的营销效果。例如，与当地社区合作可以提升品牌知名度；而与其他小型企业联合推广可以共享资源、扩大影响。此外，小型企业还需灵活调整营销策略，从而迅速响应市场变化。

2. 中小企业的营销策略

1）资源与能力的相对优势。中小企业相较于小型企业通常拥有更多的预算和人力资源支持，因此可以实施更复杂的营销策略，如提高市场覆盖率、优化客户体验等，从而增强市场影响力。

2）深入的市场调研与竞争分析。中小企业可以投入更多的资源进行市场调研和竞争分析，通过对市场趋势和客户需求的细致分析来制定更具针对性和竞争力的营销策略。这种深入的市场洞察有助于企业准确定位市场机会，及时调整营销方案。

3）多渠道营销策略。中小企业可以整合线上与线下营销渠道，结合数字营销、传统广告和联合推广多种手段，提高品牌曝光度，形成全方位的市场覆盖。多渠道策略可以有效触达不同市场，提升品牌知名度，助力市场扩展。

4）利用规模效应。随着企业规模的扩大，中小企业可以利用规模效应降低成本。这种成本优势可用于进一步扩大市场份额，增强市场竞争力，实现更稳定的成长。

3.大型企业的营销策略

大型企业拥有更多的资源和广泛的市场覆盖，这使它们可以制定全面而多层次的营销策略。

1）丰富的资源与强大的能力。大型企业通常拥有庞大的预算、先进技术的支持、广泛的分销网络和深厚的品牌影响力。这些资源优势使大型企业能够进行大规模推广和品牌建设，在市场中占据有利位置。

2）全面的市场营销战略。大型企业在营销策略制定中往往会进行全方位的市场分析，从产品开发到销售支持无一不涵盖。这种系统性的营销规划不仅确保了策略的有效性，还帮助企业维持市场领先地位，赢得客户信任。

3）品牌建设与市场定位。大型企业非常重视品牌形象和市场定位，通过品牌建设与精准定位，满足不同消费群体的需求。在激烈的市场竞争中，强大的品牌形象帮助大型企业在竞争中脱颖而出。品牌的长期建设和维护为企业带来了持续的市场优势，提升了整体竞争力。

营销策略的匹配性：企业规模与市场阶段

企业的市场定位与营销策略必须与其规模和市场阶段相匹配。随着企业规模的扩大和市场阶段的演变，营销策略也需灵活调整。为系统化思考和规划未来3~5年的市场定位，企业可借助表18-1和框架工具进行分析。这种方法不仅帮助企业理清思路，也为在复杂市场环境中做出更有效决策提供支持，从而实现"战略到执行"的目标。

表 18-1　根据市场阶段和企业规模匹配的不同市场定位

企业规模	市场阶段			
	初创期	成长期	成熟期	衰退期
小				
中				
大				

组织规模、销售类型与人员能力的匹配

对于销售组织而言，从战略目标的制定到执行，销售团队的能力至关重要。然而，销售人员的能力并非越强越好，而是应与组织的规模、销售类型和市场需求相匹配。简单来说，最合适的能力才是最好的。销售组织应根据自身的实际情况，选择与战略目标和运营模式相契合的销售人才，而不是单纯追求顶尖能力。不同规模的企业和不同类型的销售模式所需的销售人员素质与技能各不相同。

组织规模与人员能力的关系

在现代商业环境中，企业的规模对销售人员能力的要求具有深刻影响。大型、中型和小型企业在资源、市场和运营模式上有所差异，因此对销售人员的要求也有所不同。

1. 大型企业对销售人员的要求

在大型企业，如跨国公司或行业龙头，销售人员的能力要求通常包括以下几个方面：

1）市场洞察力与适应能力：大型企业的销售人员需要具备敏锐的市场洞察力，能够识别市场趋势并预测客户需求的变化。这种能力帮助企业在竞争中保持优势地位，快速响应市场动态。

2）卓越的商务谈判能力：复杂的商业环境要求销售人员具备出色的谈判技巧，能够在多方利益中为企业争取最佳利益。这种能力对于在竞争激烈的市场中赢得重要客户和大型订单尤为重要。

3）客户管理能力：客户关系是大型企业销售工作的核心。销售人员不仅要具备良好的服务意识，还需懂得如何有效维护长期合作伙伴的信任和满意度，从而保证企业的持续发展。

4）熟练掌握销售工具与技术：大型企业通常拥有详细的销售流程和策略，销售人员需要熟练使用 CRM 系统、数据分析工具等现代化技术手段来提升效率和客户管理能力。这种工具的掌握程度直接关系到销售人员的工作效率和精确度。

随着企业规模的扩大，对销售人员的要求也愈发多样化。销售人员不仅要掌握全面的业务知识和精湛的销售技巧，还需要适应复杂的市场环境，并能够运用技术工具保持竞争优势。

2. 小型企业对销售人员的要求

相较之下，小型企业因资源受限，对销售人员的技能提出了独特的要求：

1）多功能性：由于资源有限，小型企业的销售人员通常需要跨职能作业，不仅承担销售工作，还要兼顾市场调研、业务谈判和客户服务等任务。这种多功能性有助于销售人员在多个领域为企业贡献力量。

2）灵活性与适应性：小型企业的市场环境变化较快，因此销售人员需要高度灵活以适应新情况和客户需求的变化。他们必须能够快速调整销售策略，并灵活应对各种突发情况，保持企业在市场中的竞争力。培养多功能性和高度适应性是销售人员在不断变化的商业环境中生存和发展的关键。

3）适配性比能力更重要：总的来说，不同规模的企业在管理机制、资源和市场定位上的差异，使销售人员应具备的能力有所不同。能力的适配性比能力的绝对水平更为重要。如果销售人员的能力远超职位要求，他们可能会因缺乏挑战而难以长久留任；反之，如果能力显著低于岗位需求，他们则可能难以胜任而被淘汰。因此，企业应根据自身规模和需求，精准选用与岗位相匹配的销售人才，确保销售团队的高效与稳定。

4）从适配性到执行力：在销售组织中，无论企业所处的阶段和自身规模如何，执行力都是最根本的要求。要打造从上到下的执行力文化，企业需要在各个层级中建立"责任到位，执行无误"的氛围。例如，企业应避免销售团队中出现无谓的抱怨，如产品价格、技术支持或内部流程等问题，而是推动团队在现有条件下尽力达成目标。

不同规模的企业在建立销售团队时，必须综合考虑市场阶段、业务需求和组织架构，从而确保每一位销售人员都能在适合的岗位上发挥所长。这种对"适配性"的重视，不仅提高了团队的稳定性，也促进了整体绩效的持续提升。

销售类型与人员能力要求的关系

除了组织规模需要与人员能力相匹配，销售类型或销售模式也必须与销售人员的能力相适应。根据 B2B 销售模式的不同，销售可以大致分为三大类：交易型销售、解决方案型销售和战略型销售。每种销售类型对销售人员的能力要求都有所不同。

1. 交易型销售

在交易型销售中，客户对价格敏感，追求服务的便捷性和快速响应。这一模式要求销售人员具备灵活应对客户需求的能力，保持对市场动态和竞争对手价格的高度敏感。他们需要迅速提供报价、处理订单，并保证交易流程的高效和顺畅。

交易型销售往往依赖大规模的交易量来实现利润，因此销售人员需具备优秀的谈判技巧，在保持价格竞争力的同时争取合理的利润空间。由于客户通常更关注成本效益，销售人员必须清晰地展示产品或服务的价值，以及如何帮助客户节省成本或提高效率。高效、精准地满足客户需求，是交易型销售成功的关键。

2. 解决方案型销售

解决方案型销售要求销售人员具备较高的专业性和问题解决能力。在这种模式下，客户通常面临复杂的业务需求和挑战，期望销售人员能够提供量身定制的解决方案。销售人员不仅需要深入了解自身的产品或服务，还必须充分理解客户的业务背景、行业特性和具体问题。

解决方案型销售的成功依赖于销售人员的问题解决能力、创造性思维和与客户的紧密合作。销售人员需深入挖掘客户需求，分析其挑战，并提出针对性的解决方案。同时，他们还需要协调企业内部各部门的资源，确保方案的顺利执行。这种销售模式通常涉及跨部门协作，因此，销售人员还需要具备卓越的团队协作和项目管理能力，以便确保各项资源和工作能够高效推进，最终实现客户满意度和销售目标。

3. 战略型销售

战略型销售是一种更加深入的客户关系管理模式，要求销售人员不仅熟悉自身的产品和服务，还需深刻理解客户的业务战略。在这一模式下，销售人员充当顾问或战略合作伙伴的角色，不仅仅促成交易，而是与客户共同成长。

战略型销售注重与客户建立长期的战略伙伴关系，这要求销售人员具备丰富的行业知识，并对客户的业务目标和战略方向有深刻的理解。销售人员需识别客户的长期目标，提供量身定制的解决方案，这些方案通常跨越多个产品线或服务领域，甚至可能包括与客户的联合开发项目。

在战略型销售中，销售周期通常较长，但一旦成功，交易规模较大，并且客户关系更加稳固。销售人员需要具备卓越的项目管理能力，以便协调内部资源，确保解决方案的实施。与此同时，在与客户高层的交流中，销售人员需具备出色的沟通和演示能力，能够清晰有效地传达价值主张和战略优势。这类销售通常针对少数关键客户，并且可能需要企业高层的直接参与，以便确保与客户实现深度合作。

总而言之，不同类型的销售对销售人员的能力要求差异显著：交易型销售侧重于高效响应和价格谈判；解决方案型销售强调问题解决能力和团队协作；战略型销售则需要战略眼光和深厚的客户管理能力。无论是哪种销售类型，最重要的是确保销售人员与岗位要求高度匹配，从而确保执行的有效性。销售组织的成功不仅仅依赖于选择最强的个体，而在于将最合适的人选安排在最适合的岗位上，以便实现最大化的绩效。

市场阶段、销售模式与薪酬体系的匹配

对于销售组织而言，薪酬体系的设计至关重要，它需要根据企业的市场阶段、销售模式和具体业务需求进行量身定制。不同的市场环境和销售策略对销售人员的激励需求具有显著影响。因此，薪酬设计应具有灵活性和精准性，确保能够有效激发团队动力，同时支撑企业战略目标的实现。

不同市场阶段的薪酬设计

企业在不同的发展阶段会有不同的战略重点和财务状况，这些因素直接影响薪酬体系的结构。

1. 初创期或成长期

在初创期或成长期，企业通常处于快速扩张阶段，主要目标是扩大市场份额和客户群体。因此，薪酬体系往往会设计得更具激励性，如提供高提成和高奖励。这种方式能有效激发销售人员的拓展动力，推动企业在短期内迅速实现市场突破。高提成比例不仅能够带动销售人员积极开拓市场，还能够吸引更多具有开拓精神的销售人才加入团队。

2. 成熟期

企业进入成熟期后，市场份额趋于稳定，增长速度放缓，战略重点逐渐转向控制成本和留住员工。此时，薪酬体系会逐步倾向于提高固定工资、降低提成比例的结构，以便增强员工的归属感和忠诚度，避免过高的人员流动。这种调整在保证企业成本控制的同时，也能为员工提供稳定的收入保障，有助于团队的长期建设和稳定发展。

根据销售类型设计薪酬结构

除了市场阶段，企业还需根据具体的销售类型调整薪酬体系。即使是 B2B 模式，不同的销售类型对薪酬设计的需求也大相径庭。常见的销售类型包括交易型销售、解决方案型销售和战略型销售。

1. 交易型销售中的薪酬结构

在交易型销售中，客户对价格和服务的便捷性更为敏感。销售人员需要具备快速响应和高效处理订单的能力，同时保持对市场价格和动态的敏锐度。通常，这类销售需要销售人员迅速提供报价、处理订单，推动高交易量来实现利润。因此，企业可采用低底薪、高提成的薪酬结构。这样可以激励销售人员通过更高的成交量来获得收入，提升他们的工作积极性。例如，一家在一个月内完成交易的公司，采用3万元底薪加7万元提成的方式。这种方式确保业绩波动时成本可控，同时激励销售人员追求更高的业绩。

2. 解决方案型销售中的薪酬结构

解决方案型销售涉及较长的销售周期，客户需求更加复杂，通常需要定制化的产品或服务。销售人员不仅要深度了解产品，还需具备分析客户需求、提供量身定制方案的能力。解决方案型销售因销售周期较长，适合采用高底薪、低提成的薪酬结构，确保销售人员能够在项目周期内持续投入。这样可以为销售人员提供稳定的收入，确保他们能够在较长周期的项目中保持积极性。例如，一家 B2B 公司采用"7∶3"的分配模式，即7万元底薪加3万元奖金，这有助于销售人员在长销售周期内保持专注，不因短期收入波动影响工作投入。

3. 战略型销售中的薪酬结构

战略型销售通常面向企业的关键客户，销售周期长、交易金额高，对企业的战略目标至关重要。销售人员的角色更像是客户的长期战略合作伙伴，既要理解自身产品的价值，又要深刻理解客户的业务战略。战略型销售适合采用以高底薪、低提成为主的薪酬结构，以便保障销售人员收入稳定，并激励他们在复杂项目中保持长期的服务和支持。此类销售关系往往需要企业高层的支持和参与，因此薪酬设计还需考虑团队协作和长远的客户关系维护。

控制销售费用率

薪酬设计的关键在于合理的费用分配。通常，销售费用率会控制在一定范围内，如20%。这意味着企业在产生100万元销售额时，会投入20万元用于销售支出，包括工资、提成、奖金、福利和商务费用。为了确保企业盈利能力，薪酬体系的设计要保持在合理的销售费用率范围内，从而在激励销售人员的同时也控制住企业成本。

在薪酬总包（10 万元）的基础上，不同企业会根据销售模式和业务需求，采取适合的底薪与提成比例。例如，对于交易型销售，企业可以采用 3 万元底薪加 7 万元提成的结构；而对于解决方案型销售，企业可采用 7 万元底薪加 3 万元提成的结构。无论选择何种方式，薪酬设计的核心始终围绕总包的额度，在保障成本控制的同时实现有效激励。

销售组织薪酬体系设计的关键在于匹配与一致性。薪酬结构必须与市场阶段、销售类型相匹配，从而有效激励销售人员并保障企业的战略目标落地。对于销售组织而言，合理的薪酬设计不仅是对销售人员的激励，更是实现企业业务目标的重要支撑。

市场阶段、组织规模与干部选拔的匹配

我们探讨了销售组织的规模和销售类型如何与销售人员的能力要求相匹配。本节将重点讨论销售管理干部的选拔，特别是一线销售经理的选拔标准。

销售管理者的核心职责

销售管理者，尤其是一线的销售经理，不仅仅负责自身的销售业绩，更肩负着通过团队达成整体目标的重任。这一角色的核心在于"辅导"和"激励"——帮助团队成员达成目标，并推动他们不断成长。然而，销售经理往往倾向于继续做自己熟悉和擅长的事情，这种倾向可能导致他们在面对管理职责时，偏向亲力亲为。如果销售经理过度介入一线销售工作，会导致团队成员失去锻炼机会，整体能力难以提升，销售经理的精力也会被具体销售事务分散，影响团队的长远发展。

1. 销售经理的双重职责："管事理人"

销售经理的工作可以概括为两大类：管理事务和管理人员，简称"管事理人"。

事情的管理包括对业绩、销售行为、项目等方面的管理。对于 B2B 大客户销售，事情的管理更侧重于项目管理，确保每个项目都按计划推进，达成预期目标。

人的管理涉及情绪管理、培训、辅导和激励等方面。销售经理需要关注团队成员的情绪和状态，提供必要的支持和指导，激发他们的潜力，并保持团队的高昂士气。

2. 销售经理的重要性

从销售组织的角度来看，销售经理的影响力远超过普通销售人员的影响力。优秀的销售经理能够带领普通团队取得不凡的成绩，而对于缺乏领导力的经理，即使拥有能力出色的团队成员，团队的整体表现也可能不尽如人意。销售经理的管理水平决定了团队的凝聚力、协作性和整体战斗力。

3. 销售经理的选拔标准

由于销售经理对团队和销售结果有着直接的影响，其选拔至关重要。优秀的销售经理除了具备销售人员的基本素质，还需要在以下几个方面具备更高的要求：

- 领导力：能够激励并引导团队实现共同目标。
- 教练能力：识别团队成员的优势与不足，提供有效的指导和支持。
- 战略思维：从全局角度出发，落实支持企业战略的销售计划。
- 情商：具备处理复杂人际关系的能力，能够管理团队情绪并营造积极的工作氛围。

此外，销售经理的选拔标准应根据企业所处的市场阶段和组织规模进行调整。对于成长期的企业，销售经理需具备较强的市场开拓和团队激励能力；而在成熟期的企业中，销售经理则需更关注成本控制和团队稳定性。

选拔合适的销售经理，是销售组织成功的关键一步。通过选择具备领导力、辅导能力和战略思维的管理者，企业才能确保销售团队在竞争激烈的市场中保持竞争力，并实现可持续发展。

市场阶段对选拔标准的影响

市场阶段是影响销售管理干部选拔的重要因素，不同的市场阶段对管理策略和技能的要求各不相同，因此选拔标准也要随之调整。

在初创阶段，企业处于探索市场和快速适应变化的阶段，销售经理需具备较强的创新思维和市场开拓能力。此时的选拔标准应注重候选人的创业精神、适应能力和资源整合能力，确保他们能够在不确定的市场环境中识别机会并带领团队突破。

在成长阶段，市场份额扩大和销售效率提升成为核心目标。此阶段的销售经理需具备战略规划能力和丰富的市场拓展经验，能够带领团队在竞争中保持优势。选拔重点应放在候选人能否帮助企业在竞争中脱颖而出，并制定和优化销售策略以推动企业持续增长。

在成熟阶段，企业更注重客户关系维护和销售流程优化。此时，销售经理的选拔标准应偏向客户服务能力、流程管理能力和市场维护策略。管理者的主要任务是巩固企业的市场地位，提高客户忠诚度，并优化流程以提升效率。

组织规模对选拔标准的影响

组织规模同样对销售管理干部的选拔有重要影响，不同规模的企业对销售管理的需求各不相同，选拔标准也应相应调整。

1）小型企业：在小型企业中，销售经理需具备较强的灵活性和多面性。由于资源有限，销售经理往往需要同时担任多项职责，如市场开发、客户服务等。因此，选拔标准应侧重于候选人的快速学习能力、适应性和多领域胜任力。

2）中型企业：随着企业规模扩大，中型企业对管理干部的要求更偏向于专业化和领导力。销售经理应具备专业技能及较强的团队管理能力，为团队提供明确的方向并展示出卓越的领导力。此时的选拔标准应关注候选人是否能够在特定领域展现专业性，并有效管理团队。

3）大型企业：在大型企业中，销售经理不仅需具备深厚的专业知识，还需具备战略思维和管理大型团队的能力。由于团队规模庞大，管理者还需具备良好的组织能力和全局观，能够带领团队达成高目标，选拔标准应偏向候选人的战略规划能力和资源协调能力。

不同市场阶段和组织规模对销售经理的职责和要求有着显著差异。在小型企业中，销售经理需要具备广泛的技能和高度的适应性；在中型企业中，专业能力与团队管理能力成为关键；而在大型企业中，战略思维和大规模团队的管理能力则成为关键。

此外，销售组织在选拔不同层级管理人员时，如销售总监、区域总经理等，需综合考虑岗位职责与企业的市场阶段和规模。在选拔过程中，最为核心的原则是找出最契合当前组织需求和发展阶段的管理人才。与其追求理想化的高标准，不如依据实际情况设定选拔标准。真正符合组织文化、发展需求和市场环境的销售管理者，才能带领团队实现稳步增长，并在激烈的竞争中脱颖而出。

· 第 19 章 ·

组织执行力：超越个人能力的边界

在当今竞争日益激烈的商业环境中，销售组织的执行力已成为实现战略目标的核心驱动力。然而，这种执行力并非仅仅依赖于员工个人的能力，它更依赖于整个组织的协同和支持。

本章将深入探讨销售组织执行力的构建，强调在战略执行过程中，除了个人能力，组织层面的支持、资源配置、流程优化和文化塑造等同样至关重要。为了全面提升销售组织的执行力，下文提出了一系列有效的策略：建立共同目标、采用科学的方法、统一战略思路、使用统一的语言、强化团队协作和持续的执行跟踪等。

通过这些措施，销售组织能够确保战略的有效实施，提高整体业绩，并在市场中获得持续的竞争优势。

战略执行不能完全依靠员工

战略执行是组织获得成功的核心驱动因素之一，而员工无疑是关键力量。然而，当执行效果不佳时，问题常常被过于简化为员工的责任。例如，当业绩不理想时，企业通常会认为这是因为销售人员执行力不足。

然而，这种归因过于片面。销售组织的执行力是整个系统运作状态的体现，而销售人员仅是其中的一个环节。将战略执行不力单纯归结为销售人员的个人执行力不足，往往忽视了组织层面支持与协调的作用。要更全面地理解执行不佳的根本原因，我们需要从以下几个方面进行分析：

1. 战略与执行的分离

在许多组织中，战略制定者和执行者是不同的群体。高层管理者负责制定战略，而员工则负责执行。如果战略目标和意图在传达过程中失真或不清晰，员工可能无法充分理解战略的意义和具体执行的要求，从而导致执行偏差和效果不佳。

2. 资源支持不足

执行战略需要资源保障，如充足的资金、足够的人力和完善的技术支持。如果组织在这些方面存在限制，即使员工有很强的执行意愿，也会因为缺乏资源支持而难以有效执行企业的战略。

3. 组织结构与流程障碍

战略执行往往受到组织结构和流程的影响。僵化的结构或烦琐的流程会使员工的执行效率下降，尽管员工可能具备良好的执行力，但由于内部流程冗长复杂，最终仍难以获得预期效果。

4. 激励机制不足

员工的执行动力与激励机制息息相关。如果激励机制不合理或不公平，员工可能缺乏足够的积极性去高效执行战略。公平、透明的激励机制能够激发员工的潜力，使他们更愿意实现目标。

5. 能力与培训的欠缺

员工的执行力受限于他们的技能和知识水平。若组织未能提供必要的培训或发展机会，员工在执行过程中可能因缺乏技能而受阻。因此，系统化的培训和技能提升是支持战略执行的基本保障。

6. 组织文化和价值观

组织文化和价值观直接影响员工的行为方式。如果企业文化不鼓励创新、承担风险，员工在执行过程中会倾向于保守，从而影响战略目标的实现。积极的企业文化能够鼓励员工更主动地参与和支持战略的落实。

7. 领导力的作用

领导力在战略执行中至关重要。优秀的领导者可以为团队提供清晰的方向、决策支持和执行指导。如果缺乏有效的领导力，员工可能在执行过程中缺乏指导，导致执行偏差。

8. 外部环境的变化

外部因素（如市场条件、竞争对手动态和政策变动等）也可能影响战略执行效果。这些外部环境的变化往往超出员工的控制，可能导致执行偏差。因此，组织需要在战略制定时充分考虑外部环境的不确定性，并具备灵活的应对机制。

9. 信息不对称

组织内部的信息不对称会导致员工在执行战略时缺乏准确的信息，从而影响执行的效率和准确性。畅通的信息传递渠道可以帮助员工更全面地理解战略目标，提高执行的精确性。

10. 变革管理的缺失

战略的执行通常伴随组织变革。如果组织缺乏有效的变革管理措施，员工可能对变革产生抵触，甚至导致执行阻力。因此，建立有效的变革管理流程对于战略执行至关重要。

尽管员工在战略执行中扮演着重要角色，但组织的支持同样不可或缺。为保证战略的有效实施，组织必须在多方面提供支持，包括资源配置、流程优化、激励机制、领导力发展、员工培训和文化塑造等。

销售组织应注重系统化的组织执行力，而不仅仅是个别销售人员的执行表现。这意味着，成功的战略执行依赖于整个团队的协作和系统支持，而非仅仅依靠某一位销售人员的个人表现。

销售组织执行力的提升：实现战略目标的关键

对于销售组织而言，真正的核心是构建整体的组织执行力，而不仅仅依赖于个别销售人员的个人执行力。组织执行力的提升依赖于各要素的协同作用，确保团队成员在目标一致、方法科学、思路统一的基础上，发挥协作精神，并依赖数据驱动的执行跟踪。通过设定共同目标、应用科学方法、统一思路、沟通语言一致、强化团队协作和完善执行跟踪，销售组织能够构建起稳固的执行力文化，从而有效地推进企业战略目标的高效实现，并在市场中取得持续的成功。

销售组织的核心使命是实现业务战略的有效落地，并达成业绩目标。为了达成这一目标，销售组织不仅需要建立合适的营销体系，还需要不断增强整体的组织执行力。提升销售组织的执行力对企业的成功至关重要。一个高效的销售组织通常具备以下关键特征：

1. 共同的目标

共同的目标是销售组织执行力的基石。只有当所有团队成员对组织的使命、愿景和核心价值观有清晰的认同，并围绕一致的销售目标展开工作时，才能确保高效的协同与执行。如果团队成员的目标不统一，不同的努力方向和利益就会导致资源浪费和执行的分歧，进而影响整体业绩的达成。正如《孙子兵法》所言："上下同欲者胜。"在销售组织中，"同欲"指的是所有成员都朝着同一个方向努力，紧密配合，共同达成战略目标。

为了确保共同目标的实现，销售组织应通过定期沟通会议、目标设定研讨会和绩效回顾等形式，持续强化团队成员的目标一致性。这些活动不仅可以帮助团队成员明确自己的角色与责任，还能激发他们的积极性和参与感，使每个人都感到自己在实现团队目标中的重要性。同时，销售组织应确保在目标设定时充分听取各方意见，使目标不仅具挑战性，同时也具备可操作性，从而提升团队成员对目标的认同感与执行力。

2. 科学的方法

科学的方法是支撑销售组织执行力的重要因素。系统化、数据驱动的营销策略和管理方法构成了这一核心框架。科学的方法不仅确保销售活动有章可循，更能通过精确的分析与预测提升执行的精准度与效果。

首先，对市场的深入分析是科学方法的基础。销售组织应通过市场调研、竞争分析和趋势预测等方式，全面了解目标市场的动态，进而细分客户群体。这种细分能够帮助销售团队识别潜在客户，并制定更具针对性的销售策略。

其次，制定科学的销售策略是提升执行力的关键。销售策略应基于数据分析和客户洞察，明确销售目标、行动计划和可量化的 KPI（关键绩效指标），确保销售活动的每一步都能围绕总体战略展开，并且执行具有可操作性和可测量性。

此外，销售管理的标准化也是科学方法的关键组成部分。通过统一的流程、标准化的工作方法和明确的责任划分，销售团队可以在规范的框架下高效运作，从而避免混乱和重复劳动，确保执行不偏离轨道。

借助 CRM（客户关系管理）系统和其他数据分析工具，销售组织能够实时跟踪销售活动、分析客户行为，并预测市场趋势。这些工具为销售团队提供了精准的决策支持，使每一项行动都能在数据的指导下进行调整和优化，最终提升组织整体的执行力和市场反应速度。

通过这些科学方法的应用，销售组织不仅能提高执行的精准度，还能在动态的市场环境中快速适应和调整，确保销售目标的实现。

3. 统一的思路

统一的思路是销售团队高效协同的关键，它确保团队成员在应对市场和客户时能够保持一致的行动方向。只有当所有成员对企业文化、价值观和销售策略有深入的理解，并在实际操作中保持高度一致时，销售组织才能形成强大的合力，快速应对各种市场挑战。

统一的思路首先体现在对企业文化和价值观的认同上。团队成员需要在日常工作中贯彻企业的核心理念，确保在执行策略时，所有决策和行为都能符合企业的长远目标和经营理念。这种文化上的一致性为团队成员提供了坚实的行动基础，使他们都能在相同的价值框架下展开合作与决策。

其次，统一的思路还体现在对销售策略的认同与执行上。团队成员不仅要理解当前的销售策略，还要在具体的客户互动和市场操作中贯彻这一策略。这需要通过定期的培训、分享会和领导示范作用，帮助团队成员掌握统一的思路和执行方法。领导的示范作用尤为重要，销售管理者和团队领导需通过自己的行为展示如何将企业战略和文化转化为具体的销售行动，并激励团队成员共同朝着目标前进。

更为重要的是，统一的思路还体现在对市场变化的快速反应和对客户需求的精准把握上。销售团队需要具备敏锐的市场洞察力，并在统一思路的基础上，灵活调整策略以应对市场环境的变化。通过共享市场信息、客户反馈和销售数据，团队成员能够在快速变化的市场中迅速做出调整，确保销售策略始终与市场需求保持一致，进而提升客户满意度和业绩表现。

统一的思路不仅仅是销售策略的一致执行，更是销售团队在面对外部挑战时的敏捷反应和内在凝聚力的体现。通过深入的文化建设、持续的团队培训和领导的引领，销售组织能够在动态的市场环境中保持灵活性与一致性，并实现长期的持续增长。

4. 同一种语言

同一种语言不仅仅指在沟通中使用相同的术语和表达方式，更强调团队内部和对外沟通中的共识与理解。无论是在组织内部还是与客户的交流中，统一的语言能够减少误解、提升沟通效率，确保信息的准确传递和决策的迅速执行。

在组织内部，建立清晰的沟通机制和信息共享体系是实施"同一种语言"的关键。这意味着所有团队成员在日常工作中使用一致的术语、标准化的表达方式，并且能够理解彼此的意图与工作重点。这种统一性帮助减少不同部门或团队之间的隔阂，确保信息的准确流通，避免因表达不清或理解偏差造成的错误决策或重复劳动。通过定期的沟通会议、文档规范和跨部门协作，销售组织能够确保每个成员都在同一个"频率"上工作，从而提升决策效率和执行速度。

对外时，同一种语言的应用则体现在与客户的沟通中。销售人员需要能够用客户易于理解的方式传递信息，使客户感受到他们的需求被真正理解和重视。这种方式不仅仅是语言的选择，更是态度和情感的传递。销售人员应具备敏锐的洞察力，能够根据客户的需求、背景和文化差异调整沟通策略，确保信息的传递既清晰又符合客户的接受方式，促进客户关系的建立和维护。

此外，同一种语言的建立也能强化销售团队的凝聚力。当团队成员能够用一致的语言讨论问题、制定战略和分享成功经验时，整个组织的执行力和响应速度都会得到显著提升。

"同一种语言"是销售组织高效运作和客户关系管理的基础，通过建立清晰的沟通标准和共享信息平台，销售团队不仅能提高内部协作的效率，也能更好地服务客户，推动业绩增长。

5. 团队协作

团队协作是销售组织执行力的核心部分，它要求团队成员超越个人利益，共同努力实现组织的战略目标。高效的团队协作不仅能提升工作效率，还能增强团队的凝聚力和执行力，确保销售活动的顺利推进。

团队协作的基础是相互尊重、信任和支持。每个成员都需要尊重其他人的意见和工作方式，建立信任关系，只有这样，团队才能在面对挑战时团结一心，解决问题。当团队成员相互支持、互为补充时，他们的优势能够得到充分发挥，彼此间的协作也会变得更加顺畅。

为了增强团队协作精神，销售组织可以通过定期的团队建设活动，帮助成员在轻松的环境中相互了解、加强合作。这些活动不仅能增进彼此之间的信任和友谊，还能有效提升团队的凝聚力，使团队在面对压力时能够共同应对。此外，合理的角色分配和责任划分是团队协作的必要条件。每个成员都需要明确自己的职责，了解团队中的分工，避免重复劳动和资源浪费。在明确职责的基础上，团队成员可以高效协作，确保每个环节都能顺利执行。

团队协作不仅限于团队内部的合作，还涉及跨部门的协作。在销售组织中，销售目标的达成往往需要其他部门的资源和支持。例如，市场部门提供的客户数据、产品研发部门的支持、客服团队的反馈等，都对销售目标的实现起到了重要作用。因此，销售团队需要与其他部门保持良好的沟通与协作，确保各方资源能够有效整合，共同推进企业目标的达成。

通过强化团队协作，销售组织不仅能够提高内部执行力，还能提升整体的工作效率与市场适应力，确保在激烈的市场竞争中获得成功。

6. 执行跟踪

执行跟踪是确保销售策略和计划有效实施的关键环节。一个完善的执行跟踪体系不仅帮助销售组织监控销售活动的进展，还能使销售组织通过数据分析和市场反馈及时发现问题并进行调整，从而保证销售目标的实现。

首先，销售组织需要建立一套完整的监控和评估体系。这包括定期的绩效评估、销售数据分析以及对市场反馈的收集。通过定期的绩效回顾，管理者能够检查各项销售活动的实施效果，确保每个团队成员的工作都符合既定的目标和标准。与此同时，销售数据分析提供了量化的依据，帮助管理者识别哪些策略有效，哪些需要优化。

其次，市场反馈也是执行跟踪的重要组成部分。销售组织应该主动收集来自客户和市场的反馈，了解客户需求的变化以及竞争对手的动向。及时调整销售策略，根据市场的动态进行改进，是确保销售执行力持续有效的关键。

另外，执行跟踪还包括对团队成员的激励与支持。销售人员的积极性和执行力直接影响销售目标的达成，因此，除了监督团队成员的业绩，组织还需要通过有效的激励机制和支持措施，保持他们的动力。这不仅包括物质激励，也包括精神上的认可和支持，帮助销售人员保持高效的工作状态。

总的来说，执行跟踪并非单纯的监督，更是动态调整过程。销售组织应通过科学的数据分析、市场反馈收集、绩效评估和团队支持，确保每项销售活动都能够在实际操作中得到优化，持续推动销售目标的实现。

对于销售组织而言，提升整体的执行力是至关重要的，这一过程依赖于多个要素的协同作用。通过共同目标的设定、科学方法的应用、思路的统一、沟通语言的一致、团队协作的强化和执行跟踪的完善，销售组织能够构建起强大的执行力文化。最终，销售团队将能够有效推进企业战略目标的高效实现，并在竞争激烈的市场中持续获得成功。

· 第 20 章 ·

借力 AI，提升销售组织的执行力

为了打造最强销售组织执行力，正确的营销策略、高效的组织保障体系和最佳的销售管理方法缺一不可，它们共同构成了一个完整的销售体系。只有在这三个要素的有机结合下，销售组织才能形成高效运作的合力，确保战略目标的顺利实现。

然而，要建立起一个真正强大的销售体系，关键在于打造具备自我驱动能力的高效系统，而这一切的核心就是执行力。强大的执行力能够确保每一个战略决策都能够迅速落地并取得成效，推动组织持续成功。

近年来，AI 的快速发展为提升销售组织的执行力提供了全新的手段和动力。AI 不仅能够帮助销售团队更精准地挖掘潜在客户、优化销售过程管理，还能在销售人员的培训和发展方面发挥重要作用。通过智能化的工具和技术，销售组织能够提高工作效率，减少人为错误，并在多变的市场环境中实现更灵活的应变。

在本章中，我们将重点探讨 AI 在三个关键销售活动中的应用：销售线索挖掘、销售过程管理和销售人员培养。销售组织借助 AI 不仅能够优化传统的销售流程，还能通过精准的数据分析和智能化决策，大幅提升组织的执行力，加速战略的落地，推动业务的快速增长。

AI 在销售线索挖掘中的应用

挖掘销售线索是销售工作的起点，它为销售团队提供了潜在客户资源和机会，决定了销售目标是否能够顺利实现。传统的线索挖掘通常依赖人工手动筛选，既费时又烦琐，而且线索的质量和精准性往往无法得到保障。因此，许多销售团队面临着线索挖掘效率低下和质量不高的问题。随着 AI 技术的迅速发展，AI 不仅优化了销售线索的精准性，还大幅提升了销售流程的自动化水平，降低了人工操作的错误率。通过 AI 技术，销售团队能够更加高效、精准地识别潜在客户，推动销售目标的实现。

AI 在销售线索挖掘中的应用具有以下几大优势，能够显著提高销售组织的效率和执行力。

1. 实现海量数据的筛选与模式识别

AI 通过强大的大数据处理能力和机器学习算法，能够自动从海量数据中提取并识别出潜在客户的特征和行为模式。与传统的手工筛选不同，AI 可以从多个来源收集和分析数据，这些数据来源包括社交媒体平台、搜索引擎、CRM 系统、第三方数据平台等，几乎涵盖了客户的各类活动和兴趣点。AI 不仅能识别潜在客户的基本信息（如公司规模、行业类型等），还能够深入挖掘客户的行为数据和兴趣偏好，从而建立起更加精准的客户画像。

通过 AI 的模式识别能力，销售团队能够更好地洞察客户的需求和购买意图。例如，AI 能够分析客户的网络行为，如浏览的网站页面、搜索的关键词、社交媒体的互动等，从中识别出具有购买潜力的客户。AI 还可以通过分析客户的过往交易记录、客户生命周期和市场趋势等数据，预测哪些客户最有可能转化为实际买家，从而帮助销售团队聚焦于最有潜力的线索，显著提高线索的转化率。

2. 实现自动化与效率提升

AI 技术能够自动处理大量的烦琐任务，大大减轻了销售团队的负担。例如，AI 可以自动完成数据录入、线索分类、评分、分配等工作，减少了人工操作带来的时间浪费和错误。在传统的销售流程中，销售人员通常需要花费大量时间在数据录入和整理上，这不仅低效，而且容易导致重要线索的遗漏。借助 AI，销售人员能够通过自动化的流程快速获取已筛选和分类的高质量线索，从而把更多的精力集中在客户沟通和关系管理上。

AI 还能够根据客户的特征和兴趣自动为其分配最合适的销售人员，从而提升销售团队的效率。通过 AI 驱动的自动化工具，整个销售线索的生命周期管理从生成、分配到跟进都可以实现自动化。这不仅节省了大量时间，也减少了人为错误，提高了销售活动的精准度和执行力。销售团队可以更专注于高价值客户，提升销售效率和质量，同时提高线索的转化率。

3. 实现个性化营销与精准的客户管理

AI 赋能销售团队更好地进行个性化营销和精准的客户管理。通过深度分析客户的行为、购买历史、互动内容等数据，AI 能够帮助销售人员洞察客户的需求和兴趣点，从而为每个客户量身定制营销策略。传统的营销往往依赖于粗放式的推广，而 AI 的精准分析使营销活动能够精确触及每个客户的痛点和需求，实现真正的个性化营销。

例如，AI 能够基于客户的浏览记录、搜索历史和购买习惯，自动推荐相关产品或服务，向客户推送个性化的促销信息。AI 还能够实时分析客户与销售人员的互动历史过程，帮助销售人员了解客户的最新需求和购买意图，从而制定更合适的沟通策略。通过这种个性化的营销方式，销售团队能够提升客户的体验和满意度，增加客户的参与度和忠诚度，进而显著提高销售转化率。

AI 还能够在客户管理方面发挥重要作用。通过对客户生命周期的深入分析，AI 可以帮助销售人员跟踪客户的需求变化、购买频率和行为模式，为客户提供更加精准的服务和建议。同时，AI 还可以帮助销售团队识别潜在的客户流失风险，并通过预警机制及时采取行动，最大化客户的生命周期价值。

4. 实现实时指导与反馈

AI 不仅能在销售线索的挖掘阶段提供帮助，在实际的销售互动过程中，它同样能够为销售人员提供即时的指导和反馈。销售人员在与客户进行交流时，常常会遇到各种不同的场景和挑战，AI 通过实时分析客户的反馈、行为和情绪，及时为销售人员提供指导建议。AI 能够根据客户的反应，预测客户的购买决策过程，并为销售人员提供最适合的销售话术、产品推荐和解决方案。

例如，AI 可以实时分析客户在网站上的行为模式，如停留时间、点击频率等，判断客户的兴趣点，从而为销售人员提供具体的销售建议。如果客户对某一产品表现出兴趣，AI 会建议销售人员深入介绍该产品的优势或相关功能，以便提高成交的可能性。AI 还可以根据客户的购买意图、情绪反应和对话内容，实时调整话术和推销策略，帮助销售人员抓住最佳销售时机，提高成交率。

这种实时的指导和反馈，不仅能够提高销售人员的应变能力，还能增强他们的信心和决策效率。通过 AI 的支持，销售人员能够更加精准地把握客户需求，快速调整策略，从而提升销售表现。

5. 实现精准的客户画像与精准营销

AI 的强大能力还体现在客户画像的构建上。通过对客户的多维度数据进行整合和分析，AI 能够为销售团队提供更加精准和动态的客户画像。与传统的客户管理方式相比，AI 可以通过自然语言处理、情感分析等技术深入挖掘客户需求和行为模式，更全面地了解客户的个性特征、购买习惯和决策因素，从而为销售团队提供更加科学的营销依据。

AI 技术能够根据客户的行为数据、历史交互记录、社交媒体活动等，绘制出更为精准的客户画像，帮助销售人员深入了解客户的需求、购买周期、潜在意图等信息。这些精准的客户画像不仅能够帮助销售团队更好地筛选出最具潜力的目标客户，还能指导营销活动的策划和执行。通过 AI 生成的客户画像，销售人员能够更好地制定个性化的沟通策略、营销活动和定价方案，提高营销效果，提升客户的转化率和忠诚度。

此外，AI 能够基于客户画像及其历史行为数据预测客户未来的需求趋势，帮助销售团队提前准备，针对性地进行市场推广。通过这种精准的客户洞察，销售组织能够更高效地分配资源，获得更高的投资回报率。

AI 技术在销售线索挖掘中的应用，显著提升了销售团队的工作效率和线索转化率。通过 AI 的数据筛选与模式识别、自动化流程、个性化营销、实时反馈和精准客户画像等功能，销售组织能够更精准地识别和跟进潜在客户，推动销售目标的顺利实现。AI 技术不仅减少了人为操作的错误和时间浪费，还提升了销售团队的执行力，使其能够更加高效地管理客户关系，提升客户体验，最终推动销售业绩的增长。

AI 在销售过程管理中的应用

销售过程管理是整个销售活动的核心，它涵盖了从潜在客户的接触到成交的每一个环节。高效的销售过程管理不仅有助于提升销售团队的执行力，还能确保团队在统一目标和策略下高效协作。AI 技术的引入，使销售过程的各个环节更加智能化、自动化，从而提高了管理效率、降低了人工错误，并推动了销售团队整体表现的提升。以下是 AI 在销售过程管理中应用的几个重要方面：

1. 自动化报告生成

在传统的销售过程中，报告的生成通常是一项烦琐且耗时的任务。销售人员需要手动收集数据、整理信息并编写报告，这不仅浪费时间，也增加了出错的概率。而通过 AI 的应用，报告的生成过程可以实现自动化，从而提高效率并降低人工干预的必要。

AI 系统能够整合来自不同渠道的销售数据、客户反馈和沟通记录，自动生成日报、周报或月报等报告。例如，利用生成式 AI（如 ChatGPT 等）可以迅速撰写出条理清晰、内容翔实的报告，涵盖销售活动的进展、客户互动情况、产品需求趋势等信息。AI 可以通过自然语言处理技术分析销售数据，并将其转化为易于理解的总结与洞察，帮助销售人员省去烦琐的手工操作，将更多精力投入到客户开发和销售策略的优化中。

这种自动化的报告生成不仅提高了报告的时效性，也为销售经理和团队领导提供了更精确的决策依据，便于他们快速了解团队的执行情况，发现潜在的问题，并调整策略。

2. 数据分析与沟通记录管理

在销售过程中，销售人员与客户的沟通是至关重要的。无论是电话、邮件还是面对面的会议，沟通内容中蕴含了大量的宝贵数据。传统的销售记录管理往往依赖人工输入，容易造成信息丢失和处理滞后，而 AI 的引入则彻底改变了这一局面。

AI 系统能够自动分析并整合销售人员与客户的沟通记录，包括文字、语音、视频内容等，并将其转化为可视化的数据。通过对客户沟通的深入分析，AI 可以帮助销售团队实时掌握客户的需求和反馈。比如，AI 可以根据客户在表达中展现的情绪、需求变化、购买意向等数据，自动分类和标记客户的沟通内容，帮助销售人员了解客户的真实需求并做出快速反应。

此外，AI 还能够通过语音识别和自然语言处理（NLP）技术，将电话沟通、会议记录等内容转化为文本数据，并对其进行深入分析。这种数据分析不仅能够帮助销售经理和团队了解客户的真实需求，还能识别出销售过程中可能存在的盲点或低效环节，从而优化销售策略，提高客户满意度。

3. 精确的流程监控与反馈机制

销售流程的每一环节都至关重要，任何环节的偏差都可能导致销售机会的流失。AI 技术的引入使销售流程的每一个环节都能够得到精确监控和实时反馈，确保销售活动的高效执行。

AI 可以基于客户的反馈和销售活动的实时数据，自动分析销售进程。例如，系统可以分析客户对产品的兴趣程度、购买意图、预算范围等，通过自动评分机制对客户线索进行优先级排序。这不仅能够帮助销售人员聚焦最具潜力的客户，还能实时跟踪销售过程中的每一个关键节点，及时发现可能的问题并提出改进建议。

例如，AI 可以在分析出客户对某一类产品表现出极高的兴趣时自动发出提醒，建议销售团队立即跟进该客户，进行进一步沟通。而对于冷淡的客户，AI 可以建议推迟跟进，避免浪费不必要的资源。此外，AI 还能够根据历史数据和销售人员的行为模式提供个性化的销售建议，帮助销售人员不断调整策略，提升销售效率。

通过 AI 的智能化流程监控，销售团队可以更好地管理销售活动中的每一环节，从而避免遗漏关键的销售机会，并提高整体的执行效率。

4. AI 赋能的 CRM 系统

传统的 CRM（客户关系管理）系统主要用于记录客户信息和管理客户关系，但随着客户数据量的增加和需求的多样化，传统的 CRM 系统在分析和决策方面的能力往往受到限制。而 AI 赋能的 CRM 系统则通过数据挖掘、机器学习和自然语言处理等技术，提升了客户数据的分析能力，使销售团队能够更精准地预测客户需求、制定个性化的销售策略，并有效管理客户关系。

AI 赋能的 CRM 系统能够自动识别和分析客户的行为、兴趣和偏好，帮助销售团队实时获取客户的动态信息。例如，AI 可以通过分析客户的在线活动（如访问网页、点击广告、社交媒体互动等）来预测客户的购买意图，并为销售人员提供个性化的行动建议。通过对客户历史行为的分析，AI 还能够为销售人员提供客户的购买潜力评分，帮助他们确定哪些客户最具价值，优先跟进。

AI 赋能的 CRM 系统还能够通过机器学习不断优化客户管理策略。例如，AI 可以根据客户的互动数据优化客户分类和分配策略，自动生成客户偏好分析报告和行为预测报告，从而帮助销售团队制订更加精准的营销方案。AI 还可以实时跟踪客户的需求变化，帮助销售人员在客户生命周期的不同阶段制定最合适的跟进策略，提高客户满意度和忠诚度。

通过 AI 赋能的 CRM 系统，销售团队能够更好地理解客户需求、提高数据利用效率并优化客户服务，从而实现客户关系的长期维护和商业价值的持续增长。

5. AI 应用案例

AI 客服机器人在销售和客户服务中被广泛应用，能够全天候提供自动化的客户支持，解答客户查询、处理订单问题并提升客户满意度。通过自然语言处理

（NLP）技术，AI 客服机器人能够与客户进行智能对话，提供及时有效的解决方案。例如，AI 客服机器人能够 24 小时响应客户需求，无论是产品查询、订单更新还是常见问题解答，均能提供即时反馈。此外，AI 客服机器人还具备情感分析功能，可以通过分析客户的语言和情感变化，及时调整沟通策略，从而提升客户满意度并降低客户流失的风险。

AI 外呼机器人（或自动外呼系统）在营销和客户管理中同样发挥着重要作用。AI 通过自动拨打电话与客户进行互动，处理销售活动、客户满意度调查和催款等任务。外呼机器人的主要优势在于其能够执行大量任务，节省人工成本，同时实现高效的客户互动。在电话销售方面，AI 外呼机器人能够根据预设脚本与客户进行对话，推销产品和介绍促销活动，从而有效提高销售人员的工作效率。此外，AI 外呼机器人还可用于自动化客户满意度调查，收集客户反馈并优化服务质量。对于需要催款的企业，外呼机器人能够高效执行拨打催收电话的任务，大幅提高催款效率。

AI 在销售过程管理中的应用，大大提升了销售团队的执行力和工作效率。通过自动化报告生成、数据分析与沟通记录管理、精确的流程监控与反馈机制以及 AI 赋能的 CRM 系统，AI 技术不仅优化了销售流程，减少了人工错误，还为销售团队提供了实时的数据支持和决策依据。借助 AI，销售团队能够更精准地把握客户需求，制定个性化的销售策略，优化销售过程中的每一个环节，从而实现销售目标的高效达成，推动业务增长并提升市场竞争力。

AI 在销售人员培养中的应用

销售人员是销售组织的核心资源，其专业能力和应变能力直接影响到销售业绩和组织执行力的提升。随着 AI 技术的不断发展，越来越多的销售组织开始利用 AI 工具提升销售人员的培训效果和整体素质。AI 不仅能够通过创新的培训手段帮助销售人员快速提升技能，还能通过智能化的学习系统为他们提供定制化的成长路径。以下是 AI 在销售人员培养中的几个关键应用：

1. 模拟实战训练

AI 可以创建逼真的虚拟销售场景，模拟各种客户需求和反应，让销售人员在没有风险的环境中进行实战训练。这种训练方式不仅能够提升销售人员的应变能力，还能帮助他们提高对不同类型客户的处理技巧。例如，AI 可以根据不同的客户类型，模拟价格敏感型客户、注重技术细节的客户、情绪化的客户等，销售人员通过与这些虚拟客户互动，在实践中学习如何更有效地调整沟通策略和处理方案。

AI 模拟实战训练的优势在于其高度个性化和可重复性。销售人员可以根据自己的需要反复进行某一场景的训练，不断优化自己的应对技巧，而不用担心因实际沟通失误而影响客户关系。通过反复演练，销售人员不仅能提升自己的自信心，还能在面对真实客户时做出更快、更准确的反应，从而提升成交率。

此外，AI 还可以通过数据分析帮助销售人员识别在不同情境下的强项和弱项，提供定制化的训练方案。比如，如果某个销售人员在面对价格敏感型客户时表现较差，AI 系统可以根据过往的互动数据提供建议，并通过进一步的训练来提高其应对技巧。

2. 实时指导与反馈机制

AI 智能陪练系统能够对销售人员的对话表现进行实时监控，并提供即时反馈和改进建议。这种实时反馈机制不仅帮助销售人员发现自己的沟通盲点，还能促使他们快速调整策略，提高客户沟通效率。例如，AI 系统可以分析销售人员的语言表达、语气、语速、措辞和客户的反应，评估沟通效果并提供具体的改进建议。

对于每一位销售人员，AI 可以根据其历史表现和客户反馈，制定个性化的改进建议。例如，如果销售人员在与客户的互动中语气过于生硬，AI 建议调整语调和用词，使沟通更加友好和贴心。如果某位销售人员在推销某种产品时未能有效引导客户关注关键卖点，AI 可以提示并给出更合适的沟通方式。

这种即时反馈机制为销售人员提供了一个持续学习和进步的机会，使他们能够不断优化自己的沟通技巧，并将这些技巧迅速转化为实际的销售成绩。这不仅提高了销售人员的专业素质，也加速了其职业成长进程。

3. 知识管理与测试

AI 在知识管理方面发挥着越来越重要的作用。销售人员需要掌握大量的产品知识、市场信息、客户需求分析等内容，而这些知识需要及时更新并整合。AI 通过自然语言处理和数据挖掘技术，能够从海量的信息中自动提取出关键信息，并通过智能化的方式组织成易于理解的知识库，使销售人员能够快速获取所需的信息。

此外，AI 还可以通过智能测试系统对销售人员的知识掌握情况进行定期考核，确保他们能够将所学的知识有效地转化为实际的销售能力。与传统的考试模式不同，AI 驱动的测试系统可以根据销售人员的知识掌握情况动态调整测试难度，确保每位销售人员都能在最适合自己的难度下进行学习。

AI 还能够实时跟踪销售人员的学习进度和知识掌握情况，帮助企业及时识别知识盲点或培训薄弱环节。基于这些数据，AI 系统可以自动推荐个性化的学习资源，并为销售人员提供定制化的学习路径，从而帮助他们弥补不足并提升综合能力。

4. AI 销售助手

AI 销售助手是现代销售人员的重要得力助手。通过自然语言处理技术，AI 销售助手能够与客户进行实时对话，并为销售人员提供即时的沟通建议和客户需求分析。这种实时协作不仅提高了销售人员的工作效率，还极大地改善了客户体验，使销售过程更加流畅、自然。

AI 销售助手可以帮助销售人员了解客户的兴趣点、情绪变化、购买意图等重要信息。例如，AI 可以分析客户的浏览行为、互动历史、社交媒体动态等，帮助销售人员识别客户的真实需求。根据这些数据，AI 助手能为销售人员提供个性化的沟通策略建议，例如在客户对价格敏感时推荐强调产品的性价比，当客户关注产品的技术细节时建议提供更加详细的技术参数。

此外，AI 销售助手还可以在销售人员与客户对话时，实时分析客户的情绪和反应，并根据这些分析给出建议。例如，客户在对话中表现出疑虑时，AI 销售可以提示销售人员提供更多的有效信息以建立信任，或根据客户的具体需求调整推销话术。通过这种智能化的协助，销售人员可以更精确地把握客户需求，并及时调整沟通策略，从而提升成交率。

AI 销售助手不仅能够提高销售人员的工作效率，还能帮助销售团队在客户沟通中保持高水平的一致性和专业性，确保销售活动始终符合企业的标准和客户的需求。

AI 在销售人员培养中的应用，极大地提升了销售团队的整体素质和应变能力。通过模拟实战训练、实时指导与反馈机制、知识管理与测试以及 AI 销售助手等手段，AI 不仅帮助销售人员快速提升专业技能，还能通过个性化的学习路径和实时反馈机制，加速其成长过程。这种智能化的培训方式不仅能够让销售人员在短时间内掌握核心技能，还能使他们在实际销售过程中更加高效、精准地服务客户，从而提升销售组织的整体执行力。

行业差异化需求：AI 的应用因行业而异

在不同的行业中，AI 的应用需求和方式会有所不同，尤其是在 B2B 和 B2C 销售中。这种行业差异化需求决定了 AI 技术的重点应用方向和策略。

1. B2B 销售：长期客户关系管理

B2B 销售通常注重建立长期的客户关系，销售周期较长且复杂。因此，AI 在 B2B 销售中的应用，主要集中在提高销售团队在客户关系管理、需求预测和销售流程优化中的效率。

首先，AI 在客户生命周期管理中的应用尤为重要。通过大数据分析，AI 能够帮助销售团队预测客户的未来需求，并建立动态的客户生命周期管理系统。基于对客户历史数据的深入分析，销售团队可以更精确地制定长期的跟进策略和个性化的销售计划，从而提升客户忠诚度并确保持续的业务增长。

在销售预测和需求分析方面，AI 同样发挥着重要作用。通过整合历史交易数据、市场趋势和客户互动信息，AI 能够提供更为精准的销售预测。这一预测能力帮助销售经理优化资源分配和调整销售战略，确保销售团队在不断变化的市场中保持竞争力。

此外，AI 还能够帮助 B2B 销售团队制订个性化解决方案。通过深度学习客户的业务需求、痛点和行业趋势，AI 可以为销售团队提供更有针对性的产品或服务推荐。通过这种个性化的解决方案，销售团队能够提高客户满意度，进而提升转化率，推动销售业绩的增长。

2. B2C 销售：个性化营销与推荐引擎

与 B2B 销售不同，B2C 销售通常注重快速、个性化的营销，特别是在数字化渠道上，如何根据客户的即时需求进行精准营销成为 B2C 销售的核心要点。在这种背景下，AI 在 B2C 销售中的主要应用集中在个性化营销和推荐引擎上。

首先，个性化推荐引擎是 AI 在 B2C 销售中的关键应用之一。AI 可以基于客户的历史购买行为、搜索历史和社交互动数据，实时生成个性化的产品推荐，从而推动更多的即时购买。通过这种推荐系统，B2C 品牌能够在合适的时间向客户推荐最相关的产品，不仅提升了客户的购物体验，还显著提高了转化率。

此外，AI 在实时数据分析和互动中的应用也至关重要。通过对客户实时行为的分析（例如，点击率、停留时间、互动反馈等），AI 可以为销售团队提供即时的市场反馈，帮助团队及时调整营销策略和优化产品展示。通过不断分析客户的互动情况，销售团队能够快速响应市场需求，确保产品展示更加吸引客户，从而提升销售效果。

最后，精准广告投放是 B2C 销售中另一项关键应用。AI 结合客户数据，能够帮助企业在最佳时机通过精准的广告投放吸引潜在客户。AI 通过实时分析和反馈，不仅能确保广告内容更迎合客户的兴趣，还能最大限度地提高广告投资回报率，确保企业的广告支出能够带来最大化的收益。

3. 行业对比与细分

在 B2B 和 B2C 销售的 AI 应用中，最大的区别在于销售目标和客户管理的方式。B2B 销售依赖长期的客户关系管理和需求预测，而 B2C 销售则侧重个性化、即时性和情感化的客户体验。随着 AI 技术的不断进步，不同行业的销售组织需要根据其特点和需求灵活选择和应用 AI 工具，实现精准营销和高效执行。

AI 赋能销售组织执行力的提升

随着市场竞争的日益激烈，销售组织面临的挑战也在不断增多。为了提高销售效率和执行力，企业需要在各个销售环节中实现智能化管理与流程优化。AI 技术为销售组织的执行力提升提供了强大的支持，从销售线索挖掘、销售过程管理到销售人员的培养，AI 能够帮助企业构建一个高效的销售闭环，全面提升销售组织的整体执行力。以下是 AI 在整体执行力提升中的核心价值：

1. 全流程的智能化管理

AI 的最大优势是在销售流程中的全程智能化管理。从销售线索的挖掘到客户数据的管理，再到销售过程的跟踪，AI 通过自动化和智能化的手段极大地提高了销售流程的效率和准确性。在销售线索挖掘阶段，AI 能够精准筛选出潜在客户，识别出有转化潜力的线索；在销售管理中，AI 通过客户数据的分析，提供精准的客户画像，帮助销售人员在合适的时机进行跟进；在销售跟进阶段，AI 可以通过智能化的提醒与优化，帮助销售团队提高跟进的时效性与效果。

通过 AI 赋能，销售团队能够在不增加人力资源投入的前提下，全面提高工作效率，从而加速销售周期，提高销售转化率。此外，AI 还能够通过自动化的流程监控，帮助管理层实时跟踪销售进度，及时发现潜在问题并进行优化调整，从而保证销售活动的顺利进行，提升销售执行力。

2. 实时决策与优化

销售组织的执行力提升离不开决策的灵活性与及时性。AI 在销售管理过程中能够提供强大的数据分析和市场预测能力，帮助销售团队基于实时数据迅速做出调整和决策。通过对客户行为、市场趋势和销售业绩的实时分析，AI 能够为销售人员和管理层提供精准的见解和建议，从而帮助企业抓住更多的销售机会。

例如，AI 能够通过对大量销售数据的分析，预测某一特定客户群体的购买意图和偏好，使销售团队能够在最适合的时机进行精准推销，避免因资源配置不当而造成的浪费。此外，AI 还能够实时分析客户反馈和市场动态，迅速调整销售策略，避免策略执行中的偏差，确保销售决策的高效性和准确性。通过这种实时决策和优化，企业能够更加灵活地应对市场变化，快速抓住潜在商机，提升销售组织的整体执行力。

3. 个性化与精准性

现代销售的成功不仅依赖于执行力的提升，还需要在客户服务和市场拓展方面做到精准化和个性化。AI 通过深入的客户画像构建和行为分析，帮助销售团队了解每一位客户的需求和偏好，从而制定个性化的营销和沟通策略。通过精准的客户洞察，销售人员能够提供定制化的解决方案，提高客户满意度，并在竞争激烈的市场中脱颖而出。

AI 的个性化能力不仅体现在与现有客户的互动中，还能够帮助销售团队在拓展新客户时，进行精准的市场细分。通过分析潜在客户的历史行为、社会网络、购买习惯等，AI 可以帮助销售团队预测哪些客户最有可能成为长期合作伙伴，并帮助销售团队在适当的时机采取针对性的营销手段。例如，AI 可以为销售人员提供个性化的沟通建议，帮助他们通过合适的方式与客户进行接触，提高销售成功率。

4. 知识积累与技能提升

销售人员的专业素养和技能是销售组织执行力提升的核心要素之一。AI 不仅能够在销售活动中提供实时支持，还可以帮助销售人员提升自身的知识水平和应变能力。通过模拟训练、即时反馈、知识管理等手段，AI 为销售人员提供了一个全新的学习平台，帮助他们在实践中不断成长和进步。

例如，AI 可以通过模拟各种客户情境，帮助销售人员练习如何应对不同类型的客户，提升其沟通技巧和问题解决能力。通过实时分析销售人员的对话内容，AI 能够为其提供改进建议，帮助其在下一次与客户的互动中表现得更加出色。此外，AI 还能够通过智能化的知识管理系统，提供最新的产品信息、行业动态和销售技巧，帮助销售人员不断更新自己的知识库，保持竞争力。

AI 技术的广泛应用不仅能够为销售组织带来效率提升，还能在更高层次上增强其执行力。从销售线索的精准挖掘、销售过程的智能管理到销售人员的个性化培养，AI 赋能的销售系统让企业能够在各个环节实现智能化运营，提升整体执行力。通过 AI，销售团队能够更加高效地运用资源，优化销售流程，实现精准营销，并在激烈的市场竞争中实现可持续发展。

随着 AI 技术的不断进步，未来销售组织将更加依赖 AI 来进行决策支持、客户管理、培训提升和资源调度，进一步提升执行力。AI 不仅是推动销售业绩增长的技术工具，更是未来销售组织的核心驱动力，帮助企业突破当前的瓶颈，迈向新的高峰。